Sprachniveau

A2+

Anne Buscha • Szilvia Szita

Begegnungen

Deutsch als Fremdsprache

Integriertes Kurs- und Arbeitsbuch

Sprachniveau A2+

Mit Zeichnungen von Jean-Marc Deltorn

SCHUBERT-Verlag
Leipzig

Die Autorinnen von **Begegnungen** sind Lehrerinnen am Goethe-Institut Niederlande und verfügen über langjährige Erfahrungen in Deutschkursen für fremdsprachige Lerner.

Bitte beachten Sie unser Internet-Angebot mit zusätzlichen Aufgaben und Übungen zum Lehrwerk unter:

www.aufgaben.schubert-verlag.de

Das vorliegende Lehrbuch beinhaltet einen herausnehmbaren Lösungsschlüssel sowie zwei CDs zur Hörverstehensschulung.

1.2 Hörtext auf CD (z. B. CD 1, Nr. 2)

Zeichnungen: Jean-Marc Deltorn
Fotos: Andreas Buscha (DGPh), Diana Becker
Layout und Satz: Diana Becker

Die Hörmaterialien auf den CDs wurden gesprochen von:
Burkhard Behnke, Claudia Gräf, Judith Kretzschmar, Axel Thielmann

2., unveränderte Auflage 2013

Printed in Germany
ISBN: 978-3-929526-89-9

Inhaltsverzeichnis

Kursübersicht

Kapitel 1 — Ausbildung und Tätigkeiten

Sprachliche Handlungen	Sich begrüßen • Sich und andere vorstellen • Berufe und Tätigkeiten nennen • Über die Schulzeit berichten • Einen tabellarischen Lebenslauf lesen und schreiben • Den Tagesablauf beschreiben
Wortschatz	Angaben zur Person • Berufe • Tätigkeiten • Schule • Ausbildung • Hobbys
Grammatik	Verben im Präsens • Trennbare und nicht trennbare Verben • Perfekt • Reflexive Verben • Genus • Genitiv
Aussprache	Wortakzent bei Verben
Fakultativ (Teil B)	Akademische Berufe: Studienrichtungen und Zukunftschancen

Kapitel 2 — Hobbys und Freizeit

Sprachliche Handlungen	Über Freizeitaktivitäten berichten • Über Musik, Fotografieren und Kino sprechen • Informationen (z. B. das Kinoprogramm, Öffnungszeiten) erfragen • Eine Biografie lesen
Wortschatz	Freizeit • Musik • Fotografie • Film • Biografie
Grammatik	Modalverben im Präsens und Präteritum • Präteritum bei regelmäßigen und unregelmäßigen Verben • Negation
Aussprache	Schwierige Wörter (Komposita) • Vokal: e [e:]
Fakultativ (Teil B)	Krimis: Wer schrieb den ersten Krimi? • Krimi-Wortschatz

Kapitel 3 — Geld und Konsum

Sprachliche Handlungen	Über Geld sprechen • Einkaufen • Gründe und Bedingungen nennen • Bankgespräche führen • Ein Formular ausfüllen • Wünsche und irreale Bedingungen formulieren
Wortschatz	Monatliche Geldausgaben • Geschäfte • Konsumartikel • Einkaufen im Fernsehen und Internet • Geld und Banken • Lotto
Grammatik	Kausalangaben *(weil)* • Konditionalangaben *(wenn)* • Verben mit Akkusativ und/oder Dativ • Personalpronomen • Konjunktiv II – Hypothese • Unbestimmter Artikel ohne Nomen
Aussprache	Konsonanten: d [d] – t [t], b [b] – p [p], g [g] – k [k]
Fakultativ (Teil B)	Geld: Trinkgeld • Die teuersten Städte der Welt

Kapitel 4 — Arbeit und Beruf

Sprachliche Handlungen	Über Bürotätigkeiten berichten • Einfache geschäftliche Telefonate führen • Termine vereinbaren und absagen • Mit Arbeitskollegen kommunizieren • Eine höfliche Bitte formulieren • Eine dienstliche Anweisung verstehen • Offizielle Gruß- und Anredeformeln verwenden
Wortschatz	Büroausstattung • Bürotätigkeiten • Zeitangaben • Telefonieren • Buchstabiertafel
Grammatik	Temporale Präpositionen • Konjunktiv II – Höfliche Bitte • Verben mit Präpositionen • Indirekte Fragen • Nebensätze mit *dass*
Aussprache	Konsonanten: f [f], v [f] [v], ph [f], w [v]
Fakultativ (Teil B)	Was im Arbeitsleben wichtig ist • Der ideale Chef • Du oder Sie?

Kapitel 5 — Urlaub und Reisen

Sprachliche Handlungen	Informationen in Reiseprospekten verstehen ♦ Ein Gespräch im Reisebüro führen ♦ Über Reisegewohnheiten und Urlaub berichten ♦ Über das Wetter sprechen ♦ Verkehrsdurchsagen verstehen ♦ Sich entschuldigen ♦ Vorschläge machen
Wortschatz	Reisen ♦ Länder ♦ Einwohner verschiedener Länder ♦ Wetter ♦ Verkehrsmittel ♦ Stadtbesuch
Grammatik	Lokale Präpositionen: Richtungsangaben ♦ Deklination der Adjektive ♦ Konzessivangaben *(obwohl)*
Aussprache	Das unbetonte e und der Konsonant r
Fakultativ (Teil B)	Mystische Orte in Deutschland: Der Brocken ♦ Die Externsteine ♦ Das Teufelsmoor

Kapitel 6 — Tiere und Menschen

Sprachliche Handlungen	Über Tiere und Haustiere berichten ♦ Empfehlungen geben ♦ Personen beschreiben ♦ Über zwischenmenschliche Beziehungen sprechen ♦ Ein Partygespräch führen ♦ Über Freude und Ärger sprechen ♦ Jemanden loben oder kritisieren
Wortschatz	Tiere ♦ Menschen: Aussehen und Charakter ♦ Familienmitglieder ♦ Lob und Kritik
Grammatik	Komparation der Adjektive ♦ Empfehlungen *(sollten)* ♦ Relativsätze ♦ Redepartikeln ♦ Präpositionen mit Akkusativ
Aussprache	Endungen: -ich [ç] und -ig [ç]
Fakultativ (Teil B)	Insekten: Wer sticht am gemeinsten? ♦ Gedicht: Die Mücken

Kapitel 7 — Wohnen und Essen

Sprachliche Handlungen	Eine Traumwohnung beschreiben ♦ Über die eigene Wohnsituation berichten ♦ Über Wohnformen diskutieren ♦ Einen Handwerker bestellen ♦ Über Essgewohnheiten berichten ♦ Rezepte lesen ♦ Essen im Restaurant bestellen
Wortschatz	Wohnung ♦ Wohnungsumgebung ♦ Möbel ♦ Garten ♦ Kräuter und Gemüse ♦ Essen ♦ Restaurantbesuch
Grammatik	Verben mit Lokalangaben ♦ Temporalsätze (*als, wenn*) ♦ Infinitiv mit *zu* ♦ Konsekutivangaben *(deshalb, trotzdem)* ♦ Wechselpräpositionen
Aussprache	Konsonantenverbindungen: ng [ŋ] und nk [ŋk]
Fakultativ (Teil B)	Farben: Wie mächtig sind sie?

Kapitel 8 — Politik und Technik

Sprachliche Handlungen	Über Zeitungen und Zeitschriften berichten ♦ Nachrichten verstehen ♦ Über Umweltprobleme sprechen ♦ Die eigene Meinung ausdrücken, zustimmen, widersprechen ♦ Gebrauchsanweisungen verstehen ♦ Über Geräte und Technikprobleme berichten
Wortschatz	Zeitungen/Zeitschriften ♦ Nachrichten: Politik, Wirtschaft, Kultur, Sport, Katastrophen ♦ Umwelt ♦ Meinungsäußerungen ♦ Erfindungen und Geräte
Grammatik	Passiv ♦ Finalangaben *(um … zu)* ♦ Präpositionen mit dem Dativ
Aussprache	Konsonanten: sch [ʃ]
Fakultativ (Teil B)	Wer macht in Deutschland Politik? ♦ Wo macht man in Deutschland Politik?

Vorwort

Begegnungen A2⁺ ist ein modernes und kommunikatives Lehrwerk. Es richtet sich an erwachsene Lerner, die auf schnelle und effektive Weise Deutsch lernen möchten. Das Lehrbuch berücksichtigt die sprachlichen, inhaltlichen und intellektuellen Anforderungen erwachsener Lerner.

Begegnungen A2⁺ bietet:

- **einen klar strukturierten Aufbau**

  Die acht Kapitel des Buches sind in jeweils vier Teile gegliedert:

  Teil A: Themen und Aufgaben (obligatorischer Teil)

  Dieser Teil umfasst Lese- und Hörtexte, Dialogübungen, Wortschatztraining, Grammatik- und Phonetikübungen zu einem Thema. Hier werden grundlegende Fertigkeiten einführend behandelt und trainiert.

  Teil B: Wissenswertes (fakultativer Teil)

  Im Teil B finden Sie landeskundliche Texte, Grafiken und Aufgaben als Sprechanlässe, die auf interessante Weise das Thema erweitern und landeskundliche Einblicke vermitteln. Teil B geht über die Anforderungen des Europäischen Referenzrahmens hinaus, ist aber durchaus bereits auf diesem sprachlichen Niveau zu bewältigen.

  Teil C: Übungen zu Wortschatz und Grammatik

  Dieser Teil ermöglicht mit zahlreichen Übungen die Vertiefung der Wortschatz- und Grammatikkenntnisse. Er enthält auch systematisierende Grammatikübersichten.

  Teil D: Rückblick

  Teil D besteht aus drei Komponenten: Redemittel, Verben und Selbstevaluation. Er dient zur Festigung des Gelernten und zur Motivation weiterzulernen.

- **die Integration von Lehr- und Arbeitsbuch in einem Band**

  Dadurch sind Vermittlung sowie Training und Übung des sprachlichen Materials eng miteinander verflochten. Das ist unkompliziert, praktisch und ermöglicht effektives Lernen.

- **eine anspruchsvolle Progression**

  Mit dem Buch gibt es keine Langeweile. Die Progression ist auf erwachsene Lerner abgestimmt, die erkennbare Lernerfolge erzielen möchten. Ein durchdachtes Wiederholungssystem sorgt für die Nachhaltigkeit der sprachlichen Fortschritte.

- **einen informativen Anhang**

  Der Anhang enthält Übersichten zur Grammatik, die zum Nachschlagen verwendet werden können, sowie einen Vorbereitungstest auf die Sprachprüfung *Start Deutsch 2*.

Das Lehrwerk enthält außerdem einen herausnehmbaren Lösungsschlüssel sowie zwei Audio-CDs zur Schulung des Hörverstehens.

Die Reihe **Begegnungen** führt in drei Bänden zum Niveau B1 des Europäischen Referenzrahmens für Sprachen und zur Prüfung *Zertifikat Deutsch*. Die integrierten Lehr- und Arbeitsbücher mit beigefügten CDs werden ergänzt durch Lehrerhandbücher zu jedem Teil, die zahlreiche Arbeitsblätter und Tests zu den einzelnen Kapiteln enthalten, sowie Glossare. Außerdem werden vielfältige Zusatzmaterialien im Internet auf der Seite *www.begegnungen-deutsch.de* bereitgestellt.

Wir wünschen Ihnen viel Freude beim Lernen und Lehren.

Anne Buscha und Szilvia Szita

Kapitel 1

Ausbildung und Tätigkeiten

Kommunikation

- Sich begrüßen
- Sich und andere vorstellen
- Berufe und Tätigkeiten nennen
- Über die Schulzeit berichten
- Einen tabellarischen Lebenslauf lesen und schreiben
- Den Tagesablauf beschreiben

Wortschatz

- Angaben zur Person
- Berufe
- Tätigkeiten
- Schule
- Ausbildung
- Hobbys

Sich vorstellen

A1 Fragen Sie Ihre Nachbarin/Ihren Nachbar.

Berichten Sie über Name, Heimatland, Wohnort, Sprachen, Beruf, Arbeitgeber/Universität, Hobbys.

Wie heißen Sie?/Wie ist Ihr Name? ♦ Woher kommen Sie? ♦ Wo wohnen Sie? ♦ Welche Sprachen sprechen Sie? ♦ Was sind Sie von Beruf? ♦ Wo arbeiten Sie? ♦ Wo studieren Sie? ♦ Was sind Ihre Hobbys?

- Meine Nachbarin/Mein Nachbar heißt …
- Sie/Er kommt aus …

A2 Hören und lesen Sie. 1.02

Hallo. Mein Name ist Pedro Gomez. Ich bin 33 Jahre alt. Ich komme aus Spanien. Mein Geburtsort ist Barcelona. Ich bin in Barcelona zur Schule gegangen. Danach habe ich in Madrid Biologie studiert. 2001 habe ich mein Studium mit dem Masterdiplom abgeschlossen. Nach dem Studium habe ich ein Jahr bei der Firma Santos gearbeitet. 2002 bin ich nach München umgezogen. Ich habe in München eine Stelle beim Europäischen Patentamt bekommen. Dort arbeite ich als Patentprüfer. Ich muss viele Patente lesen und Briefe an Patentanwälte schreiben. Ich bin verheiratet und wohne mit meiner Frau in einer kleinen Wohnung im Zentrum von München. Die Wohnung ist sehr teuer. In meiner Freizeit spiele ich Fußball oder lese Fachzeitschriften.

Ich heiße Martina Klein. Ich bin 24 Jahre alt und wohne in Berlin. Ich bin in Berlin geboren und auch hier zur Schule gegangen. Nach der Schule habe ich eine Ausbildung zur Sekretärin gemacht. Diese Ausbildung habe ich 2003 abgeschlossen. Seit 2003 arbeite ich als Sekretärin bei KAKO. Ich muss viele E-Mails lesen und schreiben, mit Kunden telefonieren und für meinen Chef Termine vereinbaren. Ich bin noch ledig und wohne bei meinen Eltern. Die Miete in Berlin ist teuer und ich möchte mein Geld lieber für andere Dinge ausgeben. In meiner Freizeit lese ich gern. Manchmal gehe ich mit meinen Freunden ins Kino.

A3 Beantworten Sie die Fragen.

- Wie alt ist Pedro? — *Pedro ist 33 Jahre (alt).*
  Wie alt ist Martina? — *Martina ist 24 Jahre (alt).*

1. Wo ist Pedro geboren? ....
   Wo sind Sie geboren? ....
2. Wo ist Martina zur Schule gegangen? ....
   Wo sind Sie zur Schule gegangen? ....
3. Was und wo hat Pedro studiert? ....
   Wann hat er das Studium abgeschlossen? ....
4. Welche Berufsausbildung hat Martina gemacht? ....
   Wann hat sie die Ausbildung abgeschlossen? ....
5. Welche Ausbildung haben Sie gemacht? ....
   Wann haben Sie die Ausbildung/das Studium abgeschlossen? ....
6. Wo arbeitet Pedro? ....
   Wo arbeitet Martina? ....
   Wo arbeiten Sie? ....
7. Was muss Pedro auf Arbeit machen? ....
   ....
   Was muss Martina auf Arbeit machen? ....
   ....
   Was müssen Sie auf Arbeit machen? ....
   ....
8. Wo wohnt Pedro? ....
   Wo wohnt Martina? ....
   Wo wohnen Sie? ....
9. Ist Martina verheiratet? ....
   Sind Sie verheiratet? ....
10. Was macht Pedro in seiner Freizeit? ....
    Was macht Martina in ihrer Freizeit? ....
    Was machen Sie in Ihrer Freizeit? ....

A4 Was passt zusammen?

Kombinieren Sie. Manchmal gibt es mehrere Lösungen.

♦ E-Mails	(a) gehen
(1) ein Studium	(b) lesen
(2) eine Ausbildung	(c) studieren
(3) zur Schule	(d) abschließen
(4) Fachzeitschriften	(e) telefonieren
(5) Fußball	(f) machen
(6) mit Kunden	(g) vereinbaren
(7) Biologie	(h) spielen
(8) Termine	(i) wohnen
(9) bei den Eltern	(j) schreiben

Berufe und Tätigkeiten

A5 Welche Berufe erkennen Sie auf den Zeichnungen?

Taxifahrer • Sekretärin • Informatiker • Arzt • Lehrerin • Kellnerin • Fußballspieler • Koch • Student

1

Sekretärin

2

Lehrerin

3

informatiker

4

Taxi fahrer

5

Student

6

Koch

7

kellnerin

8

fußballspieler

9

Arzt

A6 Was tun die Leute?

Ordnen Sie den Berufen Tätigkeiten zu.

~~Auto fahren~~ • Kinder unterrichten • Gäste bedienen • ein Tor schießen • Essen zubereiten • viel lernen • Bücher lesen • Termine vereinbaren • E-Mails beantworten • mit Kunden telefonieren • Gespräche mit Patienten führen • Computerprobleme lösen • kranken Menschen helfen

- Ein Taxifahrer *fährt Auto.*
1. Eine Sekretärin ....
2. Ein Informatiker ....
3. Ein Arzt ....
4. Eine Lehrerin ....
5. Eine Kellnerin ....
6. Ein Fußballspieler ....
7. Ein Koch ....
8. Ein Student ....
9. Ein/Eine … *(Ihr Beruf)* ....

A7 Modeberufe in Deutschland

a) Was meinen Sie? Welche männlichen Berufe haben den meisten „Sex-Appeal“? Diskutieren Sie mit Ihrer Nachbarin/Ihrem Nachbarn.

Mathematiker ♦ Pilot ♦ Fußballer ♦ Feuerwehrmann ♦ Manager ♦ Popstar ♦ Lehrer ♦ Chefarzt ♦ Politiker ♦ Ingenieur

Platz 1: *Ich glaube, (der Pilot) liegt auf Platz eins.*
Ich denke, (der Pilot) belegt Platz eins.

Platz 2: *Danach kommt* ……………………

Platz 3: ……………………

Platz 4: ……………………

Platz 5: ……………………

Platz 6: ……………………

Die Ergebnisse finden Sie im Lösungsschlüssel.

b) Berichten Sie.
Welche Berufe sind in Ihrem Heimatland besonders attraktiv für Männer und welche Berufe für Frauen?

Über Vergangenes berichten

A8 Was haben Sie gestern/in der letzten Woche alles gemacht?

Fragen Sie Ihre Nachbarin/Ihren Nachbarn und berichten Sie im Perfekt.

arbeiten ♦ E-Mails schreiben ♦ telefonieren *(mit Freunden/Kunden)* ♦ Termine vereinbaren ♦ Gespräche führen *(mit Kollegen)* ♦ mit dem Auto fahren ♦ im Stau stehen ♦ einen Kurs besuchen ♦ ein Problem lösen ♦ Bücher/Zeitungen lesen ♦ einen Brief beantworten ♦ Musik hören ♦ einen Film sehen ♦ fernsehen ♦ lecker essen ♦ *(zwei Bier)* trinken ♦ Essen kochen ♦ im Internet surfen ♦ Freunde besuchen ♦ Fußball spielen ♦ …

Meine Nachbarin/Mein Nachbar hat gestern gearbeitet.

Das Perfekt *(Wiederholung)*

⇨ Teil C Seite 27

Das Perfekt besteht aus zwei Teilen: **1 Hilfsverb** **2 Partizip II**

Was haben Sie gestern gemacht?

Ich bin mit dem Auto gefahren.
Ich habe das Problem gelöst.

Perfekt mit ***sein***		**oder** ***haben***
Bildung:	ich bin gefahren ich bin aufgestanden besondere Verben: sein: ich bin gewesen bleiben: ich bin geblieben	ich habe getrunken ich habe gearbeitet ich habe gefrühstückt ich habe geschrieben
Verwendung:	Wechsel von Ort oder Zustand	alle anderen Verben

Das Partizip II ***(Wiederholung)***

	Verben ohne Präfix	Verben mit Präfix	
		trennbare Verben	nicht trennbare Verben
regelmäßige Verben	fragen → gefragt arbeiten → gearbeitet	einkaufen → eingekauft	besuchen → besucht
unregelmäßige Verben	trinken → getrunken sprechen → gesprochen	anrufen → angerufen	beginnen → begonnen
Verben auf *-ieren*	studieren → studiert kopieren → kopiert		

A9 Bilden Sie Fragen und antworten Sie.

Haben/Sind Sie schon einmal …?
Hast/Bist du schon einmal …?

Ja, ich habe/bin schon einmal/oft …
Nein, ich habe/bin noch nie …

- ein Drei-Gänge-Menü kochen
  Haben Sie schon einmal ein Drei-Gänge-Menü gekocht? Ja, ich …

1. ein Brot backen
   ....
2. nach New York fliegen
   ....
3. mit dem Motorrad fahren
   ....
4. einen Fisch fangen
   ....
5. ein Gedicht schreiben
   ....
6. an der Nordsee Urlaub machen
   ....
7. ein Buch auf Deutsch lesen
   ....
8. in einem Fünf-Sterne-Hotel übernachten
   ....
9. eine Currywurst essen
   ....
10. eine E-Mail an die falsche Adresse senden
    ....
11. hässliche Schuhe kaufen
    ....
12. einen Brief ins Japanische übersetzen
    ....
13. ein Computerproblem lösen
    ....
14. ein Weihnachtslied singen
    ....

Schule und Ausbildung

A10 Erinnern Sie sich an Ihre Schulzeit?

Berichten Sie.

1

Musik

2

Mathematik

3

Physik

4

Chemie

5

Sport

6

Kunst

7

Englisch

8

Geschichte

9

Biologie

10

Geografie

Wann sind Sie früh aufgestanden?
Wann hat der Unterricht (Classes) angefangen?
Wann hat der Unterricht aufgehört?
Was waren Ihre Lieblingsfächer?
In welchen Fächern hatten Sie gute Noten?
Welche Lehrerin/Welcher Lehrer hat guten Unterricht gegeben?
Haben Sie immer Hausaufgaben gemacht?
Hatten Sie Angst vor Prüfungen?

(um) 8.00 Uhr	um acht
(um) 8.30 Uhr	um acht Uhr dreißig

Die Notenskala geht in Deutschland von 1 bis 6.
1 = sehr gut

- Meine Lieblingsfächer waren …
- Ich hatte gute Noten in …

Vergangenheit bei *haben* und *sein*:
oft: *hatten* bzw. *waren* (Präteritum)
selten: *haben gehabt* bzw. *sind gewesen* (Perfekt)

A11 Über die Schulzeit … 1.03

a) Hören Sie die Berichte und ergänzen Sie die Informationen.

Matthias

1. Matthias war ein ..Schlechter.... Schüler.
2. Sein Lieblingsfach war ...Sport...............
3. Er war Mitglied in einem ..fussball.......verein.
4. Matthias hatte Probleme in Mathematik und in Deutch.................
5. Er hat sich mehr für die Mädchen interessiert....
6. Die Schule hat um 7:30 uhr begonnen.
7. Mit 15 haben ihm Chemie und Physik ......spaß............ gemacht.

Susanne

1. Susanne war eine gute ....Schüler
2. Sprachen..... spielten für Susanne eine wichtige Rolle.
3. Eine sehr gute Note hatte sie in ..Englisch
4. Sie ....arbeitet..... heute als Journalistin.
5. In den Fächern Mathematik und Physik hat sie manchmal keine ..Hausaufgaben gemacht.
6. Die Schule hat um 8:00 uhr.. angefangen und um 13.00 Uhr aufgehört.
7. Nach der Schulzeit hat sie mittwochs und freitag........ Tennis gespielt.

b) Lesen Sie den Bericht von Gustav und ergänzen Sie die passenden Nomen.

Schüler • Probleme • Mannschaft • ~~Schulzeit~~ •
Spaß • Mädchen • Volleyball • Lieblingsfächer

Hausaufgaben

Ich erinnere mich gern an meine Schulzeit. Ich war ein guter .... Meine .... waren Sport, Mathematik und Physik. In Sport hatte ich immer eine Eins. Nach der Schule habe ich oft .... gespielt. Ich war in der Jugendmannschaft von „Lokomotive Dresden". Unsere .... hat sogar einmal die Landesmeisterschaften gewonnen. Damals hat die Schule um halb acht Uhr morgens begonnen. Das war sehr früh! Für die .... habe ich mich natürlich auch interessiert, aber erst später, mit 16 oder 17 Jahren. Deutsch, das weiß ich noch ganz genau, hat mir keinen ..Spaß.......... gemacht. Ich hatte immer .... mit der Grammatik und der Rechtschreibung. Heute bin ich Sportlehrer. Die deutsche Grammatik mag ich immer noch nicht. Aber ich mag meine Schüler.

Gustav

A12 Betrachten Sie die Grafik.

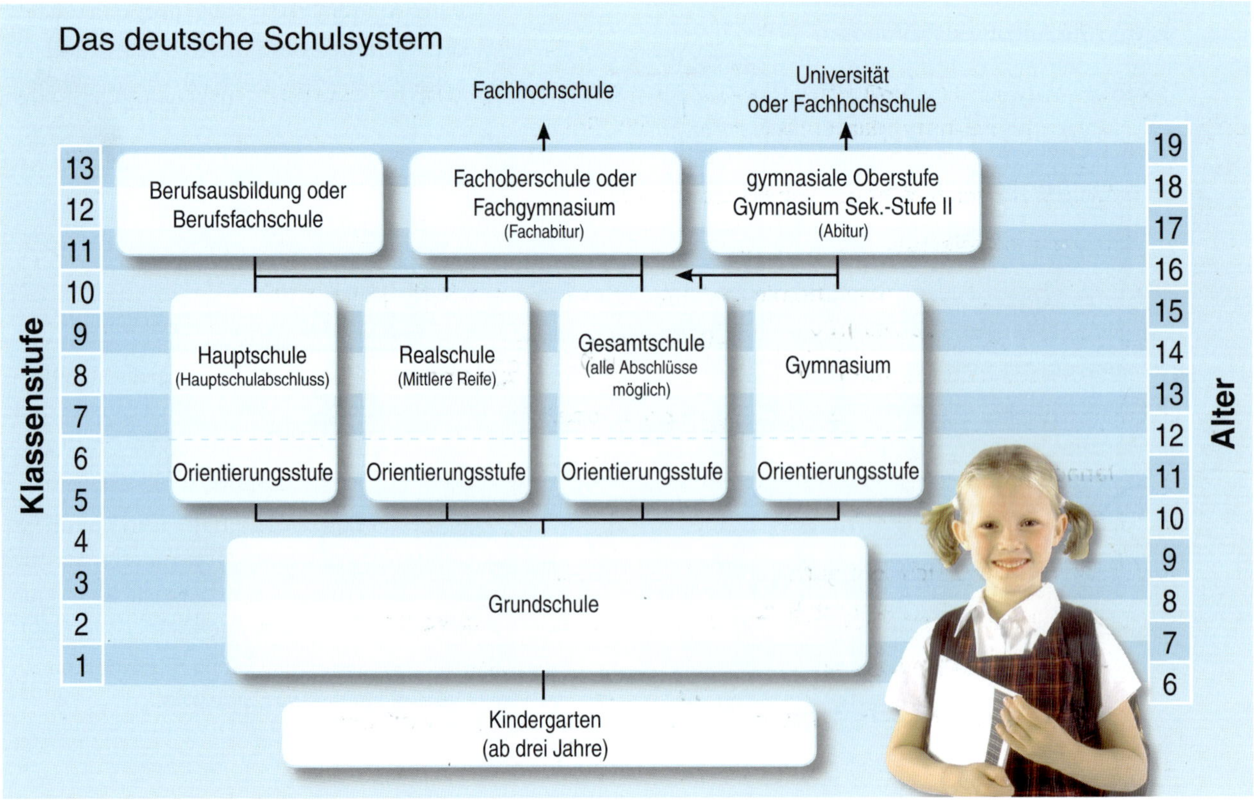

A13 Lesen Sie den Text.

Ergänzen Sie die Informationen aus der Grafik.

In Deutschland können Kinder ab drei Jahre einen .... besuchen. Die Schulpflicht beginnt mit sechs oder sieben Jahren. Zuerst gehen die Kinder vier Jahre auf eine ...., danach besuchen sie die Hauptschule, die Realschule oder das .... Bei dieser Auswahl spielen die Wünsche der Kinder und der Eltern, aber auch die Noten eine Rolle.
Das Gymnasium dauert in einigen Bundesländern acht Jahre, in anderen neun Jahre. Mit dem Abitur kann man an einer .... studieren. Die Realschule dauert sechs Jahre. Man schließt sie mit der „.................. Reife" ab. Danach kann man einen Beruf erlernen oder noch das Abitur auf einem Fachgymnasium machen.
Die meisten Schüler mit einem Hauptschulabschluss beginnen nach der Schule mit einer .... oder sie besuchen eine ....

In Deutschland hat eine Unterrichtsstunde 45 Minuten.
In Österreich heißt der Abschluss im Gymnasium „Matura", in der Schweiz „Matur".

A14 Berichten Sie über das Schulsystem in Ihrem Heimatland.

Mit wie viel Jahren müssen Kinder in die Schule gehen?
Gibt es verschiedene Schulen?
Wie lange dauert die Schulzeit?
Gibt es Tests oder Prüfungen?
Welche Noten kann man bekommen?

Noten = Zensuren

- In meinem Heimatland müssen Kinder mit … Jahren in die Schule gehen.

A15 Ergänzen Sie in den Sätzen die fehlenden Nomen.

Abitur • Fußball • Grundschule • das Rechnen • Schulzeit • Schüler • Universität • Noten • Hausaufgaben • Fächer • Gymnasium • Mathematiklehrerin • Schule

- Ich erinnere mich nicht gern an meine *Schulzeit*.

1. Ich war ein schlechter ....
2. .... wie Chemie und Physik haben mir viel Spaß gemacht.
3. Ich habe die .... in Frankfurt besucht.
   Dort habe ich das Schreiben und .... gelernt.
4. Die .... hat um 8.00 Uhr begonnen.
5. Danach bin ich auf das .... gegangen.
6. Ich hatte eine nette ....
7. In Englisch hatte ich sehr gute ....
8. In manchen Fächern habe ich keine .... gemacht.
9. Am Nachmittag habe ich oft .... gespielt.
10. Das Gymnasium habe ich mit dem .... abgeschlossen.
11. Danach habe ich an der .... studiert.

Lebensläufe

A16 Der Lebenslauf von Susi Erdmann 1.04

a) Hören Sie den Lebenslauf und ergänzen Sie die fehlenden Informationen.

Lebenslauf

Persönliche Daten

Name	Susi Erdmann
Geburtsdatum	14. Mai 1980
Geburtsort	Dussldorf
Familienstand	ledig

Schulausbildung

1986–1990	Grundschule
1990–1998	Gymnasium
1998 n	Abitur

Berufsausbildung/Studium

1998–1999	Studium der gesaste an der Universität Köln
1999–2004	Übersetzerstudium für Englisch und franzoisch an der Universität Bonn
2004	Abschluss als Diplom - übersetzeirn

Berufliche Tätigkeit

Sommer 2002	Prektikam bei Mercedes in Paris
ab September 2004	Übersetzerin in der presse-Abteilung bei Siemens in mänchen

b) Ergänzen Sie im Lebenslauf von Susi Erdmann die richtigen Verben.

übersetzt • besucht • geboren • begonnen • gegangen • interessiert • abgeschlossen • geschrieben • gefallen • gemacht • studiert

1. Ich bin am 14. Mai 1980 in Düsseldorf geboren
2. Mit drei Jahren bin ich in den Kindergarten gegangen und ab 1986 in die Grundschule.
3. Von 1990 bis 1998 habe ich das Gymnasium beseacht
4. In der Schulzeit habe ich mich für Geschichte, für Sprachen und für Kunst interessiert
5. 1998 habe ich an der Universität Köln ein Studium im Fach Geschichte begonnen
   Aber das hat mir nicht gefallen
6. Von 1999 bis 2004 habe ich in Bonn Englisch und Französisch stadidt
7. Im Sommer 2002 habe ich ein Praktikum bei der Firma Mercedes in Paris gemacht
8. Ich habe dort Texte über Autos ins Französische übersetzt
9. 2004 habe ich meine Diplomarbeit geschrieben und mein Studium als Diplom-Übersetzerin abgeschlossen

A17 Der Lebenslauf von Peter Meier

a) Lesen Sie den Lebenslauf von Peter.

Lebenslauf

Persönliche Daten

Name	Peter Meier
Geburtsdatum	22. Juni 1975
Geburtsort	Leipzig
Familienstand	verheiratet

Schulausbildung

1981–1985	Grundschule
1985–1993	Gymnasium
1993	Abitur

Berufsausbildung/Studium

1993–1998	Volkswirtschaftsstudium an der Handelshochschule Leipzig
1998	Abschluss als Diplom-Volkswirt

Berufliche Tätigkeit

Mai–August 1997	Praktikum bei der Deutschen Bank in Leipzig
1998–2002	Siemens, Abteilung Strategie und Kontrolle
2002	Marketingmanager bei KODAX

Besondere Kenntnisse

Englisch	sehr gut
Spanisch	gut

Hobbys Tischtennis

b) Was haben Sie über Peter Meier erfahren?

Hilfe: auf eine Schule gehen ♦ eine Schule besuchen ♦ das Gymnasium mit dem Abitur abschließen ♦ ein Fach studieren ♦ das Studium als … abschließen ♦ ein Praktikum machen ♦ bei einer Firma, in einer Abteilung als … arbeiten ♦ eine Sprache sprechen

▫ Peter Meier wurde am 22.6.1975 in Leipzig geboren. Er ist verheiratet.

Berichten Sie im Perfekt weiter:

Von 1981 bis 1985 ist er auf die Grandschale gegangen. Von 1985 bis 1993 hat er das Gymnasium besucht. 1993 hat er das Gymnasium mit dem Abitur abschließen. 1993 habe ich ander universitat Leipzig ein stadium im Volkswirtschaft begonnen. Von Mai bis August 1997 hat er ein Praktikum bei der Deutschen Bank in Leipzig gemacht. Von 1998 bis 2002 hat er bei siemens in der Abteilung strategie und Kontrole gearbeitet. In 2002 arbeitet er als Marketingmanager bei KODAX. Er spricht sehr gut Englisch und gut spanisch. sein hobby ist Tischtennis.

A18 Schreiben Sie Ihren Lebenslauf in tabellarischer Form.

Berichten Sie darüber.

A19 Schule oder Studium?

Welche Wörter passen? Ordnen Sie zu.

Schüler/Schülerin • Student/Studentin • Lehrer/Lehrerin • Dozent/Dozentin • Professor/Professorin • studieren • lernen • das Seminar • das Praktikum • die Vorlesung • die Unterrichtsstunde

Schule	Studium

A20 Was passt zusammen?

Kombinieren Sie. Manchmal gibt es mehrere Lösungen.

eine gute Note	besuchen
ein Praktikum	abschließen
das Gymnasium	lernen
die Schule mit dem Abitur	machen
Chemie	studieren
deutsche Vokabeln	bekommen
eine Vorlesung	geben
guten Unterricht	halten

Reflexive Verben

⇨ Teil C Seite 29

Peter erinnert ihn an den Termin.

NOMINATIV AKKUSATIV

Peter erinnert sich an seine Schulzeit.

NOMINATIV AKKUSATIV

Das Verb regiert im Satz.

Konjugation				
	ich	erinnere mich	wir	erinnern uns
	du	erinnerst dich	ihr	erinnert euch
	er/sie/es	erinnert sich	sie/Sie	erinnern sich

Satzbau Ich erinnere mich heute gerne an meine Schulzeit.

↳ Das Reflexivpronomen steht immer dicht hinter dem konjugierten Verb.

A21 Was tun die Leute?

a) Beschreiben Sie die Tätigkeiten.

anziehen ♦ ärgern ♦ kämmen ♦ unterhalten ♦ interessieren ♦ vorstellen ♦ schminken ♦ waschen ♦ streiten

to dress, make angry, attract, to talk, to introduce, makeup, to wash, to argue

1 Kathrin *kämmt sich.*

2 Oma Schminkt sich

3 Klaus wäscht sich

4 Marie zieht sich an

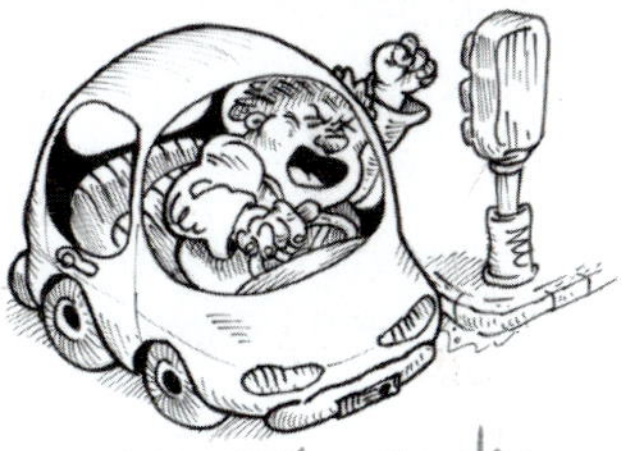

5 Otto ärgert sich

6 Kathrin und Max unterhalten sich

7 Karl interessiert sich

8 Dr. Müller stellt sich vor.

9 Kathrin und Max streiten sich

b) Sagen Sie es im Perfekt.

- Kathrin hat sich gekämmt.

A22 Bilden Sie Fragen im Perfekt und antworten Sie.

♦ unterhalten – ihr	*Habt ihr euch unterhalten?*	*Ja, wir haben uns unterhalten.*
♦ freuen – Kathrin	*Hat sich Kathrin gefreut?*	*Ja, sie hat sich gefreut.*
1. ärgern – du	geärgert	
2. föhnen – er – schon	geföhnet	
3. anziehen – du – schon	angezogen	
4. duschen – Heinz – schon	geduscht	
5. bedanken – ihr – schon	Habt ihr euch schon bedankt?	
6. beschweren – Herr Kümmel		
7. verlieben – du	Hast du dich verlieben?	ja, ich habe mich verliebt.
8. erkälten – Tante Martha	Hat sich Tante Martha erkaltet?	ja, sie hat sich erkältet
9. streiten – Kathrin und Max	Haben sich kathrin und max gestreiten?	ja, sie haben sich gestritten
10. schminken – du – schon	Hast du dich schon geschminkt?	ja, ich habe mich schon geschmikt.

A23 Phonetik: Der Wortakzent bei Verben 1.05

a) Hören und wiederholen Sie.

Grundregel	Der Akzent ist links. heißen – arbeiten – gehen – fahren – schreiben – hören – spielen – wohnen – lösen
trennbare Verben	Der Akzent ist auf dem Präfix. aufstehen – einkaufen – fernsehen – anfangen – anrufen – einfügen – absagen – abschließen – anziehen
nicht trennbare Verben	Der Akzent ist auf dem Grundwort. begrüßen – beginnen – besuchen – bekommen – vereinbaren – beantworten – übernachten – verlieben – beschweren – bedanken – erkälten – unterhalten
Verben auf *-ieren*	Der Akzent ist auf dem *ie*. studieren – organisieren – telefonieren – reparieren – interessieren

b) Markieren Sie den Wortakzent der Verben.

einen Brief beantworten ♦ Termine vereinbaren ♦ ein Problem lösen ♦ Freunde besuchen ♦ Gespräche führen ♦ um 8.00 Uhr aufstehen ♦ mit der Arbeit beginnen ♦ an einer Universität studieren ♦ in einem Hotel übernachten ♦ Tennis spielen ♦ eine Diplomarbeit schreiben ♦ ein Studium abschließen ♦ die Kollegen begrüßen

Tagesablauf

A24 Der Tagesablauf von Kathrin 1.06

a) Hören und lesen Sie Kathrins Tagesablauf.

Hallo. Ich heiße Kathrin. Ich möchte etwas über meinen Tagesablauf und meine Arbeit erzählen. Normalerweise stehe ich 7.30 Uhr auf, danach dusche und föhne ich mich. Gegen 8.00 Uhr frühstücke ich. 9.00 Uhr beginnt meine Arbeit. Ich fahre mit dem Auto zur Arbeit und manchmal stehe ich lange im Stau. Jeden Morgen passiert bei uns im Büro das Gleiche. Ich begrüße meine Kollegen, schalte meinen Computer an, lese meine E-Mails und koche für meinen Chef Kaffee.

Das hier ist das Zimmer meines Chefs. Es ist viel größer als mein Zimmer. Jeden Tag um 10.00 Uhr haben wir eine kurze Besprechung. Von 12.30 bis 13.00 Uhr mache ich Mittagspause. Ich gehe oft in die Kantine essen. Meine Kollegin Martina bringt sich immer Brot mit. Ich glaube, das Brot meiner Kollegin schmeckt besser als das Essen in der Kantine. Nachmittags lese ich wieder die elektronische Post, schreibe Rechnungen, vereinbare Termine für meinen Chef oder organisiere andere Dinge. 17.30 Uhr habe ich Feierabend. Ich gehe dann einkaufen und ich mache etwas zum Abendbrot. Abends sehe ich meistens fern oder lese ein Buch.

b) Raten Sie. Welchen Beruf hat Kathrin?

c) Schreiben Sie Kathrins Tagesablauf in der 3. Person.
Normalerweise steht Kathrin um 7.30 Uhr auf, danach duscht und …

d) Schreiben Sie Ihren eigenen Tagesablauf.

Die Nomengruppe: Genitiv

⇨ Teil C Seite 31

das Büro meines Chefs
das Brot meiner Kollegin → Meistens steht das Genitivattribut hinter dem Bezugswort.

Kathrins Tagesablauf → Bei Namen steht der Genitiv vor dem Bezugswort.

	Singular						Plural	
	maskulin		feminin		neutral			
Nominativ	der	Chef	die	Schule	das	Hobby	die	Lehrer
Akkusativ	den	Chef	die	Schule	das	Hobby	die	Lehrer
Dativ	dem	Chef	der	Schule	dem	Hobby	den	Lehrern
Genitiv	des eines meines	Chefs Chefs Chefs	der einer meiner	Schule Schule Schule	des eines meines	Hobbys Hobbys Hobbys	der meiner	Lehrer Lehrer

A25 Betriebsrundgang: Kathrin zeigt ihren Betrieb.

Ergänzen Sie die Angaben im Genitiv.

- Das ist das Hauptgebäude *(die Firma BETA)*.
  Das ist das Hauptgebäude der Firma BETA.

1. Die Firma liegt sehr günstig, gleich in der Nähe *(der Bahnhof)*.
   ……………… des Bahnhofs ………………
2. In der Nähe *(der Eingang)* ist der Fahrstuhl.
   ……………… des Eingangs ………………
3. Das hier ist das Zimmer *(die Chefsekretärin)* und dahinter liegt das Zimmer *(der Direktor)*.
   ………………………………
4. Dieser große Schreibtisch ist natürlich der Schreibtisch *(der Chef)*.
   ………………………………
5. Hier stehen unsere Hauptrechner. Das ist der Arbeitsbereich *(die Informatiker)*.
   ………………………………
6. Gleich daneben finden Sie die Praxis *(der Betriebsarzt)*. Ob das was zu bedeuten hat?
   ………………………………
7. Das ist die Kantine *(die Mitarbeiter)*. Das Essen schmeckt hier manchmal schrecklich.
   ………………………………
8. Ganz anders schmeckt das Essen in der Kantine *(das Management)*. Das Management hat einen Extra-Koch, einen Koch *(die Spitzenklasse)*!
   ………………………………

Wissenswertes *(fakultativ)*

B1 Akademische Berufe

a) Was meinen Sie? Welche Berufe haben in Ihrem Heimatland gute Chancen auf dem Arbeitsmarkt?

Ärzte • Architekten • Juristen • Mathematiklehrer • Deutschlehrer • Philosophen • Ingenieure • Biologen • Physiker • Zahnärzte • Mathematiker • Informatiker • Ökonomen • Apotheker

b) Was sind die beliebtesten Studienrichtungen in Ihrem Heimatland?
Vergleichen Sie die Situation in Ihrem Heimatland mit der Situation in Deutschland.

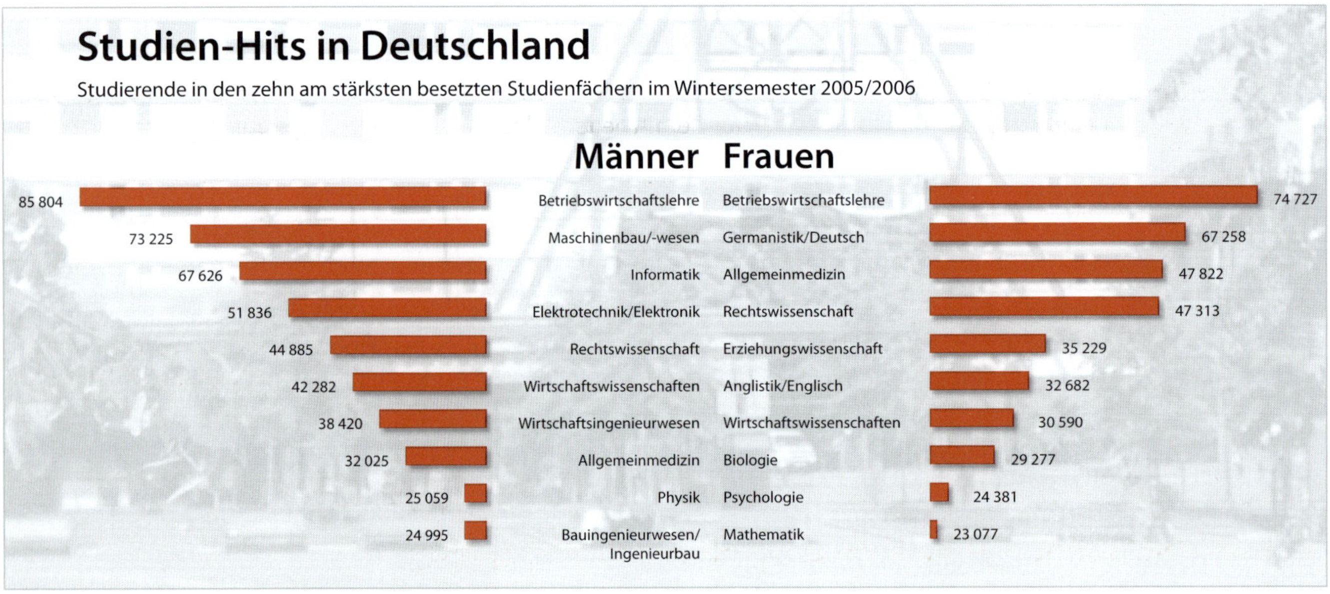

B2 Chancen auf dem Arbeitsmarkt 1.07

Lesen und hören Sie den folgenden Text. Sie können als Hilfe das Wörterbuch oder das Glossar benutzen.
Notieren Sie nach dem Lesen die unbekannten Wörter.

Gute Zeiten für Akademiker?

Zuerst die gute Nachricht: Akademiker sind seltener arbeitslos als andere Berufstätige. Die Zahl der arbeitslosen Akademiker ist in Deutschland dreimal so niedrig wie die Gesamtquote. Und die Tendenz ist positiv, das heißt, man erwartet in Zukunft mehr Stellen in akademischen Berufen. Aber nicht alle Berufe haben gute Zukunftsaussichten.

Sehr gut stehen die Arbeitschancen für Ärzte, Mathematiker, Maschinenbau- und Elektronikingenieure. Finanz- und Wirtschaftsmathematiker können sich auf dem Arbeitsmarkt wie Fußball-Superstars fühlen, so gut sind ihre Arbeitsmöglichkeiten. Für Betriebswirte und Informatiker werden die Jobchancen schlechter, denn die Zahl der Berufstätigen mit Diplom hat sich in den letzten zehn Jahren verdoppelt. Doch gute Absolventen finden noch immer eine Stelle.

Die Zukunft für Biologen, Architekten und Juristen sieht schlecht aus. Auch Lehrer für Fächer wie Geschichte oder Sprachen gehören zu dieser Gruppe. Diese Studenten müssen ein hartes Studium absolvieren und der Arbeitsmarkt bietet ihnen nur geringe Chancen. Das Jurastudium zum Beispiel war viele Jahre lang eine gute Grundlage für eine steile Karriere. Heute arbeiten nur 20 % der Juristen in guten Kanzleien oder im Staatsdienst. 80 % kämpfen in kleinen Büros um das ökonomische Überleben.

B3 Was ist richtig, was ist falsch?

Kreuzen Sie an.

		richtig	falsch
1.	Menschen mit einem akademischen Abschluss haben bessere Chancen auf dem Arbeitsmarkt als andere.	❐	❐
2.	In ein paar Jahren gibt es nicht mehr so viele Stellen für Akademiker.	❐	❐
3.	Lehrer braucht man immer. Sie haben sehr gute Arbeitschancen.	❐	❐
4.	Das Jurastudium ist heute keine Garantie mehr für eine Karriere.	❐	❐

B4 Ordnen Sie die Berufe zu.

Berufe mit sehr guten Chancen auf dem Arbeitsmarkt	Berufe mit guten Chancen auf dem Arbeitsmarkt	Berufe mit geringen Chancen auf dem Arbeitsmarkt
....	....	....
....	....	....
....	....	....
....	....	....
....	....	....
....	....	....
....	....	....

B5 Welche Wendungen haben eine antonyme Bedeutung?

(1) Akademiker
(2) arbeitslos sein
(3) eine steile Karriere machen
(4) der Arbeitsmarkt bietet nur geringe Chancen

(a) ums Überleben kämpfen
(b) die Arbeitsmöglichkeiten sind gut
(c) eine gute Stelle haben
(d) andere Berufstätige

B6 Was machen diese Leute?

Ergänzen Sie die femininen Berufsbezeichnungen. Ordnen Sie die Tätigkeiten zu.

(1) der Arzt — *die Ärztin* → (b)
(2) der Architekt ....
(3) der Deutschlehrer ....
(4) der Apotheker ....
(5) der Ingenieur ....
(6) der Informatiker ....
(7) der Zahnarzt ....
(8) der Physiker ....
(9) der Philosoph ....
(10) der Wirtschaftsmathematiker ....
(11) der Jurist ....

(a) unterrichtet Schüler im Fach Deutsch
(b) hilft kranken Menschen
(c) konstruiert z. B. Maschinen oder Autos
(d) beschäftigt sich z. B. mit Atomen
(e) repariert kaputte Zähne
(f) programmiert z. B. Computerspiele
(g) verkauft Medikamente
(h) entwirft neue Häuser
(i) berät Menschen in Rechtsfragen
(j) erklärt die Welt
(k) rechnet mit Zahlen aus der Wirtschaft

Verben

Verben im Präsens *(Wiederholung)*

Regelmäßige Verben

	lernen	arbeiten
ich	lerne	arbeite
du	lernst	arbeitest
er/sie/es	lernt	arbeitet
wir	lernen	arbeiten
ihr	lernt	arbeitet
sie/Sie	lernen	arbeiten

Unregelmäßige Verben

fahren	geben
fahre	gebe
fährst	gibst
fährt	gibt
fahren	geben
fahrt	gebt
fahren	geben

Haben* und *sein

	haben	sein
ich	habe	bin
du	hast	bist
er/sie/es	hat	ist
wir	haben	sind
ihr	habt	seid
sie/Sie	haben	sind

Verben

C1 Ergänzen Sie die Verben in der richtigen Form.

liegen • lesen • sprechen • haben • essen • lernen • geben • kommen • fliegen • bleiben • stehen • fahren • sein • trinken • arbeiten • wohnen

- Ich *wohne* in einer Drei-Zimmer-Wohnung.

1. Hast du einen neuen Schreibtisch?
2. Marie lernt seit drei Jahren Englisch.
3. Jean-Marc und Sarah Kommen aus Frankreich.
4. In welchem Zimmer steht der Fernseher?
5. Marco ligt im Bett und liest einen Roman.
6. fahrst du mit deinem neuen Auto?
7. gibt es in der Nähe ein gutes Restaurant?
8. Trinkst du auch ein Glas Apfelsaft?
9. Paul Fliegt heute mit dem Flugzeug nach New York, ich bleibe lieber zu Hause.
10. Wo arbeitet Frau Krause?
11. Franz isst kein Fleisch.
12. Bist du glücklich?
13. Otto spricht fließend Italienisch.

C2 Ergänzen Sie die Verben in der richtigen Form.

hören • scheinen • kosten • studieren • schlafen • helfen • fahren • reparieren • schmecken • telefonieren • sein • fotografieren • sehen

- Der Pullover *kostet* 259 Euro.

1. Es ...ist... schon 12.00 Uhr und Conrad ...schläft... immer noch!
2. Im Urlaub ...fotografiert... Andreas alle Sehenswürdigkeiten mit seinem neuen Fotoapparat.
3. ...Hörst... du auch gern Jazzmusik?
4. Die Sonne ...scheint... den ganzen Tag!
5. ...schmeckt... euch das Essen nicht?
6. Seine Brille ist weg. Er ...Sieht... dich nicht!
7. ...Hilfst... du mir bitte beim Kartoffelschälen?
8. Wolfgang ...reperiert... den Drucker.
9. ...Telefonierst... du schon wieder mit deiner Mutter?
10. ...Fahrt... ihr in diesem Jahr wieder nach Griechenland?
11. Serena ...studiert... in Bremen Medizin.

Verben mit Präfix *(Wiederholung)*

nicht trennbare Verben	trennbare oder nicht trennbare Verben	trennbare Verben
Verben mit den Präfixen: be- emp- ent- er- ge- miss- ver- zer- sind nicht trennbar.	Verben mit den Präfixen: durch- über- um- unter- wider- wieder können trennbar oder nicht trennbar sein.	Verben mit allen anderen Präfixen sind trennbar.
beginnen: ich beginne bezahlen: ich bezahle erhalten: ich erhalte erwarten: ich erwarte vereinbaren: ich vereinbare	*trennbar:* wiederkommen: ich komme wieder *nicht trennbar:* wiederholen: ich wiederhole	aufstehen: ich stehe auf einkaufen: ich kaufe ein fernsehen: ich sehe fern anfangen: ich fange an ausschalten: ich schalte aus

Satzbau

Präsens

Ein nicht trennbares Präfix und das Verb sind immer ein Wort: Diese Bluse gefällt mir nicht. Berichten Sie über Ihren letzten Urlaub!

Das Präfix der trennbaren Verben steht am Satzende: Helga steht jeden Tag um sieben Uhr auf. Ruf mich heute Abend an!

Perfekt

Im Partizip der nicht trennbaren Verben gibt es kein *ge-*: Josef hat die Frage nicht beantwortet.

Das Präfix der trennbaren Verben steht vor dem *ge-*: Klaus hat mich gestern nicht angerufen.

C3 Welches Präfix fehlt?

an- (3 x) • auf- • aus- • be- (2 x) • er- • ein- • mit- • ver- (2 x)

- Heute bin ich um halb sieben *auf*gestanden.
1. Kannst du mir diese Aufgabe ..er... klären?
2. Mein Freund hat gestern zwanzig E-Mails ..be... kommen.
3. Wann seid ihr in Rom ..an.. gekommen?
4. Ich ..ver.. stehe dieses Wort nicht.
5. Nimm doch deinen Regenschirm ..mit..., der Himmel ist bewölkt.
6. Herr Köpke ..ver.. einbart einen Termin für seine Chefin.
7. Wann fängt das Konzert ..an..?
8. Bitte schalte den Computer ..aus.. Ich arbeite nicht mehr.
9. Darf ich Sie heute Nachmittag wieder ..an.. rufen?
10. Sie müssen diese E-Mail sofort ..be.. antworten.
11. Wer kauft heute ..ein..?

Verben

C4 Bilden Sie Fragen im Präsens.

- wann – du – anrufen – Anja — *Wann rufst du Anja an?*
1. wie viele Stunden – Sie – fernsehen – täglich ....
2. wo – ihr – einkaufen – am liebsten ....
3. wann – beginnen – die Theatervorstellung ....
4. wann – aufhören – dein Arabischkurs ....
5. wie oft – Sie – besuchen – Ihre Eltern ....
6. wann – Inge – abfahren ....
7. wann – erwarten – ihr – den Monteur ....
8. wie viele Tabletten – du – am Tag – einnehmen ....
9. wann – der Zug – ankommen ....

C5 Bilden Sie Sätze im Präsens.

- einschalten *(den Fernseher)* — *Er schaltet den Fernseher ein.*
1. bezahlen *(die Rechnung)* ....
2. vereinbaren *(einen Termin)* ....
3. einladen *(einen Freund zum Essen)* ....
4. mitnehmen *(einen Fotoapparat)* ....
5. beantworten *(die E-Mail)* ....
6. aufstehen *(jeden Morgen um 8.00 Uhr)* ....
7. einschlafen *(erst spät abends)* ....
8. abholen *(Tante Anneliese)* ....
9. vergessen *(deinen Geburtstag nicht)* ....
10. zurückfahren *(mit dem Auto)* ....

Das Perfekt *(Wiederholung)*

	1 Hilfsverb	2 Partizip II
Ich habe eingekauft.	habe	eingekauft
Ich bin gefahren.	bin	gefahren

Perfekt mit	*sein*	oder *haben*
Bildung:	ich bin gefahren ich bin aufgestanden Das Flugzeug ist gelandet. besondere Verben: sein: ich bin gewesen bleiben: ich bin geblieben	ich habe getrunken ich habe gearbeitet ich habe gefrühstückt ich habe geschrieben
Verwendung:	Wechsel von Ort oder Zustand Ich bin gefahren. A • → • B	alle anderen Verben

Das Partizip

Regelmäßige Verben

Ich habe gelöst.
Ich habe eingekauft.

→ Partizip: ge........t

	Verben ohne Präfix		Verben mit Präfix			
			trennbare Verben		nicht trennbare Verben	
ich	habe	gelöst	habe	eingekauft	habe	bezahlt
du	hast	gelöst	hast	eingekauft	hast	bezahlt
er/sie/es	hat	gelöst	hat	eingekauft	hat	bezahlt
wir	haben	gelöst	haben	eingekauft	haben	bezahlt
ihr	habt	gelöst	habt	eingekauft	habt	bezahlt
sie	haben	gelöst	haben	eingekauft	haben	bezahlt
Sie	haben	gelöst	haben	eingekauft	haben	bezahlt

Unregelmäßige Verben

Ich bin gefahren.

→ Partizip: ge........en (evtl. Vokalwechsel)

	Verben ohne Präfix		Verben mit Präfix			
			trennbare Verben		nicht trennbare Verben	
ich	bin	gefahren	habe	angerufen	habe	begonnen
du	bist	gefahren	hast	angerufen	hast	begonnen
er/sie/es	ist	gefahren	hat	angerufen	hat	begonnen
wir	sind	gefahren	haben	angerufen	haben	begonnen
ihr	seid	gefahren	habt	angerufen	habt	begonnen
sie	sind	gefahren	haben	angerufen	haben	begonnen
Sie	sind	gefahren	haben	angerufen	haben	begonnen

C6 Ergänzen Sie die Verben im Perfekt.

♦	Ski laufen	Er ist *Ski gelaufen.*
1.	protestieren	Wir haben Protestiert
2.	Knoblauch essen	Sie hat ....
3.	in München ankommen	Clara ist ....
4.	einen Film sehen	Ihr habt ....
5.	Musik hören	Ich ....
6.	den Termin vergessen	Er ....
7.	ein Taxi nehmen (genommen)	Die Gäste haben ....
8.	Kaffee kochen	Ich ....
9.	schlafen	Ihr ....

C7 Schreiben Sie Sätze im Perfekt.

♦	ein Haus in der Lorenzstraße mieten	Rudi *hat ein Haus in der Lorenzstraße gemietet.*
1.	ein interessantes Buch lesen	Herr Wagner hat .... gelesen
2.	ihre Freunde besuchen	Stefano und Raffaella haben .... besucht
3.	ins Theater gehen	Wir sind .... gegangen
4.	um acht Uhr frühstücken	Ich habe .... gefrühstückt
5.	gestern lange arbeiten	Du hast .... gearbeitet
6.	kein Brot kaufen	Ihre Schwester hat .... gekauft
7.	nach Chile fliegen	Familie Klein is .... geflogen
8.	am Nachmittag Mathematik lernen	Unser Sohn hat .... gelernt
9.	das Problem lösen	Meine Kollegin hat .... gelöst
10.	im Hotel bleiben	Einige Touristen sind .... geblieben
11.	am Wochenende spät aufstehen	Wir sind .... aufgestehen

C8 Wie war die Party?

Ergänzen Sie die richtigen Formen.

Hallo Carsten, wie war die Party am Freitag? – Super. Ich habe nicht so viele Leute ..... eingeladen ..... *(einladen)*, und fast alle sind ..... gekommen ..... *(kommen)*, nur Karin hat ..... abgesagt ..... *(absagen)*, denn sie ist zu ihrer Oma ..... gefahren ..... *(fahren)*.

Wir haben einen großen Topf leckere italienische Nudeln ..... gekocht ..... *(kochen)* und dann alles ..... gegessen ..... *(essen)*! Laura hat uns tolle Fotos ..... gezeigt ..... *(zeigen)*, wir haben ..... getanzt ..... *(tanzen)* und Musik ..... gehört ..... *(hören)*. Ach ja, wir haben auch verschiedene Spiele ..... gespielt ..... *(spielen)* und viel ..... gelacht ..... *(lachen)*.

C9 Und wie war Ihre letzte Party?

Schreiben Sie 6–8 Sätze.

Verben

Reflexive Verben

Konjugation						
	ich	erinnere	mich	wir	erinnern	uns
	du	erinnerst	dich	ihr	erinnert	euch
	er/sie/es	erinnert	sich	sie/Sie	erinnern	sich

Teilreflexive Verben	Reflexive Verben
Manche Verben können mit einem Reflexivpronomen oder einem anderen Akkusativobjekt stehen.	Manche Verben haben immer ein Reflexivpronomen.
Ich wasche mich. Ich wasche meine Sachen.	Ich bedanke mich.
anmelden to register anziehen/umziehen to dress ärgern duschen erinnern föhnen schminken makeap treffen meeting waschen	bedanken beeilen to harry befinden beschweren to complain erkälten to catch a cold freuen to be glad interessieren streiten to argue verlieben to love

C10 Ergänzen Sie die Reflexivpronomen.

1. a) Er zieht *sich* um.
   b) Ich ziehe mich... um.
   c) Wir ziehen .ans... um
2. a) Ich freue .mich.. über die Blumen.
   b) Inge freut sich..... über die Blumen.
   c) Oma und Opa freuen ..sich.. über die Blumen.
3. a) Ich dusche *mich* jeden Tag.
   b) Er duscht ..sich... jeden Tag.
   c) Du duschst .dich... jeden Tag.
4. a) Wir beschweren .ans.... über das Zimmer.
   b) Kathrin beschwert ..sich... über das Zimmer.
   c) Ihr beschwert .each.. über das Zimmer.
5. a) Sie bedankt *sich* für das Geschenk.
   b) Wir bedanken .ans... für das Geschenk.
   c) Ihr bedankt .each... für das Geschenk.
6. a) Ich interessiere ..mich. für Politik.
   b) Der Chef interessiert ..sich.. für Politik.
   c) Du interessierst ..Dich... für Politik.

C11 Ergänzen Sie die Reflexivpronomen.

1. Susanne interessiert .sich... für Sprachen.
2. Matthias erinnert ...sich. nicht gern an seine Schulzeit.
3. Ich habe mich... verliebt.
4. Warum streitest du .dich... immer mit deinem Bruder?
5. Otto hat eine schlechte Note in Mathematik. Er ärgert .sich...
6. Frau und Herr Müller haben sich... für einen Spanischkurs angemeldet.
7. Sie treffen .sich... 20.00 Uhr vor dem Kino.
8. Sonja muss .sich... beeilen.
9. Wir haben .ans... für das Geschenk noch nicht bedankt.
10. Marie schminkt ..sich.. wieder stundenlang.
11. Freut ihr each... auf den Urlaub?
12. Der Kunde hat .sich... beschwert.
13. Hast du ein bisschen Vitamin C für mich? Ich habe .mich.. erkältet.

Die Nomengruppe

Das Genus

Singular			Plural
maskulin	feminin	neutral	
der Fußball	die Schule	das Hobby	die Bundesbürger

Für das Genus einiger Nomen gibt es keine Regel.
Lernen Sie deshalb ein neues Wort immer mit dem Artikel!
Bei anderen Nomen gibt es Regeln. Erarbeiten Sie einige davon.

C12 Finden Sie die richtigen Artikel und ergänzen Sie die Regeln.

Die richtigen Artikel finden Sie in den Texten und Übungen zu Kapitel 1.

Regel	Artikel	
Personen und Geräte auf *-er* sind maskulin.	*der*	Fahrer, Manager, Informatiker, Schüler, Computer, Drucker
Personen auf *-in* sind feminin	die	Lehrerin, Kellnerin, Sekretärin, Dozentin
Nomen auf *-ung* sind feminin	die	Prüfung, Übung, Lösung, Zeichnung, Ausbildung, Vorlesung, Wohnung
Nomen auf *-e* sind oft feminin	die	Adresse, Stunde, Schule, Sprache, Tabelle, Note, Geschichte, Hausaufgabe
Fremdwörter auf *-tät, -ion, -ie, -ik* sind	die	Universität, Fakultät, Million, Information, Chemie, Biologie, Physik, Mathematik
Viele internationale Wörter sind	Das	Hotel, Problem, Internet, Telefon, System, Kino, Auto, Lotto, Hobby
Nomen aus dem Infinitiv des Verbs sind	die	Rechnen, Turnen, Lesen, Surfen, Essen, Reisen, Fotografieren, Schreiben
Nomen auf *-um* sind	dis	Studium, Gymnasium, Praktikum

C13 Ordnen Sie die Wörter nach ihrem Artikel.

Sammeln Sie weitere Wörter.

Waschmaschine ♦ Schreiben ♦ Geschichte ♦ Bluse ♦ Freundin ♦ Minister ♦ Familie ♦ Besprechung ♦ Radio ♦ Handy ♦ Sonnenbrille ♦ Leben ♦ Café ♦ Zeitung ♦ Straße ♦ Fernseher

maskulin	feminin	neutral
	die Waschmaschine, Geschichte	Cafe
	Blase	Handy
	Famillie	
	Besprechung	

C14 Ergänzen Sie die Nomen.

der Chemik*er* ♦ die Einlad....... ♦ die Informat....... ♦ die Ausbild....... ♦ der Schül....... ♦ die Frag....... ♦ das Gymnasi....... ♦ das Aut....... ♦ das Les....... ♦ der Comput....... ♦ die Lehrer....... *(Sg.)*

C15 Wie heißen die Nomen?

Vergessen Sie die Artikel nicht.

- ♦ Hier wohnt man. — *die Wohnung*
1. Diese Person fährt ein Taxi. ....
2. In den deutschen Schulen ist die Eins die beste: ....
3. Diese Frau arbeitet in einem Café oder Restaurant. ....
4. Hier kann man studieren. ....
5. Das sind zum Beispiel Jazz, Blues und Rock. ....
6. Das sind zum Beispiel Englisch, Deutsch oder Spanisch. ....
7. Hier lernen Kinder von 6 bis 18. ....

Die Nomengruppe: Genitiv

das Büro meines Chefs – das Brot meiner Kollegin

	Singular						Plural	
	maskulin		feminin		neutral			
Nominativ	der ein mein	Chef Chef Chef	die eine meine	Schule Schule Schule	das ein mein	Hobby Hobby Hobby	die meine	Lehrer Lehrer
Akkusativ	den einen meinen	Chef Chef Chef						
Dativ	dem einem meinem	Chef Chef Chef	der einer meiner	Schule Schule Schule	dem einem meinem	Hobby Hobby Hobby	den meinen	Lehrern Lehrern
Genitiv	des eines meines	Chefs Chefs Chefs	der einer meiner	Schule Schule Schule	des eines meines	Hobbys Hobbys Hobbys	der meiner	Lehrer Lehrer

C16 Ergänzen Sie Artikel und Genitiv.

1. .... Lieblingshobby .... *(der Direktor)* ist Surfen.
2. .... Farbe .... *(die Wand)* gefällt mir gut.
3. Ist das .... Tasche .... *(deine Mutter)*?
4. Kennst du schon .... neue Frau .... *(der Außenminister)*?
5. .... Familie .... *(dein Mann)* ist ziemlich groß.
6. .... Einladung .... *(deine Firma)* zum Essen nehmen wir an!
7. .... Installation .... *(der Drucker)* dauert sehr lange.
8. Wie lange dauert .... Ausbildung .... *(dein Sohn)* noch?
9. Hast du .... Adresse .... *(die Sprachschule Polyglott)*?

Rückblick

D1 Wichtige Redemittel

Hier finden Sie die wichtigsten Redemittel des Kapitels.

Etwas über sich selbst erzählen

Ich heiße/Mein Name ist … • Ich komme aus … • Mein Geburtsort ist …
Ich arbeite als *(Produktmanager)* bei *(Mercedes)* … • Ich bin verheiratet/ledig/geschieden.
Ich wohne in … • In meiner Freizeit *(lese ich gern Fachzeitschriften)* …

Schule und Ausbildung

Ich bin am … in … geboren. • Von … bis … habe ich *(die Schule/das Gymnasium)* besucht. • Meine Lieblingsfächer waren … • Ich habe mich für … interessiert. • In *(Geschichte)* habe ich gute Noten/Zensuren bekommen. • Nach der Schule habe ich eine Ausbildung zu … gemacht. • Von … bis … habe ich an der Universität … studiert. • An der Universität habe ich Vorlesungen und Seminare besucht. • Ich habe *(die Schule/die Ausbildung/die Universität) (1998)* … abgeschlossen. • … habe ich ein Praktikum bei … gemacht.

Tagesablauf

Zu Hause: aufstehen • sich duschen • sich waschen • sich föhnen • sich schminken • frühstücken
Im Büro: Kollegen begrüßen • E-Mails lesen und schreiben • mit Kunden reden • Besprechungen haben • in der Kantine Mittag essen • Termine vereinbaren • Rechnungen schreiben • Feierabend haben
Nach der Arbeit: einkaufen • kochen • fernsehen • Bücher lesen …

D2 Kleines Wörterbuch der Verben

(Wiederholung: Die meisten Verben kennen Sie schon aus Begegnungen A1⁺)

Unregelmäßige Verben

Infinitiv	3. Person Singular Präsens	3. Person Singular Präteritum	3. Person Singular Perfekt
abschließen *(ein Studium)*	er schließt ab	er schloss ab	er hat abgeschlossen
anfangen	er fängt an	er fing an	er hat angefangen
backen *(ein Brot)*	er backt/bäckt	er backte	er hat gebacken
beginnen	er beginnt	er begann	er hat begonnen
bekommen *(eine Stelle)*	er bekommt	er bekam	er hat bekommen
bieten *(eine Chance)*	er bietet	er bot	er hat geboten
bleiben	er bleibt	er blieb	er ist geblieben
essen	er isst	er aß	er hat gegessen
fahren	er fährt	er fuhr	er ist gefahren
fangen *(einen Fisch)*	er fängt	er fing	er hat gefangen
fliegen	er fliegt	er flog	er ist geflogen
geben	er gibt	er gab	er hat gegeben
gehen	er geht	er ging	er ist gegangen

Rückblick

gewinnen	er gewinnt	er gewann	er hat gewonnen
halten *(eine Vorlesung)*	er hält	er hielt	er hat gehalten
heißen	er heißt	er hieß	er hat geheißen
helfen	er hilft	er half	er hat geholfen
kommen	er kommt	er kam	er ist gekommen
lesen	er liest	er las	er hat gelesen
nehmen einnehmen *(eine Tablette)*	er nimmt er nimmt ein	er nahm er nahm ein	er hat genommen er hat eingenommen
schießen *(ein Tor)*	er schießt	er schoss	er hat geschossen
schlafen	er schläft	er schlief	er hat geschlafen
schreiben	er schreibt	er schrieb	er hat geschrieben
sein	er ist	er war	er ist gewesen
singen	er singt	er sang	er hat gesungen
stehen aufstehen	er steht er steht auf	er stand er stand auf	er hat gestanden er ist aufgestanden
sprechen	er spricht	er sprach	er hat gesprochen
trinken	er trinkt	er trank	er hat getrunken
umziehen *(in eine Stadt)*	er zieht um	er zog um	er ist umgezogen
vergessen	er vergisst	er vergaß	er hat vergessen

Reflexive und teilreflexive Verben (regelmäßig und unregelmäßig)

Infinitiv	3. Person Singular Präsens	3. Person Singular Präteritum	3. Person Singular Perfekt
sich anziehen	er zieht sich an	er zog sich an	er hat sich angezogen
sich ärgern	er ärgert sich	er ärgerte sich	er hat sich geärgert
sich bedanken	er bedankt sich	er bedankte sich	er hat sich bedankt
sich befinden	er befindet sich	er befand sich	er hat sich befunden
sich beschweren	er beschwert sich	er beschwerte sich	er hat sich beschwert
sich beeilen	er beeilt sich	er beeilte sich	er hat sich beeilt
sich duschen	er duscht sich	er duschte sich	er hat sich geduscht
sich erinnern	er erinnert sich	er erinnerte sich	er hat sich erinnert
sich erkälten	er erkältet sich	er erkältete sich	er hat sich erkältet
sich freuen	er freut sich	er freute sich	er hat sich gefreut
sich föhnen	er föhnt sich	er föhnte sich	er hat sich geföhnt
sich interessieren	er interessiert sich	er interessierte sich	er hat sich interessiert
sich kämmen	er kämmt sich	er kämmte sich	er hat sich gekämmt

sich schminken	er schminkt sich	er schminkte sich	er hat sich geschminkt
sich streiten	er streitet sich	er stritt sich	er hat sich gestritten
sich treffen	er trifft sich	er traf sich	er hat sich getroffen
sich umziehen	er zieht sich um	er zog sich um	er hat sich umgezogen
sich unterhalten	er unterhält sich	er unterhielt sich	er hat sich unterhalten
sich verlieben	er verliebt sich	er verliebte sich	er hat sich verliebt
sich vorstellen	er stellt sich vor	er stellte sich vor	er hat sich vorgestellt

D3 Evaluation

Überprüfen Sie sich selbst.

Ich kann	gut	nicht so gut
Ich kann einfache Auskünfte über mich selbst geben und Informationen von anderen Personen erfragen.	❒	❒
Ich kann Berufe nennen und Bürotätigkeiten beschreiben.	❒	❒
Ich kann etwas über meine Schulzeit erzählen.	❒	❒
Ich kann einen tabellarischen Lebenslauf lesen und schreiben.	❒	❒
Ich kann meinen Tagesablauf beschreiben.	❒	❒
Ich kann Studieneinrichtungen nennen und einen einfachen Text über akademische Berufe lesen. *(fakultativ)*	❒	❒

Begegnungen

Kapitel 2

Hobbys und Freizeit

Kommunikation

- Über Freizeitaktivitäten berichten
- Über Musik, Fotografieren und Kino sprechen
- Informationen erfragen (z. B. das Kinoprogramm)
- Eine Biografie lesen

Wortschatz

- Freizeit
- Musik
- Fotografie
- Film
- Biografie

Freizeitaktivitäten

A1 Was kann man alles in der Freizeit machen?

Ordnen Sie die Tätigkeiten zu.

malen und zeichnen • Auto fahren • fotografieren • Bier trinken • wandern • Musik hören • einkaufen • sich verlieben • Fußball spielen • Fremdsprachen lernen • kochen • Münzen sammeln • Freunde besuchen • lesen • ein Instrument spielen • fernsehen • im Garten arbeiten • im Internet surfen

1

Auto fahren

2

……………………

3

fotografieren

4

Münzen samlen

5

bier trinken

6

wandern

7

Musik Hören

8

fußbal spielen

9

……………………

10

……………………

11

kochen

12

……………………

13

……………………

14

……………………

15

……………………

16

ein kaufen

17

……………………

18

……………………

Ihr Vorschlag: 19

……………………

Ihr Vorschlag: 20

……………………

A2 Ergänzen Sie die fehlenden Verben.

arbeiten • fahren • gehen • bewundern • spielen (2 x) • trinken • hören (2 x) • treiben • machen (2 x) • gehen • besuchen • reisen • liegen • sehen

Man kann in der Freizeit:

1. ins Konzert ...gehen...
2. einen *(Sprach-)*Kurs ...besuchen...
3. Musik ...Hören...
4. Sport ...Make...
5. im Garten ...arbeiten...
6. Ski ...fahren...
7. Fußball ...spielen...
8. mit Freunden ein Bier ...trinken...
9. eine Reise/einen Ausflug ...machen...
10. ins Ausland ...reisen...
11. in der Sonne ...liegen...
12. Radio ...hören...
13. Karten ...spilen...
14. Gesellschaftsspiele ...machen...
15. zu einer Party ...gehen...
16. einen Film ...sehen...
17. im Museum Bilder/Gemälde/Skulpturen ...bewandern...

A3 Berichten Sie.

Was machen Sie in Ihrer Freizeit? Wie lange und wie oft? Ergänzen Sie die Tabelle.
Vergleichen Sie die Tabelle mit Ihrer Nachbarin/Ihrem Nachbarn.

Platz	Tätigkeit	Wie lange?	Wie oft?
1.	*Fernsehen* *Auf Platz eins steht bei mir (das) Fernsehen, danach kommt ...*	*drei Stunden*	*jeden Tag (täglich)* *dreimal in der Woche* *einmal im Monat* *einmal im Jahr*
2.	....	....	....
3.	....	....	....
4.	....	....	....
5.	....	....	....
6.	....	....	....

A4 Lesen und hören Sie den Text. 1.08

Was sind unsere Lieblingshobbys?

Die Freizeitindustrie ist ein wichtiger Wirtschaftszweig. In Deutschland arbeiten ungefähr fünf Millionen Menschen im Freizeitgeschäft. Es gibt immer wieder neue Untersuchungen über das Freizeitverhalten in Deutschland, denn die großen Betriebe wollen die wichtigsten Trends nicht verpassen.

Hier sind die Ergebnisse der letzten Umfrage: Das Lieblingshobby der Bundesbürger ist das Fernsehen. 96 % der Deutschen sehen täglich fern. Musik hören, Lesen und Surfen im Internet folgen dicht dahinter. Einkaufen und Essengehen stehen ebenfalls ganz weit oben. 70 % der Deutschen fotografieren gern, 52 % unternehmen etwas mit Freunden, 50 % arbeiten gern im Garten und 46 % nennen Reisen als Hobby. Ein neuer Trend heißt: sich verwöhnen, auch *Wellness* genannt. Immerhin 34 % der Bundesbürger geben dafür ihr Geld aus. 29 % der Deutschen malen und zeichnen, 14 % spielen ein Instrument.

Eine sehr wichtige Rolle spielt auch der Sport. 6,3 Millionen Menschen in Deutschland sind Mitglied in einem Fußballverein.

A5 Ergänzen Sie die Tabelle.

Verwenden Sie die Informationen aus Text A4 und berichten Sie.

Die Lieblingshobbys der Bundesbürger:

Platz 1	–	96 %	*96% der Bundesbürger* …………
Platz 2	–	…	*Danach (folgen/kommen) Musik hören* …………
Platz 3	–	…	*Auf Platz drei stehen* …………
Platz 4	–	70 %	…………
Platz 5	–	52 %	…………
Platz 6	–	50 %	…………
Platz 7	–	46 %	…………
Platz 8	–	34 %	…………
Platz 9	–	29 %	…………
Platz 10	–	14 %	…………

6,3 Millionen Menschen …………

A6 Phonetik: Schwierige Wörter (Komposita) 1.09

Hören und wiederholen Sie.

Frei/zeit – Freizeit/industrie – Freizeit/geschäft – Freizeit/verhalten

Lieblings/hobbys – Wirtschafts/zweig – Essen/gehen – Bundes/bürger – Fußball/verein

→ Der Wortakzent bei Komposita ist links.

Die Freizeitindustrie ist ein wichtiger Wirtschaftszweig.

Es gibt viele Untersuchungen über das Freizeitverhalten.

In Deutschland arbeiten fünf Millionen Menschen im Freizeitgeschäft.

6,3 Millionen Menschen sind Mitglied in einem Fußballverein.

A7 Beantworten Sie die folgenden Fragen.

- Denken Sie an Ihre Freizeit.
  Was mögen Sie? Was mögen Sie nicht?
  Was können Sie gut? Was können Sie nicht gut?
  Was wollen Sie dieses Jahr unbedingt noch machen?
- Denken Sie an das nächste Wochenende.
  Was müssen Sie machen?
  Was sollen Sie machen?
  (Was hat der Arzt/Ihre Mutter gesagt?)
  Was möchten Sie gern machen?
  Was dürfen Sie nicht machen?

A8 Modalverben

Ergänzen Sie. *(Wiederholung)*

⇨ Teil C Seite 53

	können	müssen	sollen	wollen	dürfen	mögen	möchte(n)
ich	kann	muss	*soll*	will	darf	mag	*möchte*
du	kannst	musst	sollst	willst	darfst	magst	mochtest
er/sie/es	kann	muss	soll	will	darf	mag	……………
wir	*können*	müssen	……………	*wollen*	……………	……………	*möchten*
ihr	könnt	*müsst*	……………	……………	……………	*mögt*	……………
sie/Sie	*können*	……………	*sollen*	*wollen*	*dürfen*	……………	……………

Musik

A9 Welcher Begriff passt zu welchem Verb?

Ordnen Sie zu.

Fähigkeit • Notwendigkeit • Auftrag • Wunsch • Erlaubnis • Vorliebe • Absicht

Ich kann sehr gut Trompete spielen.	*Fähigkeit*
Ich muss jeden Tag üben.	Nowendigkeit
Ich darf auch nachts Trompete spielen.	Erlaubnis
Ich will mir eine neue Trompete kaufen.	Absicht
Ich möchte gern in ein Konzert des Jazztrompeters Till Brönner gehen.	wunsch
Ich mag die Musik von Till Brönner sehr.	Vorliebe
Ich soll auch für meine Kollegin eine Konzertkarte mitbringen.	Auftrag

A10 Musikinstrumente

a) Welche Musikinstrumente spielen diese Musiker? Ordnen Sie zu.

(die) Gitarre • (der) Kontrabass • (die) Geige • (die) Trompete • (die) Mundharmonika • (die) Orgel • (das) Klavier • (das) Saxofon • (die) Posaune • (das) Schlagzeug

b) Berichten Sie.

Spielen Sie ein Instrument? Wie oft üben Sie?

A11 Haben Sie eine Stereoanlage?

Ordnen Sie die Begriffe zu.

die CD

der Kopfhörer

der CD-Spieler

das Radio

der Verstärker

die Kassette

der Kassettenspieler

der Lautsprecher

die Fernbedienung

A12 Berichten Sie.

Diskutieren Sie mit Ihrer Nachbarin/Ihrem Nachbarn.

Jazz ♦ Rock ♦ Hardrock ♦ Techno ♦ House ♦ Volksmusik ♦ Oper ♦ klassische Konzerte ♦ Blues ♦ Disco ♦ Partymusik zum Mitsingen ♦ Punk ♦ …

- Hören Sie oft Musik?
- Welche Musik mögen Sie, welche Musik mögen Sie gar nicht?
- Gehen Sie manchmal in Konzerte?
- Mögen Sie Opern? Waren Sie schon mal in einer Oper?
- Kennen Sie die Musik von Wolfgang Amadeus Mozart?

A13 Wolfgang Amadeus Mozart (1.10)

Lesen und hören Sie den folgenden Text. Einige Verben stehen im Perfekt, einige im Präteritum. Ergänzen Sie rechts die Verben im Präsens.

Kennen Sie Musik von Wolfgang Amadeus Mozart? Die Oper „Die Zauberflöte“ vielleicht oder die Musik im Film „Jenseits von Afrika“?* Manche Leute sagen, Mozart ist das größte Geschenk der österreichischen Kultur, mit seiner Musik sinkt die Verbrechensrate und das schwere Leben wird leichter.

Doch wer war Mozart und wie lebte er? Hier sind einige Stationen aus seinem Leben. — *sein/leben*

Wolfgang Amadeus Mozart wurde 1756 in Salzburg geboren. Seine Eltern hatten insgesamt sieben Kinder, nur zwei Kinder haben überlebt: Wolfgang und

* Amerikanischer Film von Sydney Pollack. Originaltitel: Out of Africa

seine ältere Schwester Nannerl. Der ehrgeizige Vater Leopold unterrichtete die Kinder früh in Musik. Wolfgang war sehr begabt, er war bald ein Kinderstar. Er spielte vor Kaiserin Maria Theresia und König George Klavier. Alle waren begeistert. Wolfgang reiste mit seiner Familie nach Amsterdam, Brüssel und Paris und gab dort mit großem Erfolg Konzerte. Nebenbei hat Wolfgang auch komponiert, mit elf Jahren hatte er schon 50 Musikstücke fertig, mit zwölf schrieb er seine erste Oper. 1770 konnte er in Mailand sein Operndebüt feiern.

In den Opernhäusern war es früher wie heute auf dem Fußballplatz. Es gab verschiedene Fangruppen: Jede Gruppe hat ihren Lieblingssänger oder ihre Lieblingssängerin mit Rufen unterstützt. Das war ein lauter Musikspaß und die Musik selbst musste gegen den Lärm der Zuschauer kämpfen. Die Opern von Mozart gewannen diesen Kampf.

Heute hat die Oper ihren Zivilisierungsprozess abgeschlossen: Man darf nicht mehr rufen, nicht reden, nicht einmal husten!

Von 1772 bis 1777 lebte Mozart in Salzburg. Er hatte eine feste Arbeit beim Erzbischof Hieronymus Colloredo. Nach dem Tod seiner Mutter 1778 in Paris ist Mozart 1781 nach Wien umgezogen. In Wien begann er seine Karriere als freier Künstler. Wien hatte zu dieser Zeit eine Oper, Theater und Konzerthallen, es war eine Metropole der Musik. Seine Oper „Die Entführung aus dem Serail" war 1781 ein Bombenerfolg! 1782 heiratete Mozart Constanze Weber. Seinen Vater hat er zu seiner Hochzeit nicht eingeladen. Wolfgang und Constanze bekamen sechs Kinder, nur zwei Kinder überlebten.

Mozart verdiente mit seinen Opern viel Geld. Doch er trank viel und er verspielte sehr viel Geld. Seine Schulden waren oft größer als sein Einkommen.

Zwischen 1787 und 1791 verlor das Publikum in Wien das Interesse an Mozarts Musik. Erst 1791 war er wieder erfolgreich. Seine letzte Oper war „Die Zauberflöte". Am 5. Dezember 1791 starb Wolfgang Amadeus Mozart an einer plötzlichen Krankheit in Wien.

A14 Was ist richtig, was ist falsch?

Kreuzen Sie an.

	richtig	falsch
1. Mozart besuchte keine Schule.	☐	☐
2. Wolfgang war nicht sehr musikalisch. Er musste sehr viel üben.	☐	☐
3. Wolfgang komponierte schon als Kind.	☐	☐
4. In Wien verdiente Wolfgang sein Geld als freier Künstler.	☐	☐
5. Er lebte sehr sparsam.	☐	☐
6. Mozart hatte mit seiner Musik nur Erfolge.	☐	☐

A15 Ergänzen Sie die Informationen aus dem Text.

Bringen Sie die Sätze in die richtige Reihenfolge.

1. 3 Wolfgang war sehr ...begabt............, er war bald ein Kinderstar.
2. 1 Wolfgang Amadeus Mozart wurde *1756* in Salzburg geboren.
3. 4 Mit ..Zwölf................. schrieb er seine erste Oper.
4. Seine Oper „Die Entführung aus dem Serail" war 1781 ein .Bombenerfolg.......!
5. 1782 ..heiratete........... Mozart Constanze Weber.
6. 5 1770 konnte er in ....Mailand........ sein Operndebüt feiern.
7. 2 Seine Eltern hatten insgesamt ....sieben.......... Kinder, nur zwei Kinder haben überlebt...........
8. 6 Von 1772 bis 1777 lebte Mozart in .Salzburg............
9. Zwischen 1787 und 1791 verlor das Publikum in Wien das .Interesse......... an Mozarts Musik.
10. 1781 ist Mozart nach Wien .umgezogen.......
11. Seine ..letzte............ Oper war „Die Zauberflöte".
12. Am 5. Dezember 1791 ist Wolfgang Amadeus Mozart in ...Wien................. gestorben.
13. In Wien .verdiente.......... Mozart mit seinen Opern viel Geld.

Musik

Vergangenheit der Verben

⇨ Teil C Seite 58

	Perfekt	Präteritum
Bildung:	Ich habe Andreas im Krankenhaus besucht. Paula hat gestern geheiratet.	Mozart besuchte keine Schule. Mozart heiratete Constanze Weber.
Verwendung:	mehr mündlich	mehr schriftlich (ein Bericht/eine Geschichte in der Zeitung)

***haben*, *sein* und Modalverben**

	Perfekt	Präteritum
Bildung:	Wir haben Erfolg gehabt. Ich bin in Spanien gewesen. Ich habe nicht kommen können.	Wir hatten Erfolg. Ich war in Spanien. Ich konnte nicht kommen.
Verwendung:	selten	oft

A16 Ordnen Sie die Verben.

Suchen Sie die Verben im Präteritum aus Übung A13. Welche Verben sind regelmäßig, welche unregelmäßig?

In welcher Zeit ist das?

Präteritum

regelmäßige Verben	unregelmäßige Verben
er lebte, ~~hatten~~, haben überlebt	*er war,* hatten

A17 Setzen Sie die Sätze ins Präteritum.

- Wie hat Mozart gelebt?
  Wie lebte Mozart?

1. Vater Leopold hat Mozart früh in Musik unterrichtet.
   Vater leopold unterrichtete Mozart früh in Musik.
2. Er hat schon als Kind vor Kaiserin Maria Theresia Klavier gespielt.
   Er spielte schon als kind vor kaiserin Maria Theresia klavier.
3. Wolfgang ist mit seiner Familie nach Amsterdam, Brüssel und Paris gereist.
   Wolfgang reiste mit seiner Familie nach Amsterdam, Brüssel und Paris.
4. Dort hat er mit großem Erfolg Konzerte gegeben.
   Dort gab er mit großem Erfolg konzerte.
5. Mit zwölf hat er seine erste Oper geschrieben.
   Mit zwölf schrieb er seine erste oper.
6. Von 1772 bis 1777 hat Mozart in Salzburg gelebt.
   Von 1772 bis 1777 lebte Mozart in salzburg.
7. Nach dem Tod seiner Mutter ist Mozart 1781 nach Wien umgezogen.
   Nach dem Tod seiner Mutter zog Mozart 1781 nach wien um.
8. In Wien hat er seine Karriere als freier Künstler begonnen.
   In wien begann er seine karriere als freier künstler
9. 1782 hat er Constanze Weber geheiratet.
   1782 heiratete er constanze weber
10. Wolfgang und Constanze haben sechs Kinder bekommen, nur zwei Kinder haben überlebt.
    Wolfgang und constanze bekamen sechs kinder, nur zwei kinder überlebten.
11. Mozart hat mit seinen Opern viel Geld verdient.
    Mozart verdiente mit seinen opern viel Geld.
12. Doch er hat viel getrunken und er hat sein Geld verspielt.
    Doch er trank viel und er ~~spiel~~ verspielte sein Geld.
13. Zwischen 1787 und 1791 hat das Publikum in Wien das Interesse an Mozarts Musik verloren.
    Zwischen 1787 und 1791 verlor das Publikum in wien das Interesse an Mozarts Musik.
14. Am 5. Dezember 1791 ist Wolfgang Amadeus Mozart in Wien gestorben.
    Am 5. Dezember 1791 starb wolfgang Amadeus Mozart in wien.

A18 Berühmte Musiker in Ihrem Heimatland

Berichten Sie über einen berühmten Musiker, Komponisten, Sänger oder eine berühmte Band.

In meinem Heimatland gibt es/gab es … *(einen berühmten Sänger/eine berühmte Sängerin)* …
Er/Sie komponiert/komponierte/singt/sang/spielt/spielte …
Er/Sie ist … Jahre alt/ist … gestorben.
Er/Sie kommt/kam aus …
Er/Sie ist/war verheiratet mit …
Er/Sie hat schon Konzerte gegeben in …
Ich war … in einem Konzert. Das Konzert war sehr gut/wunderbar/überwältigend.

A19 Jeder mag etwas anderes.

Suchen Sie für jedes Mitglied der Familie Feuerstein eine Freizeitveranstaltung am Sonntag.

1. Jan möchte einen Actionfilm sehen.
2. Martina möchte in die Disco.
3. Mutter Heidi will sich Gemälde ansehen.
4. Vater Conrad liebt Fußball.
5. Tante Claudia mag die „Beatles".
6. Oma möchte unbedingt in die Oper.
7. Opa will schöne Frauen fotografieren.

1

The BEATLES

Privates Beatlesmuseum eröffnet
25 Stücke von John, Paul, George und Ringo sind am Sonntag zu sehen in einem kleinen Museum in Siegen.

Termine nach Absprache
Eintrittspreis: 2,00 €

2

Museum für moderne Kunst

Öffnungszeiten:
Mo.–So. 10.00–19.00 Uhr

Eintrittspreis:	5,50 Euro
Studenten:	4,00 Euro
sonntags:	1,00 Euro

3

Club 16

Neueröffnung

Tanzen bis 5.00 Uhr morgens im „Club 16"
Einweihungsparty am Samstag – nur auf Einladung
Ab Sonntag: Eintritt für alle ab 15 Euro

4

„Der Ball ist rund"

Vortrag zum Thema:
„Die soziale Funktion des Fußballs"
von Prof. Werner Köpf in der Aula der Volkshochschule
Samstag, 19.00–21.00 Uhr

5

Wahl zur Miss Germany

in der Grugahalle in Essen am Sonntag, dem 6. März

Beginn: 17.00 Uhr
Eintritt: ab 50,– €
Karten an der Abendkasse

6

Schöne Frauen in der Ausstellung

MODE HEUTE

Modefotos als Kunst

Fotomuseum

Öffnungszeiten:
Di.–So.: 14.00–18.00 Uhr
Eintritt: 1,00 Euro für alle

7

Mozart in Salzburg

Ein Kammerspiel von Otto Hahn im Schauspielhaus

Karten an der Abendkasse ab 23 Euro
immer dienstags und sonntags
Beginn 19.30 Uhr

8

Die Sonntagsvorstellung:
Die Große Oper am Opernplatz präsentiert:

Die Zauberflöte
von W. A. Mozart

Beginn: 13.00 Uhr
Ende: 17.00 Uhr
Für Studenten: Eintritt frei

9

„Mord im Königspalast"
der Superactionspaß aus England

Regina-Filmpalast ab heute

„Das Wunder von Bern"
ein Film über die siegreiche deutsche Fußballmannschaft 1954

A20 Spielen Sie Telefongespräche.

1. Rufen Sie im Museum für moderne Kunst an und fragen Sie nach Öffnungszeiten und Eintrittspreisen.
2. Rufen Sie im Fotomuseum an und fragen Sie nach Öffnungszeiten, Eintrittspreisen und der Länge der Ausstellung „Mode heute".
3. Rufen Sie im Regina-Filmpalast an und fragen Sie nach Filmangebot, Zeiten und Preisen. Reservieren Sie zwei Karten für einen Film.

- Wann ist das Museum geöffnet?
- Wann schließt das Museum?
- Ist das Museum auch am … geöffnet?
- Wie viel kostet eine Eintrittskarte?
- Wie lange geht die Ausstellung „Mode heute" noch?
- Welche Filme zeigen Sie?
- Welche Filme stehen auf dem Programm?
- Wann beginnt der Film? …

Musik

A21 Telefonische Mitteilungen 1.11

a) Sie hören Nachrichten auf verschiedenen Anrufbeantwortern. Beantworten Sie die Fragen. Was ist richtig? Kreuzen Sie an.

1. Warum kommt Oskar nicht mit ins Konzert?
   a) ☐ Er ist krank.
   b) ☐ Er mag keine Musik.
   c) ☐ Er will Susanne den Platz nicht wegnehmen.
2. Warum ruft Jan Kathrin an?
   a) ☐ Er hat Karten für den neuen James-Bond-Film.
   b) ☐ Er will mit ihr den neuen James-Bond-Film sehen.
   c) ☐ Er hat keine Kinokarten mehr bekommen.
3. Was möchte Gudrun?
   a) ☐ Sie will im Internet nach einer CD von Madonna suchen.
   b) ☐ Sie will im Internet Karten für das Madonna-Konzert bestellen.
   c) ☐ Sie will mit Martin zu Hause Musik von Madonna hören.
4. Was soll Frau Köhler machen?
   a) ☐ Die Theaterkarten nach 19.00 Uhr an der Abendkasse abholen.
   b) ☐ Die Theaterkarten bis 19.00 Uhr an der Abendkasse abholen.
   c) ☐ Ihre Theaterkarte in den freien Verkauf geben.

b) Ergänzen Sie die passenden Verben.

ansehen ♦ bestellen ♦ gehen ♦ mitnehmen ♦ abholen ♦ interessieren ♦ liegen

1. Ich kann heute Abend nicht mit dir ins Konzert ……………………
2. Vielleicht kannst du deine Schwester ……………………? Susanne …………………… sich sehr für Musik.
3. Wollen wir uns den Film zusammen ……………………?
4. Soll ich für dich auch eine Karte ……………………?
5. Ihre Karten für die Theatervorstellung …………………… an der Abendkasse.
6. Bitte …………… Sie die Karten eine Stunde vor Beginn der Vorstellung ……

A22 Phonetik: Vokal – e [e:] [ɛ] [ə] 1.12

Hören und wiederholen Sie.

leben – langes e [e:]

Man spricht das *e* lang: langes *e* vor *-h* und/oder einem Konsonanten sowie *-ee*.

nehmen – leben – geben – gehen – sehen – Paket – empfehlen – Tee – Kaffee – Beeren – jeder

kennen – kurzes e [ɛ]

Man spricht das *e* kurz: kurzes *e* vor mehr als einem Konsonanten.

kennen – rechnen – essen – lernen – Rechnung – Restaurant – Geld – Adresse

schreiben – unbetontes e [ə]

In der Alltagssprache spricht man das unbetonte *e* in Endsilben *(-en)* oft gar nicht.

schreiben – spielen – laufen – kaufen – bleiben – trinken – Tasse – Kunde – meine Adresse

Übung:

Wir können nichts kaufen, wir haben kein Geld.
Ich lebe in Wien und gehe jeden Tag ins Restaurant.
Ich gebe dir meine Adresse.

A23 Fotografieren

70 Prozent der Deutschen fotografieren gern. Sie auch?
Fragen Sie Ihre Nachbarin/Ihren Nachbarn und berichten Sie.

1. Fotografieren Sie gern?
   a) ❒ Ja. b) ❒ Nein. c) ❒ Ja, aber nur manchmal.
2. Was fotografieren Sie lieber: Menschen, Gebäude oder Landschaften?
   a) ❒ Menschen. b) ❒ Gebäude. c) ❒ Landschaften.
3. Fotografieren Sie oft Freunde oder Familienmitglieder?
   a) ❒ Nein. b) ❒ Ja, aber nicht gern. c) ❒ Ja, natürlich.
4. Fotografieren Sie mit einer Digitalkamera oder mit Film?
   a) ❒ Mit einer Digitalkamera. b) ❒ Mit einer analogen Kamera. c) ❒ Mit beiden Kameras.
5. Haben Sie viele Fotos zu Hause?
   a) ❒ Ja, sehr viele. b) ❒ Ich habe nur wenige Fotos. c) ❒ Nein, gar keine.
6. Wie oft sehen Sie sich diese Fotos an?
   a) ❒ Sehr oft. b) ❒ Selten. c) ❒ Nie.
7. Wem zeigen Sie Ihre Fotos?
   a) ❒ Meinen Arbeitskollegen. b) ❒ Freunden und meiner Familie. c) ❒ Niemandem.
8. Haben Sie Lieblingsbilder?
   a) ❒ Ja, sehr viele. b) ❒ Ja, einige. c) ❒ Nein, keine.
9. Mögen Sie Fotos von sich selbst?
   a) ❒ Ja. b) ❒ Ja, aber nur Kinderbilder. c) ❒ Nein.
10. Haben Sie schon einmal eine berühmte Person fotografiert, z. B. einen Musiker/eine Musikerin oder einen Politiker/eine Politikerin?
    a) ❒ Ja, schon oft. b) ❒ Ja, einmal. c) ❒ Nein, noch keinen/keine.

Meine Nachbarin/Mein Nachbar fotografiert gern …

Negation ⇨ Teil C Seite 61

Nomen	Ich fotografiere keine Menschen.
Verb	Ich fotografiere nicht. Ich kann nicht fotografieren.
Adjektiv	Ich fotografiere nicht gut.

A24 Ergänzen Sie *nicht* oder *kein-*.

1. Ich nehme ....keinen.... Fotoapparat mit.
2. Hier darf man ....nicht.... fotografieren.
3. Das Konzert hat mir ....nicht.... gefallen.
4. Ich habe ....keine.... Kinokarten mehr bekommen.
5. Ich fand die Ausstellung ....nicht.... interessant.
6. Nein danke, ich möchte ....keine.... Kaffee mehr.

Kino

A25 Berichten Sie.

Krimis ♦ Komödien ♦ Science-Fiction-Filme ♦ romantische Filme ♦ Dokumentarfilme ♦ Actionfilme ♦ Zeichentrickfilme ♦ Dramen ♦ Naturfilme ♦ historische Filme

Gehen Sie gern/oft ins Kino?
Welche Filme sehen Sie am liebsten?
Sehen Sie mehr amerikanische/ausländische Filme oder Filme aus Ihrem Heimatland?
Haben Sie einen Lieblingsschauspieler/eine Lieblingsschauspielerin?
Wann waren Sie zum letzten Mal im Kino? Was haben Sie gesehen?

A26 Kinoprogramm

Lesen Sie das Kinoprogramm des Berliner Film-Palastes.

Grounding

Regie: Michael Steiner

Der Untergang der Swissair am 2. Oktober 2001 hat in der Schweiz Nationalgeschichte geschrieben. Der Film arbeitet mit Dokumentar- und Spielfilmszenen und macht aus dem Bankrott der Schweizer Fluggesellschaft ein spannendes Wirtschaftsdrama.

Mo.–Do. 13.00 Uhr, 18.30, 21.45 Uhr, Sa. 21.30 Uhr

Sommer vorm Balkon

Regie: Andreas Dresen

Zwei Freundinnen, Katrin und Nike, wohnen in Berlin. Es ist Sommer und sie verbringen ihre Zeit auf dem Balkon. Katrin und Nike beobachten die Menschen. Ob Jung oder Alt, alle fragen sich das Gleiche: Wie lange dauert die Liebe? Sommer vorm Balkon ist ein Film mit viel Wärme und Humor. Er gibt mal komische, mal tragische Antworten auf diese wichtige Frage.

Täglich um 17.30 Uhr, 22.00 Uhr

M. – Eine Stadt sucht einen Mörder

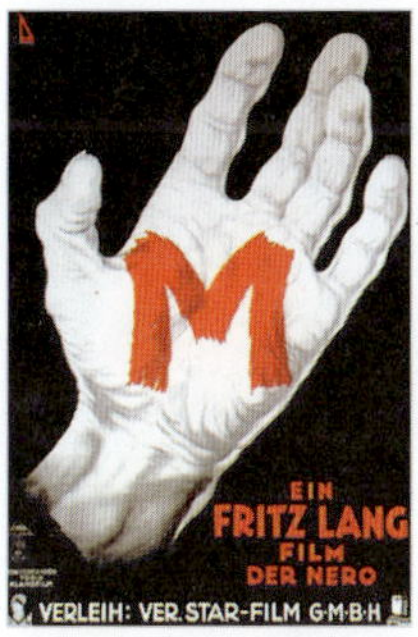

Regie: Fritz Lang

Berlin 1931 – eine Stadt in Angst. Ein psychopathischer Kindermörder lebt in der Stadt. Die Polizei sucht ihn seit Monaten, aber ohne Erfolg … Regisseur Fritz Lang ließ sich durch eine echte Mordserie in den Zwanzigerjahren zu diesem Film inspirieren. Experten wählten diesen Film 1995 zum wichtigsten deutschen Film des vergangenen Jahrhunderts.

Fr., Sa., So. 18.30 Uhr, 22.15 Uhr

Auf der Suche nach Mozart

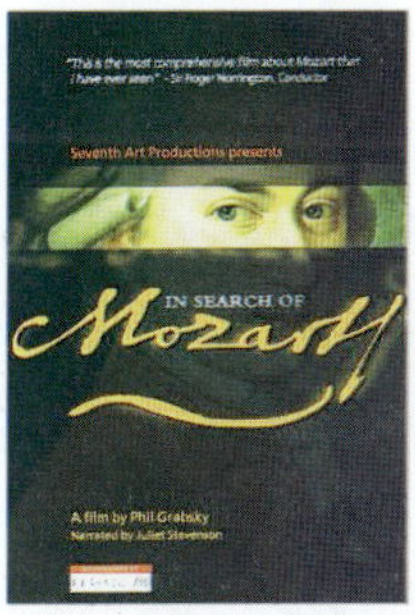

Regie: Phil Grabsky

Die Musik von Wolfgang Amadeus Mozart ist mehr als 200 Jahre alt und sie fasziniert immer noch die meisten Musiker. Dieser Dokumentarfilm über den größten österreichischen Komponisten erzählt seine Biografie und zeigt Interviews mit berühmten Musikern. Er sucht eine Antwort auf die Frage: Woher kommt die Faszination von Mozarts Musik?

Fr., So. 20.00 Uhr

Bella Martha

Regie: Sandra Nettelbeck

Martha ist Chefköchin in einem französischen Restaurant in Norddeutschland. Sie ist schön, ledig, kinderlos und hat nur ein Interesse: das Kochen. Aber eines Tages bringen ein kleines deutsches Mädchen und ein italienischer Mann ihr Leben durcheinander.

Di., Mi., Sa. 15.30 Uhr, 19.45 Uhr

A27 Wovon handeln die Filme?

Ordnen Sie zu.

etwas handelt von + Dativ

Der Film	handelt …
(1) *Grounding* b	(a) von einem Kindermörder.
(2) *Sommer vorm Balkon* c	(b) vom Untergang der Swissair.
(3) *M. – Eine Stadt sucht einen Mörder* a	(c) von der Dauer der Liebe.
(4) *Auf der Suche nach Mozart* e	(d) vom Leben einer Köchin.
(5) *Bella Martha* d	(e) von der Faszination der Musik von Mozart.

A28 Was ist richtig, was ist falsch?

Kreuzen Sie an.

	richtig	falsch
1. *Grounding* ist ein Dokumentarfilm über die Swissair.	☐	☒
2. Das Thema in *Sommer vorm Balkon* ist die Liebe.	☒	☐
3. Das Leben der Köchin in *Bella Martha* verändert sich.	☒	☐
4. *Auf der Suche nach Mozart* ist ein Spielfilm über Mozarts Leben.	☐	☒
5. Der Film von Fritz Lang aus dem Jahre 1931 erzählt eine wahre Geschichte.	☒	☐

A29 Wählen Sie einen Film.

Suchen Sie für sich selbst und für Ihren Nachbarn/Ihre Nachbarin einen Film aus. Begründen Sie kurz Ihre Meinung.

- Ich gehe in den Film …/Ich sehe mir den Film … an./Mich interessiert der Film …
- Ich habe für meine Nachbarin/meinen Nachbarn den Film … ausgesucht/ausgewählt.
- Dieser Film gefällt ihr/ihm bestimmt, denn …
- Diesen Film findet sie/er bestimmt interessant, denn …

A30 Kino-Wortschatz

a) Welcher Beruf passt nicht zum Film?

Regisseur • Schauspieler • Maler • Autor • Komponist • Kameramann • Produzent

b) Finden Sie das Gegenteil.

Klassiker • wenig • läuft • selten • Dokumentarfilm • Ausland

1. Spielfilm	~~Dokumentarfilm~~ Dokumentarfilm
2. ein neuer Film	ein Klassiker
3. oft ins Kino gehen	selten ins Kino gehen
4. ein Film aus meinem Heimatland	ein Film aus dem Ausland
5. der Film hatte viele Zuschauer	der Film hatte wenig Zuschauer
6. der Film ist schon zu Ende	der Film läuft noch

A31 Ergänzen Sie die Reflexivpronomen. 1.13

Hören Sie danach den Dialog auf CD.

denn → man zeigt Interesse

Georg:	Hallo Sonja. Wollen wir heute ins Kino gehen?
Sonja:	Ins Kino? Was für ein Film läuft denn im Kino?
Georg:	Es läuft ein neuer Krimi: Der Mörder von Baden-Baden.
Sonja:	Oh, ein neuer Krimi von Edgar Grusel! Der Film interessiert ....!
Georg:	Dann treffen wir .... um 20.00 Uhr vor dem Kino.
Sonja:	20.00 Uhr schon? Wie spät ist es jetzt?
Georg:	Es ist 19.00 Uhr. Du hast noch eine Stunde Zeit.
Sonja:	Eine Stunde ist zu wenig. Ich muss .... noch duschen, föhnen und schminken. Und ich muss .... auch noch umziehen.
Georg:	Ich muss .... auch noch umziehen, das dauert aber keine Stunde!
Sonja:	Männer ziehen .... schneller um als Frauen. Aber gut. Ich beeile .... Ich freue .... schon auf den Film.
Georg:	Ich .... auch. Bis dann.
Sonja:	Ja, tschüss, bis dann.

A32 Spielen Sie kleine Dialoge.

Wollen wir heute ins Kino gehen?

Was für ein Film läuft denn im Kino?

Es läuft *(ein neuer Krimi/ein Actionfilm/eine neue Komödie)*: …

Der Film interessiert mich *(sehr/nicht)*!

Treffen wir uns um ...

Nein, das ist zu früh. Ich muss *(mich)* noch ....

Gut, dann treffen wir uns ...

Ja, ich freue mich schon auf den Film.

Ich mich auch.

A33 Schriftlicher oder mündlicher Ausdruck

Schreiben Sie einen kurzen Brief oder berichten Sie mündlich über Ihr letztes Wochenende.

Haben Sie einen Film gesehen/ein Buch gelesen? Wenn ja, erzählen Sie darüber.

Haben Sie Sport getrieben? Wenn ja, was?

Sind Sie irgendwohin gefahren?

Haben Sie vielleicht ein Instrument gespielt, getanzt oder gesungen?

Haben Sie sich mit Freunden getroffen? Was haben Sie zusammen gemacht?

Haben Sie etwas Leckeres gegessen/getrunken?

Haben Sie ein Museum oder ein Konzert besucht? Was haben Sie gesehen/gehört?

Wissenswertes *(fakultativ)*

B1 Mögen Sie Krimis? 1.14

a) Wer, glauben Sie, schrieb den ersten Krimi? Berichten Sie.

b) Schlagen Sie im Wörterbuch oder im Glossar die folgenden Wörter nach:
der Mord – die Ermordung – das Verbrechen – der Beweis – der Zeuge – die Aufklärung

c) Lesen und hören Sie den folgenden Text.

Wer schrieb den ersten Krimi?

Geschichten von Mord und anderen Verbrechen gab es schon immer. Wissenschaftler verweisen in diesem Zusammenhang gerne auf die Bibel. Die Bibel erzählt schon auf ihren ersten Seiten eine Kriminalgeschichte: Die Ermordung Abels durch seinen Bruder Kain. Der richtige Kriminalroman, oder besser gesagt: Detektivroman, ist noch nicht so alt.

DER DOPPEL MORD IN DER RUE MORGUE
VON EDGAR ALLAN POE FÜNF SEINER MEISTERHAFTEN·SCHARF SINNIGEN·GEHEIMNIS VOLLEN UND GRAUEN HAFTEN KURZGESCHICH TEN IM VERLAG PHILIPP RECLAM JUN. LEIPZIG

Als der wirklich erste Krimi gilt eine Erzählung des Amerikaners Edgar Allan Poe: „Der Doppelmord in der Rue Morgue". Das Buch erschien 1841. In dieser Erzählung fanden die Leser zum ersten Mal das Grundmotiv des klassischen Kriminalromans: Ein Privatdetektiv klärt ein Verbrechen auf. Mit seinem Sherlock Holmes führte der englische Schriftsteller Arthur Conan Doyle ab 1887 diese Entwicklung weiter. Und er erfand eine bis heute sehr beliebte Variante. Er schenkte dem Detektiv einen Freund: Dr. Watson. Der nächste bedeutende Schritt in der Geschichte der Kriminalromane waren die Bücher von George Simenon aus Belgien. Von jetzt an suchten staatliche Polizisten (Kommissar Maigret) die Mörder und Verbrecher.

Bleibt die Frage: Warum gab es nicht schon früher Detektivgeschichten? Die Antwort ist sehr einfach. Erst ab Mitte des 19. Jahrhunderts spielten die Beweise bei der Jagd nach Verbrechern eine Rolle, vorher waren es hauptsächlich die Aussagen von Zeugen. Mit den Beweisen begann die Arbeit für Detektive und Kriminologen.

Heute gehören Detektivgeschichten zu den meistgelesenen Büchern und seit der Anfangszeit des Films gibt es diese Geschichten auch im Kino. Zwei Dinge faszinieren die Zuschauer beim Krimi: das Verbrechen selbst und die Aufklärung, der Kampf zwischen Gut und Böse.

Im Fernsehen jagen fast jeden Abend mutige Polizisten böse Verbrecher. Deutsche Polizei- und Krimiserien zählen zu den wichtigsten Exportprodukten. Vor vielen Jahren durfte der deutsche Hauptkommissar Derrick in ca. 40 Ländern Verbrechen aufklären, natürlich nur im Fernsehen. Die neuen deutschen Krimiserien heißen „Kommissar Rex" oder „SOKO" und man kann sie auch in China oder Korea sehen.

B2 Welche Antwort ist richtig?

Kreuzen Sie an.

1. Wann konnte man den ersten Krimi kaufen?
   a) ❒ 1887 b) ❒ 1841 c) ❒ Mitte des 19. Jh.
2. Was ist das Grundmotiv des klassischen Kriminalromans?
   a) ❒ Ein Mord. b) ❒ Ein Detektiv klärt ein Verbrechen auf. c) ❒ Ein Kommissar sucht einen Freund.
3. Was war neu in den Büchern von George Simenon?
   a) ❒ Ein Privatdetektiv sucht Beweise. b) ❒ Ein Polizist (Kommissar) sucht einen Verbrecher. c) ❒ Die Geschichte spielt in Belgien.
4. Warum gab es im 17. Jahrhundert noch keine Detektivgeschichten?
   a) ❒ Es gab keine Mörder. b) ❒ Es gab keine Polizei. c) ❒ Beweise waren bei der Suche nach Verbrechern nicht wichtig.

B3 Krimi-Wortschatz

a) Wörter aus dem Text

- der Krimi (Kurzform) = die Kriminalgeschichte – die Detektivgeschichte – der Kriminalroman – der Detektivroman
- der Mord – der Mörder/die Mörderin (die Mörder) – die Ermordung [Abels]
- das Verbrechen – der Verbrecher/die Verbrecherin (die Verbrecher)
- der Detektiv – der Privatdetektiv – der Kommissar/die Kommissarin – Verbrecher suchen/jagen – die Suche/die Jagd nach Verbrechern – Verbrechen aufklären – die Aufklärung eines Verbrechens – Beweise spielen eine wichtige Rolle (*Sg.*: der Beweis) – die Aussagen von Zeugen (*Sg.*: der Zeuge/die Zeugin)

b) Weitere Wörter
Welche Wörter passen zu Straftat Nummer 1, 2 und 3? Welche Wörter passen zu *Polizei*?

der Einbruch • der Diebstahl • der Banküberfall • das Verhör • der Dieb/die Diebin • etwas stehlen • einbrechen (z. B. in ein Geschäft) • einen Täter/eine Täterin festnehmen/verhaften • einen Täter verhören

Straftat 1: Jemand hat eine Bank überfallen.

....

Straftat 2: Jemand hat aus meiner Handtasche mein Portemonnaie gestohlen.

....

Straftat 3: Jemand ist in ein Haus eingebrochen.

....

Polizei: ....

c) Ergänzen Sie die Artikel. Welches Wort hat einen anderen Artikel?

•	*die*	Polizistin – Verbrecherin – Zeugin – Kommissar	*der Kommissar*
1.	....	Verbrecher – Polizei – Mörder – Detektiv	....
2.	....	Film – Roman – Serie – Krimi	....
3.	....	Aufklärung – Motiv – Verhör – Verbrechen	....
4.	....	Einbruch – Straftat – Diebstahl	....

B4 Ergänzen Sie die Verben im Präteritum.

1. Geschichten von Mord und anderen Verbrechen .... es schon immer. *(geben)*
2. Der wirklich erste Krimi .... „Der Doppelmord in der Rue Morgue". Er .... 1841. *(sein/erscheinen)*
3. In dieser Erzählung .... die Leser zum ersten Mal das Grundmotiv des klassischen Kriminalromans: Ein Privatdetektiv klärt ein Verbrechen auf. *(finden)*
4. Der englische Schriftsteller Arthur Conan Doyle .... ab 1887 diese Entwicklung weiter. *(führen)*
5. Er .... eine sehr beliebte Variante. Er .... Sherlock Holmes einen Freund: Dr. Watson. *(erfinden/schenken)*
6. In den Büchern von George Simenon .... Kommissar Maigret Mörder und Verbrecher. *(suchen)*
7. Warum .... es nicht schon früher Detektivgeschichten? *(geben)*
8. Erst ab Mitte des 19. Jahrhunderts .... die Beweise bei der Jagd nach Verbrechern eine Rolle und damit .... die Arbeit für Detektive und Kriminologen. *(spielen/beginnen)*

B5 Gut und böse

Wie heißt das Gegenteil? Ordnen Sie zu.

coward

unwichtige • feige • unbeliebter • böser • dumme • langweilige • schwere • letzte • ungelöste

•	der gute Polizist	ein	*böser*	Verbrecher
1.	der kluge Detektiv	der	damme	Einbrecher
2.	das spannende Buch	das	langweilige	Buch
3.	der erste Krimi des Autors	der	Lezzte	Krimi des Autors
4.	der aufgeklärte Fall	der	cungdöste	Fall
5.	eine wichtige Rolle	eine	~~Schwere~~ unwichtige feige	Rolle
6.	ein beliebter Kommissar	ein	cunbeliebter	Kommissar
7.	das leichte Verbrechen	das	schwere	Verbrechen
8.	der mutige Polizist (brave)	der	feige	Mörder

B6 Schreiben Sie einen Krimi im Präteritum.

Freitag, 13.3., 13.24 Uhr unbekannter Mann → Bank in der Goldschmiedstraße → überfallen

Täter → eine Maske tragen

nur eine Mitarbeiterin → in der Bank sein • der zweite Mitarbeiter → nicht da sein • Täter → Mitarbeiterin → mit einer Pistole bedrohen

Bankräuber → das ganze Geld fordern

Bankmitarbeiterin → 500.000 Euro in einen Koffer legen

Täter → mit Taxi fliehen

Polizei → mit Hunden nach dem Täter suchen

Film auf Videokamera → keine weiteren Informationen liefern

zweite Bankmitarbeiter → bis heute → spurlos aus Deutschland verschwinden • Polizei → den Täter nicht verhaften können

Verben

Modalverben ***(Wiederholung)***

		können	müssen	sollen	dürfen	wollen	möchte(n)	mögen
Sg.	ich	kann	muss	soll	darf	will	möchte	mag
	du	kannst	musst	sollst	darfst	willst	möchtest	magst
	er/sie/es	kann	muss	soll	darf	will	möchte	mag
Pl.	wir	können	müssen	sollen	dürfen	wollen	möchten	mögen
	ihr	könnt	müsst	sollt	dürft	wollt	möchtet	mögt
	sie	können	müssen	sollen	dürfen	wollen	möchten	mögen
	Sie	können	müssen	sollen	dürfen	wollen	möchten	mögen

Gebrauch			
	können	Ich kann sehr gut Tennis spielen. Du kannst jetzt duschen.	Fähigkeit Gelegenheit
	müssen	Ich muss heute länger arbeiten.	Notwendigkeit
	sollen	Ich soll heute länger arbeiten. (Mein Chef will das.) Soll ich Kaffee kochen?	Auftrag Frage nach dem Wunsch einer anderen Person
	dürfen	Man darf nur in der Raucherecke rauchen. Darf ich hier mal telefonieren?	Erlaubnis Höfliche Frage
	wollen	Ich will mir ein neues Auto kaufen.	Absicht
	möchte(n)	Ich möchte gern ein Konzert von Till Brönner besuchen.	Wunsch
	mögen	Ich mag die Musik von Till Brönner sehr.	Vorliebe

C1 Ergänzen Sie die Modalverben in der richtigen Form.

- *Möchten* Sie noch einen Tee? *(möchten)*

1. ..kannst.......... du mich nach Hause fahren? *(können)*
2. Wann ...wollt........... ihr Tante Irma besuchen? *(wollen)*
3. ..Mag............. Otto keine Erdbeeren? *(mögen)*
4. Die Kollegen ....dürfen..... nur in der Cafeteria rauchen. *(dürfen)*
5. Frau Koch ......muss........ dieses Problem bald lösen. *(müssen)*
6. ...Soll............. ich dich abholen? *(sollen)*
7. ..Möchtest...... du in diesem kleinen Büro arbeiten? *(möchten)*
8. Unser Chef ....kann............ kein Spanisch. *(können)*
9. ..darf.............. ich mal kurz das Fenster öffnen? *(dürfen)*
10. Ich ....will.......... dieses Jahr nicht schon wieder an die Nordsee fahren. *(wollen)*
11. Martin, du ....sollst.......... um 15.00 Uhr zum Direktor kommen. *(sollen)*
12. Die Kinder ....wollen.......... noch nicht ins Bett gehen. *(wollen)*
13. Meine Oma .....mag............ Schokolade. *(mögen)*
14. ..Dürfen........... wir mal Ihr Telefon benutzen? *(dürfen)*

C2 Antworten Sie.

1. Mögen Sie klassische Musik? *Ja, ich* mag klassische Musik.
2. Kannst du gut Fußball spielen? ja. Ich kann gut fußball spielen.
3. Müssen Fußballspieler oft trainieren? ja. sie müssen oft trainieren.
4. Dürft ihr in eurer Wohnung nachts Schlagzeug spielen? ja. wir dürfen in unser Wohnung spielen
5. Möchten Sie ein Doppelzimmer mit Seeblick? ja. Ich möchte ein Doppelzimmer mit Seeblick.
6. Wollen Sie diesen Sommer wieder eine Reise machen? ja. Ich will diesen Sommer wieder eine Reise machen
7. Hat Ihr Arzt gesagt, Sie sollen viel Sport treiben? ja. Ich soll viel sport treiben.

H.W

C3 Ergänzen Sie die Modalverben in der richtigen Form.

Manchmal gibt es mehrere Lösungen.

- Wir *dürfen* in unserem Haus nach 22.00 Uhr keine Musik mehr machen.

1. Achim ...kann... sehr gut Klavier spielen. Aber er ...will muss... jeden Tag zwei Stunden üben.
2. Meine Mutter sagt, ich ...soll... jeden Tag eine Stunde spazieren gehen, aber ich ...will/möchte... das nicht.
3. ...Möchtest... du mit Tante Klara in die Oper gehen? – Auf gar keinen Fall, ich ...mag... keine Opern.
4. Mein Kollege ...mag... Abenteuerreisen. Er ...will... dieses Jahr auf den Himalaja klettern.
5. ...Musst... du heute noch arbeiten oder ...kannst... du mit mir ins Kino gehen? – Mein Chef hat gesagt, ich ...soll... noch alle E-Mails beantworten.
6. ...Darf... man hier rauchen? – Nein, zum Rauchen ...können... Sie in die Raucherecke gehen.
7. Du bist noch keine 16 Jahre alt. Du ...darfst... noch kein Bier trinken.
8. Martin ist krank. Er ...kann... zu deiner Party nicht kommen.
9. Der Zug hat Verspätung. Wir ...müssen... noch eine halbe Stunde warten.

Gebrauch der Zeitformen

gestern	heute	morgen
Ich kaufte gestern ein. (Präteritum) Ich habe gestern eingekauft. (Perfekt)	Ich kaufe heute ein. (Präsens)	Ich kaufe morgen ein. (Präsens) **Zeitangabe verweist auf Zukunft**
Beispiele: Ich besuchte ihn letzte Woche. Ich habe ihn letzte Woche besucht.	Ich besuche ihn gerade.	Ich besuche ihn nächste Woche.
Im Sommer fuhr ich nach Italien. Im Sommer bin ich nach Italien gefahren.	Ich sitze im Auto und fahre nach Italien.	Im August fahre ich nach Italien.

Verben

Präteritum der Hilfsverben und Modalverben

		haben	sein	werden
Singular	ich	hatte	war	wurde
	du	hattest	warst	wurdest
	er/sie/es	hatte	war	wurde
Plural	wir	hatten	waren	wurden
	ihr	hattet	wart	wurdet
	sie	hatten	waren	wurden
formell	Sie	hatten	waren	wurden

		können	müssen	dürfen	sollen	wollen	mögen
Singular	ich	konnte	musste	durfte	sollte	wollte	mochte
	du	konntest	musstest	durftest	solltest	wolltest	mochtest
	er/sie/es	konnte	musste	durfte	sollte	wollte	mochte
Plural	wir	konnten	mussten	durften	sollten	wollten	mochten
	ihr	konntet	musstet	durftet	solltet	wolltet	mochtet
	sie	konnten	mussten	durften	sollten	wollten	mochten
formell	Sie	konnten	mussten	durften	sollten	wollten	mochten

C4 Ergänzen Sie die Verben im Präteritum.

1. dürfen	a) Ich	durfte		
	b) Er	darfte	früher keine Schokolade essen.
	c) Marcus und Kathrin	darften	
2. müssen	a) Opa	masste	
	b) Ihr	masstet	früher zwölf Stunden am Tag arbeiten.
	c) Frau und Herr Krause	massten	
3. können	a) Du	konntest	
	b) Jean-Marc	konnte	vor drei Jahren noch kein Deutsch.
	c) Wir	konnten	
4. sein	a) Du	warst	
	b) Ihr	wart	doch schon oft in Portugal.
	c) Sie	waren	
5. haben	a) Wir	hatten	
	b) Mein Bruder	hatte	früher einen kleinen Hund.
	c) Meine Nachbarn	hatten	
6. wollen	a) Die Sekretärin	wollte	
	b) Ich	wollte	keine Kaffeepause machen.
	c) Mein Kollege	wollte	

C5 Besuch bei Tante Hilde

Ergänzen Sie die Verben im Präteritum.

- ♦ haben: Früher *hatten* wir noch kein Auto.

1. müssen: Wir ..massten........ immer mit dem Zug zu Tante Hilde fahren.
2. haben: Der Zug ..hatte............ manchmal Verspätung.
3. dürfen: Im Zug ..darste.......... man noch rauchen.
4. wollen: Opa Ludwig ..Wollte........... immer seinen Hund mitnehmen.
5. können: Tante Hilde ..konnte......... aber Hunde nicht leiden.
6. müssen/dürfen: Der Hund ...masste......... immer im Garten bleiben.
   Er ....darfte......... nicht ins Wohnzimmer.
7. sein: Bei Tante Hilde im Wohnzimmer .....War............. es kalt.
8. mögen: Ich ..Mochte........... diese Kälte nicht.
9. sollen/dürfen: Wir ...Sollten............ bei Tante Hilde immer ruhig auf dem Stuhl sitzen und
   .darften.......... beim Essen nicht reden. Schrecklich!
10. werden: Nach dem Besuch bei Tante Hilde ....Warde........ ich oft krank.

C6 Schreiben Sie die Sätze im Präteritum.

- ♦ Ich will nicht ins Konzert gehen.
  Ich wollte nicht ins Konzert gehen.

1. Ich kann nicht Klavier üben, ich habe Kopfschmerzen.
   Ich konnte nicht klavier üben, Ich hatte Kopfschmerzen.
2. Paul darf kein Eis mehr essen.
   Paul darfte kein Eis mehr essen.
3. Ihr sollt pünktlich zum Essen kommen.
   Ihr Solltet Pünktlich zum Essen kommen.
4. Wir wollen nach Italien fahren.
   Wir wollten nach Italien fahren.
5. Ich muss zum Arzt gehen.
   Ich masste zam Arzt gehen.
6. Ich soll weniger essen.
   Ich sollte wenyer essen.
7. Sie mag deutsche Volksmusik.
   sie mochte deutshe Volkmusik.
8. Ich darf in dieser Straße nicht parken.
   Ich darste in dieser strape nicht Parken.
9. Franz kann sehr gut Fußball spielen.
   Franz konnte sehr gut faßball spielen.

Verben

Vergangenheitsform regelmäßiger Verben

	spielen			arbeiten		
	Präsens	**Präteritum**	**Perfekt**	**Präsens**	**Präteritum**	**Perfekt**
ich	spiele	spielte	habe gespielt	arbeite	arbeitete	habe gearbeitet
du	spielst	spieltest	hast gespielt	arbeitest	arbeitetest	hast gearbeitet
er/sie/es	spielt	spielte	hat gespielt	arbeitet	arbeitete	hat gearbeitet
wir	spielen	spielten	haben gespielt	arbeiten	arbeiteten	haben gearbeitet
ihr	spielt	spieltet	habt gespielt	arbeitet	arbeitetet	habt gearbeitet
sie	spielen	spielten	haben gespielt	arbeiten	arbeiteten	haben gearbeitet
Sie	spielen	spielten	haben gespielt	arbeiten	arbeiteten	haben gearbeitet

	eröffnen			studieren		
	Präsens	**Präteritum**	**Perfekt**	**Präsens**	**Präteritum**	**Perfekt**
ich	eröffne	eröffnete	habe eröffnet	studiere	studierte	habe studiert
du	eröffnest	eröffnetest	hast eröffnet	studierst	studiertest	hast studiert
er/sie/es	eröffnet	eröffnete	hat eröffnet	studiert	studierte	hat studiert
wir	eröffnen	eröffneten	haben eröffnet	studieren	studierten	haben studiert
ihr	eröffnet	eröffnetet	habt eröffnet	studiert	studiertet	habt studiert
sie	eröffnen	eröffneten	haben eröffnet	studieren	studierten	haben studiert
Sie	eröffnen	eröffneten	haben eröffnet	studieren	studierten	haben studiert

Verben auf *-ieren* bilden das Partizip ohne *-ge*

C7 Ergänzen Sie.

Infinitiv	Präteritum	Perfekt	
♦ machen	er *machte*	wir *haben*	*gemacht*
1. antworten !	ich antwortete	ich habe	geantwortet
2. arbeiten !	ich arbeitete	ich habe	gearbeitet
3. aufhören	wir hörten auf	wir habe	aufgehört
4. ausdrucken	ihr drucktet auf	ihr habt	
5. beenden !	sie *(Pl.)*	sie *(Pl.)*	
6. bezahlen	ihr	ihr	
7. duschen	du	du	
8. fragen	ich	ich	
9. heiraten !	er	er	
10. hören	ihr	ihr	
11. kaufen	du	du	
12. kochen	du	du	
13. lachen	wir	wir	
14. lernen	sie *(Pl.)* lernten	sie *(Pl.)* haben	gelernt
15. lieben	sie liebte	sie hat	geliebt
16. leben	ich lebte	ich habe	gelebt
17. reisen	ich reiste	ich bin	gereist

C8 Bilden Sie Sätze im Präteritum (a) und im Perfekt (b).

Achten Sie auf die Wortstellung.

- 1782 – Mozart – Constanze Weber – heiraten
  a) 1782 heiratete Mozart Constanze Weber.
  b) 1782 hat Mozart Constanze Weber geheiratet.

1. Peter – früher – Tennis – regelmäßig – spielen
   a) ....
   b) ....
2. Anja – in Heidelberg – Germanistik – studieren
   a) ....
   b) ....
3. wir – im Auto – oft – Radio – hören
   a) ....
   b) ....
4. Agnieszka – ihre Hausaufgaben – immer – machen
   a) ....
   b) ....
5. sie – fleißig – Vokabeln – lernen
   a) ....
   b) ....
6. Johann – ein neues Schlagzeug – sich kaufen
   a) ....
   b) ....
7. Mozart – sein Glück – in Wien – suchen
   a) ....
   b) ....
8. man – früher – mit einer Kutsche – reisen
   a) ....
   b) ....
9. der Künstler – in Paris – leben
   a) ....
   b) ....
10. sie – die Rechnung – sofort – bezahlen
    a) ....
    b) ....
11. die Sekretärin – die E-Mail – nicht – ausdrucken
    a) ....
    b) ....

Vergangenheitsform unregelmäßiger Verben

	fliegen			beginnen		
	Präsens	Präteritum	Perfekt	Präsens	Präteritum	Perfekt
ich	fliege	flog	bin geflogen	beginne	begann	habe begonnen
du	fliegst	flogst	bist geflogen	beginnst	begannst	hast begonnen
er/sie/es	fliegt	flog	ist geflogen	beginnt	begann	hat begonnen
wir	fliegen	flogen	sind geflogen	beginnen	begannen	haben begonnen
ihr	fliegt	flogt	seid geflogen	beginnt	begannt	habt begonnen
sie	fliegen	flogen	sind geflogen	beginnen	begannen	haben begonnen
Sie	fliegen	flogen	sind geflogen	beginnen	begannen	haben begonnen

	fahren			schreiben		
	Präsens	Präteritum	Perfekt	Präsens	Präteritum	Perfekt
ich	fahre	fuhr	bin gefahren	schreibe	schrieb	habe geschrieben
du	fährst	fuhrst	bist gefahren	schreibst	schriebst	hast geschrieben
er/sie/es	fährt	fuhr	ist gefahren	schreibt	schrieb	hat geschrieben
wir	fahren	fuhren	sind gefahren	schreiben	schrieben	haben geschrieben
ihr	fahrt	fuhrt	seid gefahren	schreibt	schriebt	habt geschrieben
sie	fahren	fuhren	sind gefahren	schreiben	schrieben	haben geschrieben
Sie	fahren	fuhren	sind gefahren	schreiben	schrieben	haben geschrieben

C9 Ergänzen Sie die fehlenden Verben.

lost / recomand

verlor ♦ lud ein ♦ zog um ♦ schrieb ♦ ~~gingen~~ ♦ zog an ♦ ~~gewann~~ ♦ trank ♦ empfahl ♦ ~~begann~~ ♦ trafen ♦ bekam ♦ gab ♦ nahm mit ♦ rief an ♦ kam an

- Wir *gingen* ins Konzert.
1. Das Konzert ....begann........ um 19.00 Uhr.
2. Sie ...trafen.......... sich am Eingang.
3. Für das Konzert ....zog............. sich Paul seinen Anzug .am...
4. Michael Schumacher ..gewann........ viele Autorennen.
5. Sein Bruder Ralf Schumacher ....verlor.......... meistens.
6. Tante Hilde .....schlieb........ Liebesbriefe.
7. Sie ......kam........... um 14.30 Uhr in Hamburg .an....
8. Oma ......trank......... nach dem Essen immer einen Kräuterschnaps.
9. Der Kellner ......~~gab~~ empfahl ihr einen „Underberg".
10. Er ....bekam.......... eine Stelle als Finanzdirektor.
11. Otto ....gab........ Marie zum Abschied einen Kuss.
12. Andreas ....nahm............ drei Fotoapparate .mit...
13. Mozart .....lad............ seinen Vater nicht zu seiner Hochzeit ....ein
14. Im letzten Jahr .....Zog........... er von München nach Salzburg .am..
15. Er ...reif.............. seine Mutter jeden Tag .an....

C10 Ergänzen Sie.

Infinitiv	Präsens er/sie/es	Präteritum er/sie/es	Perfekt er/sie/es
abfahren	fährt ab	fahr ab	ist abgefahren
anfangen	fäng an	fing an	hat angefangen
anrufen	ruft an	rief an	hat angerufen
ankommen	kommt an	kam an	ist angekommen
einladen	ladt ein	lad ein	hat eingeladen
essen	isst	aß	hat gegessen
empfehlen	empfiehlt	empfahl	hat empfolen
geben	gibt	gab	hat gegeben
gehen	*geht*	*ging*	*ist gegangen*
gewinnen	gewinnt	gewann	hat gewonnen
kommen	kommt	kam	ist gekommen
laufen	läaft	lief	ist gelaufen
nehmen	nimmt	nahm	hat genommen
schreiben	schreibt	schrieb	geschrieben
trinken	trinkt	trank	getrenken
sich umziehen	zieht sich um	zog sich um	hat sich umgezogen
sich unterhalten	unterhält sich	unterhelt sich	hat sich unterhalten
verlieren	verliert	verlor	hat verloren

HW

C11 Schreiben Sie eine Karte aus Leipzig im Präteritum.

Liebe Martina,
ich bin jetzt in Leipzig, aber die Reise war ein kleines Abenteuer. Zuerst
fuhr ich mit dem Taxi zum Flughafen. Das Flugzeug hatte drei Stunden
Verspätung. In Leipzig stand kein Taxi vor dem Flughafen. Ich wartete
wieder eine Stunde. Dann kam endlich ein Taxi. Die erste Nacht
im Hotel schlief ich gut. Heute früh besichtigte ich die Tomaskirche
und das Alte Rathaus. Zum Mittagessen gab es im Hotel leckere
Spaghetti.
Leipzig gefällt mir gut. Am Freitag komme ich wieder nach Hause.
Liebe Grüße
Anton

Negation

- ♦ die Reise – ein kleines Abenteuer – sein
1. zuerst – ich – mit dem Taxi – zum Flughafen – fahren
2. das Flugzeug – drei Stunden Verspätung – haben
3. in Leipzig – kein Taxi – vor dem Flughafen – stehen
4. ich – wieder – eine Stunde – warten
5. dann – ein Taxi – endlich – kommen
6. die erste Nacht – im Hotel – ich – gut schlafen
7. heute früh – ich – die Thomaskirche und das Alte Rathaus – besichtigen
8. zum Mittagessen – im Hotel – leckere Spaghetti – es – geben

HW

C12 Ergänzen Sie die Verben im Präteritum.

sein ♦ besuchen ♦ studieren ♦ dirigieren ♦ arbeiten ♦ gehen ♦ leiten ♦ führen ♦ machen ♦ spielen ♦ geben ♦ bekommen ♦ werden ♦ übernehmen

Der populärste Dirigent: Kurt Masur

Kurt Masur wurde 1927 in Brieg geboren. Sein Vater ...war... Ingenieur. Ab 1945 ...besuchte... er das Konservatorium in Leipzig und ...studierte... Klavier, Komposition und Dirigieren.
Ab 1953 ...dirigierte... er an der Leipziger Oper. Von 1960 bis 1964 ...arbeitete... er als erster Kapellmeister an der Komischen Oper in Berlin, danach ...ging... er nach Dresden. Von 1970 bis 1996 ...leitete... Kurt Masur das Gewandhaus in Leipzig und ...führte... mit seiner Arbeit das Orchester zu Weltruhm. Berühmt ...machten... ihn seine Interpretationen der Sinfonien von Beethoven, Bruckner und Schumann. In den 70er-Jahren ...spielte... Kurt Masur auch in der Carnegie Hall und im Amsterdamer Concertgebouw. Ab 1981 ...gab... er Konzerte als Gastdirigent bei den New Yorker Philharmonikern. 1991 ...bekam... er dort die Stelle des Chefdirigenten und ...wurde... der Nachfolger von Leonard Bernstein. Im Jahre 2001 ...übernahm... er die Leitung des französischen Nationalorchesters. Heute leitet er gleichzeitig noch die Londoner Philharmoniker.

C13 Sie waren gestern im Kino.

Berichten Sie Ihrer Freundin/Ihrem Freund in einer E-Mail von dem Film. Schreiben Sie den Bericht im Präteritum.

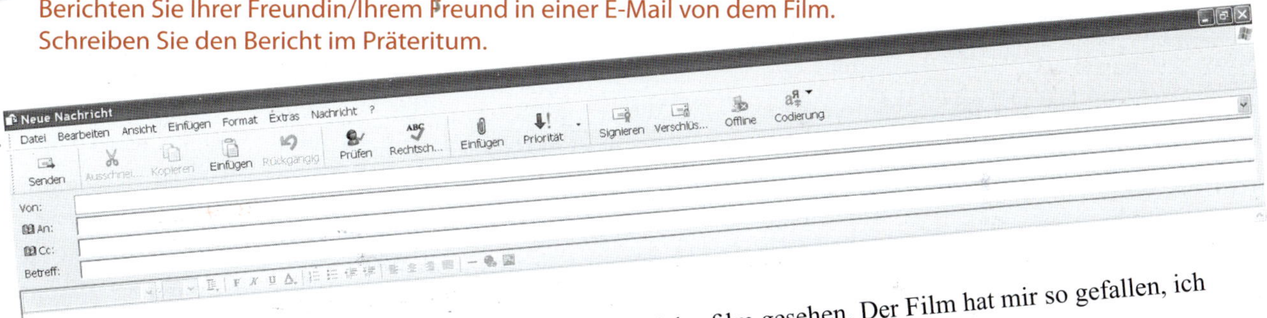

Liebe .../Lieber ...,
ich war gestern im Kino und habe einen romantischen Liebesfilm gesehen. Der Film hat mir so gefallen, ich muss ihn Dir unbedingt erzählen.

In einem Café trifft ein junger Mann zufällig eine junge Frau. Er findet sie sehr attraktiv, sie findet ihn sehr nett. Sie unterhalten sich eine Weile über Kaffee, Essen und Bücher. Ihr Name ist Luise und sie hat einen kleinen Buchladen. Sie liebt Bücher, aber sie kann vom Verkauf der Bücher nicht leben. Sie hat fast kein Geld mehr und muss den Laden wahrscheinlich verkaufen. Aber sie kämpft um die Existenz ihres Geschäftes! Er heißt Jakob und ist der Chef eines großen Büchergeschäfts gleich in der Nähe. Er will den kleinen Buchladen kaufen. Er verliebt sich in Luise und schenkt ihr jeden Tag Blumen. Doch sie will nicht mit ihm reden und den Laden nicht verkaufen. Einmal gehen sie zusammen ins Kino und er versucht sie zu küssen. Aber sie läuft weg. ...
Es gibt in dem Film viele romantische Szenen. Am Ende heiraten Jakob und Luise natürlich.

So, jetzt muss ich Schluss machen. Bitte schreib mal was über Deinen Lieblingsfilm.

Liebe Grüße
...

Die Negation

Negation

Negation mit *nicht* oder *kein*

Negation mit *kein-* (Nomen)	Negation mit *nicht*	Teilnegation
Ich fotografiere keine Häuser.	Ich fotografiere nicht.	Ich fahre nicht mit dem Auto (sondern mit dem Zug).
Ich habe keinen Fotoapparat.	Ich kann nicht fotografieren.	Ich fahre nicht am Freitag (sondern am Samstag).
	Ich kann nicht Auto fahren.	
	Ich fotografiere nicht gut.	
	Ich fotografiere im Urlaub nicht.	

alles/etwas ←→ nichts	Ich kann alles. ←→ Er kann nichts.
immer ←→ nie	Er fotografiert immer. ←→ Ich fotografiere nie.
alle/jemand ←→ niemand (Nominativ)	Ist hier jemand? ←→ Nein, hier ist niemand.
	Alle waren da. ←→ Niemand war da.
alle/jemanden ←→ niemanden (Akkusativ)	Kennst du hier jemanden? / Ich kenne hier alle. ←→ Ich kenne niemanden.

Negativartikel *(Wiederholung)*

Kasus	Singular maskulin		Singular feminin		Singular neutral		Plural	
Nominativ	der kein	Fotoapparat Fotoapparat	die keine	Party Party	das kein	Auto Auto	die keine	Filme Filme
Akkusativ	den keinen	Fotoapparat Fotoapparat	die keine	Party Party	das kein	Auto Auto	die keine	Filme Filme
Dativ	dem keinem	Fotoapparat Fotoapparat	der keiner	Party Party	dem keinem	Auto Auto	den keinen	Filmen Filmen
Genitiv	des keines	Fotoapparats Fotoapparats	der keiner	Party Party	des keines	Autos Autos	der keiner	Filme Filme

Negation

C14 Ergänzen Sie *nicht* oder *kein-*.

- Ich habe *kein* Klavier zu Hause. nommen
1. Ich mag ...keine... klassische Musik. die lücke
2. Ich kann überhaupt ...nicht... singen.
3. Paolo kann singen, aber er singt ...nicht... gut.
4. Michael kann ...nicht... Gitarre spielen und auch ...nicht... Ski fahren.
5. Ihr könnt heute ...nicht... ins Konzert gehen.
6. Heute ist in der Oper ...keine... Vorstellung. nommen
7. Frau Müller kommt ...nicht... heute, sie kommt morgen.
8. Ich möchte ...keinen... Tennisschläger zum Geburtstag.
9. Warum fotografierst du ...nicht...? Ich habe ...keinen... Fotoapparat.
10. Ich habe ...kein... Auto und ich kann ...nicht... Auto fahren.

C15 Ergänzen Sie das Wort *nicht*.

Es gibt manchmal mehrere Möglichkeiten.

- Die Uhr ist sehr teuer. — *Die Uhr ist nicht sehr teuer.*
1. Ich fahre mit dem Auto. — Ich fahre nicht mit dem Auto.
2. Peter kommt heute nicht — Peter ...
3. Ich kann mich an meine Schulzeit erinnern. — ...
4. Ich möchte in diesen Film gehen. — ...
5. Ich fahre am Montag nach Spanien. — ...
6. Ich kann Golf spielen. — ...
7. Ich habe ihn angerufen. — ...
8. Das weiß ich. — ...
9. Ich habe das Buch gelesen. — ...
10. Ich verstehe dich. — ...
11. Ich kann dir helfen. — ...

C16 Ergänzen Sie *niemand, niemanden, nichts* oder *nie*.

nobody

1. Ich mache immer meine Hausaufgaben, Paul macht seine Hausaufgaben ...nie...............
2. Ich weiß alles über die deutsche Geschichte, er weiß ...nichts...........
3. Kennst du schon jemanden aus deinem Studienjahr? Nein, ich kenne noch ..niemanden.....
4. Wo ist die neue Cafeteria? Weiß das schon jemand? – Nein, das weiß noch .niemand..........
5. Hast du schon einmal im Lotto gewonnen? – Nein, noch ..nie.................
6. Hast du mal jemanden betrogen? – Nein, ich habe noch ..niemanden..... betrogen.
7. Hast du schon etwas gegessen? – Nein, ich habe noch ....nichts........... gegessen.
8. Waren bei der Party alle da? – Nein, es war ..niemand........... da.

immer – nie
(etwas) (alles) – nichts
jemand – niemand

C17 Beantworten Sie die Fragen mit einer Verneinung.

- Hast du den Fernseher schon ausgeschaltet?
  Nein, ich habe den Fernseher noch nicht ausgeschaltet.

1. Könnt ihr den Fernseher leiser stellen?
   Nein, wir ~~haben~~ können den Fernseher nicht leiser stellen.
2. Soll ich umschalten?
   Nein, du sollst nicht umschalten.
3. Gibst du mir bitte die Fernbedienung?
   Nein, Ich gebe dir die Fernbedienung nicht.
4. Hast du die Fernsehzeitung gesehen?
   Nein, Ich habe die Fernsehzeitung nicht gesehen.

Die negative Frage

Kommst du nicht mit?	⟷	Nein, ich komme nicht mit. Doch, ich komme mit.
Kommst du mit?	⟷	Nein, ich komme nicht mit. Ja, ich komme mit.

C18 Antworten Sie positiv und negativ.

- Hast du keine Uhr? *Doch, ich habe eine Uhr. / Nein, ich habe keine Uhr.*

1. Hast du keinen Fernseher? Doch, Ich habe einen Fernseher/ Nein, Ich habe keinen Ferns.
2. Rauchst du nicht mehr? Doch, Ich rauche noch / Nein, Ich rauche nicht mehr.
3. Hast du für die Prüfung nicht gelernt? Doch, Ich habe für die Prüfung gelernt.
4. Fahrt ihr dieses Jahr nicht in den Urlaub? Doch, wir fahren dieses Jahr in den Urlaub
5. Trinkst du keinen Orangensaft? ....
6. Hast du den Text nicht gelesen? ....
7. Hast du keine Hausaufgaben gemacht? ....
8. Schmeckt dir das Essen nicht? Doch, Das Essen schmeckt mir, Nein, Das Essen schmeckt nicht mir.

Rückblick

D1 Wichtige Redemittel

Hier finden Sie die wichtigsten Redemittel des Kapitels.

Freizeitaktivitäten allgemein

Auto fahren ♦ reisen ♦ lesen ♦ fotografieren ♦ Münzen sammeln ♦ wandern ♦ Musik hören ♦ Fußball spielen ♦ im Internet surfen ♦ Fremdsprachen lernen ♦ Freunde besuchen ♦ sich verwöhnen ♦ im Garten arbeiten ♦ einkaufen ♦ essen gehen ♦ malen und zeichnen ♦ Mitglied in einem Verein sein ♦ Sport treiben ♦ in der Sonne liegen ♦ etwas unternehmen

Musik

sich für Musik interessieren ♦ Interesse an Musik haben bzw. verlieren ♦ ein Instrument spielen ♦ Klavier üben ♦ ein Konzert besuchen ♦ ins Konzert bzw. in die Oper gehen ♦ Konzerte geben ♦ *(eine Oper)* komponieren ♦ Musikstücke schreiben ♦ Erfolge feiern ♦ Erfolg haben ♦ mit Musik Geld verdienen

Museen

ein Museum besuchen ♦ Wann ist/hat das Museum geöffnet? ♦ Wann ist/hat das Museum geschlossen? ♦ Wann schließt das Museum? ♦ Wie viel kostet eine Eintrittskarte? ♦ Wie lange geht die Ausstellung?

Fotografieren

fotografieren ♦ Fotos machen ♦ Menschen, Gebäude, Landschaften fotografieren ♦ sich Fotos ansehen ♦ die Fotos jemandem zeigen ♦ mit einer Digitalkamera/mit einem Fotoapparat fotografieren

Kino

ins Kino gehen ♦ sich einen Film ansehen ♦ einen Film sehen ♦ einen Lieblingsschauspieler/eine Lieblingsschauspielerin haben ♦ ein Film läuft im Kino ♦ ein Film hat viele Zuschauer ♦ einen Film auswählen ♦ der Film handelt von *(zwei Mädchen)* ♦ der Film erzählt die Geschichte *(einer großen Liebe)*

D2 Kleines Wörterbuch der Verben

Einige regelmäßige Verben

Infinitiv	3. Person Singular Präsens	3. Person Singular Präteritum	3. Person Singular Perfekt
auswählen *(einen Film)*	er wählt aus	er wählte aus	er hat ausgewählt
beobachten *(jemanden)*	er beobachtet	er beobachtete	er hat beobachtet
erzählen *(eine Geschichte)*	er erzählt	er erzählte	er hat erzählt
unterrichten *(jemanden)*	er unterrichtet	er unterrichtete	er hat unterrichtet
verdienen *(Geld)*	er verdient	er verdiente	er hat verdient
verspielen *(Geld)*	er verspielt	er verspielte	er hat verspielt
verpassen *(einen Trend)*	er verpasst	er verpasste	er hat verpasst
verwöhnen *(sich/jemanden)*	er verwöhnt	er verwöhnte	er hat verwöhnt

Unregelmäßige Verben

Infinitiv	3. Person Singular Präsens	3. Person Singular Präteritum	3. Person Singular Perfekt
anrufen	er ruft an	er rief an	er hat angerufen
einladen *(jemanden)*	er lädt ein	er lud ein	er hat eingeladen
empfehlen	er empfiehlt	er empfahl	er hat empfohlen
laufen *(ein Film im Kino)*	er läuft	er lief	er ist gelaufen
liegen *(in der Sonne)*	er liegt	er lag	er hat gelegen
treiben *(Sport)*	er treibt	er trieb	er hat getrieben
sehen ansehen fernsehen	er sieht er sieht an er sieht fern	er sah er sah an er sah fern	er hat gesehen er hat angesehen er hat ferngesehen
sterben	er stirbt	er starb	er ist gestorben
unternehmen *(etwas)*	er unternimmt	er unternahm	er hat unternommen
verbringen *(Zeit)*	er verbringt	er verbrachte	er hat verbracht
verlieren *(das Interesse)*	er verliert	er verlor	er hat verloren

Modalverben

Infinitiv	3. Person Singular Präsens	3. Person Singular Präteritum	3. Person Singular Perfekt
dürfen	er darf	er durfte	er hat gedurft
können	er kann	er konnte	er hat gekonnt
mögen	er mag	er mochte	er hat gemocht
müssen	er muss	er musste	er hat gemusst
sollen	er soll	er sollte	er hat gesollt
wollen	er will	er wollte	er hat gewollt

Krimi-Verben (regelmäßig und unregelmäßig)

Infinitiv	3. Person Singular Präsens	3. Person Singular Präteritum	3. Person Singular Perfekt
aufklären *(ein Verbrechen)*	er klärt auf	er klärte auf	er hat aufgeklärt
einbrechen *(in ein Geschäft)*	er bricht ein	er brach ein	er ist eingebrochen
festnehmen *(einen Täter)*	er nimmt fest	er nahm fest	er hat festgenommen
jagen *(einen Verbrecher)*	er jagt	er jagte	er hat gejagt
sinken *(die Verbrechensrate)*	sie sinkt	sie sank	sie ist gesunken
stehlen *(einen Ring)*	er stiehlt	er stahl	er hat gestohlen
verhaften *(einen Täter)*	er verhaftet	er verhaftete	er hat verhaftet
verhören *(einen Täter)*	er verhört	er verhörte	er hat verhört
verschwinden *(etwas/jemand)*	er verschwindet	er verschwand	er ist verschwunden

D3 Evaluation

Überprüfen Sie sich selbst.

Ich kann	gut	nicht so gut
Ich kann über meine Freizeitaktivitäten berichten.	❐	❐
Ich kann etwas über Musik, Fotografieren und Kino erzählen.	❐	❐
Ich kann mich telefonisch nach Öffnungs- und Schließzeiten in Museen erkundigen.	❐	❐
Ich kann telefonisch nach dem Kino- oder Ausstellungsprogramm fragen.	❐	❐
Ich kann einen längeren, aber einfachen biografischen Text verstehen.	❐	❐
Ich kann einen einfachen Text über Krimis lesen und habe einen einfachen Kriminal-Wortschatz. *(fakultativ)*	❐	❐

Begegnungen

Kapitel 3

Geld und Konsum

Kommunikation

- Über Geld sprechen
- Einkaufen
- Gründe und Bedingungen nennen
- Bankgespräche führen
- Ein Formular ausfüllen
- Wünsche und irreale Bedingungen formulieren

Wortschatz

- Monatliche Geldausgaben
- Geschäfte
- Konsumartikel
- Einkaufen im Fernsehen und Internet
- Geld und Banken
- Lotto

Wo bleibt das Geld am Ende des Monats?

A1 Wofür geben Sie Ihr Geld aus?/Wofür gibst du dein Geld aus?

Fragen Sie Ihre Nachbarin/Ihren Nachbarn und berichten Sie.

Miete • Essen und Trinken • Energie • Auto/Benzin • öffentliche Verkehrsmittel • Kleidung • Reisen • Telefon/Internet • Ausgehen • Bücher • …

- Ich gebe viel/wenig/ein bisschen Geld aus für …
- Ich kaufe regelmäßig/sehr oft/manchmal …/Ich brauche …
- Sehr teuer ist …/… kostet sehr viel Geld.
- Meine Nachbarin/Mein Nachbar gibt … aus/kauft/braucht …

A2 Wofür gibt Familie Müller ihr Geld aus?

Lesen Sie den Text.

Das ist Familie Müller. Familie Müller ist eine deutsche Durchschnittsfamilie.

Otto Müller arbeitet Vollzeit als Angestellter und Petra Müller arbeitet Teilzeit. Sie haben ein Kind. Zusammen verdienen sie 2850,– Euro brutto im Monat. Das nennt man Bruttoeinkommen oder Bruttogehalt.

Von den 2850,– Euro bezahlt Familie Müller 627,– Euro Steuern und Sozialversicherungen (z. B. Kranken- und Rentenversicherung). Danach hat die Familie noch 2223,– Euro zum Leben. Das ist ihr Nettoeinkommen.

2850 Euro
Bruttoeinkommen

627 Euro
Steuern und Sozialversicherungen

2223 Euro
Nettoeinkommen

A3 Wofür gibt Familie Müller das meiste Geld im Monat aus?

Was meinen Sie? Ordnen Sie die Zahlen zu.
Vergleichen Sie danach Ihre Ergebnisse mit dem Lösungsschlüssel.

Wohnen und Energie

.... Euro

Kommunikation (Telefon, Post, Internet)

.... Euro

Sparen

.... Euro

Nahrungsmittel, Getränke und Zigaretten

.... Euro

Bildung

.... Euro

750 Euro
313 Euro
304 Euro
253 Euro
126 Euro
111 Euro
98 Euro
85 Euro
68 Euro
21 Euro
94 Euro

Hotel und Restaurant

.... Euro

Verkehr

.... Euro

Freizeit

.... Euro

Möbel und Haushaltsgeräte

.... Euro

Gesundheit

.... Euro

Kleidung und Schuhe

.... Euro

- Wahrscheinlich gibt Familie Müller das meiste Geld aus für …
- An zweiter/dritter/vierter/fünfter Stelle kommt wahrscheinlich/vielleicht …
- Sehr viel Geld kostet auch …

Einkaufen – Geld ausgeben

A4 Berichten Sie.

- Kaufen Sie gern ein?
- Was kaufen Sie gern?
- Wo kaufen Sie Brot, Fleisch, Gemüse, Wein, Kosmetik, Kleidung, Schuhe, Medikamente, Bücher, Flugtickets, einen Fernseher, Briefmarken …?

drug store
in der Drogerie

im Schuhgeschäft

im Secondhandladen

bei einer Shopping-Sendung im Fernsehen

im Delikatessengeschäft

im Antiquariat

im Internet

auf der Post

beim Fleischer

beim Gemüsehändler

im Supermarkt

im Fachgeschäft

im Buchladen

in der Apotheke

im Öko-Laden

auf dem Markt

im Designergeschäft

beim Bäcker

im Reisebüro

im Kaufhaus

Geschäft = Laden (umgangssprachlich)

- Brot kaufe ich immer/meistens/oft/selten/nie im Supermarkt …

A5 Warum kaufen Sie …?

Antworten Sie.

weil es dort billig/billiger ist • weil die Ware dort gut/besser/frisch/frischer ist • weil die Verkäufer so nett sind • weil ich gute Beratung bekomme • weil man die Sachen/Schuhe dort anprobieren kann • weil ich auf die Umwelt achte • weil ich dort Tag und Nacht einkaufen kann • weil die Auswahl groß ist • weil ich die Preise besser vergleichen kann • …

- Brot — Ich kaufe *Brot im Supermarkt*, weil *es dort billiger ist*. → Angabe eines Grundes
1. Fleisch — Ich kaufe Fleisch beim Fleischer ……, weil ……
2. Gemüse — Ich kaufe ……, weil ……
3. Wein — Ich kaufe ……, weil ……
4. Kosmetik — Ich kaufe ……, weil ……
5. Kleidung — Ich kaufe ……, weil ……
6. Schuhe — Ich kaufe ……, weil ……
7. Medikamente — Ich kaufe ……, weil ……
8. Bücher — Ich kaufe ……, weil ……
9. Flugtickets — Ich kaufe ……, weil ……
10. einen Fernseher — Ich kaufe ……, weil ……

Geld

A6 Wann kaufen Sie …?

Antworten Sie.

wenn ich Hunger habe ♦ wenn ich unglücklich bin ♦ wenn ich in den Urlaub fahre ♦ wenn ich eine Party gebe ♦ wenn ich krank bin ♦ wenn ich eine Prüfung habe ♦ wenn mein alter Fernseher kaputt ist ♦ wenn ich abnehmen will ♦ wenn ich verliebt bin ♦ wenn jemand Geburtstag hat ♦ wenn ich jemandem gefallen will ♦ …

♦	Brot	Ich kaufe *Brot,* wenn *ich Hunger habe.* → Angabe einer Bedingung
1.	Gemüse	Ich kaufe Gemüse, wenn ich abnehmen will
2.	Wein	Ich kaufe wein, wenn Ich eine Party gebe.
3.	Kleidung	Ich kaufe ……, wenn ……
4.	Schuhe	Ich kaufe schuhe, wenn ……
5.	Medikamente	Ich kaufe Medikamente, wenn Ich krank bin
6.	Bücher	Ich kaufe Bücher, wenn wenn ich eine Prüfung habe
7.	Schokolade	Ich kaufe schokolade, wenn Ich unglücklich bin.
8.	einen neuen Fernseher	Ich kaufe einen neuen Fernseher, wenn mein alter Fernseher kaputt ist
9.	einen Fotoapparat	Ich kaufe einen Fotoapparat, wenn Ich in den Urlaub fahre
10.	Blumen	Ich kaufe Blumen, wenn Ich jemandem gefallen will

Haupt- und Nebensatz

⇨ Teil C Seite 87

Hauptsatz	Subjunktion	Nebensatz
Ich kaufe mein Brot im Supermarkt,	weil because	es dort billiger ist.
Ich kaufe einen neuen Fernseher,	wenn if	mein alter Fernseher kaputt ist.
finites Verb an Position II		finites Verb am Satzende

Konjunktionen, die Nebensätze einleiten = Subjunktionen

Frage	Antwort
Warum? (kausal)	weil …
Wann? (konditional)	wenn …

A7 Wann und warum?

Ordnen Sie jeweils einen Grund und eine Bedingung zu.

(1) Ich interessiere mich für Autos,

(2) Ich sehe im Fernsehen die Nachrichten,

(3) Ich gehe heute ins Kino,

(4) Ich schlafe bis 11.00 Uhr,

(5) Ich mache meine Hausaufgaben,

(a) weil ich gern schnell fahre.

(b) weil ich mich informieren möchte.

(c) wenn ich mir ein neues kaufen will.

(d) wenn ich noch eine Karte bekomme.

(e) wenn ich pünktlich zu Hause bin.

(f) weil ich den Film noch nicht gesehen habe.

(g) weil ich viel lernen will.

(h) wenn Wochenende ist.

(i) weil ich abends arbeite.

(j) wenn ich Zeit habe.

H.W

A8 Warum?

Antworten Sie mit Nebensätzen.

- Ich arbeite heute nicht, *weil ich krank bin.*
1. Ich kaufe gern beim Bäcker ein, weil das brot lecker ist.
2. Ich lerne Deutsch, weil es interessant ist.
3. Ich kann mir kein neues Auto kaufen, weil ich kein geld habe.
4. Ich will in Südfrankreich studieren, weil ich die kaltar studeren möchte.
5. Ich trinke diesen Kaffee nicht, weil er bitter ist.
6. Ich kaufe diese Schuhe nicht, weil sie nicht mir gefallen
7. Ich treibe gern Sport, weil es gut für Gesundheit ist.
8. Ich suche eine neue Arbeitsstelle, weil Ich mehr Geld braeche

A9 Einkaufsgespräche 1.15

Hören Sie den Dialog und lesen Sie ihn mit verteilten Rollen.

Verkäuferin: Kann ich Ihnen helfen?

Frau Tal: Ich hätte gern diese Turnschuhe.

Verkäuferin: Welche Größe haben Sie?

Frau Tal: Größe 39.

Verkäuferin: Einen Moment bitte. Ich hole die Schuhe für Sie. …
Wir haben die Schuhe in Größe 39 nicht mehr in Weiß, nur noch in Schwarz.

Frau Tal: In Schwarz? Nein, in Schwarz nehme ich die Schuhe nicht.

Verkäuferin: Warum? Schwarze Schuhe sind doch sehr praktisch.
Probieren Sie die Schuhe doch mal an.

Frau Tal: Nein, ich finde schwarze Sportschuhe hässlich.

Verkäuferin: Vielleicht gefallen Ihnen diese Sportschuhe hier.
Die sind in Weiß und die haben wir auch in Größe 39.

Frau Tal: Kann ich die Schuhe mal anprobieren?

Verkäuferin: Ja, natürlich.

Frau Tal: Was kosten die Schuhe?

Verkäuferin: 89 Euro.

Frau Tal: Gut, sie passen und ich nehme sie.
Kann ich mit Kreditkarte bezahlen?

Verkäuferin: Ja, natürlich.
Auf Wiedersehen und herzlichen Dank.

A10 Was hat eine ähnliche Bedeutung?

Ordnen Sie zu.

(1) Kann ich Ihnen helfen?
(2) Ich möchte gern diese Sportschuhe.
(3) Ich finde die Schuhe hässlich.
(4) Die Schuhe passen mir nicht.
(5) Was kosten die Schuhe?
(6) Möchten Sie die Schuhe anprobieren?
(7) Ich nehme die Schuhe nicht.

(a) Ich hätte gern diese Sportschuhe.
(b) Die Schuhe sind zu klein.
(c) Was kann ich für Sie tun?
(d) Wollen Sie die Schuhe mal anziehen?
(e) Die Schuhe gefallen mir nicht.
(f) Ich kaufe die Schuhe nicht.
(g) Wie teuer sind die Schuhe?

Geld

A11 Wählen Sie eine Situation aus.

Spielen Sie Einkaufsgespräche.

1.	in der Apotheke	Sie haben Kopfschmerzen.
2.	im Buchladen	Sie suchen einen neuen Abenteuerroman.
3.	im Designergeschäft	Sie brauchen einen neuen Anzug/ein neues Kleid für die Hochzeit Ihres besten Freundes.
4.	beim Bäcker	Sie möchten ein frisches Vollkornbrot und drei Stück Apfelkuchen.
5.	im Delikatessengeschäft	Sie möchten eine gute Flasche Wein als Geschenk.
6.	auf der Post	Sie brauchen drei Briefmarken von Deutschland nach ... *(Ihr Heimatland)*

Welcher/Welche/Welches ...? Was für ein ...?

Welchen Pullover möchtest du? Den roten (Pullover)./Diesen.	Entscheidung zwischen konkreten Möglichkeiten
Was für einen Pullover möchtest du? Einen (Pullover) aus Baumwolle. Einen (Pullover) mit rundem Ausschnitt.	Entscheidung zwischen allgemeinen Möglichkeiten (Qualität/Eigenschaften)

A12 Antworten Sie.

1. Welches Restaurant können Sie mir hier empfehlen? *(Restaurant Milano)* Das Restaurant Milano.
2. Was für eine Aktentasche möchten Sie? *(aus Leder)* Eine Aktentasche aus Leder.
3. Was für einen Fernseher suchen Sie? *(LCD-Fernseher)* Ich suche einen LCD-Fernseher.
4. Welches T-Shirt möchtest du? *(mit Donald Duck)* Ich möchte das T-shirt mit Donald Duck
5. Was für ein Buch suchen Sie? *(Abenteuerroman)* Ich suche einen Abenteuerroman.
6. Welches Kleid gefällt dir besser? *(schwarz)* Das schwarzekleid gefalt mir besser.

A13 Einkaufen in Berlin

Sie gehen in ein Kaufhaus und möchten etwas für Ihre Familie und Freunde kaufen. Wo finden Sie die folgenden Artikel?

- ein Matchboxauto für Ihren Sohn
  Das Matchboxauto finde ich in der 3. Etage.

1. ein Paar Sportschuhe für Ihre Tochter
   die sportschuhe finde ich in der 3. Etage.
2. ein neues Parfüm für Ihre Frau/Ihren Mann
   Das Parfüm finde ich im Erdgeschoss.
3. ein Buch über Berlin zur Erinnerung
   Das Buch finde ich im Erdgeschoss.
4. eine CD mit deutscher Volksmusik für Ihre Mutter
   Die CD mit deutscher finde ich in der 2. Etage
5. eine neue Aktentasche für einen Freund
   Die Aktentasche finde ich im Erdgeschoss.

Etage	Wo finde ich was?
4.	Haushaltwaren ◆ Gartenmöbel ◆ Restaurant ◆ Toiletten ◆ Kundenservice
3.	Spielwaren ◆ Kinderbekleidung ◆ Sport und Freizeit
2.	Herrenbekleidung ◆ Unterwäsche Herren ◆ Herrenschuhe ◆ Computer ◆ Unterhaltungselektronik ◆ Musik ◆ Film
1.	Damenbekleidung ◆ Damenschuhe ◆ Unterwäsche Damen
EG	Kosmetik ◆ Lederwaren ◆ Bücher ◆ Schreibwaren ◆ Reisebüro ◆ Uhren ◆ Schmuck (jewery)

A14 Ordnen Sie zu und sammeln Sie weitere Wörter.

Diskutieren Sie mit Ihrer Nachbarin/Ihrem Nachbarn.

das Flugticket • die Ohrringe • die Halskette • der Kriminalroman • das Hotelzimmer • das T-Shirt • das Parfüm • die Augencreme • der MP3-Spieler • der Lippenstift • das Wörterbuch • die Zugfahrkarte • die Hose • die Stereoanlage • der Pullover

Kosmetik	Reisen	Bücher
das Parfüm	das Flugticket	der Kriminalroman
die Augencreme	das Hotelzimmer	das Wörter buch
der Lippenstift	die Fahrkarte	

Schmuck	Kleidung	Unterhaltungselektronik
die Ohrringe	das T-Shirt	der MP3-Spieler
die Halskette	die Hose	die Stereoanlage
	der Pullover	

Geld

Verben mit Dativ und Akkusativ ***(Wiederholung)***

⇨ Teil C Seite 89

Das Verb regiert im Satz.

Ich kaufe mir ein neues Kleid.

kaufen → NOMINATIV, DATIV, AKKUSATIV

Ich schenke ihr ein Buch.

schenken → NOMINATIV, DATIV, AKKUSATIV

A15 Was kaufen/schenken Sie wem? Was bringen Sie wem mit?

Benutzen Sie die Nomen aus A14 und bilden Sie Sätze.

meine Tante • mein Onkel • meine Mutter • mein Vater • mein Sohn • meine Tochter • mein Bruder • meine Schwester • mein Freund • meine Freundin • meine Frau • mein Mann • meine Chefin • mein Chef • meine Lehrerin • mein Lehrer • …

- *Ich bringe meiner Tante ein Buch mit.* oder: *Ich kaufe/schenke meiner Tante ein Buch.*

1. Ich bringe meinem onkel einen Kriminalroman mit.
2. Ich kaufe meiner Mutter eine Parfüm.
3. Ich kaufe meinem Vater eine Hose.
4. Ich kaufe meiner schwester einen Lippenstift.
5. Ich bringe meinem fraund ein buch.
6. ich kaufe meiner freunden ein Parfüm
7.
8.

A16 Phonetik: Konsonanten d [d] – t [t], b [b] – p [p], g [g] – k [k] 1.16

Hören und wiederholen Sie.

danken [d] – trinken [t]

d	[d]	danken – Bilder
t/d	[t]	trinken – Internet
	[t]	Stadt
	[t]	und (Im Auslaut spricht man *d* wie *t*.)

geben [g] – kaufen [k]

g	[g]	geben – Tage
k/g	[k]	kaufen – Drucker
	[k]	Tag (Im Auslaut spricht man *g* wie *k*.)

backen [b] – planen [p]

b	[b]	backen – haben
p/b	[p]	planen – verpassen
	[p]	gelb (Im Auslaut spricht man *b* wie *p*.)

Übung: [t] – [p] – [k]

- Hemd – Student – Wand – Geld – Freund – Dokument – Stift – Kleid – Land
- ab – gelb – Verb – lieb
- Dank – Tag – Dialog
- Mein Freund braucht Geld für das Hemd.
  Hören Sie den Dialog.
  Sie trägt jeden Tag ein neues Kleid.
  Ergänzen Sie das Verb.
  Liegt das Dokument im Schrank?

A17 Berichten Sie.

- Haben Sie schon einmal im Internet oder im Fernsehen etwas gekauft? Was war das?
- Warum haben Sie sich für das Internet oder das Fernsehen entschieden?
- Welche Vorteile hat das Einkaufen im Internet?

A18 Einkaufen im Fernsehen 1.17

Lesen und hören Sie den folgenden Text.

Homeshopping?

Zehn Millionen Deutsche haben es schon getan, fünf Millionen tun es immer wieder: Sie rufen einen Fernsehsender an und bestellen ein Produkt. Sie tun genau das, was der freundliche Herr im Fernsehen gesagt hat: „Rufen Sie uns an und bestellen Sie dieses wunderschöne Produkt!“ Richtig, wir reden über Einkaufen im Fernsehen, neudeutsch auch „Homeshopping“ genannt.

Früher hatte diese Art des Einkaufens kein gutes Image, aber die Zeiten haben sich geändert. Seit zehn Jahren ist der Wirtschaftszweig Homeshopping stark gewachsen – jedes Jahr um 50 Prozent. Im letzten Jahr hat das Telegeschäft zum ersten Mal einen Umsatz von einer Milliarde Euro gemacht. Täglich kann man auf diesen Fernsehkanälen 24 Stunden lang Kosmetik, Schmuck, Haushaltsgeräte oder Reisen kaufen, immer nett präsentiert von lächelnden Moderatoren.

Doch wer kauft im Fernsehen ein? Die meisten Käufer beim Homeshopping sind weiblich, verheiratet und nicht mehr ganz jung. Das Durchschnittsalter liegt bei 53 Jahren.

Gemütlich zu Hause im Sessel einkaufen – das kann man natürlich auch im Internet. Immer mehr junge Bundesbürger nutzen das Internet für einen Bummel durch die Online-Kaufhäuser. Das beliebteste Produkt beim Online-Einkauf sind Bücher. 43 Prozent der Käufer haben in den letzten zwölf Monaten Bücher per Internet bestellt. Auf dem zweiten Platz folgen CDs mit 34 Prozent, auf dem dritten Platz Angebote von Auktionsfirmen wie *eBay*.

A19 Was ist richtig?

Kreuzen Sie an.

1. Wie ist die Tendenz beim Homeshopping?
   a) ☑ Es kaufen immer mehr Menschen ein. b) ❒ Es kaufen immer weniger Leute ein. c) ❒ Die Verkaufszahlen bleiben gleich.

2. Was kann man im Fernsehen kaufen?
   a) ❒ Alles. b) ☑ Reisen, Kosmetik, Schmuck. c) ❒ Man kann nur Reisen buchen.

3. Die meisten Kunden der Homeshopping-Sender sind:
   a) ❒ Junge Leute. b) ❒ Verheiratete Männer. c) ☑ Frauen über 50.

4. Im Internet
   a) ❒ kaufen junge Leute nur Bücher. b) ☑ waren im letzten Jahr Bücher das beliebteste Produkt. c) ❒ kaufen 34 Prozent der Käufer bei Auktionsfirmen.

HW

A20 Rekonstruieren Sie den Text.

Schreiben Sie Sätze in der angegebenen Zeitform.

1. zehn Millionen Deutsche – schon einmal – einen Fernsehsender – und – ein Produkt – anrufen – bestellen *(Perfekt)*

   Zehn Millionen Deutsche haben schon einmal einen Fernsehsender angerufen und ein Produkt bestellt.

2. früher (before) – diese Art (kind) des Einkaufens – kein gutes Image – haben *(Präteritum)*

   Früher hatte diese Art des Einkaufens kein gutes Image.

3. die Zeiten – sich ändern (change) *(Perfekt)*

   Die zeiten haben sich geändert

4. seit zehn Jahren – der Wirtschaftszweig (branch of economy) Homeshopping – stark wachsen (grow) *(Perfekt)*

   Seit zehn Jahren ist der wirtschaftszweig Homeshopping stark gewachsen.

5. im letzten Jahr – das Telegeschäft – einen Umsatz von einer Milliarde Euro – machen *(Perfekt)*

   Im letzten Jahr hat das Telegeschäft einen Umsatz von einer Milliarde Euro gemacht.

6. im Fernsehen – 24 Stunden lang – Kosmetik, Schmuck oder Reisen – man – kaufen können *(Präsens)*

   Im Fernsehen kann man 24 stunden lang kosmetik, schmuck oder Reisen kaufen.

7. das Durchschnittsalter der Käufer – bei 53 Jahren – liegen *(Präsens)*

   Das Durchschnittsalter der käufer liegt bei 53 Jahren.

8. immer mehr junge Leute – das Internet – nützen (use) *(Präsens)*

   Immer mehr junge Leute nutzen das internet.

9. das beliebteste Produkt – beim Online-Einkauf – Bücher – sein *(Präsens)*

   Das beliebteste Produkt beim onlie Einkauf sind Bücher.

10. 43 Prozent der Käufer – in den letzten zwölf Monaten – Bücher – per Internet – bestellen *(Perfekt)*

    43 Prozent der käufer haben in den letzten zwölf Monaten Bücher per internet bestellt.

11. auf dem zweiten Platz – CDs – folgen (follow) *(Präsens)*

    Auf dem zweiten platz folgen CDs

Geld

A21 Einkaufen im Internet – nein danke!

a) Gibt es für Sie Gründe, warum Sie nicht im Internet einkaufen?

Folgende Probleme geben deutsche Käufer beim Einkauf im Internet an:

54 %	Man kann die Ware nicht prüfen.
35 %	Die „normalen" Geschäfte sind auch gut.
29 %	Die Daten von Kreditkarten sind nicht sicher.
29 %	Die Reklamation ist schwierig.
22 %	Die Ware im Internet ist nicht billiger.

b) Formulieren Sie Sätze mit *weil*.

- 54 % der Deutschen kaufen nicht im Internet ein, *weil man die Ware nicht prüfen kann.*

1. 35 % der Deutschen kaufen nicht im Internet ein, weil die normalen Geschäfte auch gut sind.
2. 29 % der Deutschen kaufen nicht im Internet ein, weil die Reklamation schwierig ist.
3. 29 % der Deutschen kaufen nicht im Internet ein, weil die Daten von Kreditkarten nicht sicher sind.
4. 22 % der Deutschen kaufen nicht im Internet ein, weil die Ware im Internet nicht billiger ist.

Wörter rund ums Geld

A22 An einem Automaten Geld abheben

In welcher Reihenfolge erscheinen die folgenden Aufforderungen in Deutschland?

- [3] Möchten Sie Geld abheben?
- [1] Führen Sie Ihre Karte ein.
- [4] Geben Sie Ihre Geheimzahl ein und drücken Sie die Taste „Bestätigung".
- [2] Bitte warten.
- [6] Entnehmen Sie Ihre Karte.
- [5] Wählen Sie den gewünschten Betrag./Geben Sie den Betrag ein.

A23 Auf der Bank

Lesen Sie den Dialog mit verteilten Rollen und spielen Sie ihn nach.

Sophie:	Guten Tag, ich möchte gerne ein Konto eröffnen.
Bankangestellter:	Was für ein Konto? Ein Sparkonto oder ein Girokonto?
Sophie:	Was ist der Unterschied?
Bankangestellter:	Wenn Sie Ihr Geld sparen wollen, ist ein Sparkonto besser. Für das alltägliche Leben ist ein Girokonto das richtige Konto. Da können Sie einfacher Geld einzahlen und abheben.
Sophie:	Dann möchte ich ein Girokonto.
Bankangestellter:	Das kostet fünf Euro Gebühren im Monat.
Sophie:	Kann ich mit der Bankkarte auch im Ausland Geld abheben?
Bankangestellter:	Natürlich. Ich brauche noch ein paar Angaben von Ihnen. Können Sie bitte dieses Formular ausfüllen?
Sophie:	Ja, gerne …

A24 Dialogmodell

a) Konto eröffnen

Ich möchte gerne ein Konto eröffnen.

Was für ein Konto? Ein Sparkonto oder ein Girokonto?

Ich möchte ein …

Das kostet … Gebühren im Monat.

Kann ich mit der Bankkarte auch in … Geld abheben?

Natürlich. Ich brauche noch ein paar Angaben von Ihnen.
Können Sie bitte dieses Formular ausfüllen?

b) Konto sperren lassen

Ich habe meine Bankkarte verloren.
Ich möchte mein Konto sperren lassen.

Wie ist Ihre Kontonummer?

45 763 982.

Wo und wann haben Sie die Karte verloren?

Ich habe die Karte
heute/gestern/vorgestern/letzte Woche …
im Supermarkt/in der Straßenbahn/auf dem Bahnhof/im Kaufhaus …
verloren.

Wir sperren das Konto sofort.

A25 Kontoeröffnung

Ergänzen Sie Ihre Angaben oder die Angaben einer erfundenen Person in dem folgenden Formular.

Privat-Girokonto

Eröffnen Sie für mich ein Privat-Girokonto
☐ Girokonto ☐ Sparkonto Plus
☐ Sparkonto ☐ Maestro-Karte

Meine persönlichen Angaben
Kundin/Kunde/Kontobezeichnung
☐ Frau ☐ Herr
Sämtliche Vornamen | akademischer Grad

Bitte füllen Sie den Auftrag in Druckbuchstaben aus.
Name
Straße | Hausnr.
Postleitzahl | Ort
Geburtsdatum | Geburtsort
ggf. Geburtsname | Staatsangehörigkeit

Bitte immer angeben
Telefon tagsüber: | Vorwahl | Rufnummer
Meine Adresse hat sich ...

Kontoauszüge
Meine Kontoauszüge
☐ halten Sie bitte (Voraussetzung
☐ hole ich am Ko
☐ senden Sie mir
☐ quartalsweis
☐ 1 x monatlich
☐ 1 x monatlich
☐ 2 x monatlich
☐ wöchentlich
☐ buchungst

Kontowechsel-Service
Ich möchte den Post
☐ Ein Formular zur ... dung füge ich be

Datum

Hinweis: Unterschreiben Sie bitte in der Form, wie Sie Überweisungen, Schecks, usw. unterschreiben.

Unterschrift
Kundin/Kunde: Unterschrift

Wir bedanken uns für Ihren Auftrag.

A26 Quiz

Was ist richtig?

1. Wo hat man kein Geld?
   a) ❐ im Portemonnaie b) ❐ auf der Bank c) ❐ im Internet

2. Was kann man bei einer Bank nicht haben?
   a) ❐ eine Rechnung b) ❐ ein Konto c) ❐ ein Sparbuch

Was ist nicht richtig?

3. Ein Konto kann man:
   a) ❐ eröffnen b) ❐ sperren c) ❐ einzahlen

4. Bei einer Bank kann man Geld:
   a) ❐ einzahlen b) ❐ abheben c) ❐ beraten

5. Sie wollen Geld am Automaten bekommen. Was brauchen Sie?
   a) ❐ eine Kontokarte b) ❐ eine Geheimzahl c) ❐ einen Kredit

6. Was kann man mit Geld noch?
   a) ❐ verkaufen b) ❐ wechseln c) ❐ überweisen

A27 Hören Sie ein Gespräch am Bankschalter. 1.18

Was ist richtig? Kreuzen Sie an.

1. Was möchte Juan auf der Bank?	❐ ein Konto	❐ einen Kredit
2. Juan möchte sich	❐ ein Auto kaufen	❐ eine Wohnung kaufen
3. Juan hat jeden Monat	❐ hohe Ausgaben	❐ hohe Einnahmen
4. Wie viel Geld braucht Juan?	❐ 40 000 Euro	❐ 4 000 Euro
5. Bekommt Juan das Geld?	❐ vielleicht	❐ ganz sicher

A28 Welches Wort ist richtig?

1. Juan zieht mit seiner Familie nach Deutschland. Dort muss er auf der Bank ein Konto *eröffnen/einzahlen*.
2. Auf das Konto muss er Geld *spenden/einzahlen*.
3. Sein Arbeitgeber *überweist/gibt* ihm sein Gehalt jeden Monat auf das Konto.
4. Juan bekommt eine Bankkarte. Damit kann er auf der Bank oder am Automaten Geld *abheben/ausgeben*.
5. Zum Glück gibt es in vielen Ländern den Euro. Juan braucht kein Geld mehr zu *sparen/wechseln*.
6. Juan möchte sich in Deutschland ein Auto kaufen. Dafür braucht er *einen Kredit/eine Rechnung*, denn er hat nicht genug Geld auf dem Konto.
7. Für den Kredit muss er *Zinsen/1000 Euro* bezahlen. Die sind sehr hoch.
8. In den ersten Monaten in Deutschland muss Juan viel Geld *ausgeben/spenden*.
9. Da bleibt kein Euro übrig. Er kann dieses Jahr nichts für soziale Organisationen *spenden/abheben*.
10. Wenn Juan die Bankkarte verliert, muss er sein Konto *zuschließen/sperren* lassen.

Lotto – Der Traum vom Reichtum

A29 Beantworten Sie die folgenden Fragen.

- Gibt es in Ihrem Heimatland eine Lotterie?
- Wenn ja, wie viel Geld kann man gewinnen?
- Spielen Sie Lotto? Warum? Warum nicht?
- Haben Sie schon einmal Geld im Lotto gewonnen?

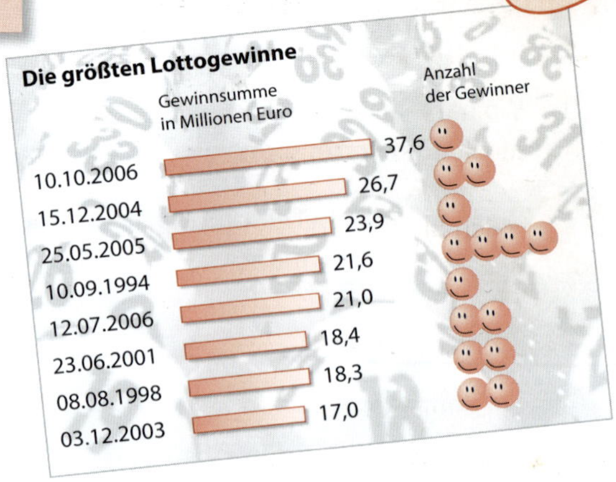

A30 Wussten Sie das schon? 1.19

Lesen und hören Sie den folgenden Text.

Wie viele Lotto-Millionäre gibt es in Deutschland?

Am 9. Oktober 1955 um 16.00 Uhr ist es zum ersten Mal passiert. In einem Hamburger Hotel drehten sich 49 Kugeln in einer Trommel und ein Kind durfte sechs Kugeln aus der Trommel nehmen. Das war die Geburtsstunde von „6 aus 49“. An der ersten Spielrunde haben 257 914 Spieler teilgenommen.

Heute beträgt die Anzahl der Lottoscheine 4 500 000. Den ersten großen Gewinn mit sechs richtigen Zahlen gab es im November 1955. Die Gewinnsumme war 180 000 DM. Erst im September 1956 konnte Deutschland seinen ersten Lotto-Millionär feiern. Bis heute gibt es rund 1 500 Lotto-Millionäre.

A31 Sammeln Sie aus dem Text Wörter zum Thema *Lotto*.

Schlagen Sie unbekannte Wörter im Wörterbuch oder im Glossar nach.

Lotto-Millionäre, Kugeln,

A32 Stellen Sie sich vor:

Sie würden 9,1 Millionen Euro im Lotto gewinnen. Was würden Sie tun? Fragen Sie auch Ihre Nachbarin/Ihren Nachbarn und berichten Sie.

nicht mehr arbeiten ♦ ein Auto/ein Haus/eine Wohnung … kaufen ♦ eine Weltreise/eine Kreuzfahrt machen ♦ Freunde zu einer großen Party einladen ♦ das Geld verschenken ♦ einen Teil des Geldes der Kirche/dem Tierheim/einer Hilfsorganisation/für soziale Zwecke spenden ♦ einen Film produzieren ♦ eine Firma gründen ♦ ein Leben in Saus und Braus führen* ♦ ein Gemälde von Picasso ersteigern ♦ …

- Ich würde …
- Meine Nachbarin/Sie würde …
- Mein Nachbar/Er würde …

ein Leben in Saus und Braus führen = im Luxus leben

Der Konjunktiv II: Hypothese

⇨ Teil C Seite 92

Indikativ (real)	Konjunktiv (irreal)
Ich habe nicht im Lotto gewonnen. Ich habe kein Geld. Ich bin arm.	Wenn ich im Lotto gewinnen würde, hätte ich Geld. wäre ich reich. → Hilfsverben: hätte/wäre
Ich arbeite jeden Tag.	würde ich nicht mehr arbeiten. → die meisten Verben: würde + Infinitiv

Satzbau	Nebensatz			Hauptsatz		
		I.		II.		
	Subjunktion		finites Verb	finites Verb		Infinitiv
	Wenn	ich im Lotto gewinnen	würde,	wäre	ich reich.	
				würde	ich nicht mehr	arbeiten.

A33 Wünsche und Träume

Ergänzen Sie die Sätze.

a) Wenn ich reich wäre, würde ich ein Auto kaufen. / würde ich nicht mehr arbeiten.
Wenn ich heute Abend Zeit hätte, würde ich meinem Freund besuchen.
Wenn ich ab morgen Urlaub hätte, würde ich nach bern reisen.
Wenn ich noch mal 18 wäre, hätte ich Führerschein
Wenn mir jemand ein Bild von Picasso schenken würde, ...

b) Millionär • König/Königin meines Landes • mein eigener Chef • ein berühmter Schauspieler • ein tolles Auto • ein großes Haus • einen Hund • nach Japan fahren • ein Bild malen • ein Buch schreiben • …

Ich wäre gern Millionär, ein berühmter Schauspieler, König meines Land.
Ich hätte gern mein eigener chef, ein tolles Auto, ein großes Haus, einen Hund
Ich würde gern *(einmal)* nach Japan fahren, ein Bild malen, ein Buch schreiben

c) Geben Sie Wünsche im Konjunktiv II wieder.

- Jutta ist nicht reich, aber sie *wäre gern reich.*

1. Wir fahren diesen Sommer nicht weg, aber wir würden gern weg fahren
2. Rainer und Gabi haben keinen Hund, aber sie hätten gern einen Hund.
3. Ich habe viel zu wenig Zeit, aber ich hätte gern viel zeit.
4. Ulrike geht heute Abend nicht ins Konzert, aber sie würde in konzert gehen.
5. Ich kaufe mir diesen Diamantring nicht, aber ich würde mir diesen Diamantring gern kaufen

A34 Können Sie sich das vorstellen?

Antworten Sie.

Jemand gewinnt 9,1 Millionen Euro im Lotto und will das Geld nicht haben! Was meinen Sie?

A35 Lesen und hören Sie den folgenden Text. 1.20

Lotto-Millionär unbekannt!

In der ersten Januarwoche 2004 gewann ein unbekannter Mann mit sechs richtigen Zahlen im Spiel „6 aus 49" 9,1 Millionen Euro. Er hatte die Zahlen in der Zeitung gelesen und wusste: Er war jetzt Millionär! Aber, und das ist unglaublich, erst zehn Wochen später meldete er sich bei der Lottozentrale.

Und stellen Sie sich die Überraschung in der Zentrale vor: Der neue Lotto-Millionär wollte das Geld nicht haben! Er wollte kein Leben in Saus und Braus führen. Der Gewinner spendete die gesamten 9,1 Millionen Euro für soziale Zwecke.

In ganz Lotto-Deutschland gab es das noch nie. „So etwas habe ich noch nicht erlebt", meinte ein Angestellter der Lottozentrale. Viele Gewinner sagen, sie wollen mit dem Geld auch etwas Gutes tun, aber nur ganz wenige Gewinner tun es wirklich. Einen kompletten Gewinn hat noch niemand gespendet.

Natürlich interessierten sich Nachrichtensender und Boulevard-Magazine für diesen unbekannten Mann und wollten über ihn berichten. Doch der Gewinner möchte anonym bleiben, die Lottozentrale hat den Namen bis heute nicht bekannt gegeben. Der Angestellte aus Dortmund geht weiter jeden Tag zur Arbeit, hat ein Haus, ein schönes Auto und lebt ganz unauffällig in seiner vertrauten Umgebung.

Lotto

A36 Was ist richtig, was ist falsch?

Kreuzen Sie an.

		richtig	falsch
1.	In Dortmund hat ein Mann 9,1 Millionen Euro im Lotto gewonnen.	☑	☐
2.	Der unbekannte Mann hat erst nach zehn Wochen von seinem Gewinn erfahren.	☐	☑
3.	Nachrichtensender und Boulevard-Magazine haben über den Gewinner berichtet.	☐	☑
4.	Schon viele Lottogewinner haben Geld für soziale Zwecke gespendet.	☐	☑
5.	Das Leben des Gewinners hat sich nicht verändert.	☑	☐

A37 Ordnen Sie die richtigen Adjektive zu.

vergleichbarer • unbekannter • kaufmännischer • soziale • schönes • vertrauten • gesamten • wenige

1. Ein unbekannter......... Mann hat 9,1 Millionen Euro gewonnen.
2. Er spendete den gesamten........... Gewinn für Soziale............. Zwecke.
3. In ganz Lotto-Deutschland ist kein vergleichbarer......... Fall bekannt.
4. Nur ganz wenige.................. Gewinner tun mit dem Geld etwas Gutes.
5. Der Gewinner ist ein kaufmännischer Angestellter aus Dortmund.
6. Er hat ein schönes.............. Auto.
7. Er lebt weiter in seiner vertrauten...... Umgebung.

H.W

A38 Ergänzen Sie die Verben im Perfekt.

1. In der ersten Januarwoche 2004 ....hat.... ein unbekannter Mann im Spiel „6 aus 49“ 9,1 Millionen Euro ...gewomen.......... (gewinnen)
2. Er ..hat..... die Zahlen in der Zeitung ....gelesen.......... (lesen)
3. Er ..hat...... sich aber erst nach zehn Wochen bei der Lottozentrale ....gemeldet...... (melden)
4. Er ..hat....... den gesamten Gewinn für soziale Zwecke ......gespendet.... (spenden)
5. „So etwas ..habe.... ich noch nie ...erlebt............“ (erleben)

A39 Wünsche und Träume

Haben Sie auch Wünsche und Träume?
Diskutieren Sie mit Ihrer Nachbarin/Ihrem Nachbarn.

1. Welche historische Persönlichkeit würden Sie gern treffen?

   Sie: *Ich würde gern* ....

   Ihre Nachbarin/Ihr Nachbar: ....

2. Mit welcher Schauspielerin/welchem Schauspieler würden Sie am liebsten ein Wochenende verbringen?

   Sie: ....

   Ihre Nachbarin/Ihr Nachbar: ....

3. Welche Sprache würden Sie gern sprechen?

   Sie: ....

   Ihre Nachbarin/Ihr Nachbar: ....

4. Wo hätten Sie gern ein Ferienhaus?

   Sie: *Ich hätte gern* ....

   Ihre Nachbarin/Ihr Nachbar: ....

5. Welchen Beruf würden Sie gern erlernen und ausüben?

   Sie: ....

   Ihre Nachbarin/Ihr Nachbar: ....

6. Wie viel Geld würden Sie gern im Monat verdienen?

   Sie: ....

   Ihre Nachbarin/Ihr Nachbar: ....

7. Wo wären Sie in diesem Moment am liebsten?

   Sie: *Ich wäre gern* ....

   Ihre Nachbarin/Ihr Nachbar: ....

8. Im Märchen erfüllt eine gute Fee Wünsche. Was würden Sie sich wünschen?

   Sie: ....

   Ihre Nachbarin/Ihr Nachbar: ....

Wissenswertes *(fakultativ)*

B1 Trinkgeldquiz

Wie viel Trinkgeld gibt man normalerweise in einem Restaurant?

1. In Nordamerika und Kanada
   a) ❒ 5 bis 10 % b) ❒ immer einen Dollar c) ❒ 15 bis 20 %
2. In arabischen Ländern
   a) ❒ 10 bis 15 % b) ❒ kein Trinkgeld c) ❒ 25 %
3. In Japan oder China
   a) ❒ 10 % b) ❒ 20 % c) ❒ kein Trinkgeld
4. In der Schweiz
   a) ❒ 5 % b) ❒ 15 % c) ❒ kein Trinkgeld
5. In skandinavischen Ländern
   a) ❒ 10 % b) ❒ 15 % c) ❒ 5 %
6. In mittel- und südeuropäischen Ländern
   a) ❒ 10 % b) ❒ kein Trinkgeld c) ❒ 20 %
7. Auf den Südsee-Inseln (z. B. Tahiti, Bora Bora)
   a) ❒ kein Trinkgeld b) ❒ 10 % c) ❒ 15 %

B2 Lesen und hören Sie den folgenden Text. 1.21

Regeln für das Trinkgeld

Es gibt schon viele Doktorarbeiten über das Thema Trinkgeld, denn das Thema ist nicht einfach. Jede Branche – vom Kellner bis zum Taxifahrer – hat ihre eigenen Gesetze.

Die einfachsten Regeln gibt es für Restaurantbesuche. Europaweit kann man sagen: Die Kellner erwarten ungefähr fünf bis zehn Prozent Trinkgeld. Im Norden, also in skandinavischen Ländern, sind es eher fünf Prozent, in südlichen Ländern, in Spanien und Griechenland, sind es zehn Prozent. In der Schweiz gibt man normalerweise gar kein Trinkgeld, weil das Trinkgeld im Preis inbegriffen ist.[1] In arabischen Ländern und in der Türkei sind zehn bis fünfzehn Prozent Trinkgeld richtig. In Japan und China müssen Sie vorsichtig sein. Außerhalb von Touristengegenden[2] gilt Trinkgeld als Beleidigung. Das ist auf den Südsee-Inseln genauso. Dort ist Gastfreundschaft besonders wichtig und die Annahme von Trinkgeld ist verboten.

In Nordamerika und in Kanada ist das Trinkgeld ein wichtiger Teil des Einkommens. Üblich sind fünfzehn oder zwanzig Prozent, in sehr guten Restaurants fünfundzwanzig Prozent. Oft gelten Gäste aus Europa in Amerika als geizig, weil sie so viel Trinkgeld nicht gewöhnt sind und nur zehn Prozent geben.

1 das Trinkgeld ist im Preis inbegriffen = es steht schon auf der Rechnung
2 Touristengegend = Ort bzw. Stadt, wo viele Touristen sind

B3 Was ist richtig, was ist falsch?

a) Kreuzen Sie an.

	richtig	falsch
1. Das Thema Trinkgeld ist ganz neu.	❒	❒
2. Für jede Branche gibt es Regeln.	❒	❒
3. Europaweit sind ungefähr fünf bis zehn Prozent Trinkgeld richtig.	❒	❒
4. In der Schweiz legt man das Trinkgeld auf den Tisch.	❒	❒
5. In arabischen Ländern und in der Türkei zahlt man kein Trinkgeld.	❒	❒
6. In Japan und China kann Trinkgeld negativ wirken.	❒	❒
7. In Nordamerika verdienen die Kellner sehr viel Geld.	❒	❒
8. Gäste aus Europa geben in Amerika gern sehr viel Trinkgeld.	❒	❒

b) Wie heißt die richtige Präposition?

über – aus – von	♦	Es gibt schon viele Doktorarbeiten *über* das Thema Trinkgeld.
von – für – mit	1.	Die einfachsten Regeln gibt es .... Restaurantbesuche.
in – bis – über	2.	Kellner erwarten ungefähr fünf .... zehn Prozent Trinkgeld.
aus – von – in	3.	.... skandinavischen Ländern sind es eher fünf Prozent Trinkgeld.
in – aus – mit	4.	.... China gilt Trinkgeld als Beleidigung.
zu – mit – von	5.	Die Annahme .... Trinkgeld ist auf den Südsee-Inseln verboten.
in – aus – mit	6.	Oft gelten Gäste .... Europa in Amerika als geizig.

B4 Die teuersten Städte der Welt 1.22

a) Raten Sie: Welche drei Städte sind die teuersten Städte der Welt?

b) Lesen und hören Sie den folgenden Text.

teuer – teurer – am teuersten/die teuerste Stadt

Wo es besonders teuer ist ...

Die gute Nachricht zuerst: Zu den teuersten Städten der Welt zählt keine deutsche Stadt. Lesen Sie hier, wo man für das Leben tief in die Tasche greifen muss.[1]

Auf der Liste der teuersten Orte weltweit stehen, wie kann es auch anders sein, die üblichen Verdächtigen[2]: Moskau, London, Hongkong. Die japanische Hauptstadt Tokio führt die Liste der Städte mit den höchsten Kosten an, auf den Plätzen zwei und drei folgen Moskau und Osaka. Hongkong belegt Platz vier, gefolgt von Peking, Genf und London. Unter den 50 teuersten Metropolen ist keine deutsche Stadt zu finden. Die teuerste nordamerikanische Stadt, New York, belegt hinter Zürich Rang[3] zehn.

Teuerste Stadt der Welt bedeutet aber nicht automatisch: Stadt mit der höchsten Lebensqualität. Vor kurzem hat das Unternehmen *Mercer Human Resource Consulting* die Städte mit der höchsten Lebensqualität ermittelt. Sieger war Zürich, gefolgt von Vancouver, Wien, Genf und Sydney. Auch die deutschen Metropolen belegten gute Plätze: Frankfurt am Main teilte sich mit dem australischen Sydney Platz fünf, München kam auf Platz zehn und Düsseldorf auf Platz zwölf. Berlin schaffte es an die 15. Stelle der Städteliste. Für den Vergleich bewertete man die Städte nach 39 Kriterien, dazu gehörten zum Beispiel: Umwelt, Sicherheit, Gesundheit, Bildung, Verkehr und Freizeitangebote.

1 jemand muss tief in die Tasche greifen = man muss viel Geld ausgeben
2 die üblichen Verdächtigen = die *(Städte)* sind immer dabei
3 Rang = Platz

B5 Ergänzen Sie die fehlenden Verben in der richtigen Form.

gehören • folgen • belegen • finden • zählen • ermitteln • teilen • greifen • stehen • anführen • bewerten

- Zu den teuersten Städten der Welt *zählt* keine deutsche Stadt.

1. In manchen Städten muss man tief in die Tasche ....
2. Auf der Liste der teuersten Orte weltweit .... die üblichen Verdächtigen.
3. Die japanische Hauptstadt Tokio .... die Liste ....
4. Auf den Plätzen zwei und drei .... Moskau und Osaka.
5. Hongkong .... Platz vier.
6. Unter den 50 teuersten Metropolen kann man keine deutsche Stadt ....
7. Vor kurzem hatte ein Unternehmen die Städte mit der höchsten Lebensqualität ....
8. Frankfurt am Main .... sich mit dem australischen Sydney Platz 5.
9. Für den Vergleich .... man die Städte nach 39 Kriterien.
10. Zu den Kriterien .... zum Beispiel: Umwelt, Sicherheit, Gesundheit, Bildung, Verkehr und Freizeitangebote.

zählen zu/gehören zu + Dativ

Sätze

B6 Berichten Sie.

- Wohnen Sie in einer teuren Stadt?
- Wie teuer ist Ihre Stadt im Vergleich zu anderen Städten im Land?
- Was bezahlen Sie z. B. für einen „Hamburger", ein Essen oder ein Glas Mineralwasser in einem normalen Restaurant?
- Hat Ihre Stadt (nach Ihrer Meinung) eine hohe Lebensqualität?

Haupt- und Nebensätze

Kausalangaben: Warum?

Sie haben verschiedene Möglichkeiten für die Angabe eines Grundes:

1) Ich kaufe mein Brot im Supermarkt, denn es ist dort billiger.
→ denn steht vor einem Hauptsatz

2) Ich kaufe mein Brot im Supermarkt, weil es dort billiger ist.
→ weil leitet einen Nebensatz ein

3) Weil es im Supermarkt billiger ist, kaufe ich dort mein Brot.
→ Der Nebensatz kann auch vor dem Hauptsatz stehen. Er zählt dann als Position I. Der anschließende Hauptsatz beginnt dann mit dem finiten Verb (Position II).

H.W

C1 Heute ist kein guter Tag für Petra.

Verbinden Sie die Sätze mit *denn* und *weil.*

- Sie isst nichts. Sie hat keinen Hunger.
  - a) *Sie isst nichts, denn sie hat keinen Hunger.*
  - b) *Sie isst nichts, weil sie keinen Hunger hat.*
  - c) *Weil sie keinen Hunger hat,* isst sie nichts.

1. Sie kommt zu spät zum Unterricht. Sie hat den Bus verpasst.
   - a) sie kommt zu spät zum Unterricht, denn she hat den Buss verpasst.
   - b) sie kommt zu spät zum Unterricht, weil sie den Bus verpasst hat.
   - c) weil sie den Bus verpasst hat, kommt sie zu spät zum unterricht.

2. Sie kann nichts sehen. Sie hat ihre Brille verloren.
   - a) Sie kann nichts sehen, denn sie hat ihre Brille verloren.
   - b) sie kann nichts sehen, weil sie ihre Brille verloren hat.
   - c) weil sie ihre Brille verloren hat, sie kann nichts sehen.

3. Sie kann nicht Tennis spielen. Sie hat Schmerzen im Arm.
   - a) sie kann nicht Tennis spielen, denn sie hat schmerzen im Arm.
   - b) sie kann nicht Tennis spielen, weil sie ~~hat~~ schmerzen im Arm hat.
   - c) weil sie schwerzen im Arm hat, sie kann nicht Tennis spielen.

4. Sie kann im Supermarkt nichts einkaufen. Sie hat ihr Geld vergessen.
   - a) ....
   - b) ....
   - c) ....

5. Sie geht nicht aus. Sie ist müde.
   - a) sie geht nicht aus, denn sie ist müde.
   - b) sie geht nicht aus, weil sie müde ist.
   - c) weil sie müde ist, sie geht nicht aus

C2 Warum kommen die Leute zu spät?

Nennen Sie Gründe.

Wecker nicht klingeln ♦ Zug → Verspätung haben ♦ im Stau stehen ♦ Termin vergessen ♦ beim Zahnarzt sein ♦ Auto kaputt sein

- ♦ Frank kommt zu spät, *weil der Wecker nicht geklingelt hat.*
1. Otto kommt zu spät, weil der Zug verspätung hat.
2. Michaela kommt zu spät, weil sie im stau steht.
3. Karl-Heinz kommt zu spät, weil er die Termin vergessen hat.
4. Ilse kommt zu spät, weil sie beim zahnarzt ist/war
5. Petra kommt zu spät, weil ihr (das) Auto kaputt is

Konditionalangaben: Wann?

1) Ruf mich an, wenn du Geld brauchst. → wenn leitet einen Nebensatz ein

2) Wenn du Geld brauchst, ruf mich an. → Der Nebensatz kann auch vor dem Hauptsatz stehen.

C3 Bilden Sie Konditionalsätze mit *wenn.*

♦ Klara will die Prüfung bestehen. Sie muss noch viel lernen.

a) *Wenn Klara die Prüfung bestehen will, muss sie noch viel lernen.*

b) *Klara muss noch viel lernen, wenn sie die Prüfung bestehen will.*

1. Max will einen Kredit aufnehmen. Er muss Zinsen bezahlen.

a) wenn Max einen kredit aufnehmen, muss er Zinsen bezahlen.

b) Max muss zinsen bezahlen, wenn er einen kredit aufnehmen will.

2. Wir wollen sparen. Wir dürfen kein Geld ausgeben.

a) Wenn wir sparen wollen, dürfen wir kein Geld ausgeben.

b) wir dürfen kein Geld ausgeben, wenn wir sparen wollen.

3. Du hast Kopfschmerzen. Du musst zwei Aspirin-Tabletten nehmen.

a) wenn du kopfschmerzen hast, musst du zwei Aspirin nehmen.

b) Du musst zwei Aspirin-Tabletten nehmen, wenn Du kopfschmerzen hast.

4. Du hast deinen Führerschein zu Hause vergessen. Du darfst nicht mit meinem Auto fahren.

a) wenn du deinen führerschein zu Hause vergessen hast, darfst du mit meinem Auto fahren

b) Du darfst nicht mit meinem Auto fahren, wenn Du deinen führerschein hast

5. Ihr wollt Karin vom Bahnhof abholen. Ihr müsst euch beeilen.

a) wenn ihr karin vom Bahnhof abholen wolt, müsst ihr euch beeilen.

b) Ihr müsst euch beeilen, wenn ihr karin vom Bahnhof abholen wollt.

6. Wir wollen am Sonntag in diesem Zwei-Sterne-Restaurant essen. Wir müssen heute einen Tisch reservieren.

a) wir müssen heute einen Tisch reservieren, wenn wir am sonntag

b) in diesem Zwei-sterne-Restaurant essen wollen.

Es ist halt schön,
Wenn wir die Freunde kommen sehn. –
Schön ist es ferner, wenn sie bleiben
Und sich mit uns die Zeit vertreiben. –
Doch wenn sie schließlich wieder gehn,
Ist's auch recht schön.
(Wilhelm Busch 1832-1908)

C4 Bilden Sie Nebensätze.

Achten Sie auf die Wortfolge.

- Der Pianist kann nicht spielen, (Klavier – wenn – hat – er – kein).
  Der Pianist kann nicht spielen, *wenn er kein Klavier hat.*

1. Ich esse diese Woche nur Gemüse, (will – weil – abnehmen – ich).
   Ich esse diese Woche nur Gemüse, weil ich abnehmen will.
2. Er sieht abends lange fern, (einschlafen – weil – er – kann – nicht).
   weil er nicht einschlafen kann.
3. Martina hört gern Musik, (fährt – wenn – Auto – sie).
   wenn sie Auto fährt.
4. Herr Schulze sieht nicht gern Krimis, (bei der Polizei – weil – arbeitet – er).
   weil er bei der Polizei arbeitet.
5. Kurt ist nervös, (gibt – er – ein – Konzert – wenn).
   wenn er ein Konzert gibt.

Verben mit Dativ und Akkusativ

Verben mit Akkusativ

Das Verb regiert im Satz.

Ich brauche ein neues Auto.

brauchen → NOMINATIV (Ich), AKKUSATIV (ein neues Auto)

Frage: Wen? Was?

Viele Verben bilden Sätze mit einem Akkusativobjekt, z. B.: abholen ♦ anrufen ♦ beantworten ♦ besuchen ♦ bezahlen ♦ brauchen ♦ essen ♦ finden ♦ haben ♦ hören ♦ kennen ♦ kosten ♦ lesen ♦ lieben ♦ möchte(n) ♦ öffnen ♦ parken ♦ sehen ♦ trinken

Verben mit Dativ

Das Verb regiert im Satz.

Die Jacke gefällt mir.

gefallen → NOMINATIV (Die Jacke), DATIV (mir)

Frage: Wem?

Einige Verben bilden Sätze mit einem Dativobjekt. Diese Verben müssen Sie lernen:
danken ♦ gefallen ♦ gehören ♦ gratulieren ♦ helfen ♦ passen ♦ schmecken

Verben mit Dativ und Akkusativ

Das Verb regiert im Satz.

Ich kaufe mir ein neues Kleid.

kaufen → NOMINATIV (Ich), DATIV (mir), AKKUSATIV (ein neues Kleid)

Frage: Wem? Was?

Die folgenden Verben bilden Sätze mit einem Dativ- und einem Akkusativobjekt. Meistens ist das Dativobjekt eine Person, das Akkusativobjekt eine Sache. Bei einigen Verben ist das Dativobjekt nicht obligatorisch.
bringen ♦ geben ♦ kaufen ♦ schenken ♦ schicken ♦ schreiben ♦ senden ♦ zeigen

C5 Verben mit Akkusativergänzung

Bilden Sie Sätze im Perfekt.

- essen – ihr – Salat ? — *Habt ihr den Salat gegessen?*
- essen – ich – Salat — *Ich habe den Salat gegessen.*

1. lesen – du – Buch ? Hast du das Buch gelesen?
2. finden – ihr – Schlüssel ? ....
3. besuchen – wir – Kartoffelmuseum ....
4. anrufen – du – Fernsehmonteur ? ....
5. übersetzen – Frau Klein – Brief ....
6. bezahlen – der Chef – Rechnung ....
7. hören – wir – Sendung ....
8. sehen – du – Film ? ....

C6 Finden Sie die richtige Ergänzung.

Manchmal gibt es mehrere Lösungen.

(1) Der Hund gehört → (c), (d), (j)
(2) Wir bezahlen
(3) Der Schreibtisch kostet
(4) Der Portier öffnet
(5) Ich danke
(6) Ich kaufe
(7) Oliver schenkt
(8) Der Arzt hilft
(9) Ich möchte
(10) Frau Krüger beantwortet
(11) Ich brauche
(12) Ich zeige
(13) Ich gratuliere

(a) viel Geld.
(b) die Tür.
(c) dem jungen Mann.
(d) dem Chef.
(e) gerne eine Tasse Kaffee.
(f) die Rechnung.
(g) ein Wörterbuch.
(h) seinem Onkel eine Flasche Whisky.
(i) die E-Mail sofort.
(j) dem Patienten.
(k) meiner Mutter ein spannendes Buch.
(l) dir zum Geburtstag.
(m) dem Mitarbeiter das neue Büro.

Personalpronomen (*Wiederholung*)

		Nominativ	Akkusativ	Dativ
Singular	1. Person	ich	mich	mir
	2. Person	du	dich	dir
	3. Person	er sie es	ihn sie es	ihm ihr ihm
Plural	1. Person	wir	uns	uns
	2. Person	ihr	euch	euch
	3. Person	sie	sie	ihnen
formell		Sie	Sie	Ihnen

C7 *Dir* oder *dich*? Ergänzen Sie.

- Ich liebe *dich*.
1. Ich rufe dich nächste Woche an.
2. Ich danke dir.
3. Ich besuche dich heute Abend.
4. Ich schreibe dir eine Postkarte aus New York.
5. Ich hole dich vom Flughafen ab.
6. Ich sehe dich nächste Woche.
7. Ich besuche dich, wenn ich in München bin.
8. Gehört dir die Jacke?
9. Ich kaufe dir kein Eis mehr.
10. Ich gratuliere dir.

C8 Antworten Sie.

Ersetzen Sie die Nomen durch Personalpronomen.

- Hast du deiner Mutter zum Geburtstag gratuliert? *Ja, ich habe ihr zum Geburtstag gratuliert.*
1. Hast du deinen Bruder in München besucht? ....
2. Hast du deinen Freunden eine Postkarte geschrieben? ....
3. Hast du Maria bei den Hausaufgaben geholfen? ....
4. Hast du Max schon angerufen? ....
5. Hast du deinen Eltern schon dein Zeugnis gezeigt? ....
6. Hat deinen Kollegen das Essen geschmeckt? ....
7. Hat deinem Vater das Geschenk gefallen? ....
8. Habt ihr Frau Krause die Tabletten gegeben? ....
9. Hast du deiner Tochter eine CD mitgebracht? ....
10. Hast du deiner Frau ein neues Parfüm gekauft? ....

C9 Partnerübung: Fragen und Antworten

Üben Sie zu zweit. Formulieren Sie Fragen und antworten Sie.

- Was? Was kaufen Sie gern ein?/Was haben Sie letzte Woche gekauft? Was kaufen Sie heute zum Abendessen? Was kaufen Sie nie?

A Einkaufen

Was? | Wie viel? | Wo? | Mit wem? | Wann? | Wie oft?

B Freizeit

Was? | Warum? | Wo? | Mit wem? | Wann? | Wie oft?

Konjunktiv II

Hypothese

Indikativ (real)	Konjunktiv (irreal)
Hilfsverben: Ich habe kein Geld. Ich bin krank.	→ hätte/wäre: Ich hätte gern Geld. Ich wäre gern gesund.
andere Verben: Ich fahre nicht in den Urlaub. Ich arbeite jeden Tag. Ich kaufe mir keinen Porsche.	→ würde + Infinitiv: Ich würde gern in den Urlaub fahren. Ich würde gern nicht mehr arbeiten. Ich würde mir gern einen Porsche kaufen.

Satzbau

Nebensatz			Hauptsatz		
	I.		II.		
Subjunktion		finites Verb	finites Verb		Infinitiv
Wenn	ich im Lotto gewinnen	würde,	wäre	ich reich.	
			würde	ich nicht mehr	arbeiten.

Gebrauch

irreale Bedingung:	Wenn ich im Lotto gewinnen würde, wäre ich Millionär.
irrealer Wunsch:	Ach, hätte ich doch ein schnelleres Auto!
Empfehlung:	Es wäre gut, wenn du mehr Sport treiben würdest.

Konjugation

	ich	du	er/sie/es	wir	ihr	sie/Sie
Indikativ	bin	bist	ist	sind	seid	sind
Konjunktiv II	wäre	wärst	wäre	wären	wärt	wären
Indikativ	habe	hast	hat	haben	habt	haben
Konjunktiv II	hätte	hättest	hätte	hätten	hättet	hätten
Indikativ	fahre	fährst	fährt	fahren	fahrt	fahren
Konjunktiv II	würde fahren	würdest fahren	würde fahren	würden fahren	würdet fahren	würden fahren

C10 Es wäre gut, wenn du …

Formulieren Sie Empfehlungen.

- ♦ weniger arbeiten — *Es wäre gut, wenn du weniger arbeiten würdest.*
1. weniger Geld für Schokolade ausgeben — Wenn du weniger Geld für Schokolade ausgeben würdest.
2. nicht mehr rauchen — wenn du nicht mehr rauchen würdest
3. immer deine Hausaufgaben machen — wenn du immer deine Hausaufgaben machen würdest
4. nicht so lange schlafen — wenn du nicht so lange schlafen würdest.
5. einen Regenschirm mitnehmen — wenn du einen Regenschirm mitnehmen würdest
6. regelmäßig Sport treiben — wenn du ……
7. wenn du mehr Gemüse essen würdest ……
8. dein Geld sparen ……

H.W

C11 Wenn ich Zeit/Geld hätte, würde ich …

Formulieren Sie irreale Bedingungssätze.

- Spielst du heute Tennis? *Wenn ich Zeit hätte, würde ich heute Tennis spielen.* kommen
1. Kommst du heute Abend mit in die Oper? *Wenn ich* Zeit hätte, würde ich mit dir heute in die Oper
2. Gehst du mit mir in die Kantine essen? würde ich mit dir in die Kantine essen gehen.
3. Machst du immer deine Hausaufgaben? würde ich immer meine Hausaufgaben machen.
4. Besuchst du Martina im Krankenhaus? würde ich Martina im Krankenhaus besuchen.
5. Beantwortest du heute die E-Mails? würde ich heute die E-Mails beantworten.
6. Gehst du heute Nachmittag einkaufen? (Geld) würde ich heute Nachmittag einkaufen gehen.
7. Holst du mich vom Flughafen ab? würde ich dich vom Flughafen abholen.
8. Kaufst du mir diesen schönen Ring? (Geld) würde ich dir diesen schönen Ring kaufen.

C12 Formulieren Sie Wünsche.

- Es ist kalt. *(warm)*
  Ach, wenn es doch warm wäre!
  Mein Freund spielt schlecht Tennis. *(besser)*
  Ach, wenn mein Freund doch besser Tennis spielen würde!
1. Der Diamantring ist zu teuer. *(billiger)* ……………
2. Unser Haus ist so klein. *(größer)* ……………
3. Ich verdiene so wenig Geld. *(mehr)* ……………
4. Meine Freundin ist zu dünn. *(dicker)* ……………
5. Der Bus kommt immer unpünktlich. *(pünktlicher)* ……………
6. Ich darf noch kein Bier trinken, ich bin zu jung. *(älter)* ……………
7. Mein Auto fährt so langsam. *(schneller)* ……………

C13 Welches Wort passt?

Ordnen Sie zu.

ausgeben ♦ wenn ♦ Innenstadt ♦ lieber ♦ Reise ♦ würde ♦ Lotto ♦ gehen ♦ Traum (dream) ♦ können ♦ Essen ♦ fahren

Lieber Gustav,

wie geht es Dir? Weißt Du schon das Neueste? Mein Kollege Marcus hat 500 000 Euro im ……Lotto…… gewonnen. Heute hat er uns alle in ein teures Restaurant zum ……Essen…… eingeladen. Marcus will sich von dem Geld ein neues Auto kaufen und außerdem im Sommer nach Australien ……fahren…… . ……wenn…… ich so viel Geld im Lotto gewinnen würde, würde ich es auf keinen Fall für ein Auto ……ausgeben…… . Ich ……würde…… mir eine tolle Wohnung in der ……Innenstadt…… kaufen. Eine ……Reise…… würde ich auch machen. Ich würde nach China fliegen. Natürlich würde ich mit Dir in Dein italienisches Lieblingsrestaurant ……gehen…… . Leider habe ich aber nicht gewonnen. Die Wohnung und die Reise bleiben nur ein ……Traum…… . Aber in Dein italienisches Lieblingsrestaurant ……können…… wir am Samstag gehen, wenn Du willst.

Liebe Grüße
Martina

Nomen

Unbestimmter Artikel ohne Nomen

maskulin	Ich habe keinen Regenschirm.	Kein Problem. Hier ist einer. Kein Problem. Ich habe einen.	(Nominativ) (Akkusativ)
feminin	Ich habe keine Fotokamera.	Kein Problem. Hier ist eine. Kein Problem. Ich habe eine.	(Nominativ) (Akkusativ)
neutral	Ich habe kein Handy.	Kein Problem. Hier ist eins. Kein Problem. Ich habe eins.	(Nominativ) (Akkusativ)
Plural	Ich habe keine Socken.	Kein Problem. Hier sind welche. Kein Problem. Ich kaufe welche.	(Nominativ) (Akkusativ)

Rückblick

C14 Antworten Sie.

1. Ich habe kein Glas. — Kein Problem. Hier ist eins
2. Ich habe Kopfschmerzen und keine Tablette. — Kein Problem. Ich habe eine
3. Ich habe keine Briefmarken. — Kein Problem. Ich habe welche
4. Ich habe keine Sonnenbrille. — Kein Problem. Hier ist eine
5. Ich habe kein Brot. — Kein Problem. Wir kaufen eins
6. Ich habe keine CDs zu Hause. — Ich bringe welche mit.
7. Ich habe keinen Lippenstift. — Kein Problem. Ich habe einen
8. Ich habe keine Turnschuhe. — Dann musst du welche kaufen.
9. Ich habe keinen Laptop. — Ich bringe einen mit.

C15 Einkaufen

Welches Nomen passt nicht? Wie heißt der Oberbegriff?

Schmuck ♦ Kleidung ♦ Möbel ♦ Bücher ♦ Haushaltswaren

- ♦ *Möbel*: der Sessel – der Stuhl – der Tisch – die Couch – das Bett – das Zimmer
1. Schmuck: die Uhr – die Kette – der Anzug – der Ring
2. Kleidung: die Jacke – die Sonnencreme – die Hose – das Kleid – der Bikini – der Hut
3. Bücher: der Reiseführer – der Krimi – der Liebesroman – das Gedicht – das Kochbuch
4. Haushaltswaren: der Topf – die Pfanne – der Teller – der Pfeffer – die Schüssel

C16 Wie heißen die Nomen?

- ♦ Geld ausgeben — *die Ausgabe*
1. Geld spenden — die Spende
2. Geld einnehmen — die Einnahme
3. Geld überweisen — die Überweisung
4. ein Konto eröffnen — die Eröffnung
5. eine Rechnung bezahlen — die Bezahlung
6. die Geheimzahl eingeben — die Eingabe

Rückblick

D1 Wichtige Redemittel

Hier finden Sie die wichtigsten Redemittel des Kapitels.

Wo das Geld bleibt

Einnahmen: das Einkommen (das Bruttoeinkommen/das Nettoeinkommen) ♦ das Gehalt ♦ Geld verdienen

Ausgaben: Steuern und Sozialversicherungen ♦ Nahrungsmittel und Getränke ♦ Kleidung und Schuhe ♦ Miete und Energie ♦ Verkehr ♦ Möbel- und Haushaltsgeräte ♦ Freizeit ♦ Gesundheit ♦ Kommunikation ♦ Bildung

Einkaufen

Allgemein: die Ware ist gut/frisch/billig ♦ die Verkäufer sind nett ♦ die Beratung ist gut ♦ die Auswahl ist groß ♦ Tag und Nacht einkaufen ♦ Preise vergleichen ♦ die Ware prüfen ♦ die Ware reklamieren

Im Geschäft: Kann ich Ihnen helfen? ♦ Was kann ich für Sie tun? ♦ Ich möchte bitte … ♦ Ich hätte gern … ♦ Was kostet …? ♦ Ich habe Größe … ♦ Kann ich … mal anprobieren? ♦ Kann ich … umtauschen? ♦ Kann ich mit Kreditkarte bezahlen? ♦ … passt mir nicht ♦ … gefällt mir nicht

Auf der Bank

Geld kann man: von einem Konto abheben ♦ auf ein Konto einzahlen ♦ für soziale Zwecke spenden ♦ wechseln ♦ überweisen ♦ ausgeben ♦ sparen

Auf der Bank kann man: ein Konto eröffnen ♦ ein Konto sperren lassen ♦ einen Kredit beantragen ♦ ein Formular ausfüllen

Am Geldautomaten muss man: die Kontokarte einführen ♦ die Geheimzahl eingeben ♦ die Taste „Bestätigung" drücken ♦ den gewünschten Betrag wählen ♦ die Kontokarte entnehmen

Lotto

Lotto spielen ♦ im Lotto *(viel Geld)* gewinnen ♦ an einer Spielrunde teilnehmen ♦ Lotto-Millionär sein ♦ ein Leben in Saus und Braus führen ♦ mit dem Geld etwas Gutes tun ♦ den kompletten Gewinn spenden ♦ Geld ausgeben

D2 Kleines Wörterbuch der Verben

Unregelmäßige Verben

Infinitiv	3. Person Singular Präsens	3. Person Singular Präteritum	3. Person Singular Perfekt
abheben *(Geld)*	er hebt ab	er hob ab	er hat abgehoben
betragen *(der Gewinn)*	er beträgt	er betrug	er hat betragen
entscheiden *(sich für etwas)*	er entscheidet sich	er entschied sich	er hat sich entschieden
gelten *(als geizig)*	er gilt	er galt	er hat gegolten
nennen	er nennt	er nannte	er hat genannt
tun	er tut	er tat	er hat getan
verbieten	er verbietet	er verbot	er hat verboten
vergleichen *(Preise)*	er vergleicht	er verglich	er hat verglichen

Einige regelmäßige Verben

Infinitiv	3. Person Singular Präsens	3. Person Singular Präteritum	3. Person Singular Perfekt
ändern *(sich/die Zeit)*	sie ändert sich	sie änderte sich	sie hat sich geändert
anprobieren *(die Schuhe)*	er probiert an	er probierte an	er hat anprobiert
ausfüllen *(ein Formular)*	er füllt aus	er füllte aus	er hat ausgefüllt
belegen *(einen Platz)*	er belegt	er belegte	er hat belegt
bestellen *(ein Produkt)*	er bestellt	er bestellte	er hat bestellt
einzahlen *(Geld)*	er zahlt ein	er zahlte ein	er hat eingezahlt
erleben *(etwas)*	er erlebt	er erlebte	er hat erlebt
eröffnen *(ein Konto)*	er eröffnet	er eröffnete	er hat eröffnet
ersteigern *(ein Bild)*	er ersteigert	er ersteigerte	er hat ersteigert
feiern	er feiert	er feierte	er hat gefeiert
folgen *(auf Platz zwei)*	er folgt	er folgte	er ist gefolgt
gehören *(zu den teuren Städten)*	sie gehört	sie gehörte	sie hat gehört
gründen *(eine Firma)*	er gründet	er gründete	er hat gegründet
kosten	es kostet	es kostete	es hat gekostet
nutzen *(das Internet)*	er nutzt	er nutzte	er hat genutzt
passiert *(etwas)*	es passiert	es passierte	es ist passiert
prüfen *(die Ware)*	er prüft	er prüfte	er hat geprüft
schenken verschenken	er schenkt er verschenkt	er schenkte er verschenkte	er hat geschenkt er hat verschenkt
sparen *(Geld)*	er spart	er sparte	er hat gespart
spenden *(Geld)*	er spendet	er spendete	er hat gespendet
zählen *(zu den teuren Städten)*	sie zählt	sie zählte	sie hat gezählt

D3 Evaluation

Überprüfen Sie sich selbst.

Ich kann	gut	nicht so gut
Ich kann über meine Geldausgaben berichten.	❐	❐
Ich kann Geschäfte und Konsumartikel nennen.	❐	❐
Ich kann alltägliche Dinge einkaufen und nach Preis, Größe, Farbe usw. fragen.	❐	❐
Ich kann Gründe und Bedingungen zum Thema Einkaufen angeben.	❐	❐
Ich kann einfache Bankgespräche verstehen und führen.	❐	❐
Ich kann ein einfaches Bankformular ausfüllen.	❐	❐
Ich kann kurze Zeitungsartikel zum Thema Einkaufen und Lotto verstehen.	❐	❐
Ich kann Wünsche und irreale Bedingungen formulieren.	❐	❐
Ich kann kurze Zeitungsartikel zum Thema Trinkgeld und teure Städte verstehen. *(fakultativ)*	❐	❐

Kapitel 4

Arbeit und Beruf

Kommunikation

- Über Bürotätigkeiten berichten
- Einfache geschäftliche Telefonate führen
- Termine vereinbaren und absagen
- Mit Arbeitskollegen kommunizieren
- Eine höfliche Bitte formulieren
- Eine dienstliche Anweisung verstehen
- Offizielle Gruß- und Anredeformeln verwenden

Wortschatz

- Büroausstattung
- Bürotätigkeiten
- Zeitangaben
- Telefonieren
- Buchstabiertafel

Im Büro

A1 Das Büro

a) Ordnen Sie zu.

der Laptop
der Bildschirm
die Tastatur
der Kopfhörer
der Lautsprecher
die Taste
der Schreibtisch
das Kabel
der Scanner
die Maus
die Steckdose
der Stecker

der USB-Stick
das DVD-Laufwerk
die Bücher
der USB-Anschluss
der Computer
der Stuhl
der Drucker
die Druckerpatrone

b) Berichten Sie. Was haben Sie in Ihrem Büro/zu Hause?

A2 Was man im Büro alles tun kann …

Fragen Sie Ihre Nachbarin/Ihren Nachbarn und berichten Sie.

Kaffee kochen/trinken ♦ über Privates/über dienstliche Probleme mit Kollegen reden ♦ mit dem Chef reden ♦ Briefe schreiben und lesen ♦ E-Mails öffnen/lesen/beantworten/löschen/schreiben/weiterleiten ♦ Dokumente/Zeitung lesen ♦ mit Kunden und Kollegen/mit Freunden und Verwandten telefonieren ♦ Termine vereinbaren ♦ Dienstreisen machen/organisieren ♦ an Besprechungen teilnehmen ♦ Protokolle schreiben ♦ Geburtstage/Beförderungen/Abschied von Kollegen feiern ♦ in der Kantine/am Schreibtisch essen ♦ ein Computerproblem haben/lösen ♦ im Internet surfen oder Sachen kaufen/verkaufen ♦ Solitär oder andere Computerspiele spielen

Was machen Sie im Büro oft bzw. regelmäßig, selten, nie?

Wenn Sie studieren, nicht arbeiten oder nicht in einem Büro arbeiten: Was machen Sie zu Hause oft, selten, nie?

- Meine Nachbarin/mein Nachbar trinkt oft Kaffee, ungefähr viermal am Tag …

A3 Was ich im Büro tue

Berichten Sie über sich selbst.

Was müssen Sie auf Arbeit regelmäßig machen? *(E-Mails schreiben?)*
Was müssen Sie machen, tun es aber nicht gerne? *(Kaffee kochen?)*
Was machen Sie freiwillig, weil Sie es mögen? *(Kaffee trinken?)*
Was dürfen Sie auf Arbeit nicht machen? *(Solitär spielen?)*

A4 Hören Sie die folgenden Telefongespräche. 1.23

a) Ergänzen Sie die Telefonnotizen.

1

Computerproblem

Wer? *Herr Müller*

Was ist das Problem?

Herr Müller kann word-Dokumente nicht öffnen

Zimmernummer: 506, 5.Etage

2

Besprechung

Wo? Zimmer des Direktors

Was muss Claudia mitbringen?

Dokumente der Firma XP

3

Rechnung

Grund des Anrufes?

Rechnung von drei Teilarbeiter nicht bezahlt

Rechnungsnummer?

87 65 31 25

4

Termin

Wann? 13:00 Uhr

Warum kann Frau Schimmel nicht kommen?

sie steht im Stau

neuer Termin – Wann? 15:00 Uhr

b) Ergänzen Sie die Verben in der richtigen Form.

warten • vergessen • haben (2 x) • gehen • schicken • bezahlen • öffnen • kommen • sitzen • geben • sein • stehen • sehen • sprechen • tun

1. Ich habe ein Problem mit meinem Computer.
   Was *geht* an Ihrem Computer nicht?
   Ich kann verschiedene Word-Dokumente nicht öffnen.
   Gut, ich komme bei Ihnen vorbei.
2. Wir sitzen hier im Zimmer des Direktors und warten auf dich.
   Oh Gott, die Besprechung! Die habe ich vergessen.
3. Spreche ich mit der Personalverwaltung von KOMA?
   Ja, was kann ich für Sie tun?
   Wir haben Ihnen die Rechnung geschickt, die ist aber bis heute noch nicht bezahlt.
   Können Sie mir bitte die Rechnungsnummer geben?
4. Wir haben heute um 13.00 Uhr einen Termin.
   Ich kann leider nicht pünktlich sein, ich stehe im Stau.
   Gut, dann sehen wir uns 15.00 Uhr.

A5 Sie haben Probleme.

Wo kann man Ihnen helfen? Wer kann Ihnen helfen?

die Verwaltung • die Direktion • das Sekretariat • die IT-Abteilung • der Hausmeister

1. Ihr Computer stürzt regelmäßig ab. crass
   Wenn mein Computer abstürzt, rufe ich (die/das/den ...) IT-Abteilung *an.*
   Wenn mein Computer abstürzt, rufe ich jemanden aus (der/dem ...) IT-Abteilung *an.*
2. Ihre Schreibtischlampe geht nicht.
   wenn meine schreibtischlampe nicht ~~[illegible]~~ geht, rufe ich dem Hausmeister an.
3. Sie warten noch immer auf das Geld für Ihre letzte Dienstreise.
   wenn ich noch immer auf das Geld für meine letze Dienstreise
   rufe ich die Verwaltung an / rufe ich jemanden aus der Verwaltung
4. Sie möchten mehr Gehalt.
   wenn ich ~~möchte~~ mehr Gehalt möchte, rufe ich die Direktion.
   / rufe ich jemenden aus der Direktion
5. Ein Kunde möchte eine Preisübersicht für Ihre Produkte. Sie haben keine.
   wenn ich keine haben, rufe ich jemanden aus dem Sekretariat.

A6 Finden Sie das Gegenteil.

langjähriger (longtime) • beenden (to end) • kündigen (resign) • Arbeitnehmer • Pause • freie • langweilige (boredom)

1. Arbeitgeber — Arbeitnehmer
2. Arbeitszeit — Pause
3. fest angestellte Mitarbeiter — freie Mitarbeiter
4. mit der Arbeit beginnen — die Arbeit beenden
5. sich bewerben — kündigen
6. eine interessante Arbeit haben — eine langweilige Arbeit haben
7. ein neuer Kunde — ein langjähriger Kunde

A7 Ergänzen Sie die Wörter aus A6.

- Wenn man eine Stelle in einer Firma haben möchte, muss man sich um die Stelle *bewerben.*

1. Meine arbeitszeit dauert von 8.30 bis 17.00 Uhr. Von 12.30 bis 13.00 Uhr habe ich Pause.
2. Wir arbeiten schon lange mit Herrn Kräuter zusammen. Er ist ein langjähriger Kunde.
3. In Deutschland gibt es eine Diskussion über die Arbeitszeit. Die arbeitgeber wollen die 40-Stunden-Woche, die Arbeitnehmer wollen nur 38,5 Stunden arbeiten.
4. Ich habe eine langweilige Arbeit. Sie macht mir keinen Spaß mehr. Ich kündige!
5. Weil die finanzielle Situation bei vielen Zeitungen sehr schwierig ist, gibt es nur wenige fest angestellte Mitarbeiter. Es gibt einige Zeitungen, die haben nur freie Mitarbeiter.

Telefonieren – Termine vereinbaren

A8 Telefonieren *(Wiederholung)*

a) Was sagen Sie in den folgenden Situationen?
Ordnen Sie die folgenden Redemittel zu.

1. Sie melden sich am Telefon.
   ....
   ....
2. Sie möchten eine bestimmte Person sprechen.
   ....
   ....
3. Sie möchten eine Person treffen.
   ....
   ....
4. Sie nennen einen Zeitpunkt.
   ....
   ....
5. Sie stimmen zu.
   ....
   ....
6. Sie lehnen ab.
   ....
   ....
7. Sie verabschieden sich.
   ....
   ....

- Ja, der *(Dienstag)* um *(11.00 Uhr)* passt mir.
- Ich möchte gern einen Termin vereinbaren.
  Ich möchte mal vorbeikommen.
- Wann haben Sie Zeit?
  Wann passt es Ihnen?
- Geht es am *(Dienstag, dem fünften März)* um *(11.00 Uhr)*?
- Auf Wiederhören.
- Passt es Ihnen am *(Dienstag, dem fünften März)* um *(11.00 Uhr)*?
- Ich möchte gerne Herrn/Frau … sprechen.
- Nein, das tut mir leid. Am *(Dienstag/fünften März)* habe ich leider keine Zeit.
- Ja, am *(Dienstag)* um *(11.00 Uhr)* geht es/ habe ich Zeit.
- Guten Tag, *(Name)* hier.
  Guten Tag. Hier ist *(Name) (Nachname)*
- Kann ich bitte Herrn/Frau … sprechen?
- Dann besuche ich Sie am … um … Uhr.
  Dann komme ich am … um … (vorbei).

b) Spielen Sie einfache Telefongespräche und vereinbaren Sie einen Termin.

1. Rufen Sie beim Zahnarzt an. Sie haben Zahnschmerzen.
2. Rufen Sie beim Friseur an. Ihre Haare sehen schrecklich aus!
3. Rufen Sie beim Fernsehmonteur an. Ihr Fernseher ist kaputt.
4. Rufen Sie beim Waschmaschinenmonteur an. Ihre Waschmaschine ist kaputt.

Guten Tag. Was kann ich für Sie tun?

Guten Tag, *(Name)* hier. Ich möchte gern einen Termin vereinbaren. *(Meine Waschmaschine ist kaputt.)* …

Passt es Ihnen am … um … Uhr?
Geht es am … um … Uhr?

Am … um …?
Das geht leider nicht. Da muss ich arbeiten/habe ich keine Zeit …
Geht es vielleicht auch am … um …?

Moment mal. Ja, das ist auch möglich.

Gut. Dann komme ich …/erwarte ich den Monteur am … um …
Auf Wiederhören.

Auf Wiederhören.

Zeitangaben

⇨ Teil C Seite 119

Wann treffen wir uns?

Uhrzeit	(um)	8.00 Uhr	(acht Uhr)
		8.15 Uhr	(*formell*: acht Uhr fünfzehn — *informell*: Viertel nach acht)
		8.30 Uhr	(*formell*: acht Uhr dreißig — *informell*: halb neun)
		8.45 Uhr	(*formell*: acht Uhr fünfundvierzig — *informell*: Viertel vor neun)
Tag	am	Montag – Dienstag – Mittwoch – Donnerstag – Freitag – Samstag – Sonntag Wochenende	
	am	Morgen – Vormittag – Mittag – Nachmittag – Abend	
Monat	im	Januar – Februar – März – April – Mai – Juni Juli – August – September – Oktober – November – Dezember	
Jahreszeit	im	Frühling – Sommer – Herbst – Winter	
Jahr	–	2012	
Datum	am	14.5.2009 (vierzehnten Fünften/Mai zweitausendneun)	→ Dativ
		Achtung: Heute ist der vierzehnte Fünfte/Mai zweitausendneun.	→ Nominativ

Ordinalzahlen *(Wiederholung)*

1. = der erste !	11. = der elfte	21. = der einundzwanzigste
2. = der zweite	12. = der zwölfte	22. = der zweiundzwanzigste
3. = der dritte !	13. = der dreizehnte	23. = der dreiundzwanzigste
4. = der vierte	14. = der vierzehnte	24. = der vierundzwanzigste
5. = der fünfte	15. = der fünfzehnte	25. = der fünfundzwanzigste
6. = der sechste	16. = der sechzehnte	26. = der sechsundzwanzigste
7. = der siebte !	17. = der siebzehnte	27. = der siebenundzwanzigste
8. = der achte	18. = der achtzehnte	28. = der achtundzwanzigste
9. = der neunte	19. = der neunzehnte	29. = der neunundzwanzigste
10. = der zehnte	20. = der zwanzigste	30. = der dreißigste
		31. = der einunddreißigste

A9 Sprechen und schreiben Sie die folgenden Termine.

- Wann ist die Besprechung? *(Di., 14.7., 11.15 Uhr)*
  Die Besprechung ist am Dienstag, dem vierzehnten Siebten (Juli) um elf Uhr fünfzehn.

1. Wann ist der Termin mit der Firma Siemens? *(Mo., 5.9., 14.00 Uhr)*
   Der Termin ist am Montag, dem fünften Neunten (september) um vierzen uhr.
2. Wann kommt der Computerexperte? *(Do., 28.4., 16.45 Uhr)*
   Der compúter experte kommt am Donnerstag, dem achtundzwanzigsten vierten um sechzeh uhr fünfundvierzig.
3. Wann gehst du endlich zum Zahnarzt? *(Mo., 13.30 Uhr)*
   ich gehe am montag um dreizehn uhr dreizig zam Zahnarzt.
4. Wann ist Wolfgang Amadeus Mozart geboren? *(27.1.1765)*
   Mozart ist am ~~siebzehnundzwan~~ sibzehnundzwanzigsten
5. Wann fliegen wir nach Peking? *(Fr., 21.6., 4.30 Uhr)*
   wir fliegen am Freitag, dem einundzwanzigsten sechsten (Juni) um vier uhr dreißig
6. Wann ist Johann Wolfgang von Goethe geboren? *(28.8.1749)*
   er ist am achtzwanzigsten Achten (August) siebzehnhundert neunundvierzig geborn

A10 Frau Ertl vereinbart einen Termin. 1.24

a) Hören Sie zuerst das Telefongespräch. Welche Aussage ist richtig: a, b oder c? Kreuzen Sie an.

1. a) ❐ Frau Ertl will Herrn Schröder ein neues Produkt vorstellen.
   b) ❐ Herr Schröder will ein neues Produkt präsentieren.
   c) ❐ Herr Schröder und Frau Ertl wollen gemeinsam über ein neues Produkt sprechen.

2. a) ❐ Frau Ertl hat nur am Donnerstag Zeit.
   b) ❐ Sie vereinbaren einen Termin für Donnerstag, den 30. November.
   c) ❐ Sie verabreden sich nächste Woche Donnerstag um 11.00 Uhr.

3. a) ❐ Frau Ertl kann gleich in das Zimmer von Herrn Schröder gehen.
   b) ❐ Frau Ertl will sich an der Rezeption melden.
   c) ❐ Frau Ertl soll sich an der Rezeption melden.

b) Lesen Sie jetzt den Dialog mit verteilten Rollen.

Rezeptionist: AQUA, guten Tag. Was kann ich für Sie tun?

Frau Ertl: Ja, guten Tag, Martina Ertl hier. Könnte ich bitte Herrn Schröder sprechen?

Rezeptionist: Wir haben drei Mitarbeiter mit dem Namen Schröder.

Frau Ertl: Herrn Schröder von der Abteilung Einkauf.

Rezeptionist: Ah, Heinrich Schröder. Ich verbinde Sie. Wie war Ihr Name?

Frau Ertl: Ertl. Ich buchstabiere: E-r-t-l.

Rezeptionist: Einen Moment bitte.

Herr Schröder: Schröder.

Frau Ertl: Ja, guten Tag, Herr Schröder. Martina Ertl hier, von der Firma Cleanfix. Ich möchte gerne mit Ihnen einen Termin vereinbaren.

Herr Schröder: Worum geht es, Frau Ertl?

Frau Ertl: Es geht um unseren neuen Reiniger für Schwimmbäder. Ich würde Ihnen gerne unser neues Produkt präsentieren.

Herr Schröder: Ja, das interessiert mich. Wir sind mit Ihren Produkten immer sehr zufrieden. Hätten Sie nächste Woche Zeit? Am Dienstag zum Beispiel.

Frau Ertl: Oh, das tut mir leid. Ich habe Dienstag schon andere Termine. Ich hätte aber am Montag, am Mittwoch oder am Donnerstag Zeit.

Herr Schröder: Passt es Ihnen am Donnerstag um 11.00 Uhr?

Frau Ertl: Ja, Donnerstag, 11.00 Uhr, passt mir sehr gut.

Herr Schröder: Dann erwarte ich Sie am Donnerstag, dem dritten November um 11.00 Uhr. Bitte melden Sie sich an der Rezeption. Ich hole Sie dann von dort ab.

Frau Ertl: Herzlichen Dank, Herr Schröder. Bis Donnerstag.

A11 Lesen Sie die folgenden Sätze aus dem Dialog.

Könnte ich bitte Herrn Schröder sprechen?

Ich würde Ihnen gerne unser neues Produkt präsentieren.

Hätten Sie nächste Woche Zeit?

Der Konjunktiv II: die höfliche Bitte

⇨ Teil C Seite 121

Sie haben im Deutschen verschiedene Möglichkeiten, eine Bitte zu formulieren.

Indikativ	Konjunktiv II
Imperativ	
Hilf mir mal!	Würdest/Könntest du mir mal helfen?
Beantworten Sie die E-Mail bitte gleich!	Würden/Könnten Sie die E-Mail gleich beantworten?
Frage:	
Kannst du mir helfen?	Würdest/Könntest du mir helfen?
Bringen Sie mir bitte einen Kaffee?	Würden/Könnten Sie mir einen Kaffee bringen?
Können Sie mich zum Flughafen fahren?	Würden/Könnten Sie mich zum Flughafen fahren?
Haben Sie nächste Woche Zeit?	Hätten Sie nächste Woche Zeit?
Kann ich Frau Schulze sprechen?	Könnte ich Frau Schulze sprechen?
Aussagesatz:	
Ich nehme ein Kilo Tomaten.	Ich hätte gern ein Kilo Tomaten.
Ich will unsere Produkte präsentieren.	Ich würde gern unsere Produkte präsentieren.

Wenn Sie den Konjunktiv verwenden, klingt die Bitte sehr höflich.
Diese Form ist vor allem im Geschäftsleben üblich.

HW

A12 Sagen Sie es höflicher.

- Hilfst du mir mal? — *Würdest du mir mal helfen? Könntest du mir mal helfen?*

1. Kann ich mal Ihren Computer benutzen? Könnte ich ……………………
2. Haben Sie am Donnerstag Zeit? ……………………
3. Kann ich bitte Frau Müller sprechen? ……………………
4. Ich will einen Termin vereinbaren. ……………………
5. Können Sie mir bei diesem Problem helfen? ……………………
6. Können Sie mich mit Herrn Kummer verbinden? ……………………
7. Haben Sie eine Kopfschmerztablette dabei? ……………………
8. Ich nehme ein Glas Mineralwasser. ……………………
9. Zeigen Sie mir bitte das Dokument. ……………………
10. Bringst du mir bitte ein Lachsbrötchen mit? ……………………
11. Kopieren Sie das bitte für alle Mitarbeiter. ……………………
12. Versenden Sie bitte heute noch die Einladungen. ……………………
13. Können Sie die Tür öffnen? ……………………
14. Kannst du mir mal dein Auto leihen? ……………………

A13 Was sagen Sie?

Sie sitzen in einer Besprechung. Formulieren Sie Ihre Wünsche.

- Es ist heiß und das Fenster im Raum ist zu. Frau Krüger sitzt direkt neben dem Fenster.
  Frau Krüger, würden/könnten Sie bitte das Fenster öffnen?

1. Sie brauchen eine Kopie eines Dokuments. Die Praktikantin Maxi sitzt neben Ihnen.
   ....
2. Ihr Kollege Manfred spricht so leise.
   ....
3. Sie haben keinen Kugelschreiber. Frau Müller hat zwei.
   ....
4. Frau Glück soll das Protokoll schreiben.
   ....
5. Martin spricht. Sie haben ein Wort nicht verstanden.
   ....
6. Sie sind müde und möchten einen Kaffee trinken.
   Die Kanne mit dem Kaffee steht direkt neben Frau Kümmel.
   ....
7. Die Besprechung dauert schon 90 Minuten.
   Sie brauchen eine Pause.
   ....
8. Sie möchten nach der Sitzung mit Ihrem Chef persönlich sprechen.
   ....

A14 Formulieren Sie höfliche Fragen oder Bitten.

A15 Erweitern Sie Ihren Telefon-Wortschatz.

Ordnen Sie zu den vorhandenen Redemitteln die neuen Redemittel zu.

- Kann ich Ihnen helfen?
- Einen Moment bitte.
- Ich verbinde Sie.
- Wie war Ihr Name? (Der Anrufer hat seinen Namen schon genannt.)
- Worum geht es?
- Wie ist Ihr Name? (Der Anrufer hat seinen Namen noch nicht genannt.)
- Würde es Ihnen am … passen?
- Könnten Sie Ihren Namen buchstabieren?
- Es geht um einen Termin.
- Hätten Sie nächste Woche Zeit?
- Ich hätte am … Zeit.
- Es geht um unsere neuen Produkte.
- Ja, am … würde es mir passen.
- Könnte ich bitte *(Herrn Schröder)* sprechen?
- Was kann ich für Sie tun?
- Ich würde gerne mit Ihnen einen Termin vereinbaren.
- Ich würde Ihnen gerne unser neues Produkt präsentieren.
- Am … passt es mir nicht.

1. Sie melden sich am Telefon und bieten Ihre Hilfe an.
   Guten Tag, (Name) hier.
   Guten Tag. Hier ist (Name).
   ………………………………………………
2. Sie möchten eine bestimmte Person sprechen.
   Kann ich bitte Herrn/Frau … sprechen?
   Ich möchte gerne Herrn/Frau … sprechen.
3. Sie verbinden den Anrufer.
   ………………………………………………
   ………………………………………………
4. Sie fragen nach dem Namen.
   ………………………………………………
   ………………………………………………
5. Sie fragen nach dem Grund des Anrufes.
   ………………………………………………
   ………………………………………………
6. Sie nennen den Grund.
   Ich möchte gern einen Termin vereinbaren./Ich möchte mal vorbeikommen.
   ………………………………………………
   ………………………………………………
7. Sie nennen einen Zeitpunkt.
   Geht es am (Dienstag, dem fünften März) um (11.00) Uhr?
   Passt es Ihnen am (Dienstag, dem fünften März) um (11.00) Uhr?
   ………………………………………………
   ………………………………………………
8. Sie haben keine Zeit.
   Nein, das tut mir leid.
   Am … habe ich leider keine Zeit.
   ………………………………………………
   ………………………………………………
9. Sie stimmen dem Vorschlag zu.
   Ja, der … um … passt mir.
   Ja, am … um … geht es/habe ich Zeit.
   ………………………………………………

Verben mit Präpositionen ⇨ Teil C Seite 123

Das Verb regiert im Satz.

Ich nehme an einer Besprechung teil. — teilnehmen: NOMINATIV, *an* + DATIV

Ich telefoniere mit dem Chef. — telefonieren: NOMINATIV, *mit* + DATIV

an **+ Dativ**	***mit*** **+ Dativ**	***über*** **+ Akkusativ**	***um*** **+ Akkusativ**
teilnehmen take part	sprechen reden telefonieren sich streiten	sprechen reden sich freuen sich beschweren sich streiten	es geht sich bewerben

A16 Ergänzen Sie die richtigen Präpositionen und die Endungen der Artikel.

- Wir müssen *mit* d*em* Kunden sprechen.

1. Hast du ...mit....... d.er.... Sekretärin telefoniert?
2. Karl-Heinz kann nicht ...an... d.er...... Sitzung teilnehmen.
3. Geht es schon wieder ..um........ ein.e...... Gehaltserhöhung?
4. Hat sich Frau Klein ...mit...... d..em Hausmeister gestritten?
5. Habt ihr .über...... d.ie.... Preise gesprochen?
6. Nein, wir reden nicht ..über...... d..as.. Geld.
7. Es geht .um........ d.en.... Termin.
8. Freust du dich .über...... dein.en.... Erfolg?
9. Der Kunde beschwerte sich ..über...... d.en.... Service.
10. Bewirbst du dich .um........ d.ie..... Stelle?

A17 Nennen Sie den Grund des Anrufes.

Ergänzen Sie die fehlende Variante. Worum geht es?

Ausführlich	**Kurz**
Ich möchte Ihnen unsere neuen Reiniger präsentieren.	Es geht um unsere neuen Reiniger. → es geht um + Akkusativ

1. Ich möchte mit Ihnen über die Preise für das neue Jahr sprechen.	Es geht .um..
2.	Es geht um einen Termin.
3. Ich würde Ihnen gern die neuen Farben zeigen.	....
4.	Es geht um ein neues Produkt.
5. Ich würde gern mit Ihnen über mein Gehalt sprechen.	....
6.	Es geht um das Projekt 301.

A18 Die deutsche Buchstabiertafel 1.25

Hören Sie und sprechen Sie nach.

A wie Anton
Ä wie Ärger
B wie Berta
C wie Cäsar
D wie Dora
E wie Emil
F wie Friedrich
G wie Gustav
H wie Heinrich
I wie Ida
J wie Julius
K wie Kaufmann
L wie Ludwig
M wie Martha
N wie Nordpol
O wie Otto
Ö wie Ökonom
P wie Paula
Q wie Quelle
R wie Richard
S wie Samuel
T wie Theodor
U wie Ulrich
Ü wie Übermut
V wie Viktor
W wie Wilhelm
X wie Xanthippe
Y wie Ypsilon
Z wie Zacharias

Besondere Laute:
Ch wie Charlotte
Sch wie Schule
ß wie Eszett

A19 Buchstabieren Sie.

- Müller Variante 1: M wie Martha, Ü wie Übermut, L wie Ludwig, L wie Ludwig, E wie Emil, R wie Richard

  Variante 2: Martha, Übermut, Ludwig, Ludwig, Emil, Richard

1. Ihren Namen
2. Ihren Wohnort
3. Hausmann
4. Steinbeißer
5. Goethe
6. Schiller
7. Tätzschwitz
8. Dünnbier

A20 Spielen oder schreiben Sie Telefongespräche.

Achten Sie bei Gesprächsbeginn auf die folgenden Punkte:

A meldet sich am Telefon und bietet seine Hilfe an.

B meldet sich und möchte eine bestimmte Person sprechen.

A will den Anrufer verbinden, versteht den Namen nicht, fragt nach dem Namen.

B buchstabiert seinen Namen.

C meldet sich und fragt nach dem Grund des Anrufes.

B nennt den Grund.

usw.

1. Sie rufen bei der Firma ASA an und möchten mit Herrn Schulze über ein neues Computerprogramm sprechen. Sie wollen es ihm vorstellen. Es ist für die Firma sehr gut geeignet.
2. Sie möchten mit dem Chef sprechen. Sie haben zu viel Arbeit. Ein Kollege soll Ihnen bei der Arbeit helfen.
3. Sie haben einen Termin mit Frau Köhler bei der Firma Coburg. Sie können nicht kommen. Sie möchten gerne einen neuen Termin vereinbaren.

A21 Ein Gespräch mit der Firma ASA 1.26

Hören und lesen Sie zum Vergleich ein Telefonat zu Aufgabe A20 (1).

Rezeptionist:	ASA, guten Tag, was kann ich für Sie tun?
Herr Sander:	Ja, guten Tag, hier ist Otto Sander. Ich möchte gern Herrn Schulze sprechen.
Rezeptionist:	Einen Moment, ich verbinde Sie. Eh, wie war Ihr Name?
Herr Sander:	Sander, Otto Sander. Ich buchstabiere: Samuel, Anton, Nordpol, Dora, Emil, Richard.
Herr Schulze:	Schulze.
Herr Sander:	Ja, guten Tag, Herr Schulze, hier ist Otto Sander, von der Firma Compufix. Ich möchte mit Ihnen einen Termin vereinbaren.
Herr Schulze:	Worum geht es, Herr Sander?
Herr Sander:	Ich würde Ihnen gerne unser neues Computerprogramm vorstellen. Ich glaube, es ist sehr gut geeignet für Ihre Firma.
Herr Schulze:	Wir sind mit Ihren Programmen immer sehr zufrieden. Das Computerprogramm würde mich interessieren. Passt es Ihnen nächste Woche, am Freitag?
Herr Sander:	Ja, nächste Woche Freitag passt mir gut. Geht es vormittags?
Herr Schulze:	Vormittags ...? Von 10.00 bis 11.00 Uhr habe ich Zeit.
Herr Sander:	Gut, Herr Schulze, dann komme ich nächste Woche Freitag um 10.00 Uhr zu Ihnen.
Herr Schulze:	Ja, melden Sie sich bitte an der Rezeption, ich hole Sie dort ab. Auf Wiederhören.
Herr Sander:	Auf Wiederhören, bis Freitag.

Zeitangaben: Zeitdauer und Zeitpunkt

⇨ Teil C Seite 119

Zeitpunkt:

Wann hat Ihr Studium begonnen?		
Vor drei Jahren.	vor (Dat.)	● ←
Was haben Sie vor dem Studium gemacht?		
Vor dem Studium habe ich ein Jahr gearbeitet.	vor (Dat.)	← ●
Wann kommt Herr Krause?		
Herr Krause kommt zwischen 9.00 und 10.00 Uhr.	zwischen (Dat.)	● ↔ ●
Wann ist Ihr Studium zu Ende?		
In drei Jahren.	in (Dat.)	→ ●
Was haben Sie nach dem Studium gemacht?		
Nach dem Studium habe ich eine Weltreise gemacht.	nach (Dat.)	● →

Zeitdauer:

Wie lange haben Sie Zeit?		
Ich habe von 10.00 bis 12.00 Uhr Zeit.	von (Dat.) + bis (Akk.)	● → ●
Ich habe bis 12.00 Uhr Zeit.	bis (Akk.)	jetzt → ●
Von wann bis wann geht das Semester?	von (Dat.) + bis zu (Dat.)	● → ●
Das Semester geht von Februar bis Mai.	von (Dat.) + bis (Akk.)	● → ●
Wie lange/Seit wann arbeiten Sie schon ...?		
Ich arbeite seit drei Jahren beim Verkehrsministerium.	seit (Dat.)	● → heute

A22 Antworten Sie.

Wenn Sie arbeiten:

- Wo arbeiten Sie?
- Seit wann arbeiten Sie dort?
- Wann war Ihr Vorstellungsgespräch?
- Wie lange arbeiten Sie jeden Tag?
- Wann haben Sie Urlaub?

Wenn Sie studieren:

- Wo studieren Sie?
- Seit wann studieren Sie?
- Wie lange müssen Sie noch studieren?
- Was haben Sie vor Ihrem Studium gemacht?
- Was wollen Sie nach dem Studium machen?

A23 Ergänzen Sie die richtigen Präpositionen.

Ich arbeite ..seit...... drei Jahren bei der Firma KLAR. Meine Arbeitszeit ist täglich ..Von..... 8.30 Uhr .bis.... 17.00 Uhr. Mittagspause habe ich ..Von.. 12.30 Uhr .bis.... 13.00 Uhr. Nach..... meiner Arbeitszeit gehe ich einkaufen und dann nach Hause. Manchmal gehe ich auch gleich nach Hause. ..In...... vier Wochen habe ich Urlaub. Darauf freue ich mich sehr. Doch bis zu.. meinem Urlaub muss ich noch viel tun. Ich muss alle Briefe und E-Mails beantworten und die Rechnungen schreiben.

A24 Phonetik: Konsonanten – f [f], v [f] [v], ph [f], w [v] (1.27)

Hören und wiederholen Sie.

fragen [f] – vor [f] – Physik [f]

Freundin – vier – achtundvierzig – viele – Koffer – vergessen – vereinbaren – fragen – Dativ – vor – Philosophie – Physik

wann [v] – Verb [v]

wann – Weg – Interview – Vera – Verb – servieren – Vitamine – Wasser

Übung:

Ich komme vierzehn Minuten vor vier.
Meine Freundin hat viele Fragen.
Vier Freunde fahren nach Frankfurt.
Viele Wege führen nach Rom.
Vergessen Sie den Dativ nie.
Der Physiker isst täglich viele Vitamine.

Kommunikation im Büro

A25 Indirekte Fragen: W-Frage

a) Lesen Sie die folgenden Beispielsätze.

Wo ist Frau Krause?

- Könnten Sie mir sagen, wo Frau Krause ist?
  Wissen Sie vielleicht, wo Frau Krause ist?
- Keine Ahnung. Ich weiß nicht, wo Frau Krause ist.
- Frau Krause ist in der Kantine.

W-Frage ⇨ Teil C Seite 126

Wo ist Frau Krause?
Fragewort – finites Verb

Könnten Sie mir sagen, wo Frau Krause ist?
Ich weiß nicht, wo Frau Krause ist.
Fragewort – finites Verb

b) Formulieren Sie indirekte Fragen und antworten Sie negativ, dann positiv.

1. Wann kommt Herr Schramm zurück? *Könnten Sie mir bitte sagen, wann Herr Schramm zurückkommt?*
   Ich weiß nicht, ……
   (um 15.00 Uhr) *Herr Schramm* ……
2. Was ist das Passwort für das Intranet? ……?
   ……
   („Karl-Heinz") ……
3. Wo ist die Toilette? ……?
   ……
   (in der dritten Etage) ……
4. Wo finde ich ein Dienstreiseformular? ……?
   ……
   (im Schreibtisch der Sekretärin) ……
5. Wann ist die Besprechung? ……?
   ……
   (von 13.00 bis 16.00 Uhr) ……
6. Wer nimmt an der Besprechung teil? ……?
   ……
   (der Chef, Frau Kümmel, Herr Krumm) ……
7. Wer hat das Protokoll geschrieben? ……?
   ……
   (der Chef selbst) ……
8. Wo kann man hier einen Kaffee trinken? ……?
   ……
   (in der Cafeteria) ……

A26 Indirekte Fragen: Ja-Nein-Frage

a) Lesen Sie die folgenden Beispielsätze.

Kommt die Chefin heute noch?

- Könnten Sie mir sagen, ob die Chefin heute noch kommt?
  Wissen Sie vielleicht, ob die Chefin heute noch kommt?

- Keine Ahnung.
  Ich weiß nicht, ob die Chefin heute noch kommt.
- Ja, sie kommt heute um 14.00 Uhr.
  Nein, sie kommt heute nicht mehr.

Ja-Nein-Frage

⇨ Teil C Seite 126

Kommt die Chefin heute noch?	Könnten Sie mir sagen,	ob die Chefin heute noch kommt?
	Ich weiß nicht,	ob die Chefin heute noch kommt.
finites Verb		Subjunktion … finites Verb

b) Formulieren Sie indirekte Fragen und antworten Sie negativ und positiv.

1. Gibt es hier ein Faxgerät? — *Wissen Sie vielleicht, ob es hier ein Faxgerät gibt?*
   Ich weiß nicht, ……………
   (im Zimmer von Frau Groß) — *Ja, das Faxgerät* ……………
2. Ist Frau Nix schon nach Hause gegangen? ……………?
   ……………
   (um 15.30 Uhr) — Ja, ……………
3. Hat die Kantine noch geöffnet? ……………?
   ……………
   (geschlossen) ……………
4. Hat er die Unterlagen schon kopiert? ……………?
   ……………
   Ja, ……………
5. Hat die Besprechung schon angefangen?
   ……………?
   ……………
   (nein) ……………
6. Hat Peter das Computerproblem schon gelöst?
   ……………?
   ……………
   Ja, ……………
7. Hat die Firma *Saturn* die Rechnung schon bezahlt?
   ……………?
   ……………
   (nein) ……………

A27 Aussagen

Nebensätze mit *dass*

⇨ Teil C Seite 127

indirekte Frage	keine Frage
▫ Könnten Sie mir sagen, ob die Chefin heute noch kommt? Ich weiß nicht, ob sie kommt.	▫ Ich weiß, dass sie kommt. ▫ Ich glaube nicht, dass sie kommt. ▫ Es ist höchste Zeit, dass sie kommt. (dass: Subjunktion; kommt: finites Verb)

Antworten Sie mit einem *dass*-Satz.

♦ Wissen Sie zufällig, ob Herr Müller schon angerufen hat?
Ich weiß, dass er angerufen hat./Ich glaube (nicht), dass er angerufen hat.

1. Könnten Sie mir sagen, ob Frau Mustermann heute noch mal ins Büro kommt?
 ....
2. Wissen Sie vielleicht, ob es hier in der Nähe ein Restaurant gibt?
 ....
3. Könnten Sie mir sagen, ob es auf dieser Etage ein Faxgerät gibt?
 ....
4. Wissen Sie vielleicht, ob die Besprechung morgen stattfindet?
 ....
5. Wissen Sie vielleicht, ob das Bild echt ist?
 ....
6. Könnten Sie mir sagen, ob es noch freie Stellen gibt?
 ....

A28 Welche Nomen haben ähnliche Bedeutung?

a) Ordnen Sie zu.

die Dokumente →	die Administration
die Kollegen	das Telefongespräch
die Verwaltung	die Geschäftsreise
das Schreiben	die Mitarbeiter
die Dienstreise	die Unterlagen
der Anruf	der Brief
die Besprechung	die Offerte
das Angebot	die Sitzung

b) Bilden Sie indirekte Fragen mit *wo/wann/ob* mit den Wörtern aus a).

♦ Wissen Sie vielleicht, wo die Dokumente liegen?

1. ....
2. ....
3. ....
4. ....

A29 Geschäftsbriefe

a) Lesen Sie den folgenden Brief.

Modehaus Trend · Sonnenweg 28 · 08024 Moosrain

modehaus Trend

Kleider Import GmbH
Frau Karin Wichmann
Waagestraße 45
40465 Köln

Ihr Angebot vom 15. August 20…

Moosrain, den 19.08.20…

Sehr geehrte Frau Wichmann,
vielen Dank für Ihr Schreiben vom 15. August. Wir haben Ihr Angebot geprüft und möchten hiermit folgende Bestellung aufgeben:

T-Shirts: 30 Stück	Größe: S	Farbe: weiß	Bestellnummer: 20983	Preis: 10,00 € per Stück
T-Shirts: 30 Stück	Größe: M	Farbe: weiß	Bestellnummer: 20984	Preis: 10,00 € per Stück
T-Shirts: 30 Stück	Größe: L	Farbe: schwarz	Bestellnummer: 20985	Preis: 10,00 € per Stück
T-Shirts: 30 Stück	Größe: XL	Farbe: schwarz	Bestellnummer: 20986	Preis: 10,00 € per Stück

Wir bitten um eine Bestätigung des Auftrags und erwarten die Lieferung bis zum 30. dieses Monats.

Mit freundlichen Grüßen

Martha Kreuzer

Redemittel in Geschäftsbriefen

Man kann

ein Angebot:	machen – schreiben – prüfen – annehmen – ablehnen
einen Auftrag:	schreiben – senden – erhalten – bestätigen
eine Bestellung:	schreiben – aufgeben
Produkte:	anbieten – bestellen – liefern

b) Wie heißen die Nomen?

- ♦ prüfen *die Prüfung*
- 1. bestellen ……………………
- 2. liefern ……………………
- 3. anbieten ……………………
- 4. bezahlen ……………………
- 5. annehmen ……………………
- 6. bestätigen ……………………
- 7. ablehnen ……………………

A30 Ihre Bestellung

a) Bringen Sie die Sätze in die richtige Reihenfolge. Schreiben Sie dann einen Bestellbrief.

Sie schreiben:

☐	Wir haben Ihr Angebot geprüft.
☐	Die Lieferung erwarten wir bis zum …
☐	Wir möchten hiermit folgende Bestellung aufgeben …
☐	Vielen Dank für Ihr Schreiben vom …
☐	Wir bitten um eine Bestätigung des Auftrags.
6	Mit freundlichen Grüßen

Sie brauchen für Ihr Geschäft:

- 20 Sonnenbrillen (5 Euro)
- 30 Regenschirme (6 Euro)
- 10 kurze Hosen (15 Euro), Größe M, Farbe blau
- 10 kurze Hosen (15 Euro), Größe L, Farbe blau

b) Eine Bestellung kann auch mit einem Formular erfolgen.
Füllen Sie das Formular aus.

Absender

Bestellung

Nr.
Datum
Unser Zeichen
Liefertermin
Ihr Angebot
Versandart

Empfänger

Zahlungsbedingungen

Menge	Gegenstand	Einzelpreis	Gesamtpreis

Endbetrag enthält
___ % MwSt/Betrag ___

Stempel/Unterschrift des Bestellers

Einen Brief/Eine E-Mail schreiben

Anrede

formell:	Sehr geehrte Frau *(Sommer)*, … Sehr geehrter Herr *(Winter)*, … Sehr geehrte Damen und Herren, …
halbformell:	Liebe Frau *(Sommer)*, … Lieber Herr *(Winter)*, …
informell:	Liebe *(Claudia)*, … Lieber *(Rudi)*, …

Gruß

formell:	Mit freundlichen Grüßen
halbformell:	Mit besten Grüßen
informell:	Mit herzlichen Grüßen Herzliche Grüße Mit lieben Grüßen/Liebe Grüße

Wissenswertes *(fakultativ)*

B1 Arbeitsleben

a) Was finden Sie im Arbeitsleben wichtig?

ein hohes Gehalt

wenig Stress

gute Karrieremöglichkeiten

ein gutes Arbeitsklima

einen freundlichen Chef

viel Freizeit

einen sicheren Arbeitsplatz

flexible Arbeitszeiten

nette Kollegen

- … ist für mich/finde ich am wichtigsten/wichtig/unwichtig
- … spielt für mich eine große Rolle

b) Vergleichen Sie Ihre Meinung mit der Statistik.
Was stimmt mit Ihrer Einschätzung überein? Was fällt bei den Antworten besonders auf?

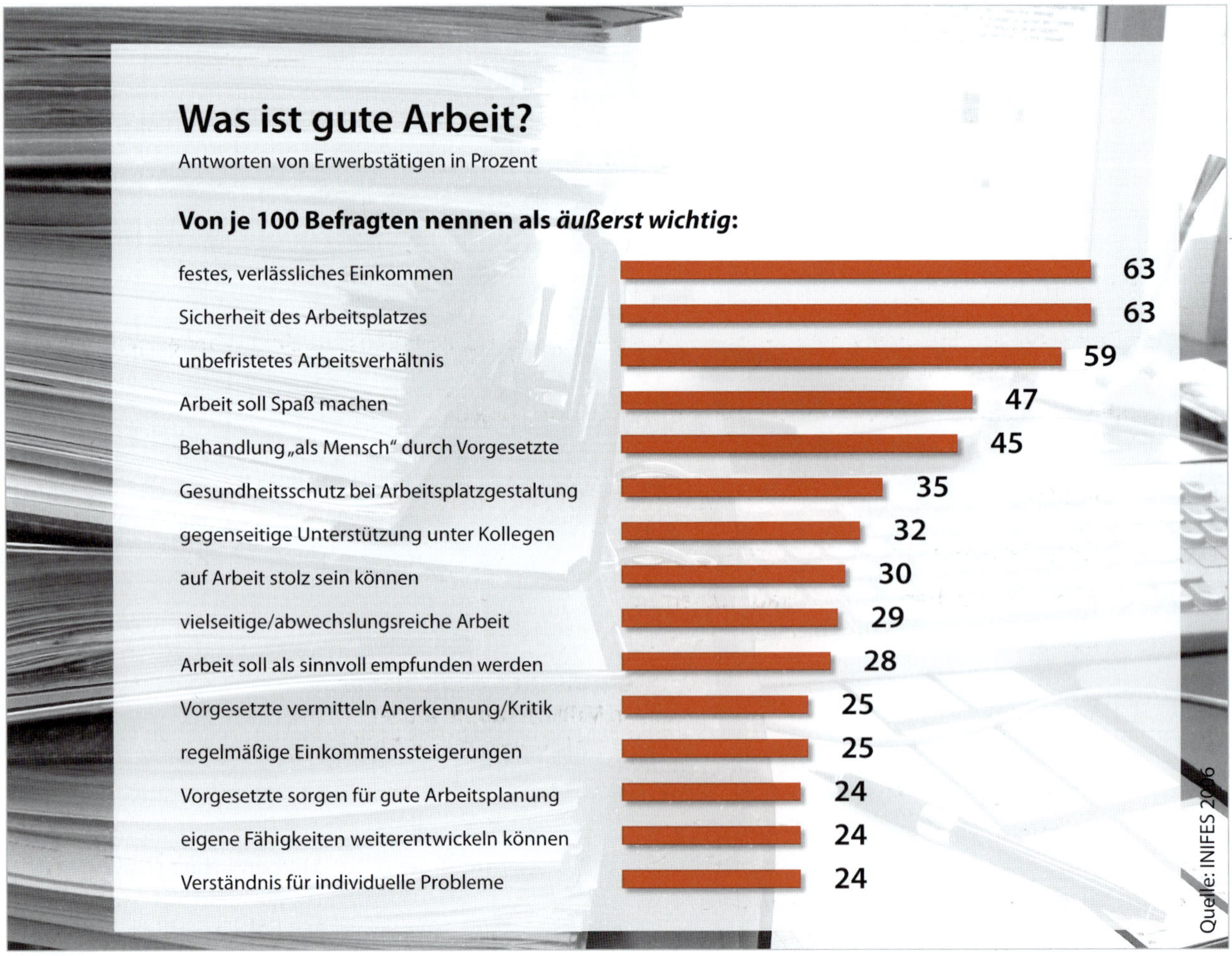

B2 Der ideale Chef/ideale Kollege

Welche Eigenschaften wünschen Sie sich bei einer Chefin/einem Chef/einer Kollegin/einem Kollegen? Welche Eigenschaften dürfen sie nicht haben?

hilfsbereit ♦ vorsichtig ♦ tolerant ♦ faul ♦ ordnungsliebend ♦ konsequent ♦ spontan ♦ chaotisch ♦ risikofreudig ♦ kontaktfreudig ♦ freundlich ♦ nervös ♦ analytisch ♦ ruhig ♦ gesprächig ♦ …

Chefin/Chef

+ Eine Chefin/Ein Chef soll meiner Meinung nach:
……………………………………………………
……………………………………………………
……………………………………………………
……………………………………………………
…………………………………………… sein.

– Sie/Er darf meiner Meinung nach nicht:
……………………………………………………
……………………………………………………
……………………………………………………
……………………………………………………
…………………………………………… sein.

Kollegin/Kollege

+ Eine Kollegin/Ein Kollege soll meiner Meinung nach:
……………………………………………………
……………………………………………………
……………………………………………………
……………………………………………………
…………………………………………… sein.

– Sie/Er darf meiner Meinung nach nicht:
……………………………………………………
……………………………………………………
……………………………………………………
……………………………………………………
…………………………………………… sein.

B3 *DU* oder *SIE*?

Im Deutschen ist die Anrede sehr wichtig. Hier finden Sie eine allgemeine Übersicht. Aber es gibt immer und überall auch Ausnahmen.

Vergleichen Sie die Anrede im Deutschen mit Ihrer Muttersprache.

Anrede

Gesprächspartner	Anrede	du/Sie
fremde Menschen	Frau …/Herr …	Sie
Lehrer/Professoren	Frau …/Herr … Achtung: Akademische Titel nennt man mit: Herr Dr. Müller/Frau Dr. Müller Herr Prof. Müller/Frau Prof. Müller	Sie
die Chefin/der Chef	Frau …/Herr …	Sie
Kollegen	Frau …/Herr … oder Vorname	Sie du
gute Freunde	Vorname	du
Verwandte	…	du

B4 Lesen und hören Sie den folgenden Text. 1.28

Duzen Sie immer noch?

Spätestens mit der „New Economy" kam das *Du*. Plötzlich duzte jeder jeden. In kleinen und großen Betrieben änderten sich die Umgangsformen radikal. Der Chef duzte seine Mitarbeiter, die Mitarbeiter duzten den Chef – und man fühlte sich sehr modern. Aber, anders als sich das viele Mitarbeiter gewünscht hatten, wurde das Verhältnis der Kollegen untereinander und zum Chef mit dem *Du* nicht automatisch einfacher oder persönlicher.

Heute ist das gute alte *Sie* aus dem Jahre 1740 wieder auf dem Vormarsch*. Selbst die jungen Leute siezen wieder mehr. Nach einer Umfrage des Instituts Allensbach waren 1993 59 Prozent der 16- bis 29-Jährigen schnell beim *Du*, heute sind es nur noch 48 Prozent. Fast die Hälfte der jungen Leute überlegt genau, ob sie *Du* oder *Sie* sagen.

Nach Meinung des Sprachwissenschaftlers Dr. Lutz Kuntzsch von der Gesellschaft für deutsche Sprache spielt das Duzen oder Siezen beim Umgang mit anderen eine wichtige Rolle. „Eine *Sie*-Form bedeutet nicht nur ein distanziertes Verhältnis, sondern sie kann auch Respekt ausdrücken. Aber generell gilt: Wer zu schnell duzt, gilt als unhöflich, wer zu lange siezt, wirkt steif."

*Das *Sie* ist auf dem Vormarsch. = Es ist wieder modern.

Du sagen = duzen
Sie sagen = siezen

B5 Was ist richtig, was ist falsch?

Kreuzen Sie an.

	richtig	falsch
1. Langsam kommt das Siezen wieder in Mode.	☐	☐
2. In den 90er-Jahren duzte man schneller als heute.	☐	☐
3. Die 16- bis 29-Jährigen duzen sich untereinander.	☐	☐
4. Man muss in Deutschland seit 1740 immer *Sie* sagen.	☐	☐
5. Die *Sie*-Form kann auch Respekt ausdrücken.	☐	☐

B6 Was passt zusammen?

Ordnen Sie zu.

(1) Mit der „New Economy"
(2) In kleinen und großen Betrieben
(3) Der Chef
(4) Das gute alte *Sie*
(5) Das Duzen oder Siezen
(6) Die *Sie*-Form
(7) Wer zu schnell duzt,
(8) Wer zu lange siezt,

(a) duzte seine Mitarbeiter.
(b) ist heute wieder auf dem Vormarsch.
(c) kam das *Du*.
(d) wirkt steif.
(e) änderten sich die Umgangsformen radikal.
(f) spielt beim Umgang mit anderen eine wichtige Rolle.
(g) kann auch Respekt ausdrücken.
(h) gilt als unhöflich.

Zeitangaben

Temporale Präpositionen

Zeitpunkt:	Wann treffen wir uns?	(um)	8.00 Uhr	(Uhrzeit)
		am	Montag	(Tag)
			Morgen	(Tageszeit)
		im	Januar	(Monat)
			Winter	(Jahreszeit)
			Moment/Augenblick	
		–	2012	(Jahr)
		vor	dem Essen	
		nach	dem Essen	
		zwischen	9.00 und 10.00 Uhr	
Zeitdauer:	Wie lange haben Sie Zeit?		von 9.00 Uhr bis 12.00 Uhr	
	Von wann bis wann geht das Semester?		vom 2.2. bis zum 13.5.	
	Wie lange dauert das Seminar?		von Februar bis Mai	
	Seit wann arbeiten Sie schon?		seit September	
Datumsangabe:	Heute ist der 1.1. (erste Januar).		→ Nominativ	
	Wir treffen uns am 1.1. (ersten Januar).		→ Dativ	

C1 Finden Sie die richtige Reihenfolge.

Tage:	Donnerstag • Dienstag • Samstag • Mittwoch • Montag • Sonntag • Freitag
Monate:	Juni • Januar • September • Februar • März • Dezember • April • Juli • August • Oktober • Mai • November
Jahreszeiten:	Winter • Frühling • Herbst • Sommer

Montag ....

....

Januar ....

....

....

....

Frühling ....

C2 Wann treffen wir uns?

Ergänzen Sie die Präpositionen, wenn erforderlich.

1. ...am... 8.15 Uhr
2. ...am... Nachmittag
3. ...am... Montag
4. ...im... Mai
5. ...–... 2012
6. ...am... Abend
7. ...um... 20.00 Uhr
8. ...am... Wochenende
9. ...im... Sommer
10. ...am... Mittwoch
11. ...im... Herbst
12. ...am... 23. Juni 2013
13. ...im... Januar
14. ...am... Sonntag
15. ...am... 1.1.2022

Welche Tag ist Heute? Heute ist der erste
wann hast du zeit? Am ersten

C3 Schreiben Sie die Zeitangaben wie im Beispiel.

a) Wann haben Sie Zeit?

- am 2.3. *am zweiten März*
1. am 1.1. am ersten janar.
2. am 7.4. am sibten April.
3. am 28.8. am achtundzwanzigsten August.
4. am 13.7. am dreizehnten Juli.
5. am 9.2. am ~~nanten~~ neunten Februar.
6. am 24.12. am vierundzwanzigsten Dezember
7. am 3.10. am dritten oktober.
8. am 11.11. am elften November.
9. am 18.6. am achtzehnten juni.

b) Von wann bis wann geht der Deutschkurs?

- vom 2.3. bis zum 3.4. *vom zweiten März bis zum dritten April*
1. vom 1.5. bis zum 15.5. vom ersten Mai bis zum fünfzehnten Mai.
2. vom 1.11. bis zum 23.12. vom ersten November bis zum dreiundzwanzigsten Dezember
3. vom 2.6. bis zum 5.7. vom zweiten juni bis zum fünften juli.
4. vom 6.2. bis zum 28.2. vom sechsten Februar bis zum achtundzwanzigsten Februar.
5. vom 4.9. bis zum 30.10. vom vierten september bis zum dreißigsten oktober.
6. vom 3.1. bis zum 17.4. vom dritten januar bis zum siebzehnten April.

C4 Antworten Sie in ganzen Sätzen.

- Wann kommst du mal bei uns vorbei? *(Mittagessen)*
  Ich komme nach/vor dem Mittagessen bei euch vorbei.
1. Wann hätten Sie Zeit? *(Freitag Nachmittag/15.00 Uhr)*
   Ich hätte am Freitag Nachmittag am 15.00 Uhr zeit
2. Wann fährst du wieder nach Österreich? *(Winter)*
   Ich fahre im winter wieder nach österreich.
3. Wie lange hast du bei Bosch gearbeitet? *(2000–2006)*
   Ich habe von 2000 bis 2006 bei Bosch gearbeitet.
4. Seit wann studierst du in Frankfurt? *(Oktober)*
   Ich studiere seit oktober im Frankfurt.
5. Wie lange hast du in Dresden gewohnt? *(Mai 2005–Juni 2006)*
   Ich have von Mai 2005 bis juni 2006 in Dresden gewohnt
6. Wann spielst du wieder Fußball? *(Sonntag)*
   Ich spiele am sonntag wieder Fußball.
7. Wann besuchst du endlich Tante Annelies? *(Wochenende)*
   Ich besuche Tante Annelies am wochenende.
8. Wann ist die Besprechung? *(Mittagspause)*
   Die Besprechung ist in der mittagspause.

Konjunktiv II

Konjunktiv II

Die höfliche Bitte

höflich	noch höflicher
Beantworten Sie bitte den Brief. Haben Sie mal ein Blatt Papier? Können Sie mir helfen?	Würden Sie bitte den Brief beantworten? Hätten Sie mal ein Blatt Papier? Könnten Sie mir helfen?

C5 Sagen Sie es höflicher im Konjunktiv.

1. Kann ich mir mal kurz Ihren Stift leihen?
   könnte ich mir bitte kurz Ihren stift leihen?
2. Haben Sie am Montag Zeit?
   Hätten sie am montag zeit ?
3. Kann ich den Brief mal sehen? bitte
   könnte Ich den Brief mal sehen?
4. Ich will ein Schnitzel mit Gemüse.
   Ich hätte gern ein schnitzel mit Gemüse
5. Haben Sie ein Glas Wasser für mich?
   Hätten sie ein Glas wasser für mich?
6. Können Sie mir sagen, wo die Besprechung stattfindet?
   könnten sie mir sagen, wo die Besprechung stattfindet?
7. Frau Krumm, schreiben Sie bitte das Protokoll.
   frau krumm, würden sie bitte das Protokoll schreiben?
8. Kann ich den Termin noch ändern?
   könnte ich den Termin noch ändern?
9. Können Sie ein bisschen lauter sprechen?
   könnten sie ein bisschen lauter sprechen?
10. Ich zeige Ihnen mal etwas.
    Ich würde Ihnen mal etwas zeigen.
11. Können Sie das bis morgen machen?
    könnten sie das bis morgen machen?
12. Haben Sie noch einen Termin für mich frei?
    Hätten sie noch einen Termin für mich frei?
13. Kann ich mal Ihr Telefon benutzen?
    könnte ich mal Ihr Telefon benutzen.

C6 Formulieren Sie Fragen bzw. Bitten im Konjunktiv II.

bereits = schon

• *Könnten Sie das Fenster öffnen?*	Ja, ich öffne das Fenster gerne.
1. könnten sie mir heute dein Auto leihen?	Mein Auto brauche ich heute selbst.
2. ~~Könnten die~~ die dokumente für mich kopiren?	Nein, zum Kopieren habe ich keine Zeit.
3. Hättest du noch eine kaffe für mich?	Nein, ich habe keinen Kaffee mehr.
4. könntest du bitte ein bisschen lauter sprechen?	Nein, ich kann leider nicht lauter sprechen.
5. könnte ich bitte Herr klein sprechen?	Tut mir leid, Herr Klein ist heute nicht im Büro.
6. Konntest du für heute Abend einen Tisch reserveren?	Ich habe bereits einen Tisch für vier Personen reserviert.
7. Würdest du mich mit dem Auto mitnehmen?	Tut mir leid. Ich habe kein Auto.
8. Würdest du bitte das protokol screiben?	Ich habe schon letzte Woche das Protokoll geschrieben.

Kasus

Direkter Kasus

Das Verb regiert im Satz.

Ich **vereinbare** einen Termin.

vereinbaren → NOMINATIV (Ich), AKKUSATIV (einen Termin)

Ich **faxe** Ihnen die Preisliste.

faxen → NOMINATIV (Ich), DATIV (Ihnen), AKKUSATIV (die Preisliste)

C7 *Ich, mir* oder *mich?*

Ergänzen Sie die richtigen Personalpronomen.

1. Könnten Sie ...mich..... morgen Vormittag anrufen?
2. Wann können Sie ...mir....... die neuen Farben zeigen?
3. Der Donnerstag passt ...mir....... gar nicht.
4. Am Freitag habe ...ich........ schon sehr viele Termine.
5. Ich möchte ..mir......... die neuen Produkte gerne ansehen.
6. Ich beeile ...mich.....
7. Besuchen Sie ...mich........ doch mal.
8. Können Sie ...mir.......... helfen?
9. Würden Sie ....mir...... bitte einen Kaffee bringen?
10. Könnten Sie ...mich..... zum Bahnhof fahren?
11. Bitte informieren Sie ..mich........, wenn die Sitzung zu Ende ist.
12. Faxen Sie ..mir........ bitte heute noch die Preisliste?
13. Bitte verbinden Sie ....mich..... mit Frau Stör von der Verkaufsabteilung.
14. Könntest du ....mir..... das Dokument mitbringen?

Präpositionaler Kasus

Das Verb regiert im Satz.

Ich nehme an der Besprechung teil. — teilnehmen → NOMINATIV / an + DATIV

Ich telefoniere mit dem Chef. — telefonieren → NOMINATIV / mit + DATIV

Diese Verben kennen Sie schon. Sie stehen oft mit den folgenden Präpositionen:

an + Dativ	*bei* + Dativ	*mit* + Dativ	*nach* + Dativ	*zu* + Dativ
teilnehmen	anrufen arbeiten sich entschuldigen	sprechen reden telefonieren sich streiten	fragen suchen	gratulieren zählen

an + Akkusativ	*auf* + Akkusativ	*für* + Akkusativ	*in* + Akkusativ	*um* + Akkusativ	*über* + Akkusativ
sich erinnern denken	warten sich freuen	sich bedanken sich interessieren	sich verlieben	es geht sich bewerben	sprechen reden berichten sich freuen sich beschweren sich ärgern sich streiten

Achten Sie auf die Kurzformen: zu + dem = zum; zu + der = zur; bei + dem = beim

sich freuen über = es ist schon passiert
sich freuen auf = es passiert noch

C8 Ergänzen Sie die Nomen im richtigen Kasus.

- Ich interessiere mich für *die Stelle* (Stelle)/ *das Produkt* (Produkt).

1. Ich freue mich auf ...die... (Ferien)/ ...das... (Wochenende).
2. Steffi denkt an ...die... (Arbeit)/ ...den... (Brief von ihrem Freund).
3. Paul beschwert sich über ...die... (Arbeitszeit)/ ...das... (Essen).
4. Frau Klein ruft bei ...der... (Firma VASA)/ ...dem... (Hausmeister) an.
5. Wir warten auf ...das... (Protokoll)/ ...die... (Antwort).
6. Ich bedanke mich für ...den... (Anruf)/ ...die... (Blumen).
7. Ottfried bewirbt sich um ...den... (Praktikumsplatz)/ ...die... (Stelle).
8. Martin nimmt an ...der... (Besprechung)/ ...der... (Feier) nicht teil.
9. Sabine entschuldigt sich für ...die... (Verspätung)/ ...den... (Fehler).
10. Herr Sander spricht mit Frau Krug über ...die... (Preise)/ ...die... (Arbeitszeit).
11. Es geht um ...den... (Termin)/ ...das... (neues Produkt).
12. Steffi telefoniert mit ...der... (Verwaltung)/ ...dem... (Chef).

C9 Ergänzen Sie die richtigen Präpositionen und die Endungen der Artikel.

1. Könnten Sie bitte mal ...bei....... Siemens anrufen und ..nach....... d.en.... Preisen fragen?
2. Hast du dich ....für..... d.ie.... Einladung schon bedankt?
3. Könnten Sie mir etwas ...über... d..ie.... Besprechung berichten?
4. Wer hat ....an...... der..... Besprechung teilgenommen?
5. Haben Sie auch ..über....... d.i.e.... neuen Farben gesprochen?
6. Ich gratuliere Ihnen ganz herzlich ..zur........ Beförderung.
7. Sie telefoniert schon wieder ....mit...... ihrem.... Freund.
8. Denkst du .....an...... d.das.. Essen in der Kantine?
9. Wir warten noch immer ....auf...... d.en..... Bericht vom Chef.
10. Ärgerst du dich ..über...... diese...... E-Mail?
11. Frau Krause interessiert sich sehr ..für......... d.as.... Privatleben ihrer Kollegen.
12. Die Firma zählt ..zu........ d.en.... wichtigsten Exporteuren *(Pl.)* von Blumen.
13. Hast du dich ...um...... d.ie..... Stelle bei Mercedes beworben?

C10 Beantworten Sie die Fragen.

- Worüber (about what) habt ihr gesprochen? *(der Preis)*
  Wir haben über den Preis gesprochen.

1. Wofür interessieren Sie sich? *(Kunst)*
   Ich interessiere mich für Kunst.
2. Mit wem haben Sie telefoniert? *(Frau König)*
   Ich habe mit Frau König telefoniert.
3. Worüber haben Sie sich gestern geärgert? *(das Computerprogramm)*
   Ich habe mich gestern das computerprogramm geärgert.
4. Worauf freuen (looking) Sie sich? *(der Urlaub)*
   Ich freue mich auf den Urlaub.
5. (Dative) Mit wem haben Sie in der Mittagspause geredet? *(der Direktor)*
   Ich habe in der Mittagspause mit dem Direktor geredet.
6. (Akk) Wofür hast du dich bedankt? *(das Geschenk)*
   Ich habe mich für das Geschenk bedankt.
7. (Dat) Bei wem hast du dich entschuldigt? *(die Rezeptionistin)*
   Ich habe mich bei der Rezeptionistin entschuldigt.
8. Worüber haben Sie sich beschwert? *(das Essen in der Kantine)*
   Ich habe mich über das essen in der kantine beschwert.
9. (Akk) Auf wen warten Sie? *(mein Mitarbeiter)* (der)
   Ich warte auf meinen Mitarbeiter.

Kasus

C11 Fragen Sie Ihre Nachbarin/Ihren Nachbarn und berichten Sie.

(Sie dürfen bei der Antwort auch lügen!)

- Woran erinnern Sie sich gern?
- Wovon haben Sie letzte Nacht geträumt?
- Woran denken Sie gerade?
- Mit wem haben Sie sich im letzten Jahr gestritten?
- Worüber ärgern Sie sich manchmal?
- Worüber haben Sie sich letzte Woche gefreut?

C12 Wie heißen die Fragen?

Fragen

a) nach einer Person:	Von wem träumst du? Ich träume von meinem Lehrer/meiner Lehrerin. An wen denkst du? Ich denke an meinen Freund.	→ Präposition + wem → Präposition + wen
b) nach einer Sache:	Wovon träumst du? Ich träume von der deutschen Grammatik. Woran denkst du? Ich denke an meine Arbeit.	→ Wo + Präposition → Wo + r + Präposition Präposition beginnt mit einem Vokal.

- *Worüber habt ihr euch beschwert? Worüber haben Sie sich beschwert?*
  Wir haben uns über das Essen beschwert.

1. Bei wem hat sich Paul entschuldigt ?
   Paul hat sich bei der Sekretärin entschuldigt.
2. Mit wem hast du telefoniert ?
   Ich habe mit Frau Maier telefoniert.
3. wofür habt ihr euch sich bedankt ?
   Wir haben uns für das Geschenk bedankt.
4. Wovon träumen sie ?
   Ich träume von einem Sommerurlaub.
5. Wofür interessiert sich Cornelia ?
   Cornelia interessiert sich für Kunst.
6. für wen interessiert sich Max ?
   Max interessiert sich für Cornelia.
7. Worüber ärgerst du dich ?
   Ich ärgere mich über das Wetter.
8. Woram geht es ?
   Es geht um einen neuen Termin.
9. Woran erinnerst du dich gern ?
   Ich erinnere mich gern an meine Schulzeit.
10. Worüber habt ihr gesprochen ?
    Wir haben über die Arbeitszeit gesprochen.

Nebensätze

Indirekte Fragen

W-Frage:	Wo ist Frau Krause? Könnten Sie mir sagen, wo Frau Krause ist? Ich weiß nicht, wo Frau Krause ist.
Ja-Nein-Frage:	Kommt die Chefin heute noch? Könnten Sie mir sagen, ob die Chefin heute noch kommt? Ich weiß nicht, ob die Chefin heute noch kommt.

C13 Niemand weiß etwas.

Antworten Sie wie im Beispiel.

- Wann kommen die Gäste am Flughafen an?
  Ich kann Ihnen leider nicht sagen, wann die Gäste am Flughafen ankommen.
  Ich weiß leider auch nicht, wann die Gäste am Flughafen ankommen.

1. Wo ist das Protokoll der letzten Besprechung?
   ....
   ....
2. Was macht die Praktikantin gerade?
   ....
   ....
3. Wann fängt die Produktpräsentation an?
   ....
   ....
4. Hat sich Herr Schneider gut vorbereitet?
   ....
   ....
5. Was sind die Verkaufsergebnisse des letzten Jahres?
   ....
   ....
6. Wer kann mir diesen Brief aus China übersetzen?
   ....
   ....
7. Hat Friedrich den Fehler im Computer schon gefunden?
   ....
   ....
8. Wer kommt von der Firma Bosch?
   ....
   ....

dass-Sätze

Ich weiß,	dass	sie	kommt.
	Subjunktion		finites Verb

dass-Sätze folgen oft nach Wendungen wie:

Es tut mir leid, dass …
Es freut mich, dass …
Mir gefällt nicht, dass …
Ich finde es schön, dass …
Ich bin der Meinung, dass …

dass-Sätze können auch als Akkusativergänzung stehen:

Was glaubst du?	Ich glaube *(nicht)*, dass er gewinnt.
Was weißt du?	Ich weiß, dass er gewinnt.
Was schreibt er?	Er schreibt, dass er gewinnt.
Was sagt sie?	Sie sagt, dass er gewinnt.

C14 Bürogeflüster

Wussten Sie schon, dass …? Bilden Sie *dass*-Sätze.

- Wir bekommen einen neuen Chef.
  Wussten Sie schon, dass wir einen neuen Chef bekommen?

1. Frau Kummer hat gekündigt.
   dass fra kammer gekändigt hat?
2. Wir haben eine neue Praktikantin.
   dass wir eine neue praktikantim haben?
3. Frau Schulze heiratet nächste Woche.
   dass Frau schulze nächste woche heiratet?
4. Die Preise steigen.
   dass die preise steigen?
5. Die Verwaltung hat neue Computer bestellt.
   dass die verwaltung neue Computer bestellt hat?
6. Frau Schön war in Ihrer Arbeitszeit beim Friseur.
   dass Frau schön in ihrer Arbeitszeit beim Frisear war?
7. Der Hausmeister hat eine neue Freundin.
   dass der Hausmeister eine neue freunding hat?
8. Wir sollen ab Januar länger arbeiten.
   dass wir ab janaar länger arbeiten sollen?
9. Karl muss morgen den Computer vom Chef reparieren.
   dass karl morgen den computer vom chef reparieren muss?
10. Frau Kegel will eine Dienstreise nach London machen.
    dass Frau kagel eine Dienstreise nach Londen machen will?
11. Die Sekretärin hat die Bestellung noch nicht abgeschickt.
    dass die sekretärin die Bestellang noch nicht abgeschickt hat?
12. In der Bibliothek kann man auch DVDs ausleihen.
    dass in der Bibliothek DVDs ausleihen kann?

Rückblick

D1 Wichtige Redemittel

Hier finden Sie die wichtigsten Redemittel des Kapitels.

Arbeit allgemein

arbeiten als … bei … ♦ sich bewerben um eine Stelle ♦ bei einer Firma kündigen ♦ eine interessante Arbeit haben ♦ die Arbeitszeit geht von … bis … ♦ Pause machen ♦ in der Kantine essen ♦ monatlich Gehalt bekommen ♦ über eine Gehaltserhöhung reden/sprechen ♦ sich mit einem Kollegen streiten ♦ sich über einen Erfolg freuen ♦ sich über den Service beschweren

Bürotätigkeiten

mit Kollegen über dienstliche Probleme reden ♦ E-Mails öffnen/lesen/beantworten/löschen/schreiben/weiterleiten ♦ Dokumente lesen ♦ mit Kunden und Kollegen telefonieren ♦ Termine vereinbaren ♦ Dienstreisen machen/organisieren ♦ an Besprechungen/Sitzungen teilnehmen ♦ Protokolle schreiben ♦ ein Computerproblem haben/lösen ♦ Rechnungen schreiben/bezahlen ♦ ein Produkt vorstellen/präsentieren

Telefonieren

♦ Guten Tag, *(Name)* hier.
Guten Tag. Hier ist *(Name)*.
Könnte ich bitte Herrn/Frau … sprechen?
Ich möchte gerne Herrn/Frau … sprechen.

◊ Einen Moment bitte. Ich verbinde Sie.
Wie war Ihr Name?
Wie ist Ihr Name?
Könnten Sie Ihren Namen buchstabieren?

□ *(Name)*, was kann ich für Sie tun?/Worum geht es?

◊ Ich möchte gern einen Termin vereinbaren.
Ich würde gerne mit Ihnen einen Termin vereinbaren.
Es geht um einen Termin.
Ich würde Ihnen gerne unser neues Produkt präsentieren.
Es geht um unsere neuen Produkte.

□ Geht es am *(Dienstag, dem fünften März)* um *(11.00 Uhr)*?
Passt es Ihnen am *(Dienstag, dem fünften März)* um *(11.00 Uhr)*?
Würde es Ihnen am … passen?
Hätten Sie nächste Woche Zeit?

◊ Nein, das tut mir leid. Am … habe ich leider keine Zeit.
Ja, der … um … passt mir.
Ja, am … würde es mir passen.
Ja, am … um … geht es/habe ich Zeit.
Ich hätte am … Zeit.

Aus Geschäftsbriefen

ein Angebot machen/schreiben/prüfen/annehmen/ablehnen ♦ einen Auftrag schreiben/senden/erhalten/bestätigen ♦ eine Bestellung schreiben/aufgeben ♦ Produkte anbieten/bestellen/liefern

Einen Auftrag/Eine Bestellung schreiben: Vielen Dank für Ihr Schreiben vom … ♦ Wir haben Ihr Angebot geprüft. ♦ Wir möchten hiermit folgende Bestellung aufgeben … ♦ Die Lieferung erwarten wir bis zum … ♦ Wir bitten um eine Bestätigung des Auftrags. ♦ Mit freundlichen Grüßen

D2 Kleines Wörterbuch der Verben

Unregelmäßige Verben

Infinitiv	3. Person Singular Präsens	3. Person Singular Präteritum	3. Person Singular Perfekt
anbieten *(Produkte)*	er bietet an	er bot an	er hat angeboten
annehmen *(ein Angebot)*	er nimmt an	er nahm an	er hat angenommen
aufgeben *(eine Bestellung)*	er gibt auf	er gab auf	er hat aufgegeben
bewerben *(sich um eine Stelle)*	er bewirbt sich	er bewarb sich	er hat sich beworben
sitzen	er sitzt	er saß	er hat gesessen
teilnehmen *(an)*	er nimmt teil	er nahm teil	er hat teilgenommen
verbinden *(jemanden)*	er verbindet	er verband	er hat verbunden
wissen	er weiß	er wusste	er hat gewusst

Einige regelmäßige Verben

Infinitiv	3. Person Singular Präsens	3. Person Singular Präteritum	3. Person Singular Perfekt
ablehnen *(ein Angebot)*	er lehnt ab	er lehnte ab	er hat abgelehnt
beantworten *(eine E-Mail)*	er beantwortet	er beantwortete	er hat beantwortet
beenden	er beendet	er beendete	er hat beendet
buchstabieren *(den Namen)*	er buchstabiert	er buchstabierte	er hat buchstabiert
erwarten *(jemanden/etwas)*	er erwartet	er erwartete	er hat erwartet
kündigen	er kündigt	er kündigte	er hat gekündigt
liefern *(Produkte)*	er liefert	er lieferte	er hat geliefert
passen *(es passt mir)*	es passt mir	es passte mir	es hat mir gepasst
präsentieren *(ein Produkt)*	er präsentiert	er präsentierte	er hat präsentiert
reden *(über etwas)*	er redet	er redete	er hat geredet
sagen *(jemandem etwas)*	er sagt	er sagte	er hat gesagt
senden *(eine E-Mail)*	er sendet	er sendete	er hat gesendet
verabschieden *(sich)*	er verabschiedet sich	er verabschiedete sich	er hat sich verabschiedet
vereinbaren *(einen Termin)*	er vereinbart	er vereinbarte	er hat vereinbart
vorstellen *(ein Produkt)*	er stellt vor	er stellte vor	er hat vorgestellt
warten	er wartet	er wartete	er hat gewartet
weiterleiten *(eine E-Mail)*	er leitet weiter	er leitete weiter	er hat weitergeleitet
zustimmen	er stimmt zu	er stimmte zu	er hat zugestimmt

D3 Evaluation

Überprüfen Sie sich selbst.

Ich kann	gut	nicht so gut
Ich kann über Bürotätigkeiten berichten.	❐	❐
Ich kann ein geschäftliches Telefonat führen, Termine vereinbaren und absagen, Gründe nennen.	❐	❐
Ich kann eine höfliche Bitte formulieren.	❐	❐
Ich kann dienstliche Anweisungen verstehen.	❐	❐
Ich kann auf meine Arbeit bezogene Fragen stellen und beantworten.	❐	❐
Ich kann in offiziellen Schreiben Gruß- und Anredeformeln verstehen und benutzen.	❐	❐
Ich kann eine einfache Bestellung schreiben.	❐	❐
Ich kann darüber berichten, was ich im Arbeitsleben und bei Kollegen wichtig finde. *(fakultativ)*	❐	❐
Ich kann die mündlichen Anredeformen. *(fakultativ)*	❐	❐

Begegnungen

Kapitel 5

Urlaub und Reisen

Kommunikation

- Informationen in Reiseprospekten verstehen
- Ein Gespräch im Reisebüro führen
- Über Reisegewohnheiten und Urlaub berichten
- Über das Wetter sprechen
- Verkehrsdurchsagen verstehen
- Sich entschuldigen
- Vorschläge machen

Wortschatz

- Reisen
- Länder
- Einwohner verschiedener Länder
- Wetter
- Verkehrsmittel
- Stadtbesuch

Endlich Urlaub!

A1 Eine Reise aussuchen

Das neue Jahr fängt gut an. Es ist Januar und Sie haben eine Reise für zwei Personen im Wert von 1000 Euro pro Person gewonnen! Herzlichen Glückwunsch!

a) Sie dürfen sich aus diesen drei Angeboten ein Angebot aussuchen. Lesen Sie die Angebote.

1. Urlaub im Schnee **2. Urlaub in der Sonne** **3. Städtereise**

Hotel „Schneeweiß"
in Achenkirch, Österreich

Dauer: eine Woche

Lage: Das Vier-Sterne-Hotel liegt am Achensee, direkt am Rufahngebirge, und bietet für Wintersportfreunde sehr gute Skimöglichkeiten. Alpine und Langlaufski, Snowboards und Schlittschuhe kann man im Hotel ausleihen.

Zimmer: Alle Zimmer sind sehr komfortabel eingerichtet mit Bad, Toilette, Satelliten-Fernseher, Telefon und Minibar.

Besonderheiten: Alles inklusive!
Sie buchen nicht nur ein Zimmer, sondern unseren ganzen Service, z. B.: reichhaltiges Frühstücksbüfett, kleine Mittagsmahlzeit, großes Büfett am Abend; Benutzung des Wellnessbereichs und des Fitness-Studios; tägliches Animationsprogramm, Live-Musik am Abend.

Zusatzkosten: An- und Abreise

Hotel „Don Miguel"
Gran Canaria

Dauer: zwei Wochen

Lage: Das Drei-Sterne-Hotel liegt 1,5 km entfernt vom Strand, mitten im Stadtzentrum, 30 km entfernt vom Flughafen. Es fährt ein Bus direkt zum Strand.

Zimmer: Alle Zimmer verfügen über eine Dusche, eine Toilette, einen Fernseher und eine Minibar. Einige Zimmer haben Balkon.

Besonderheiten: Das Hotel hat ein Süßwasserschwimmbecken und ein Kinderbecken. Es gibt eine Bar und ein Nichtraucher-Restaurant. Gegen Bezahlung kann man Golf oder Tennis spielen. Abends: Live-Musik

Zusatzkosten: Halbpension 15 Euro pro Tag

Städtereise
nach Frankfurt am Main

Die Stadt Frankfurt am Main ist 1200 Jahre alt. Sie war schon früher eine bedeutende Messe- und Bankenstadt und das ist sie bis heute geblieben.

Dauer: 4 Tage

Ablauf: Sie wohnen im **Steigenberger Hotel Frankfurter Hof**, ein Luxushotel der Extraklasse. Es zählt zu den 100 besten Hotels der Welt.

Zu Ihrer Reise gehört auch eine Stadtrundfahrt und ein Konzertabend in der *Alten Oper*. Außerdem besichtigen Sie die *Paulskirche* und den *Römer*, das alte Rathaus aus dem Jahre 1405.

Zusatzkosten: An- und Abreise

b) Suchen Sie die richtigen Erklärungen.

(1) Wintersportfreunde	(a) Freizeitprogramm für Hotelgäste
(2) Wellnessbereich	(b) ein ganz besonders gutes Hotel
(3) Animationsprogramm	(c) die Reise kostet …
(4) Zusatzkosten	(d) Swimmingpool mit normalem Wasser
(5) eine Reise im Wert von …	(e) Räume für Massage z. B.
(6) Süßwasserschwimmbecken	(f) Menschen, die gerne Ski fahren
(7) Halbpension	(g) was man extra bezahlen muss
(8) ein Luxushotel der Extraklasse	(h) Frühstück und Abendessen im Hotel, meist in Büfettform

A2 Beschreiben Sie jedes Angebot noch einmal.

Das erste Angebot ist eine Reise für *eine Woche* nach *Achenkirch in Österreich.*

Im Januar ist es in Österreich *kalt und es liegt viel Schnee.*

Wir wohnen *in einem Vier-Sterne-Hotel.*

Im Hotel kann man snowbord und schritschuhe aus leihen

Die Zimmer sind/haben sehr komfortable und haben ein Bad, eine Toilette, einen Fernseher, ein Telefon und eine Minibar

Das Hotel bietet außerdem reichhaltiges Frühstückbüfet, kleine Mittags Mahlzeit, großes Büfett am Abend

Man kann auch den wellnessbereichs und den Fitness-studios nutzen

Wir müssen aber *die An- und Abreise* selber zahlen.

Das zweite Angebot ist eine Reise für zwei wochen nach Gran Canaria

Wir wohnen in einem Drei-sterne Hotel.

Das Hotel liegt mitten im stadtzentarm.

Die Zimmer haben eine Dasche, eine Toilette, einen Fernseher und eine minibar

Das Hotel bietet außerdem ein süßwasserschwimmbecken, ein kinderbecken, eine Bar, und ein Nachtrestaurant Restaurant

Wir müssen aber die Halbpension selber zahlen.

Das dritte Angebot ist eine Reise für vier tage nach Frankfurt.

Frankfurt ist 1200 jahre alt

Wir wohnen in einem Landhotel der Extraklasse

Außerdem gehören .... zu der Reise.

Wir müssen aber .... selber zahlen.

A3 Für welche Reise entscheiden Sie sich und warum?

Welche Punkte sehen Sie bei den Angeboten als Vorteil, welche als Nachteil?

- Als Vorteil sehe ich bei Angebot eins, dass …
- Als Nachteil empfinde ich, dass …

A4 Fragen Sie Ihre Nachbarin/Ihren Nachbarn und berichten Sie.

- Wohin fahren Sie am liebsten, wenn Sie Urlaub haben?

Nach	Österreich, Frankreich, Italien, Tschechien, Ägypten, Südafrika …?
	New York, Peking, London, Budapest, Berlin …?
In die	Schweiz, Türkei, Niederlande, Vereinigten Staaten …?
In den	Sudan, Iran …?
Auf die	Kanarischen Inseln …?

- Mit wem fahren Sie?
  mit Ihrer Mutter ♦ mit Ihrer Frau ♦ mit Ihrem Mann ♦ mit Ihren Kindern ♦ mit Ihrer Freundin …?
- Mit welchem Verkehrsmittel reisen Sie am liebsten?
  mit dem Auto ♦ mit dem Zug ♦ mit dem Flugzeug ♦ mit dem Schiff …?
- Was finden Sie im Urlaub besonders wichtig?
  das Wetter ♦ die Landschaft ♦ das Essen ♦ das Hotel/die Unterkunft ♦ die Leute im Urlaubsland ♦ die Sehenswürdigkeiten ♦ den Preis ♦ die Sauberkeit …

Länder und Nationalitäten

A5 Zu welchen Ländern gehören die Nationalfahnen?

Ordnen Sie zu.

Ghana • Japan • Algerien • Italien • Deutschland • Griechenland • Indien • China • Brasilien • Kanada

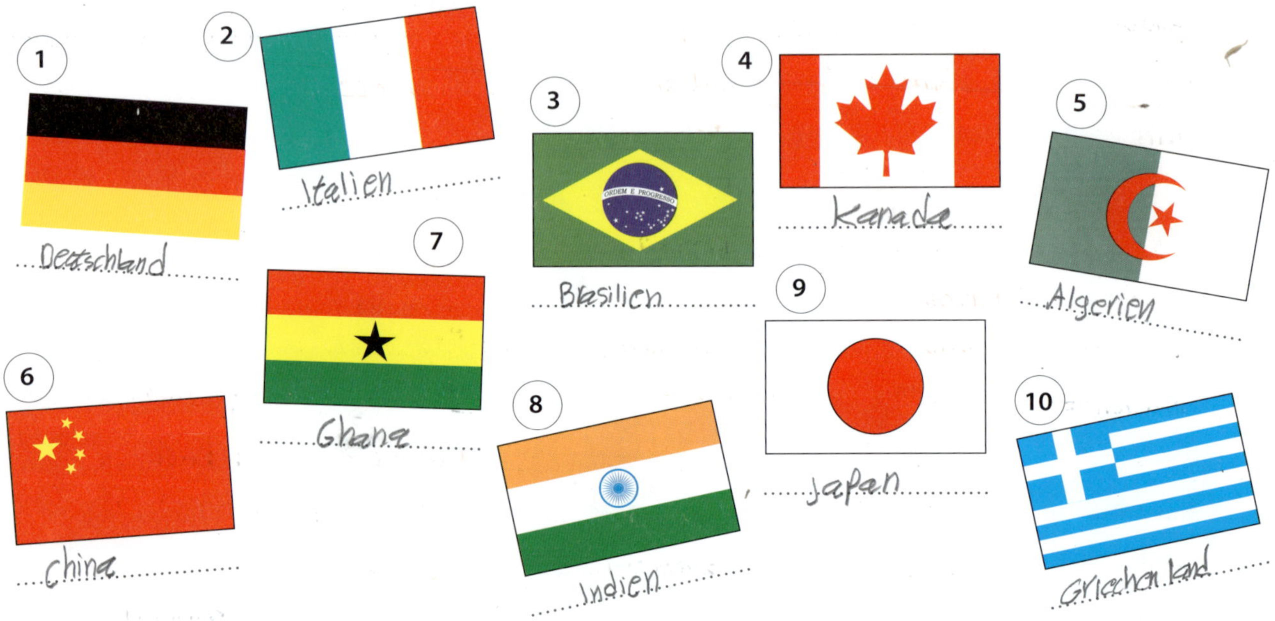

A6 Welche Länder sind im Deutschen maskulin, feminin, neutral oder Plural?

Deutschland • die...... Schweiz • Indien • China • die...... Niederlande • die...... Malediven • der...... Sudan • Spanien • die...... Ukraine • die...... Türkei • der...... Iran • Großbritannien • Schweden • die...... Vereinigten Staaten • Japan • Italien • der...... Irak • Griechenland • Russland • Brasilien • Ungarn • Polen • die...... Slowakei

maskulin	feminin	neutral	Plural
der Sudan	*die Schweiz*	*Deutschland*	*die Niederlande*
		Indien	die Niederlande
		China	die Malediven
		Spanien	

Achtung! ↓
Artikel benutzt man nicht.

A7 Wer lebt wo?

a) Wie heißen die Einwohner der folgenden Länder/Kontinente? Welche Sprache sprechen sie?

Land	Einwohner (= m)	Einwohnerin (= f)	Plural	Sprache
Amerika	*Amerikaner*	*Amerikanerin*	*Amerikaner*	*Englisch/Amerikanisch*
Australien	*Australier*			
Belgien		*Belgierin*		
Bulgarien	*Bulgare*	*Bulgarin*	*Bulgaren*	
China		*Chinesin*		
Dänemark	*Däne*			
England			*Engländer*	
Finnland	*Finne*			
Frankreich	*Franzose*	*Französin*		
Griechenland		*Griechin*		
Italien			*Italiener*	
Irland		*Irin*		
Japan			*Japaner*	
Mexiko	*Mexikaner*			
Niederlande		*Niederländerin*		
Norwegen			*Norweger*	
Polen			*Polen*	
Portugal	*Portugiese*			
Rumänien		*Rumänin*		
Russland	*Russe*			
Schweden			*Schweden*	
Spanien	*Spanier*			

Achten Sie auf die verschiedenen Endungen. Nennen Sie jeweils ein Beispiel.

	Beispiel 1	Beispiel 2
Einwohner *(Sg.)*	*Bulgare*	....
Einwohnerin *(Sg.)*	....	*Amerikanerin*
Einwohner *(Pl.)*	....	....

b) Berichten Sie.

Welche Nationalität haben Sie und Ihre Nachbarin/Ihr Nachbar?

Ich bin .... Meine Nachbarin/mein Nachbar ist ....

A8 Wer hat welche Nationalität?

- Juan kommt aus Madrid. Er ist *Spanier.*

1. Nikolaos kommt aus Athen. Er ist Grieche
2. Bernardo kommt aus Lissabon. Er ist Portegiese
3. Sarah kommt aus Paris. Sie ist Französin
4. John kommt aus London. Er ist Engländer
5. Agnieszka kommt aus Warschau. Sie ist Polin
6. Stefano kommt aus Rom. Er ist Italiener
7. Marijke kommt aus Amsterdam. Sie ist Mederländerin
8. Chun-Ming kommt aus Peking. Er ist Chinese
9. Ole kommt aus Kopenhagen. Er ist Däne
10. Igor und Natascha kommen aus Moskau. Sie sind Rassen

Richtungs- und Ortsangaben

⇨ Teil C Seite 152

Wohin fahren Sie?	Wo waren Sie?
nach + Dativ (bei Richtungsangaben ohne Artikel) nach Deutschland/nach München/nach Europa	in + Dativ in Deutschland/in München/in Europa
in + Akkusativ in die Schweiz/in den Sudan/in die Niederlande/ in den Iran	in + Dativ in der Schweiz/im Sudan/in den Niederlanden
an + Akkusativ an die Nordsee/an den Strand	an + Dativ an der Nordsee/am Strand
auf + Akkusativ auf eine einsame Insel (kleine)	auf + Dativ auf einer einsamen Insel

A9 Ergänzen Sie.

Fahren Sie dieses Jahr wieder …?		Waren Sie schon mal …?
♦ *nach*	Deutschland	*in Deutschland*
1. nach	Italien	in Italien
2. nach	Frankfurt	in Frankfurt
3. in den	Sudan	im Sudan
4. auf die	Kanarischen Inseln	auf den Kanarischen Inseln
5. an die	Ostsee	an der Ostsee
6. in die	Türkei	in der Türkei
7. in die	Schweiz	in der Schweiz
8. in die	Vereinigten Staaten	in den Vereinigten Staaten
9. an den	Strand	am Strand
10. auf die	Insel Hiddensee	auf der Insel Hiddensee
11. nach	Polen	in Polen
12. in die	Niederlande	in din Niederlanden

Eine Reise planen

A10 Gespräch im Reisebüro 2.02

a) Hören Sie ein Gespräch im Reisebüro. Was ist richtig, was ist falsch? Kreuzen Sie an.

		richtig	falsch
1.	Herr Große weiß genau, wohin er im Urlaub fahren will.	☐	☐
2.	Herr Große will nicht nach Griechenland fahren, weil es dort zu warm ist.	☐	☐
3.	Nach Binz kann er mit dem Auto fahren.	☐	☐
4.	Der Preis ist für Übernachtung, Frühstück und Abendessen.	☐	☐
5.	Das Dorint-Hotel liegt direkt an der Ostsee.	☐	☐
6.	Das Hotel bietet auch einen Reiseleiter.	☐	☐

b) Ergänzen Sie im Dialog die fehlenden Verben. Lesen Sie den Text danach laut mit verteilten Rollen.

können ♦ wissen ♦ tun ♦ buchen ♦ geben ♦ haben ♦ fahren ♦ möchten ♦ gefallen ♦ kosten ♦ sehen ♦ abreisen ♦ machen ♦ dürfen ♦ bieten (2 x) ♦ liegen ♦ enthalten

Frau Klein: Guten Tag, was kann ich für Sie *tun?*

Herr Große: Ich möchte gern eine Reise ……………….

Frau Klein: Wohin möchten Sie ………………?

Herr Große: Ja, das weiß ich noch nicht genau, vielleicht ……………… Sie mich beraten.

Frau Klein: ……………… Sie schon, wann Sie fahren wollen?

Herr Große: Ja, im August.

Frau Klein: Im August. Mögen Sie die Wärme?

Herr Große: Also, nach Ägypten oder Tunesien ……………… ich im August nicht fahren. Da sind über 50 Grad in der Sonne.

Frau Klein: Wie würde Ihnen Griechenland ………………?

Herr Große: Ja, Griechenland ist sehr schön. Aber ich war schon dreimal in Griechenland.

Frau Klein: Waren Sie schon mal an der Ostsee?

Herr Große: An der Ostsee? Hier in Deutschland? Ja, aber nur ganz kurz …

Frau Klein: Es ……………… zur Zeit sehr günstige Angebote auf der Insel Rügen. Zum Beispiel im Dorint-Hotel in Binz. Nach Binz kann man mit dem Auto fahren.

Herr Große: Da ……………… Sie recht. Was ……………… ein Doppelzimmer für 14 Tage?

Frau Klein: Moment, ich ……………… gleich mal nach. Für 14 Tage kostet ein Doppelzimmer 1200 Euro pro Person, das macht 2400 Euro für zwei Personen. Und es ist ein Fünf-Sterne-Hotel, das ……………… Sie nicht vergessen!

Herr Große: Naja, 2400 Euro sind sehr viel Geld! Ist der Preis inklusive Halbpension und hat das Hotel etwas Besonderes zu ………………?

Frau Klein: In dem Preis ist nur das Frühstück ………………. Das Hotel ……………… direkt an einem weißen Sandstrand. Es ……………… außerdem ein Sportprogramm für die Gäste, eine Segelschule und einen Golfplatz.

Herr Große: Eine Segelschule, wunderbar. Ich nehme das Hotel.

Frau Klein: Wann wollen Sie an- und ………………?

Herr Große: Am 12. August reisen wir an, am 26. August müssen wir wieder nach Hause.

Frau Klein: Gut, Herr Große, dann ……………… ich die Reiseunterlagen gleich für Sie fertig.

A11 Spielen Sie Gespräche im Reisebüro.

Hier sind einige Redemittel zur Auswahl.

- Guten Tag, was kann ich für Sie tun?

◊ Ich möchte gern eine Reise buchen.

- Wohin möchten Sie reisen?
  Wissen Sie schon, wann Sie fahren wollen?
  Wie würde Ihnen … gefallen?
  Waren Sie schon mal …?

◊ Ich möchte/würde gerne …

- Es gibt zur Zeit sehr günstige Angebote …
- Ich empfehle Ihnen eine Reise nach …

◊ Wie viel kostet die Reise/das Hotel?

- Die Reise/das Hotel kostet …

◊ Ist der Preis inklusive *(Halbpension/Vollpension …)*?
Wie viele Sterne hat das Hotel?
Wo liegt das Hotel?
Gibt es *(einen Swimmingpool/ein Restaurant …)*?
Hat das Hotel etwas Besonderes zu bieten?

- Das Hotel hat/liegt/bietet …

A12 Reisewörter

Welche Wörter passen zu *Hotel*, *Verkehrsmittel* und *Wetter*? Ordnen Sie zu.

das Einzelzimmer ♦ der Balkon ♦ reisen ♦ schlafen ♦ der Satelliten-Fernseher ♦ der Schnee ♦ die Fahrkarte ♦ der Wellnessbereich ♦ sich sonnen ♦ die Halbpension ♦ die schöne Aussicht ♦ der Stau ♦ der Schaffner ♦ die Auskunft ♦ die Rezeption ♦ fahren ♦ sich erholen ♦ die Hitze ♦ der Fahrplan ♦ der Regen ♦ der Flughafen ♦ der Fahrkartenschalter ♦ das Animationsprogramm ♦ die Minibar ♦ die Passkontrolle

Hotel	Verkehrsmittel	Wetter

A13 Ergänzen Sie die fehlenden Wörter aus A12.

1. Eine Fahrkarte für den Zug kauft man am ....
2. Klara fährt jedes Jahr nach Griechenland. Sie kann sich dort sehr gut ....
3. Wenn man in die Vereinigten Staaten fliegt, muss man an der .... oft sehr lange warten.
4. Von unserem Balkon aus haben wir eine sehr schöne ....
5. In Ägypten sind manchmal über 50 °C, so viel .... mag ich nicht.
6. Der Preis ist inklusive ....
7. Wenn man im Sommer mit dem Auto nach Italien fährt, steht man oft im ....
8. Unsere Zimmer haben alle einen ...., einen .... und eine ....

A14 Was ist richtig?

Kreuzen Sie an.

1. Was kann man lesen?	☐ einen Reiseführer	☐ einen Reiseleiter
2. Was kann man buchen?	☐ ein Museum	☐ eine Reise
3. Was kann man nehmen?	☐ eine Tablette	☐ ein Foto
4. Womit kann man fahren?	☐ mit dem Flugzeug	☐ mit dem Schiff
5. Was kann man wechseln?	☐ Geld	☐ den Pass
6. Wo kann man stehen?	☐ im Auto	☐ im Stau

A15 Sie hören fünf Verkehrsdurchsagen. 2.03

Was ist richtig, was ist falsch? Kreuzen Sie an.

	richtig	falsch
1. Flughafen		
a) Die Maschine der Lufthansa – Flug 3562 ist nun gelandet.	☐	☐
b) Die Passagiere müssen zum Schalter 33.	☐	☐
2. Radio		
a) Auf der A 2 sind bei Braunschweig Tiere auf der Fahrbahn.	☐	☐
b) Die Autofahrer müssen vorsichtig fahren.	☐	☐
3. Radio		
Es ist Urlaubszeit in Deutschland. Es gibt zwei Staus:		
a) A 8 Salzburg Richtung München: 10 km bei Holzkirchen.	☐	☐
b) A 9 Richtung Nürnberg, 15 km nach einem Unfall bei Ingolstadt.	☐	☐
4. Bahnhof		
a) Die planmäßige Abfahrtszeit ist 12.23 Uhr.	☐	☐
b) Die Wagen der ersten Klasse sind am Ende des Zuges.	☐	☐
5. Zug		
a) Reisende zum Flughafen Berlin-Schönefeld müssen am Bahnhof Zoo aussteigen.	☐	☐
b) Von dort fahren andere Züge Richtung Flughafen.	☐	☐

A16 Ärger im Verkehr

Sie können aus verschiedenen Gründen nicht pünktlich sein und wollen sich entschuldigen. Leider erreichen Sie niemanden. Sprechen Sie kleine Texte auf die Anrufbeantworter Ihrer deutschen Freunde/Geschäftspartner.

1. Werner will Sie 13.30 Uhr vom Bahnhof abholen. Sie haben aber beim Umsteigen einen Zug verpasst und kommen erst zwei Stunden später an.
2. Kathrin und Thomas erwarten Sie in Berlin 19.00 Uhr zum Abendessen. Es ist jetzt 17.00 Uhr und Sie stehen 300 km vor Berlin im Stau.
3. Sie haben um 13.00 Uhr eine wichtige geschäftliche Besprechung in München. Es ist jetzt 11.00 Uhr und Sie sitzen noch auf dem Flughafen in Amsterdam. Die Maschine fliegt erst in zwei Stunden.

> Hier ist …
> Es tut mir furchtbar leid, aber …
> Leider kann ich erst um … in … sein.
> Ich bin wahrscheinlich erst …
> Ich melde mich eventuell noch mal.
> Bis bald!/Tschüss!/Auf Wiederhören.

A17 Das Wetter *(Wiederholung)*

a) Wie ist das Wetter im März? Beschreiben Sie das Wetter.

> Es ist (teilweise) sonnig. ♦ Die Sonne scheint. ♦ Es ist (teilweise) bewölkt. ♦ In … regnet es (leicht/stark). ♦ In … erwarten wir Gewitter. ♦ Die Temperaturen liegen bei …/zwischen … ♦ Die Tageshöchsttemperatur beträgt …

In Afrika

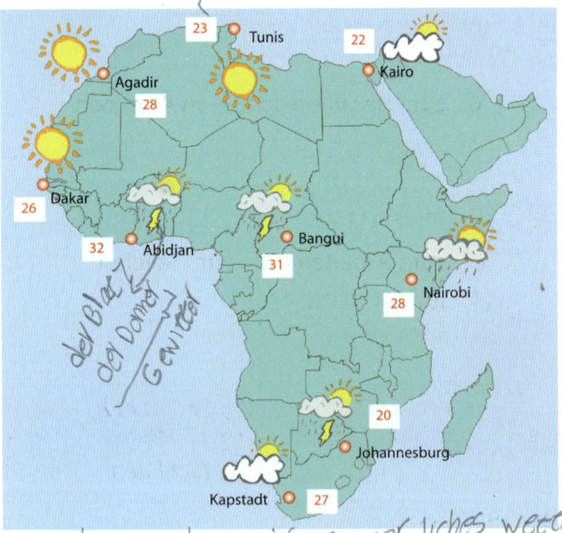

In Europa

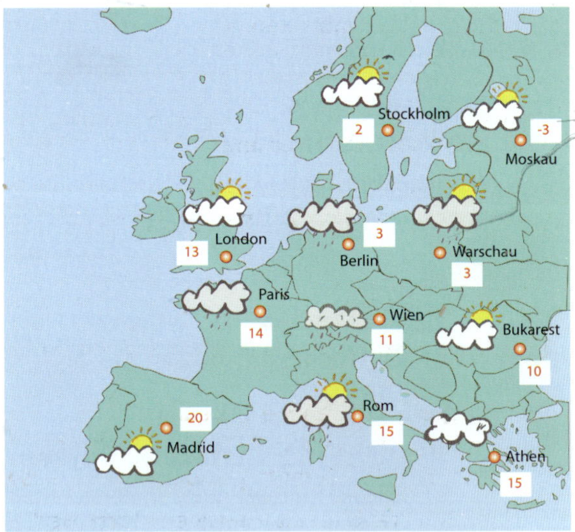

b) Wie heißen die Nomen?

- Im März liegen die Temperaturen in Moskau noch bei –3 °C. Das finde ich kalt. *die Kälte*

1. In Ägypten sind im August 50 °C. Das ist sehr heiß. ....
2. Ich freue mich auf den Sommer. Dann ist es in Deutschland schön warm. ....
3. Der Herbst an der Nordsee ist windig. ....
4. Manchmal kann man im Herbst nicht spazieren gehen. Dann ist es zu stürmisch. ....
5. Im Juli war ich in London. Dort ist das Wetter auch im Sommer oft regnerisch. ....
6. Man kann die Sonne am Himmel nicht sehen. Es ist bewölkt. ....

c) Welches Wetter wünschen Sie sich im Urlaub? Berichten Sie.

Eine Reise planen

A18 Phonetik: Das unbetonte *e* und der Konsonant *r* (2.04)

Hören und wiederholen Sie.

Sommer [ɐ]	vergessen [r]
Sommer – Wasser – Wetter – Gewitter – Bücher – Zimmer – Computer – Reiseführer	Verkehr – vergessen – verkaufen – vertrauen – vereinbaren – erwarten

Übung:

Hast du die Bücher vergessen?

Morgen wird das Wetter schön.

Nachmittags erwarten wir Gewitter.

Im Reiseführer steht, dass es viel Verkehr in Rom gibt.

A19 Wichtige Dinge für unterwegs

a) Was braucht man wofür auf einer Reise? Ordnen Sie zu.

(1) ein Buch	(a) zum Spazierengehen in der Nacht
(2) Insektenspray	(b) gegen Kopfschmerzen
(3) Sonnencreme	(c) zum Telefonieren mit Mutti
(4) eine Taschenlampe	(d) gegen Mücken
(5) Aspirintabletten	(e) für die Haut
(6) ein Handy	(f) zum Lesen
(7) einen Laptop	(g) zum Bezahlen oder zum Angeben
(8) eine Digitalkamera	(h) zum Fotografieren
(9) viel Geld	(i) für den ungestörten Schlaf
(10) eine Kopie vom Reisepass	(j) für das Mietauto
(11) den Führerschein	(k) zum Arbeiten oder zum Spielen
(12) Ohropax*	(l) für den Notfall

*Ohropax = das steckt man in die Ohren gegen Lärm

b) Was brauchen Sie unbedingt?
Sie dürfen nur fünf Dinge mitnehmen.
Wählen Sie aus. Begründen Sie Ihre Auswahl.

etwas brauchen	für *(den Schlaf)*	→	Nomen
	gegen *(Mücken)*	→	Nomen
	zum *(Schlafen)*	→	Infinitiv

- Ich brauche unbedingt ein Buch, weil ich im Urlaub gern lese.
  Ich brauche unbedingt ein Buch, denn ich lese im Urlaub gern.

c) Was passt? Ergänzen Sie frei.

♦ Dorothea nimmt Ohropax mit, denn sie möchte im Urlaub ungestört *schlafen*.

1. Otto nimmt seinen Fotoapparat mit, weil er gern ..Fotoglafieft......
2. Susi nimmt ihren Führerschein mit, denn sie möchte ..Auto fahlen..
3. Edith nimmt viel Geld mit, denn sie geht gern ...einkafen........
4. Birgit darf die Sonnencreme nicht vergessen, denn sie möchte sich stundenlang ..Sonnen............
5. Klaus nimmt sein Handy mit, denn er will jeden Tag ..Telefonieren...
6. Kathrin nimmt ihren Laptop mit, denn sie muss auch im Urlaub ..Arbeiten.....

A20 Auf einer Reise kann man was erleben!

Was alles schiefgehen kann …

Liebe Susanne,
herzliche Urlaubsgrüße aus Österreich sendet
Dir Karl.

Seit drei Tagen wohne ich hier im Hotel Herzberg und friere! Die Heizung in meinem Zimmer ist kaputt. Ich habe schon dreimal gefragt, ob jemand die Heizung reparieren kann, aber es kommt niemand. Außerdem habe ich keinen Fernseher im Zimmer. Ich langweile mich schrecklich. Ich bin bis jetzt zweimal Ski gefahren. Im Prospekt steht, dass man die Ski kostenlos ausleihen kann. Ich musste aber 20 Euro pro Tag für die Ski bezahlen! Ich habe bald kein Geld mehr. Das Essen schmeckt hier in Österreich sehr lecker. Gestern war ich in einem sehr guten Fischrestaurant. Doch auch das Essen ist nicht billig. Wenn mein Zimmer morgen immer noch kalt ist, reise ich wieder nach Hause und ich fordere im Reisebüro mein Geld zurück!

A21 Schreiben Sie zwei Karten aus Ihrem Sommerurlaub.

a) Karte 1: Der Urlaub ist eine Katastrophe.

- 3-Sterne-Hotel: 15 Minuten vom Strand entfernt, im Zentrum der Stadt
- Zimmer: klein, dunkel, ohne Fernseher
- Swimmingpool: schmutzig
- Essen: schrecklich
- Regen seit vier Tagen

b) Karte 2: Der Urlaub ist toll.

- 4-Sterne-Hotel: direkt am Strand
- Zimmer: mit Blick aufs Meer, Balkon, Minibar und Fernseher
- Swimmingpool: groß
- Essen: sehr lecker
- Sonne

Die Nomengruppe: Deklination der Adjektive

➪ Teil C Seite 153

Das Zimmer ist kalt. → keine Endung

Ich wohne in einem kalten Zimmer. → Endung

Kasus	Singular maskulin	Singular feminin	Singular neutral	Plural
Nominativ	der große Tisch ein großer Tisch	die gemütliche Bar eine gemütliche Bar	das kalte Zimmer ein kaltes Zimmer	die alten Bücher meine alten Bücher
Akkusativ	den großen Tisch einen großen Tisch			
Dativ	dem großen Tisch einem großen Tisch	der gemütlichen Bar einer gemütlichen Bar	dem kalten Zimmer einem kalten Zimmer	den alten Büchern meinen alten Büchern
Genitiv	des großen Tisches eines großen Tisches		des kalten Zimmers eines kalten Zimmers	der alten Bücher meiner alten Bücher

A22 Ergänzen Sie die Endungen im Akkusativ und im Dativ.

Unser Hotel bietet …	Ich suche ein Hotel mit …
♦ die Bar a) ein*e* gemütlich*e* Bar.	b) ein*er* gemütlich*en* Bar.
1. der Sandstrand a) ein…… weiß…… Sandstrand.	b) ein…… weiß…… Sandstrand.
2. der Bereich a) ein…… groß…… Wellnessbereich.	b) ein…… groß…… Wellnessbereich.
3. das Restaurant a) ein…… sehr gut…… Restaurant.	b) ein…… sehr gut…… Restaurant.
4. der Ausblick a) ein…… herrlich…… Ausblick.	b) ein…… herrlich…… Ausblick.
5. das Frühstücksbüfett a) ein…… reichhaltig…… Frühstücksbüfett.	b) ein…… reichhaltig…… Frühstücksbüfett.
6. das Badezimmer a) ein…… luxuriös…… Badezimmer.	b) ein…… luxuriös…… Badezimmer.
7. der Golfplatz a) ein…… klein…… Golfplatz.	b) ein…… klein…… Golfplatz.
8. die Badelandschaft a) ein…… riesig…… Badelandschaft.	b) ein…… riesig…… Badelandschaft.
9. die Terrasse a) ein…… sonnig…… Terrasse.	b) ein…… sonnig…… Terrasse.
10. der Garten a) ein…… exotisch…… Garten.	b) ein…… exotisch…… Garten.
11. das Sportprogramm a) ein…… täglich…… Sportprogramm.	b) ein…… täglich…… Sportprogramm.
12. der Tennistrainer a) ein…… amerikanisch…… Tennistrainer.	b) ein…… amerikanisch…… Tennistrainer.

A23 Fragen über Fragen

Welches Fragewort passt?

wo (2 x) ♦ wie warm ♦ wie groß ♦ wann ♦ ob (2 x) ♦ wie lange ♦ was ♦ welche ♦ wie teuer

Können Sie mir sagen, …/Wissen Sie vielleicht, …

♦ *wie groß* die Zimmer sind?
1. ………… ich hier Aspirintabletten kaufen kann?
2. ………… Sehenswürdigkeiten man hier besichtigen kann?
3. ………… der Swimmingpool ist?
4. ………… das Hotelrestaurant geöffnet hat?
5. ………… das Zimmer einen Fernseher hat?
6. ………… eine Massage kostet?
7. ………… man preiswert essen kann?
8. ………… es im Meer Haifische gibt?
9. ………… eine Tennisstunde ist?
10. ………… der Hotelmanager zurückkommt?

Gründe und Folgen

⇨ Teil C Seite 155

Wir hatten kein schönes Hotel.

Der Urlaub hat uns nicht gefallen.
→ erwartete Folge

Weil wir kein schönes Hotel hatten,
hat uns der Urlaub nicht gefallen.

Nach dem Nebensatz mit *weil*
steht die erwartete Folge.

Der Urlaub hat uns gefallen.
→ nicht erwartete Folge

Obwohl wir kein schönes Hotel hatten,
hat uns der Urlaub gefallen.

Nach dem Nebensatz mit *obwohl*
steht die unerwartete Folge.

A24 Verbinden Sie die Sätze mit *weil* oder *obwohl*.

- Ich habe meine Sonnencreme vergessen. Ich habe Sonnenbrand.
  Weil ich meine Sonnencreme vergessen habe, habe ich Sonnenbrand.
  Ich habe Sonnenbrand, weil ich meine Sonnencreme vergessen habe.
- Ich habe meine Sonnencreme vergessen. Ich habe keinen Sonnenbrand.
  Obwohl ich meine Sonnencreme vergessen habe, habe ich keinen Sonnenbrand.
  Ich habe keinen Sonnenbrand, obwohl ich meine Sonnencreme vergessen habe.

1. Ich habe mein Insektenspray zu Hause gelassen. Jetzt habe ich ungefähr 100 Mückenstiche.
   weil ich mein Insekensspray Za Hause gelassen habe, habe ich jetzt angefähr 100 Mückenscire
2. Es ist sehr kalt. Ich friere nicht.
   obwohl Es sehr kalt ist, friere Ich nicht.
3. Der Swimmingpool ist schmutzig. Ich schwimme jeden Tag.
   obwohl der swimming pool schmutzig ist, schwimme Ich jeden Tag.
4. Das Hotel liegt mitten im Zentrum der Stadt. Ich kann nicht schlafen.
   weil Das Hotel mitten im Zentrum der stadt liegt, kann Ich nicht schlafen
5. Die Heizung im Hotel war kaputt. Ich möchte mein Geld zurück.
   weil Die Heizung im Hotel kaputt war, möchte Ich mein Geld zurück.
6. Das Essen war ausgezeichnet. Ich habe nur wenig gegessen.
   obwohl Das Essen ausgezichnet war, habe Ich nur wenig gegessen
7. Hans kann nicht Ski fahren. Er fährt gern in den Winterurlaub.
   obwohl Hans nicht ski fahren kann, Fährt er gern in den winterurlaub.
8. Es regnete jeden Tag. Wir sind nur selten spazieren gegangen.
   weil es jeden Tag regnete, sind wir nur selten spazieren gegangen
9. Es war tolles Wetter. Ich konnte schöne Fotos machen.
   weil es tolles Wetter war, konnte Ich schöne Fotos machen.
10. Der Service im Hotel war gut. Ich habe mich nicht wohlgefühlt.
    obwohl der service Im Hotel gut war, habe ich mich nicht wohlgefühlt.

Städtereisen

A25 Fremde Städte

a) Berichten Sie.

- Reisen Sie gern in Städte?
- Was ist Ihre Lieblingsstadt?

b) Fragen Sie Ihre Nachbarin/Ihren Nachbarn und berichten Sie.

Was unternehmen Sie in einer fremden Stadt?
Was machen Sie oft, selten, nie?

	oft	selten	nie
1. in einem Fünf-Sterne-Hotel übernachten	☐	☐	☐
2. ein Museum besuchen	☐	☐	☐
3. in einem „berühmten" Restaurant essen	☐	☐	☐
4. in einem Touristenrestaurant essen	☐	☐	☐
5. in einem Fast-Food-Restaurant essen	☐	☐	☐
6. in die Oper/ins Theater gehen	☐	☐	☐
7. fotografieren	☐	☐	☐
8. im Stadtpark spazieren gehen	☐	☐	☐
9. mit dem Helikopter über die Stadt fliegen	☐	☐	☐
10. eine Stadtrundfahrt machen	☐	☐	☐
11. stundenlang durch die Stadt laufen	☐	☐	☐
12. in den Zoo gehen	☐	☐	☐
13. Andenken für Freunde kaufen	☐	☐	☐
14. Postkarten schreiben	☐	☐	☐
15. abends in eine Bar/eine Disco gehen	☐	☐	☐
16. so viele Sehenswürdigkeiten wie möglich besichtigen	☐	☐	☐
17. Kleidung oder Schuhe kaufen	☐	☐	☐
18. im Hotelzimmer liegen und fernsehen	☐	☐	☐

c) Spielen Sie Dialoge.

Sie sind mit Freunden in einer fremden Stadt.
Machen Sie Vorschläge für das Tagesprogramm und reagieren Sie.

- Ich würde *(heute Vormittag)* gerne … *(ins Museum gehen).*
  Wie wäre es mit … *(einem Museumsbesuch)*?
  Wir könnten doch … *(ins Museum gehen).*
  Ich schlage vor, … *(dass wir ins Museum gehen).*

- Oh nein, dazu habe ich überhaupt keine Lust!
  Ich würde lieber … *(ins Kino gehen).*
- Ja, das würde mir gefallen/Spaß machen.
  Gute Idee! Das machen wir.

A26 Reiseziel Wien

Lesen Sie den folgenden Text.

Reiseziel Wien besonders attraktiv

Nach einer Umfrage von *marketagent* findet rund ein Viertel der Deutschen Wien als Reiseziel besonders attraktiv. Als Hauptgrund dafür geben die Befragten das gute kulturelle und gastronomische Angebot an. Auch das Hotelangebot, die Freundlichkeit der Wiener, das lebendige Nachtleben und ein gutes Preis-Leistungs-Verhältnis spielen eine große Rolle.

Rund 62,7 Prozent der Touristen besuchen in Wien den Prater, 40 Prozent den Stephansdom und das Schloss Schönbrunn. Der Wiener Prater ist der älteste Vergnügungspark der Welt. 1766 hat Kaiser Joseph II. den Vergnügungspark zur allgemeinen Benutzung freigegeben.

Mit seinem 65 Meter hohen Riesenrad zählt er zu den Wahrzeichen von Wien. Das Riesenrad ist auch schon über hundert Jahre alt, der englische Ingenieur Walter B. Basset hat es 1896/97 errichtet.

Das Schloss Schönbrunn war die ehemalige Sommerresidenz der österreichischen Kaiserfamilie. Es ist ein wunderschönes Barockschloss. 1830 wurde hier Kaiser Franz Joseph geboren, der von 1848 bis 1916 in Österreich regierte. Heute gehört das Schloss mit seinem herrlichen Garten zum Weltkulturerbe und zieht jährlich rund acht Millionen Besucher an.

Übrigens gehen nur sechs bis sieben Prozent der Wien-Touristen in ein Museum.

A27 Was ist richtig, was ist falsch?

Kreuzen Sie an.

		richtig	falsch
1.	25 Prozent der Deutschen möchten gern nach Wien reisen.	❑	❑
2.	Das Angebot an Gaststätten, Hotels und Kultur finden die Touristen gut.	❑	❑
3.	Besonders beliebt bei den Besuchern sind die Museen.	❑	❑
4.	Wien ist sehr teuer.	❑	❑
5.	Das beliebteste Touristenziel ist der Wiener Prater.	❑	❑
6.	Im Schloss Schönbrunn wohnte früher der Kaiser von Österreich im Sommer.	❑	❑

A28 Lesen Sie die Sätze und ergänzen Sie die Endungen der Adjektive.

1. Das gut..... kulturell..... und gastronomisch..... Angebot von Wien finden viele Deutsche attraktiv.
2. Auch das lebendig..... Nachtleben und ein gut..... Preis-Leistungs-Verhältnis spielen eine groß..... Rolle.
3. Der Wiener Prater ist der ältest..... Vergnügungspark der Welt.
4. Das Schloss Schönbrunn war die ehemalig..... Sommerresidenz der österreichischen Kaiserfamilie.
5. Es ist ein wunderschön..... Barockschloss.
6. Heute gehört das Schloss mit seinem herrlich..... Garten zum Weltkulturerbe.

A29 Spielen oder schreiben Sie einen Dialog.

- Rufen Sie im Hotel *Sacher* in Wien an und reservieren Sie vier Einzelzimmer.
- Fragen Sie im Hotel auch nach den Öffnungszeiten vom Schloss Schönbrunn und vom Prater.
  (Öffnungszeiten Schloss Schönbrunn: täglich 8.30 Uhr bis 17.00 Uhr/ Prater: täglich bis 24.00 Uhr)

A30 Ihre Heimatstadt

a) Berichten Sie über Ihre Heimatstadt.

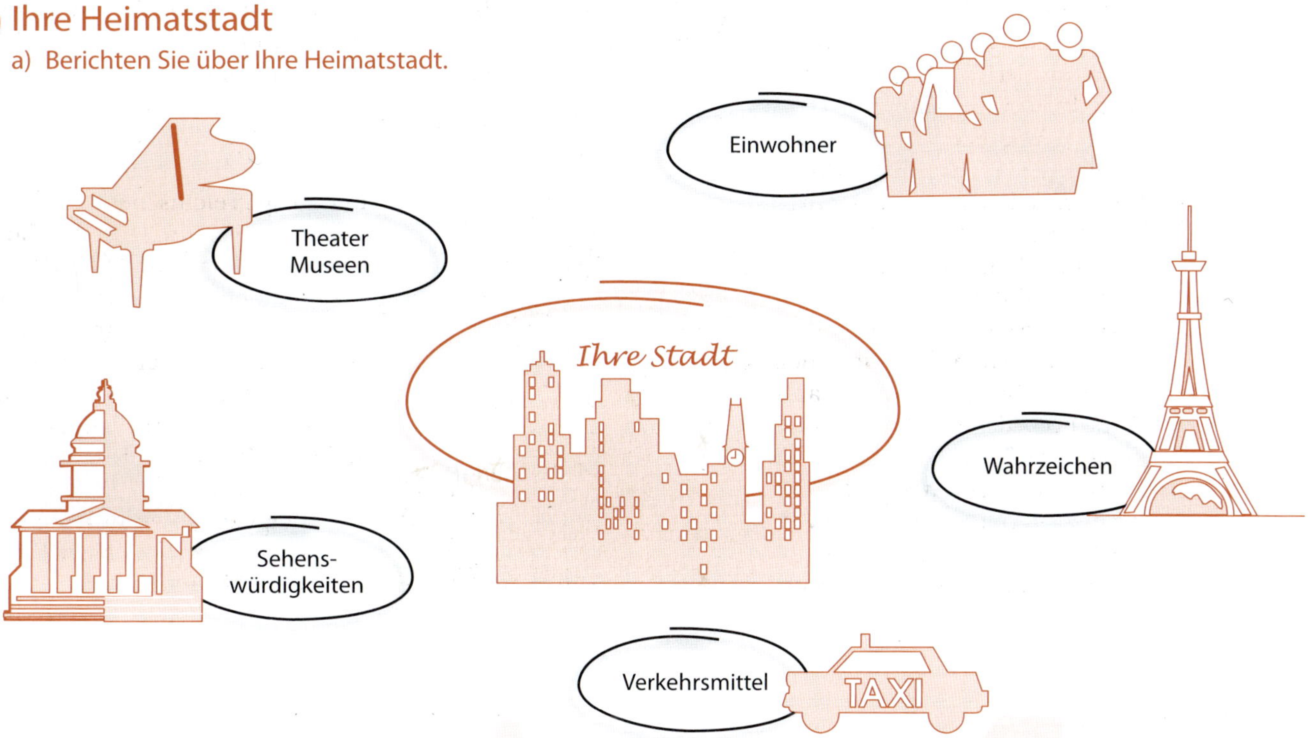

b) Wählen Sie eine Reisegruppe aus und stellen Sie ein Tagesprogramm für die Besucher Ihrer Heimatstadt zusammen.

- eine Gruppe deutscher Studenten
- eine Gruppe von älteren Menschen
- Freunde von Ihnen (die Freunde wohnen in einer anderen Stadt)

am Morgen ♦ am Vormittag ♦ am Nachmittag ♦ in der Nacht zuerst ♦ danach ♦ am Schluss …

- Ich schlage vor, dass wir *(uns … treffen/uns … ansehen/… besuchen)* …
- Ich würde Ihnen gerne … *(zeigen)*.
- *(Wir)* müssen unbedingt … *(besichtigen/sehen)*.
- Eine wichtige Sehenswürdigkeit ist …
- … ist ein Wahrzeichen der Stadt …

c) Schreiben Sie deutschen Freunden einen Brief.

- Laden Sie Ihre Freunde zu einem Besuch in Ihrer Heimatstadt ein.
- Nennen Sie eine Übernachtungsmöglichkeit.
- Schlagen Sie ein Tagesprogramm vor.

Wissenswertes *(fakultativ)*

B1 Mystische Orte in Deutschland

a) Der Brocken: von Hexen und dem Teufel. Ordnen Sie die Wörter den Zeichnungen zu.

die Hexe • der Teufel • der Besen • der Scheiterhaufen • das Moor • die Klippe • der Gipfel

b) Wissen Sie, wo Hexen und Teufel Hochzeit feiern?
Wenn nicht, dann lesen und hören Sie den folgenden Text. 2.05

Traumreisen in die Vergangenheit

Die *Walpurgisnacht*[1] ist die Nacht vom 30. April zum 1. Mai. In dieser Nacht, wenn der letzte Schnee getaut ist, ziehen Teufel und Hexen auf den *Brocken* und feiern ein großes Fest. Diesen Ort haben die Hexen gut ausgewählt, denn an 306 Tagen im Jahr steht der Gipfel des Berges im Nebel. Man kann ihn nur ganz selten sehen.

Der *Brocken* ist mit 1142 Metern der höchste Berg in Norddeutschland. Er liegt im *Harz*[2], in der Nähe des Ortes Wernigerode. Heute ist der *Brocken* eines der schönsten Reiseziele in Deutschland, vor vielen hundert Jahren war er ein Ort des Grauens.

Wer früher zu Fuß auf den Berg stieg, musste sehr vorsichtig sein. Der Aufstieg zum *Brocken* war gefährlich. Man konnte sehr leicht Klippen herunterstürzen oder in das Moor geraten. Und gerade weil der *Brocken* so gefährlich war, hatte er eine magische Anziehungskraft. Die Germanen glaubten, dass in der Nacht zum ersten Mai der Gott *Donar* und die Göttin *Freya* auf dem *Brocken* Hochzeit gefeiert und den Frühling gezeugt haben. Dieses Ereignis haben die Germanen jedes Jahr gefeiert.

Im 8. Jahrhundert begann der Siegeszug des Christentums und die alten germanischen Götter wurden zu Dämonen, Hexen und Teufeln. Frauen, die noch immer an die vorchristliche Götterwelt glaubten, bekämpfte die Kirche als Hexen. Die Vertreter der Kirche meinten, die Hexen würden auf ihren Besen zum Hexentanzplatz fliegen und dort mit dem Teufel eine Party feiern. Viele Menschen fanden als Hexen auf dem Scheiterhaufen den Tod. 1609 hat in Wernigerode die letzte Hexenverbrennung stattgefunden.

Heute besuchen unzählige Touristen den Hexentanzplatz in dem kleinen Ort Thale und bewundern den germanischen Opferstein. Auf den *Brocken* kann man sehr bequem mit einer kleinen Bergbahn, der „Harzquerbahn“, fahren.

Es gibt aber noch mehr Geschichten über den Harz zu erzählen. Zur Zeit der DDR (1949–1990) war der *Brocken* für Besucher komplett gesperrt. Mit zwei großen Abhöranlagen hat der Staatssicherheitsdienst der DDR und der sowjetische Geheimdienst den *Brocken* zur Spionage genutzt. Erst am 3. März 1994 verließ der letzte russische Soldat den Brocken.

1 Walpurgisnacht → der Name kommt von der heiligen Walpurga (der Beschützerin der Hexen)
2 Harz = Mittelgebirge in Norddeutschland

B2 Suchen Sie die richtigen Erklärungen.

(1) die Walpurgisnacht
(2) der Brocken
(3) der Schnee ist getaut
(4) Teufel ziehen auf den Brocken
(5) der Gipfel des Berges
(6) ein Ort des Grauens
(7) der Ort hat eine magische Anziehungskraft
(8) Dämonen
(9) unzählige Touristen
(10) germanischer Opferstein
(11) der Brocken war komplett gesperrt

(a) dort ist etwas Schreckliches passiert
(b) viele Leute wollen ihn sehen
(c) die Spitze des Berges
(d) Stein aus der germanischen Zeit
(e) Nacht zum ersten Mai
(f) böse Geister
(g) niemand durfte ihn besuchen
(h) Teufel gehen/steigen auf den Brocken
(i) viele Touristen
(j) höchster Berg in Norddeutschland
(k) der Schnee ist Wasser geworden

B3 Was ist richtig, was ist falsch?

Kreuzen Sie an.

	richtig	falsch
1. Der Brocken ist heute ein attraktives Reiseziel.	❐	❐
2. Man kann den Brocken nur einige Tage im Jahr sehen.	❐	❐
3. Früher war der Aufstieg zum Gipfel gefährlich.	❐	❐
4. Mit dem Sieg des Christentums wurde der Glaube an die germanischen Götter bestraft.	❐	❐
5. Viele Touristen haben in der DDR den Brocken besucht.	❐	❐

Wissenswertes

B4 Beantworten Sie die Fragen in ganzen Sätzen.

Orientieren Sie sich am Text.

- Wann ist die Walpurgisnacht? *Die Walpurgisnacht ist die Nacht zum ersten Mai.*
1. Wie viele Tage Nebel gibt es auf dem Brocken?
2. Wie hoch ist der Brocken?
3. In welchem Gebirge befindet sich der Brocken?
4. War der Aufstieg zum Brocken früher leicht?
5. Was konnte passieren, wenn man auf den Brocken stieg?
6. Was haben die Germanen jedes Jahr gefeiert?
7. Wann begann der Siegeszug des Christentums?
8. Wann fand die letzte Hexenverbrennung statt?

B5 Noch zwei mystische Orte 2.06

a) Lesen und hören Sie die Texte.

Die Externsteine

13 Felsen stehen am Fuß des Teutoburger Waldes in der Nähe von Horn-Bad Meinberg. Auf ihren Wänden kann man Zeichen und Figuren sehen, geheimnisvoll und rätselhaft. Die Wissenschaftler wissen bis heute nicht genau, was sie bedeuten. Sind die Steine ein uraltes Zentrum der nordischen Mythologie oder haben die Menschen mit den Steinen die Sterne erklärt? Die Steine schweigen.

Das Teufelsmoor (Worpswede)

Es weht kein Wind. Man hört nichts. Es ist kein sehr freundlicher Ort. Im Moor wartet der Tod. Menschen, die man hier im Moor findet, sind selten friedlich gestorben. Im 18. Jahrhundert hat König Georg III. den Befehl gegeben, das Moor nutzbar zu machen. Danach haben Arbeiter aus dem Moor Torf gewonnen. Mit Torf kann man zum Beispiel heizen. Sie erzählten die Geschichte, dass nachts im Moor Gespenster spazieren gehen. Man sagt, es sind die Toten, die im Moor keine Ruhe finden.

etwas ist geheimnisvoll/rätselhaft = man kann es nicht erklären
schweigen = nicht reden/nichts sagen
sind selten friedlich gestorben = sind wahrscheinlich Opfer eines Mörders

b) Was passt zusammen?
Verbinden Sie. Orientieren Sie sich am Text.

(1) Steine	(a) finden keine Ruhe
(2) Gespenster	(b) geben
(3) Tote	(c) weht
(4) kein Wind	(d) gehen spazieren
(5) einen Befehl	(e) heizen
(6) das Moor	(f) schweigen
(7) mit Torf	(g) nutzbar machen

c) Beschreiben Sie die Lage der drei mystischen Orte.

- der Norden
- der Süden
- der Osten
- der Westen
- die Mitte

▫ … liegt/ist im Osten
im Südosten
in der Mitte Deutschlands.

B6 „Gruselige“ Sätze

▫ Welche Sätze wirken auf Sie sehr/wenig/gar nicht „mystisch“?
Welche Sätze finden Sie gruselig?
Haben Sie so etwas Ähnliches schon mal in einem Film gesehen?

Hexen fliegen auf ihrem Besen.

Hexen feiern mit dem Teufel eine Party.

Auf den Wänden der Steine sind geheimnisvolle und rätselhafte Zeichen.

Niemand weiß, was die Zeichen bedeuten.

Im Moor wartet der Tod.

Gespenster gehen nachts im Moor spazieren.

Die Toten im Moor finden keine Ruhe.

B7 Berichten Sie.

▫ Gibt es in Ihrem Heimatland auch mystische Orte?

▫ Wo sind diese Orte?

▫ Was ist an den Orten rätselhaft oder geheimnisvoll?

▫ Gibt es viele Besucher oder Touristen an diesen Orten?

Lokalangaben

Richtungsangaben

Wohin fahren/gehen Sie?

nach	nach Hause		
	Länder ohne Artikel:	nach Deutschland/Italien/Frankreich …
	Städte und Kontinente:	nach München/Europa …
	Himmelsrichtungen:	nach Osten/Süden …
in	in die Kirche/die Schule/das Restaurant		
	Länder mit Artikel		
	– feminine Länder:	in die Schweiz
	– maskuline Länder:	in den Sudan
	– Länder im Plural:	in die Vereinigten Staaten
an	an das Fenster		
	Wasser:	an die Nordsee/die Ostsee …
auf	auf den Aussichtsturm		
	Inseln:	auf eine einsame Insel auf die Kanarischen Inseln …
zu	Menschen:	zu meinen Eltern/Oma und Opa
	Richtung:	zum Bahnhof/Unterricht

C1 Ergänzen Sie die Länder.

Achten Sie auf die Präpositionen.

- Ich fahre *nach England*, weil ich in London einkaufen will.

1. Wir fahren ...., weil wir in den Alpen Ski fahren möchten.
2. Christina macht eine Reise ...., weil ihre Freunde in Teheran wohnen.
3. Letztes Wochenende bin ich .... geflogen. Ich habe meinen ältesten Sohn in Venedig besucht.
4. Nächsten Sommer fliegen wir ganz bestimmt ...., weil New York unsere Lieblingsstadt ist.
5. Ich würde gern .... reisen, weil ich schon sehr viel Schönes über Basel und Genf gehört habe.
6. Wir müssen nächstes Jahr unbedingt .... fahren. Ich möchte gerne Istanbul sehen.
7. Ich plane eine Reise ...., weil ich einmal auf den Straßen von Casablanca spazieren gehen möchte. Wie damals Humphrey Bogart.

C2 Ergänzen Sie die Präpositionen und, wo nötig, den Artikel.

1. Bitte fahren Sie mich .... Bahnhof.
2. Zuerst muss ich .... Zahnarzt, dann .... meinen Eltern gehen.
3. Kannst du mir Aspirintabletten mitbringen, wenn du .... Apotheke gehst?
4. Weißt du schon, wann du .... Spanien fährst?
5. Ich weiß noch nicht, ob ich heute Abend .... Theater oder .... Kino gehe.
6. Hast du gehört, dass Ingrid eine Reise .... Paris gewonnen hat?
7. Wir fahren im Oktober .... Ägypten, meine Kinder möchten die Pyramiden sehen.
8. Mama, ich will heute nicht .... Schule gehen. Darf ich zu Hause bleiben?

C3 Ergänzen Sie die Sätze frei.

1. Wenn ich allein sein möchte, gehe ich ...an das meer...
2. Mit meinen Freunden gehe ich oft ...ins kino...
3. Ich gehe gar nicht gerne ...ins kino, zum Arzt...
4. Ich würde nie ...in den sadon... fahren, denn es ist gefährlich.
5. Wenn ich mich amüsieren möchte, dann gehe ich meistens ...ins theater...

Die Nomengruppe

Deklination der Adjektive

Kasus	Singular maskulin	Singular feminin	Singular neutral	Plural
Nominativ	der Tisch großer Tisch der große Tisch ein großer Tisch	die Bar gemütliche Bar die gemütliche Bar eine gemütliche Bar	das Zimmer kaltes Zimmer das kalte Zimmer ein kaltes Zimmer	die Bücher alte Bücher die alten Bücher meine alten Bücher
Akkusativ	den Tisch großen Tisch den großen Tisch einen großen Tisch			
Dativ	dem Tisch großem Tisch dem großen Tisch einem großen Tisch	der Bar gemütlicher Bar der gemütlichen Bar einer gemütlichen Bar	dem Zimmer kaltem Zimmer dem kalten Zimmer einem kalten Zimmer	den Büchern alten Büchern den alten Büchern meinen alten Büchern
Genitiv	des Tisches großen Tisches des großen Tisches eines großen Tisches		des Zimmers kalten Zimmers des kalten Zimmers eines kalten Zimmers	der Bücher alter Bücher der alten Bücher meiner alten Bücher

Im Genitiv und Dativ enden nach bestimmtem und unbestimmtem Artikel alle Adjektive auf *-en*.

C4 Bericht über das Urlaubswetter

Ergänzen Sie die Adjektive.

Wir hatten im Urlaub …

- ♦ schön — *schönes* — Wetter
1. stark — ...starken... — Regen der
2. heftig — ...hefeige... — Gewitter *(Pl.)*
3. herrlich — ...herrliche... — Sonne
4. schlecht — ...schlechtes... — Wetter
5. warm — ...warme... — Nächte *(Pl.)*
6. stürmisch — ...steirmische... — Tage *(Pl.)*
7. unerträglich — ...unerträgliche... — Hitze
8. eisig — ...eisige... — Kälte

Nomengruppe

C5 Adriane fährt in den Urlaub.

Was nimmt sie mit, was lässt sie zu Hause?
Ergänzen Sie die Endungen der Artikel und der Adjektive, wenn nötig.

Sie nimmt …				Sie lässt …			
◆	d*en*	blau*en*	Bikini,	6.	ihr……	schwarz……	Pullover,
1.	d……	rot……	Sommerkleid,	7.	d……	altmodisch……	Videokamera,
2.	ihr……	neu……	Kopfhörer *(Pl.)*,	8.	d……	alt……	Jeans,
3.	d……	groß……	Sonnenbrille,	9.	d……	silbern……	Trinkbecher,
4.	d……	klein……	Regenschirm,	10.	d……	blau……	Handschuhe,
5.	ein……	spannend……	Buch mit.	11.	d……	dick……	Reiseführer zu Hause.

C6 Lauras Urlaub

a) Laura hatte im Urlaub viel Pech. Ergänzen Sie Lauras Reisebericht. Überlegen Sie, ob das Adjektiv eine Endung hat oder nicht.

dunkel ◆ furchtbar ◆ klein ◆ langweilig ◆ laut ◆ schlecht ◆ inkompetent

Meine Tochter und ich haben in einem ganz *schlechten* Hotel übernachtet. Unser Zimmer war sehr …………… und …………… mit einem …………… Ausblick auf die Müllcontainer hinter dem Hotel! Das Ehepaar im Nachbarzimmer war sehr ……………, der Mann und die Frau haben sich jeden Abend gestritten. Ich habe mich für den Golfkurs angemeldet, aber der Lehrer war total ……………. Das Animationsprogramm für Kinder fand meine Tochter …………….

b) Das wünscht sich Laura. Ergänzen Sie die Adjektive mit antonymer Bedeutung und – wo nötig – den unbestimmten Artikel.

Das nächste Mal möchte ich in *einem besseren* Hotel übernachten. Ich nehme dort …………… …………… und …………… Zimmer mit einem …………… Ausblick. Hoffentlich habe ich dort …………… Nachbarn.
Ich möchte wieder einen Golfkurs machen, aber diesmal mit …………… …………… Lehrer! Das Hotel muss natürlich auch …………… Animationsprogramme für Kinder anbieten. Wenn ich so ein Hotel nicht finde, bleiben meine Tochter und ich nächsten Sommer zu Hause!

C7 Adjektive

a) Suchen Sie passende Adjektive. Achten Sie auf die Adjektivendungen.

japanisch ◆ berühmt ◆ nett ◆ gemütlich ◆ schön ◆ preiswert ◆ langweilig ◆ unfreundlich ◆ ruhig ◆ elegant ◆ verkehrsreich ◆ laut ◆ stimmungsvoll ◆ alt ◆ spannend ◆ lustig ◆ interessant

ein …………………………………………… Restaurant
ein …………………………………………… Ort
ein …………………………………………… Film
…………………………………………… Menschen
eine …………………………………………… Straße

b) Beantworten Sie die Fragen mit den Adjektiven aus Teil a).

1. In was für einem Restaurant würden Sie gern essen?
   Ich würde gern in einem eleganten Restarant essen
2. Wo möchten Sie Ihr Wochenende verbringen?
   Ich möchte mein Wochenende in einem berühmten ort verbringen.
3. Für welche Filme interessieren Sie sich?
   Ich interessiere für spannende Filme.
4. Mit wem würden Sie gern Urlaub machen?
   Ich würde gerne mit netten Menchen Urlaub machen.
5. Wo würden Sie gern wohnen? *(Straße)*
   Ich würde gerne in einer ruhigen straße wohnen

C8 Ergänzen Sie die Artikel.

Welches Wort hat einen anderen Artikel?

♦	*der*	Sturm – Wind – Schnee – Sonne – Regen	*die Sonne*
1.	das	Auto – Flugzeug – Zug – Schiff	der Zug
2.	das	Hotel – Zimmer – Essen – Rezeption – Bad	die Rezeption
3.	die	Sonnencreme – Fotokamera – Tablette – Mückenspray	das Mückenspray
4.	die	Hitze – Wetter – Wolke – Wärme – Kälte	das Wetter
5.	der	Fernseher – Computer – Internetanschluss – Telefon	das Telefon
6.	der	Strand – Meer – Swimmingpool – Golfplatz	das Meer

C9 Ergänzen Sie den Dialog.

Ergänzen Sie in dem Dialog die fehlenden Nomen und die Endungen der Artikel.

Sonnencreme ♦ Reisebüro ♦ Koffer ♦ Aspirintabletten ♦ Regen ♦ Gewitter ♦ Regenschirm ♦ Flugzeug ♦ Laptop ♦ Mückenspray ♦ Flugtickets *(Pl.)* ♦ Regenkleidung

Frau Sommer:	Liebling, hast du *den Koffer* schon gepackt? Wir müssen in zwei Stunden fahren. D*as* *Flugzeug* fliegt um 18.00 Uhr.
Herr Sommer:	Ja, ich bin fertig.
Frau Sommer:	Hast du d*ie* *Sonnecreme* eingepackt? Ich möchte mich unbedingt sonnen.
Herr Sommer:	Ja.
Frau Sommer:	Das Hotel hat keinen Internetanschluss, oder?
Herr Sommer:	Nein, ich glaube nicht.
Frau Sommer:	Dann brauchst du kein*en* *laptop* im Urlaub und hast endlich auch einmal Zeit für mich. Hast du d*as* *Mückenspray* gegen die Mücken und d*ie* *Aspirintabletten* gegen meine Kopfschmerzen?
Herr Sommer:	Ja, Schatz, ich habe alles.
Frau Sommer:	Ich habe gehört, dass es in Schottland oft *Regen* und *Gewitter* gibt. Hast du auch ein*en* *Regenschrim* und *Regen Kladung* eingepackt?
Herr Sommer:	Ja, Schatz. Und hast du eigentlich d*ie* *Flugtickets* vom *Reisebüro* abgeholt?
Frau Sommer:	Oh mein Gott, das habe ich vergessen! Ich war in der letzten Woche einfach zu beschäftigt …

C10 Ein Formular ausfüllen

Schreiben Sie die fehlenden Informationen über Frank in das Onlineformular.

Frank Kühn will sich bei einer Reiseagentur im Internet anmelden. Er möchte dort eine Reise buchen und von der Agentur immer neue Informationen über günstige Angebote bekommen. Frank ist Student, er ist nicht verheiratet und mag weite Reisen und das Abenteuer, am liebsten in Südamerika oder Asien. Frank hat nur ein geringes Stipendium und kann nur in den Semesterferien verreisen.

Sätze: Gründe und Folgen

Weil wir kein schönes Hotel hatten, hat uns der Urlaub nicht gefallen.
→ Nach oder vor dem Nebensatz mit weil steht eine *erwartete Folge.*

Obwohl wir kein schönes Hotel hatten, hat uns der Urlaub gefallen.
→ Nach oder vor dem Nebensatz mit obwohl steht eine *nicht erwartete Folge.*

Satzbau

Hauptsatz	Nebensatz
Der Urlaub hat uns gut gefallen,	obwohl wir kein schönes Hotel hatten.
hat: finites Verb an Position II	obwohl: Subjunktion; hatten: finites Verb am Satzende

Nebensatz	Hauptsatz
Obwohl wir kein schönes Hotel hatten,	hat uns der Urlaub gut gefallen.
Obwohl: Subjunktion; hatten: finites Verb am Satzende	hat: finites Verb leitet den Hauptsatz ein

C11 Formen Sie die Sätze mit *obwohl* oder *weil* um.

- Ich würde gern in Spanien arbeiten, aber ich kann kein Spanisch.
  Obwohl ich kein Spanisch kann, würde ich gern in Spanien arbeiten.

1. Carla bekommt diese Stelle sicher nicht, denn sie hat keinen Hochschulabschluss.
   ....
2. Mein Mann hat seit zwei Tagen Fieber, aber er will nicht zum Arzt gehen.
   ....
3. Er interessiert sich für die englische Kultur, denn er ist mit einer Engländerin verheiratet.
   ....
4. Paul und Paula haben zehn Jahre lang in den USA gelebt, aber sie waren nie im Grand Canyon.
   ....
5. Mein Sohn kann noch nicht lesen, aber er interessiert sich jetzt schon für Bücher.
   ....
6. Herr Probst hat sehr wenig Zeit, aber er möchte sich mit Ihnen unbedingt treffen.
   ....
7. Flugtickets kaufen wir am liebsten im Internet, denn wir können die Preise vergleichen.
   ....

C12 Welche Satzverbindung passt?

1. Ich wäre gern Millionär, ... ich dann nie mehr arbeiten müsste.
   a) weil b) wenn c) dass
2. Wissen Sie, ... Frau Lukas schon zurückgekommen ist?
   a) denn b) ob c) obwohl
3. Meine Frau hat eine sehr gute Krankenversicherung, ... sie kostet auch viel!
   a) aber b) denn c) und
4. .... ich einige Monate in Deutschland verbringen könnte, würde ich die Sprache schnell erlernen.
   a) weil b) obwohl c) wenn
5. .... Judith mehr verdienen möchte, sucht sie eine neue Stelle.
   a) weil b) obwohl c) denn
6. .... er sehr viel Geld hat, spendet er nie für Hilfsorganisationen.
   a) obwohl b) weil c) wenn
7. Hast du gewusst, ... Vera im Juni heiratet?
   a) weil b) ob c) dass
8. Ich würde Sie gern zum Kaffee einladen, ... ich habe kein Geld dabei.
   a) oder b) denn c) aber

Rückblick

D1 Wichtige Redemittel

Hier finden Sie die wichtigsten Redemittel des Kapitels.

Reisen allgemein

eine Reise auswählen/buchen • in einem *(4-Sterne-)* Hotel wohnen/übernachten • das Hotel liegt direkt *(am Strand)*, *(15)* km *(vom Strand)* entfernt • das Hotel bietet/verfügt über *(einen Wellnessbereich …)* • alle Zimmer sind *(komfortabel)* eingerichtet • ich reise am liebsten mit … *(dem Auto)* • ich finde im Urlaub *(die Landschaft/das Wetter …)* besonders wichtig • wir fahren jedes Jahr nach …/in die …

Auf dem Reisebüro

- ♦ Wohin möchten Sie reisen?
  Wissen Sie schon, wann Sie fahren wollen?
  Wie würde Ihnen … gefallen?
  Waren Sie schon mal …?
- ◊ Ich möchte/würde gerne nach …/in die … fahren.
- ♦ Es gibt zur Zeit sehr günstige Angebote …
  Ich empfehle Ihnen eine Reise nach …
- ◊ Wie viel kostet die Reise/das Hotel?
- ♦ Die Reise/das Hotel kostet …
- ◊ Ist der Preis inklusive *(Halbpension/Vollpension …)*?
  Wie viel Sterne hat das Hotel?
  Wo liegt das Hotel?
  Gibt es *(einen Swimmingpool/ein Restaurant …)*?
  Hat das Hotel etwas Besonderes zu bieten?
- ♦ Das Hotel hat/liegt/bietet/verfügt über …

Ärger im Verkehr

im Stau stehen • *(das Flugzeug)* hat Verspätung • *(einen Zug)* verpassen

Wetter

Es ist *(teilweise)* sonnig. • Die Sonne scheint. • Es ist *(teilweise)* bewölkt. • In … regnet es *(leicht/stark)*. • Heute Abend … erwarten wir *(ein)* Gewitter. • Es ist stürmisch. • Die Temperaturen liegen bei …/zwischen … • Die Tageshöchsttemperatur beträgt …

Städtereisen

ein Museum besuchen • in die Oper/ins Theater gehen • in einem „berühmten" Restaurant essen • im Stadtpark spazieren gehen • mit dem Helikopter über die Stadt fliegen • eine Stadtrundfahrt machen • durch die Stadt laufen • in den Zoo gehen • Andenken kaufen • Postkarten schreiben • abends in eine Bar/eine Disco gehen • Sehenswürdigkeiten besichtigen

Ein Tagesprogramm planen:

Ich würde *(heute Vormittag)* gerne … *(ins Museum gehen)*. • Wie wäre es mit … *(einem Museumsbesuch)*? • Wir könnten doch … *(ins Museum gehen)*. • Ich schlage vor, … *(dass wir ins Museum gehen)*.

D2 Kleines Wörterbuch der Verben

Unregelmäßige Verben

Infinitiv	3. Person Singular Präsens	3. Person Singular Präteritum	3. Person Singular Perfekt
aussteigen einsteigen umsteigen	er steigt aus er steigt ein er steigt um	er stieg aus er stieg ein er stieg um	er ist ausgestiegen er ist eingestiegen er ist umgestiegen
bieten *(das Hotel)*	es bietet	es bot	es hat geboten
fliegen	er fliegt	er flog	er ist geflogen
frieren	er friert	er fror	er hat gefroren
geraten *(ins Moor)*	er gerät	er geriet	er ist geraten
mitnehmen *(etwas)*	er nimmt mit	er nahm mit	er hat mitgenommen
schweigen	er schweigt	er schwieg	er hat geschwiegen
schwimmen	er schwimmt	er schwamm	er ist geschwommen
sehen	er sieht	er sah	er hat gesehen
stattfinden *(eine Feier)*	sie findet statt	sie fand statt	sie hat stattgefunden
steigen *(auf einen Berg)*	er steigt	er stieg	er ist gestiegen
verlassen *(einen Ort)*	er verlässt	er verließ	er hat verlassen

Einige regelmäßige Verben

Infinitiv	3. Person Singular Präsens	3. Person Singular Präteritum	3. Person Singular Perfekt
bedeuten *(etwas)*	es bedeutet	es bedeutete	es hat bedeutet
buchen *(eine Reise)*	er bucht	er buchte	er hat gebucht
glauben	er glaubt	er glaubte	er hat geglaubt
reisen *(abreisen/anreisen)*	er reist	er reiste	er ist gereist
regieren	er regiert	er regierte	er hat regiert
regnen	es regnet	es regnete	es hat geregnet
reservieren	er reserviert	er reservierte	er hat reserviert
schmecken *(etwas)*	es schmeckt	es schmeckte	es hat geschmeckt
schneien	es schneit	es schneite	es hat geschneit
stürmen	es stürmt	es stürmte	es hat gestürmt
übernachten	er übernachtet	er übernachtete	er hat übernachtet
verfügen *(über eine Minibar)*	es verfügt	es verfügte	es hat verfügt
zeugen *(ein Kind)*	er zeugt	er zeugte	er hat gezeugt

D3 Evaluation

Überprüfen Sie sich selbst.

Ich kann	gut	nicht so gut
Ich kann Informationen in Reiseprospekten verstehen.	❐	❐
Ich kann mich im Reisebüro nach Angeboten erkundigen und eine Reise buchen.	❐	❐
Ich kann über meine Reisegewohnheiten berichten.	❐	❐
Ich kann über meinen letzten Urlaub berichten und das Hotel beschreiben.	❐	❐
Ich kann über das Wetter sprechen.	❐	❐
Ich kann Verkehrsdurchsagen verstehen.	❐	❐
Ich kann mich entschuldigen, wenn ich nicht pünktlich bin.	❐	❐
Ich kann touristische Informationen über eine Stadt verstehen und Informationen über meine Heimatstadt geben.	❐	❐
Ich kann Vorschläge für ein Tagesprogramm machen und darauf reagieren.	❐	❐
Ich kann einfache Formulare verstehen und ausfüllen.	❐	❐
Ich kann kurze Texte über mystische Orte verstehen. *(fakultativ)*	❐	❐

Kapitel 6

Tiere und Menschen

Kommunikation

- Über Tiere und Haustiere berichten
- Empfehlungen geben
- Personen beschreiben
- Über zwischenmenschliche Beziehungen sprechen
- Ein Partygespräch führen
- Über Freude und Ärger sprechen
- Jemanden loben oder kritisieren

Wortschatz

- Tiere
- Menschen: Aussehen und Charakter
- Einwohner verschiedener Länder
- Familienmitglieder
- Lob und Kritik

Große und kleine Tiere

A1 Tiere in der Natur

a) Wie heißen diese Tiere?

der Frosch • der Schmetterling • der Fisch • der Bär • die Hyäne • der Flamingo • der Affe • der Löwe • der Hai • das Krokodil • die Schlange • die Eidechse • die Schildkröte • das Zebra • das Nashorn • die Schnecke • die Antilope • der Elefant • die Giraffe • die Krabbe • die Spinne • der Käfer • die Qualle • der Oktopus • die Biene

die Biene

das krokodil

der flamingo

die Eidechse

der Bär

das Zebra

der Elefant

die schlange

der Löwe

die Spinne

die Giraffe

der Hai

das Nashorn

der käfer

die Hyäne

der Affe

die schnecke

die Antilope

der Frosch

die krabbe

der Fish

die schildkröte

der schmetterling

die qualle

der oktopus

b) Ordnen Sie zu.

laufen ♦ kriechen ♦ fliegen ♦ schwimmen ♦ krabbeln ♦ galoppieren ♦ springen

1. Ein Gepard kann schnell ....laufen....
2. Ein Frosch kann weit ....springen....
3. Eine Schlange ....kriechen....
4. Eine Spinne ....krabbeln....
5. Ein Pferd kann ....galoppieren....
6. Ein Fisch ....schwimmen....
7. Eine Biene kann ....fliegen....

A2 Berichten Sie.

- Mögen Sie Tiere?
- Gehen Sie manchmal in den Zoo?
- Was ist Ihr Lieblingstier?
- Vor welchen Tieren haben Sie Angst?

A3 Hören Sie die Interviews und ergänzen Sie die Tabelle. 2.07

	Wie oft geht sie/er in den Zoo?	Was ist ihr/sein Lieblingstier?	Vor welchen Tieren hat sie/er Angst?
Herr Lohse	....	....	....
Brigitte	....	....	....
Matthias	....	....	....

A4 Kleines Tier-Quiz

Markieren Sie die richtige Lösung.

1. Welches Tier wird am ältesten?
   ☐ der Grönlandwal ☐ der Stör (Fisch) ☒ die Riesenschildkröte
2. Welches Tier ist am längsten?
   ☐ die Anakonda (Riesenschlange) ☒ der Blauwal ☐ die Riesenkrake
3. Wer läuft am schnellsten?
   ☒ der Gepard ☐ der Strauß ☐ der Hund
4. Welches Tier springt am höchsten?
   ☐ die Katze ☒ der Delfin ☐ der Puma
5. Was ist das größte Tier der Welt?
   ☒ die Giraffe ☐ der Elefant ☐ das Nashorn
6. Was ist das gefährlichste Tier für die Menschen?
   ☐ das Nilpferd ☐ die Mücke ☒ eine Sandotter (Schlange)
7. Was ist das giftigste Tier der Welt?
   ☒ eine Seeanemone ☐ ein Frosch ☐ eine Schlange

A5 Gefährliche Tiere

Lesen Sie den folgenden Text.

Die giftigsten Tiere der Welt

In der Schweiz, in Österreich oder in Deutschland muss man sich keine Sorgen machen, dort kriechen und fliegen kaum giftige Tiere herum. Wer wirklich gefährlichen Tieren nahekommen will, muss nach Australien fahren. Die Australier sind stolz darauf, dass auf ihrem Kontinent die meisten Gifttiere leben. Wer Glück (oder Pech) hat, begegnet dort den giftigsten Schlangen, Spinnen und Quallen der Welt.

Aber welches Tier ist nun das giftigste? Welches Kriterium nehmen wir? Zum Beispiel das Kriterium, wie viele Menschen schon durch das Gift gestorben sind? Dann wäre die Biene das giftigste Tier in Deutschland. Rund 20 Menschen sterben in Deutschland im Jahr am Gift einer Biene, weil sie allergisch auf das Bienengift reagieren. Doch das interessiert die Wissenschaftler nicht. Ihr Kriterium ist die Wirksamkeit des Giftes.

Das giftigste Tier der Welt sieht wenig spektakulär aus. Es hat keine Giftzähne, keinen bedrohlichen Stachel; es kann sich nicht einmal richtig bewegen – eigentlich sieht es gar nicht wie ein Tier aus. Es ist die *Krustenanemone*. Ihr Gift – das Palytoxin – ist das wirksamste und tödlichste Gift. Nicht alle *Krustenanemonen* produzieren es; nur eine Gruppe in einer Lagune bei der Hawaii-Insel Maui und einige Exemplare bei Tahiti sind bekannt.

Der farbenprächtige *Pfeilgiftfrosch* kommt auf Platz zwei. Er lebt in Südamerika. Mit seinem Gift haben die Eingeborenen in Südamerika ihre Pfeile eingerieben und damit eine biologische Wunderwaffe entwickelt. Es ist bis heute ein Rätsel, wie die Frösche dieses Gift produzieren oder woher sie es nehmen. Ihr Gift ist zehnmal wirksamer als das Gift der giftigsten Schlange.

Die giftigste Schlange unseres Planeten belegt Platz drei: die *Inland-Taipan*. Die größte Giftmenge bei einem Biss der rund 2,5 Meter langen Schlange ist 110 mg. Theoretisch könnte sie damit 250 000 Mäuse töten. Die Schlange ist sehr selten und sie lebt in menschenleeren Gebieten in Australien.

A6 Was ist richtig, was ist falsch?

Kreuzen Sie an.

		richtig	falsch
1.	Die meisten giftigen Tiere leben in Australien.	❒	❒
2.	Das Kriterium bei der Wahl des giftigsten Tieres ist die Anzahl der Opfer.	❒	❒
3.	Das giftigste Tier der Welt sieht sehr gefährlich aus.	❒	❒
4.	Das Gift des *Pfeilgiftfrosches* ist zehnmal giftiger als das Gift der *Inland-Taipan*.	❒	❒
5.	Heute weiß man genau, wie der Frosch das Gift produziert.	❒	❒
6.	Die giftigste Schlange der Welt hat schon viele Menschen getötet.	❒	❒

A7 Suchen Sie die passenden Erklärungen.

unauffällig • herstellen • keine Angst haben • die ursprüngliche Bevölkerung • liegt auf dem dritten Platz • es ist nicht bekannt • etwa/ungefähr • bunte

1. sich keine Sorgen machen – keine Angst haben
2. wenig spektakulär aussehen – unauffällig
3. der farbenprächtige Frosch – bunte
4. die Eingeborenen – die ursprüngliche Bevölkerung
5. es ist ein Rätsel – es ist nicht bekannt
6. Gift produzieren – herstellen
7. die Schlange belegt Platz drei – liegt auf dem dritten Platz
8. die Schlange ist rund 2,5 Meter lang – etwa/ungefähr

A8 Schreiben Sie Sätze.

Achten Sie auf die Reihenfolge und die Verbformen.

- in Deutschland – kaum giftige Tiere – herumfliegen

  In Deutschland fliegen kaum giftige Tiere herum.

1. in Australien – die meisten giftigen Tiere – leben

   In Austalien leben die meisten giftigen Tiere.

2. dort – den giftigsten Schlangen, Spinnen und Quallen – man – begegnen – können

   Dort kann man den giftigsten schlangen, spinnen und Qallen begegnen.

3. welches Tier – das giftigste – sein ?

   welches Tier ist das giftigste?

4. in Deutschland – im Jahr – etwa 20 Menschen – am Gift einer Biene – sterben

   In Deutschland sterben im jahr etwa 20 Menschen am Gift einer Biene.

5. sie – auf Bienengift – allergisch – reagieren

   Sie reagieren auf Bienengift allergisch.

6. Wissenschaftler – für die Wirksamkeit des Giftes – sich interessieren

   Wissenschaftler Interessieren sich für die wirksamkeit des Giftes

7. die Krustenanemone – das wirksamste Gift – haben

   Die Krustenanemone hat das wirksamste Gift.

8. den zweiten Platz – der Pfeilgiftfrosch – belegen

   Den zweiten Platz belegt der Pfeilgiftfrosch.

9. auf Platz drei – die 2,50 Meter lange Inland-Taipan – kommen

   Auf Platze drei kommt die 2,50 Meter lange Inland-Taipan

Komparation der Adjektive

⇨ Teil C Seite 180

Positiv	Komparativ	Superlativ
billig	billiger	am billigsten/der billigste
alt	älter	am ältesten/der älteste
teuer	teurer	am teuersten/der teuerste
	→ *-er*	→ *-st*
Sonderformen		
gut	besser	am besten/der beste
hoch	höher	am höchsten/der höchste
viel	mehr	am meisten/der meiste

Der Gepard ist das schnellste Tier.
→ mit Nomen

Der Gepard läuft am schnellsten.
→ ohne Nomen

Vergleiche

Das Gift des Frosches ist zehnmal wirksamer als das Gift der Schlange.
→ Adjektiv im Komparativ → *als*

Das Gift der Schlange ist genauso wirksam wie das Gift des Skorpions.
Das Gift des Frosches ist zehnmal so wirksam wie das Gift der Schlange.
→ Adjektiv im Positiv → *wie*

A9 Ergänzen Sie Superlativ und Komparativ.

- Die *giftigste* Schlange der Welt ist die Inland-Taipan. *(giftig)*
  Sie ist *giftiger als* die grüne Baumschlange.

1. Das wirksamste Gift bei Tieren heißt Palytoxin. *(wirksam)*
   Das Gift der Krustenanemone ist wirksamer als das Gift des Pfeilgiftfrosches.
2. Das schnellste Tier ist der Gepard. *(schnell)*
   Er ist scheller als der Strauß.
3. Die Riesenschildkröte ist das älteste Tier. *(alt)*
   Sie wird älter als der Grönlandwal.
4. Der Delfin springt am höchsten. *(hoch)*
   Er springt höher als der Puma.
5. Das langste Tier ist der Blauwal. Er kann 33 Meter lang werden. *(lang)*
   Er ist langer als der Riesenkrake.
6. Die größte Giraffe war 5,88 Meter. *(groß)*
   Die Giraffe wird größer als ein Elefant.
7. Das schwerste Insekt der Welt ist der Goliathkäfer. Er wiegt 110 Gramm. *(schwer)*
   Er ist viel schwerer als ein Marienkäfer.
8. Das kleinste Säugetier ist eine Fledermaus, die sogenannte Hummelfledermaus. *(klein)*
   Sie ist nur 3 cm lang. Sie ist kleiner als die Spitzmaus.

Von Tieren und Menschen

A10 Berichten Sie.

Haben Sie ein Haustier? Warum? Warum nicht?

Glauben Sie, dass ein Haustier eine positive Wirkung auf den Menschen haben kann?

- Tiere können helfen gegen … + Akkusativ *(Krankheiten)*
- Sie sind gut gegen … + Akkusativ *(Einsamkeit, Stress)*
- Sie können eine positive Wirkung haben auf … + Akkusativ *(unser Leben/unsere Gefühle)*

A11 Lesen und hören Sie den Text. 2.08

Haustiere haben positive Wirkung

Menschen und Tiere leben schon immer zusammen, in manchen Regionen sehr intensiv, in manchen Regionen weniger intensiv. In vielen Familien leben die Tiere nicht als Nutztiere, sondern als Haustiere. Sie sind der Freund und Begleiter des Menschen und das aus gutem Grund: Nach neuesten wissenschaftlichen Untersuchungen haben Haustiere eine positive Wirkung auf das Wohlbefinden und die Gesundheit ihrer Besitzer.

Es ist nachgewiesen, dass Menschen mit Haustieren seltener an Schlafstörungen und Kopfschmerzen leiden. Für ältere und allein lebende Menschen sind Haustiere ein gutes Mittel gegen die Einsamkeit, denn sie haben durch die Tiere das Gefühl, dass sie jemand braucht.

Man sagt sogar, dass das Zusammenleben mit Haustieren zu einer höheren emotionalen Intelligenz führt, das heißt, dass man Gefühle besser erkennen und darauf reagieren kann.

Vor allem im Bereich der Stressbewältigung bieten Haustiere positive Unterstützung. Besonders die alltäglichen Kleinigkeiten beeinflussen die Stimmung und die körperliche Gesundheit. Durch Stress entstehen oft Krankheiten. Ein Haustier kann helfen, Misserfolge in der Partnerschaft, Probleme im Beruf oder Ärger im Straßenverkehr zu bewältigen. Tierhalter selbst sehen sich als kontaktfreudiger, lebensfroher und zufriedener als andere Menschen.

A12 Was passt zusammen?

Verbinden Sie die Satzteile.

(1) Menschen und Tiere leben	(a) seltener an Kopfschmerzen.
(2) Haustiere haben	(b) gegen die Einsamkeit.
(3) Menschen mit Haustieren leiden	(c) oft Krankheiten.
(4) Haustiere sind ein gutes Mittel	(d) schon immer zusammen.
(5) Das Zusammenleben mit Haustieren führt	(e) Haustiere positive Unterstützung.
(6) Im Bereich der Stressbewältigung bieten	(f) eine positive Wirkung auf die Gesundheit.
(7) Durch Stress entstehen	(g) Probleme im Beruf zu bewältigen.
(8) Ein Haustier kann helfen,	(h) zu einer höheren emotionalen Intelligenz.

A13 Antworten Sie in ganzen Sätzen.

Orientieren Sie sich am Text A11.

1. Was sind die Haustiere für den Menschen? ....
2. Worauf haben Haustiere eine positive Wirkung? ....
3. Worunter leiden Menschen mit Haustieren seltener? ....
4. Wogegen hilft ein Haustier bei älteren Menschen? ....
5. Welche Intelligenz wird durch das Zusammenleben mit Haustieren höher? ....
6. Was entsteht durch Stress? ....
7. Wie sehen sich die Tierhalter selbst? ....

A14 Welches Wort passt zur Definition?

Schlafstörung ♦ Kopfschmerzen ♦ Stress ♦ Krankheiten ♦ Stimmung ♦ Einsamkeit

1. Man kann nicht schlafen: ..... schlafstörung .....
2. Man ist allein: ..... Einsamkeit .....
3. Der Kopf tut weh: ..... Kopfschmerzen .....
4. Man ist immer nervös, aufgeregt: ..... stress .....
5. Grippe oder Halsschmerzen sind: ..... krankheiten .....
6. Ein Synonym für Laune oder Atmosphäre: ..... stimmung .....

A15 Wie heißt das Gegenteil?

Ordnen Sie zu.

die Krankheit	der Erfolg
der Stress	die Freude
das Alleinleben	die Ruhe
der Ärger	die Gesundheit
der Misserfolg	das Zusammenleben

A16 Haben Sie Tipps (andere als Haustiere) gegen …

… Schlafstörung, Kopfschmerzen, Stress?

- Man sollte …/Sie sollten …

viel Wasser trinken ♦ weniger arbeiten ♦ abends keinen Kaffee trinken ♦ nicht so viel fernsehen ♦ tagsüber nicht schlafen ♦ abends keinen Sport treiben ♦ die Arbeit besser organisieren ♦ …

Empfehlungen ⇨ Teil C Seite 184

Man *sollte* viel Wasser trinken.
Sie *sollten* viel Wasser trinken.
Wenn Sie oft Kopfschmerzen haben, *sollten* Sie viel Wasser trinken.

→ Empfehlungen gibt man im Deutschen oft mit *sollten*. (Konjunktiv II von *sollen*)

A17 Eigenschaften

a) Welche Eigenschaften passen Ihrer Meinung nach eher zu Tieren, welche eher zu Menschen?

lustig • aggressiv • treu • ernst • dumm • klug • ruhig • lieb • ordentlich • gehorsam • neugierig • kreativ • chaotisch • freundlich • hilfsbereit • egoistisch • geduldig • optimistisch • pessimistisch • faul • fleißig • tolerant

b) Welche Eigenschaften aus a) beurteilen Sie bei Menschen positiv, welche negativ?

positiv	negativ
....	....
....	....
....	....
....	....
....	....
....	....
....	....

Pläsier = Freude
Gewissheit = Sicherheit

Wenn andere klüger sind als wir,
Das macht uns selten nur Pläsier,
Doch die Gewissheit, dass sie dümmer,
Erfreut fast immer.
(Wilhelm Busch 1832-1908)

Menschen

A18 Das Aussehen

a) Beschreiben Sie die Personen auf der ersten Zeichnung.

b) Vergleichen Sie das Original mit der Fälschung. Was hat sich verändert?

Original

Fälschung

A19 Beschreiben Sie eine Person aus Ihrer Verwandtschaft.

A20 Verwandtschaftsverhältnisse

a) Meine Familie

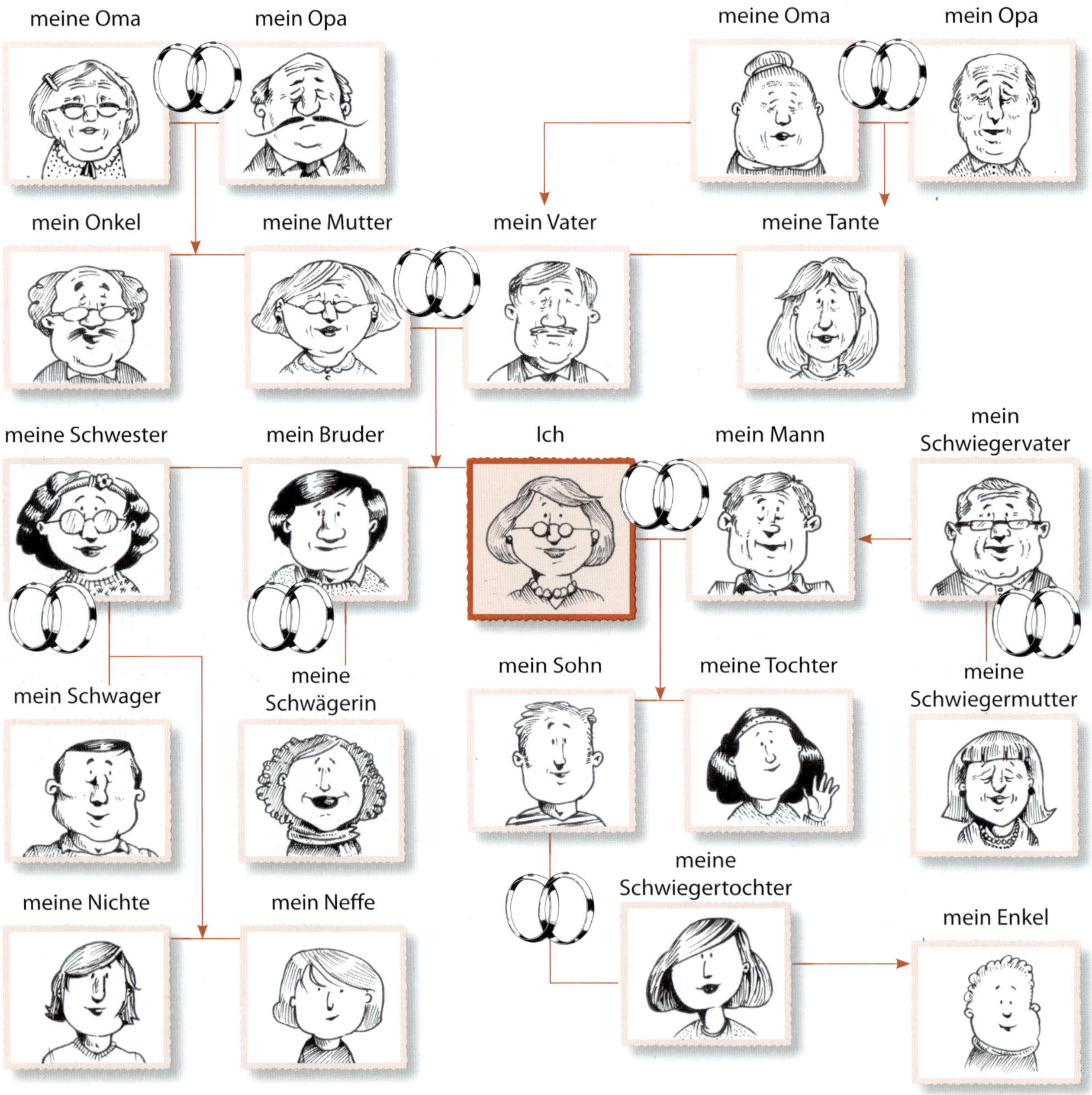

b) Wer ist das?

- Es ist der Bruder meiner Mutter = *mein Onkel*
1. Es ist die Schwester meines Vaters = ...
2. Es ist der Vater meines Mannes = ...
3. Es ist die Frau meines Bruders = ...
4. Es ist die Mutter meines Mannes = ...
5. Es ist die Mutter meines Vaters = ...
6. Es ist der Mann meiner Schwester = ...

A21 Berichten Sie.

- Haben Sie eine große Familie?
- Wer gehört alles zu Ihrer Familie?
- Haben Sie regelmäßig Familientreffen oder Familienfeiern? Was feiern Sie? (Geburtstage, Hochzeiten …)
- Mögen Sie Familienfeiern?
- Wer in Ihrer Familie hat Ihnen oft geholfen, wenn Sie Probleme hatten?
- Wer hat Ihnen bei den Hausaufgaben geholfen?
- Mit wem haben Sie als Kind die meiste Zeit verbracht?
- Mit wem sind Sie als Kind gern in den Urlaub gefahren?

A22 Beschreiben Sie Ihre Traumfrau/Ihren Traummann. 2.09

(Sie dürfen auch lügen.)

a) Wie soll Ihre Traumfrau/Ihr Traummann aussehen?

groß • klein • dick • dünn/schlank • normal • blond • dunkelhaarig • rothaarig • hübsch • sportlich • …

b) Welche Charaktereigenschaften soll Ihre Traumfrau/Ihr Traummann haben?

lustig • treu • ernst • klug • ruhig • ordentlich • kreativ • freundlich • hilfsbereit • geduldig • optimistisch • fleißig • tolerant • …

c) Nino beschreibt seine Traumpartnerin. Hören Sie den Text. Markieren Sie beim Hören die passenden Adjektive.

So soll Ninos Traumfrau sein:

kritisch • pessimistisch • nett • kreativ • sportlich • nicht älter als 35 • ordentlich • schön • modisch • intelligent • optimistisch • humorvoll

A23 Phonetik: Endungen: -ich [ç] und -ig [ç] 2.10

Hören und wiederholen Sie.

-ich/-ig [ç]

lustig – geduldig – freundlich – fleißig – sportlich – weiblich – wichtig – höflich – langweilig – ordentlich

Übung:

Ich wünsche mir einen beruflich erfolgreichen Mann.

Außerdem muss er sportlich, fleißig, ordentlich, höflich, geduldig und freundlich sein.

A24 Partnersuche im Internet 2.11

Lesen und hören Sie den folgenden Text.

Weiblich, jung und hübsch sucht …

Kennen Sie auch diese wunderbaren Geschichten, wie zwei einsame Menschen sich über das Internet gefunden haben und wo schon nach den ersten Mails die Herzen höher schlugen? Bei manchen Paaren, so erzählt man, sind bis zum ersten Treffen nur zwei oder drei Wochen vergangen.

In Deutschland gibt es 14,2 Millionen Singles. Viele von ihnen suchen im Internet einen Partner. Das ist schneller, genauer und preiswerter als die Partnersuche mit klassischen Methoden (Zeitungsannonce oder Partnervermittlungsinstitute). Aber ist es auch erfolgreicher und seriöser?

Die Gruppe *Stiftung Warentest* hat 16 große Internetanbieter getestet. Das Resultat ihrer Untersuchung lautet: Wer im Internet einen Partner sucht, muss sich selbst gut verkaufen. Hübsche, kinderlose Frauen, Anfang 30, beruflich nicht zu erfolgreich (!), haben es am einfachsten, Kontakte im Internet herzustellen.

Sehr erfolgreich sind auch Männer über 40, die nicht für Kinder bezahlen müssen und keine Alkohol-, Geld- oder Gewichtsprobleme haben. Bei fast allen Internet-Agenturen gibt es eine „*Ich über mich*"-Seite. Hier kann man etwas über seine Träume und Vorlieben schreiben.

Ein interessantes Ergebnis der Untersuchungen ist, dass bei vielen Männern diese Seite leer bleibt. Die meisten Männer wissen nicht, was sie über sich selbst schreiben sollen: Eine lange E-Mail mit Foto, oder doch lieber ohne Foto, aber mit einem Gedicht? Oder eine kurze E-Mail mit der Beschreibung der eigenen Penthousewohnung?

Eine Strategie für die richtige Kontaktaufnahme gibt es nicht, für das Verlieben übrigens auch nicht. In wen man sich verliebt, das entscheidet immer noch das Herz und nicht der Computer.

A25 Was ist richtig?

Kreuzen Sie an.

1. a) ☐ In Deutschland suchen 14,2 Millionen Menschen einen Partner im Internet.
   b) ☒ Die genaue Zahl der Partnersuchenden im Internet ist nicht bekannt.
   c) ☒ Nur wenige Menschen suchen ihren Partner über das Internet.

2. a) ☐ Die Partnersuche im Internet ist immer sehr erfolgreich.
   b) ☐ Die Partnersuche im Internet ist billiger als die Partnersuche mit klassischen Methoden.
   c) ☐ Die Partnersuche im Internet ist genauso erfolgreich wie andere Methoden.

3. a) ☐ Besonders beliebt bei Männern sind Frauen in hohen beruflichen Positionen.
   b) ☐ Bei den Frauen kommen Männer über 40, die keine Geldschwierigkeiten haben, gut an.
   c) ☐ Für alle Interessenten ist es im Internet einfach, Kontakte herzustellen.

4. a) ☐ Viele Männer beschreiben sich selbst ganz genau.
   b) ☒ Eine ideale Strategie für die erfolgreiche Kontaktaufnahme existiert nicht.
   c) ☐ Am besten ist es, wenn man ehrlich ist und über sich selbst alles erzählt.

A26 Wortschatz

a) Welches Verb passt? Ordnen Sie zu.

steigt • verkaufen • suchen • beschreiben • herstellen • entscheiden • schlagen

1. einen Partner fürs Leben ....suchen....
2. wenn nach den ersten Mails die Herzen höher ....schlagen....
3. der Umsatz der digitalen Agenturen ....steigt....
4. im Internet muss man eins gut können: sich selbst ....verkaufen....
5. Kontakte im Internet ....herstellen....
6. sich selbst oder die Penthousewohnung ....beschreiben....
7. über die Liebe kann nur das Herz ....entscheiden....

b) Wie heißen die Nomen?

•	einen Partner suchen	die *Partnersuche*
1.	etwas untersuchen	die ....
2.	Kontakt aufnehmen	die ....
3.	träumen	der ....
4.	etwas beschreiben	die ....
5.	lieben	die ....

A27 Die Person, von der ich träume …

Bilden Sie Sätze.

Der Mann, der mir gefällt, ist groß

Der Mann, den ich suche, soll einen guten Charakter haben

Der Mann, von dem ich träume, …

Die Frau, die mir gefällt, its inteligent, blue House

Die Frau, die ich suche, …

Die Frau, von der ich träume, attraktiv auss haben

muss: schön sein • attraktiv aussehen • einen guten Charakter haben • eine Penthousewohnung besitzen • beruflich erfolgreich sein • eine Million Euro auf seinem/ihrem Konto haben • die gleichen Interessen haben wie ich • …

darf: nicht rauchen • keine Haustiere haben • nicht zu dick/dünn sein • …

Relativsätze

⇨ Teil C Seite 185

Der Mann, **der** mir gefällt, …
↑ Nominativ

Der Mann, **den** ich suche, …
↑ Akkusativ

Der Mann, von **dem** ich träume, …
↑ Dativ

Die Frau, **die** mir gefällt, …
↑ Nominativ

Die Frau, **die** ich suche, …
↑ Akkusativ

Die Frau, von **der** ich träume, …
↑ Dativ

Der Relativsatz ist ein Attribut. Er steht rechts vom Nomen.

A28 Partnerspiel

a) Fragen Sie Ihre Nachbarin/Ihren Nachbarn und füllen Sie den Fragebogen aus.

Name:
Beruf:
Augenfarbe:
Hobbys:

Lieblingsessen:
Lieblingsroman:
Lieblingsfilm:
Lieblingsfarbe:
Lieblingsmusik:
Lieblingstier:
gute Charaktereigenschaften:
schlechte Charaktereigenschaften:
Was muss Ihre Traumpartnerin/
Ihr Traumpartner unbedingt sein/haben?

b) Schreiben Sie für Ihre Nachbarin/Ihren Nachbarn eine Kontaktanzeige.

- Name/Alter/Wohnort/Beruf
- Ich über mich (Hobbys, Freizeit, Arbeit, gute/schlechte Charaktereigenschaften usw.)
- Mein Traumpartner/Meine Traumpartnerin …

A29 Partygespräch 2.12

a) Hören Sie ein Gespräch auf einer Party.
Beantworten Sie während des Hörens oder danach die folgenden Fragen.

1. Seit wann arbeitet Claudia bei KARGO? ……………………
2. Was ist Oskar von Beruf? ……………………
3. Welchen Familienstand hat Oskar? ……………………
4. Was war das Problem mit Oskars Ex-Frau? ……………………
5. Was kann Claudia nicht so gut? ……………………
6. Wann treffen sich die beiden? ……………………

b) Spielen Sie kleine Partygespräche.

Sind Sie eine Freundin/ein Freund von …? ♦ Und wo arbeiten Sie? ♦ Was machen Sie beruflich? ♦ Sind Sie verheiratet/ledig …? ♦ Sie sprechen sehr gut Deutsch. Wo haben Sie das gelernt? ♦ Welche Musik hören Sie gern? ♦ Schmeckt Ihnen der Wein? ♦ Wie finden Sie das Essen hier? ♦ Was essen Sie denn gern? ♦ Haben Sie schon den neuen Film … im Kino gesehen? ♦ Interessieren Sie sich für moderne Kunst? ♦ …

A30 Einladung

Sie haben bei einer Städtereise in Berlin eine nette Frau/einen netten Mann aus Hamburg kennengelernt. Sie/Er hat Ihnen jetzt einen Brief geschrieben und Sie nach Hamburg eingeladen. Beantworten Sie den Brief.

Hier finden Sie vier Punkte. Schreiben Sie zu jedem dieser Punkte ein bis zwei Sätze.

- Besuchstermin
- Übernachtung
- Sehenswürdigkeiten?
- Restaurants?

A31 Über die Liebe …

a) Lesen Sie die Wendungen.

jemanden lieben
sich verlieben in …
zusammenleben mit …
jemanden heiraten
verheiratet sein
die Ehe, das Ehepaar, der Ehepartner
eine glückliche Ehe führen

sich von jemandem trennen
sich scheiden lassen
geschieden sein

b) Was bedeuten die beiden Sprichwörter?

- Gibt es diese Sprichwörter auch in Ihrer Muttersprache?

„Gegensätze ziehen sich an."

„Gleich und gleich gesellt sich gern."

Menschen mit gleichem/ähnlichem Charakter oder Aussehen …

Menschen mit unterschiedlichem Charakter oder Aussehen …

c) Was meinen Sie? Was sollte in einer Partnerschaft übereinstimmen, was nicht?

das Aussehen • die Religion • das Alter • der Beruf • die Interessen • der Charakter • die Lebensgewohnheiten (rauchen/Alkohol trinken/früh aufstehen/spät ins Bett gehen usw.)

- Am wichtigsten ist für mich …/Auf Platz 1 steht bei mir …
- … ist überhaupt nicht wichtig.
- Es ist besser/interessanter, wenn … (nicht) übereinstimmt/übereinstimmen.
- Die Partner sollten … *(einen ähnlichen Beruf)* haben.
- … sollte(n) nicht so unterschiedlich sein, denn …
- Das wichtigste Kriterium ist …
- … spielt für mich keine/eine geringere Rolle.

d) Lesen Sie den Text. Ergänzen Sie die Nomen.

Sprichwort • Lebensgewohnheiten • Glück • Partner • Paare • Wissenschaftler

„Gegensätze ziehen sich an" – dieses alte .... stimmt nicht, das haben .... jetzt bewiesen. Forscher der Universität von Iowa behaupten das Gegenteil. Die Forscher befragten 300 verheiratete .... nach ihren ...., Persönlichkeiten und dem ehelichen Glück. Das Resultat war, dass Beziehungen glücklicher sind, wenn sich die .... in bestimmten Dingen ähnlich sind. Die wichtigsten Kriterien sind: Offenheit, Risikobereitschaft, Kreativität und Friedfertigkeit. Religion, Alter, Aussehen und Beruf spielen beim .... in der Ehe eine geringere Rolle.

A32 Ärger und Freude

a) Worüber freuen Sie sich? Worüber ärgern Sie sich?
Fragen Sie Ihre Nachbarin/Ihren Nachbarn und berichten Sie.

Blumen • nette Kollegen • Müll auf der Straße • unfreundliche Mitmenschen • Telefonmarketing • Bedienungsanleitungen • Internet-Werbung • Sonnenschein • Unpünktlichkeit • nicht Bitte oder Danke sagen • in der Öffentlichkeit rauchen • leere Autobahnen • pünktliche Züge • aggressive Autofahrer • …

- Ich freue/ärgere mich über …
- Wenn …, dann freue/ärgere ich mich.
- Manchmal …, darüber freue/ärgere ich mich.

b) Lesen Sie zum Vergleich den folgenden Text.

Worüber ärgern sich die Europäer?

Es ist nicht die Politik, worüber sich die Europäer am meisten ärgern, das ist das Ergebnis einer Umfrage in 17 europäischen Ländern. An der Spitze der Ärgernisse stehen: Müll auf der Straße, unfreundliche Mitmenschen und aggressive Autofahrer. Danach folgen Telefonmarketing, Bedienungsanleitungen und Internet-Werbung. Erst auf Platz zehn steht die Unpünktlichkeit, auf Platz 20 findet man Rauchen in der Öffentlichkeit.

Interessant sind die nationalen Besonderheiten: 80 Prozent der Briten und Franzosen mögen es nicht, wenn Leute nicht Bitte oder Danke sagen, in Russland dagegen spielen Bitte und Danke überhaupt keine Rolle. Die Umfrage zeigte auch, dass sich die Portugiesen am intensivsten, die Russen am wenigsten ärgern. Auf Platz zwei hinter den Portugiesen folgen die Briten, Deutschland und die Niederlande stehen gemeinsam auf Platz zwölf.

A33 Die richtigen Worte …

Lob und Kritik

a) Welche Reaktion wirkt sehr positiv, positiv, negativ und sehr negativ? Ordnen Sie zu.

Das hast du/haben Sie prima gemacht! • Das finde ich ganz toll. • Vielleicht solltest du/sollten Sie das nächste Mal … • Ich bin begeistert! • Was hast du/haben Sie denn gemacht? • Das gefällt mir gut. • Mach/Machen Sie weiter so! • Hör/Hören Sie sofort damit auf! • Mach/Machen Sie das nie wieder! • Könntest du/Könnten Sie bitte das nächste Mal …

b) Reagieren Sie. Verwenden Sie die Redemittel aus Teil a).

Jemand hat Ihren Schreibtisch aufgeräumt.
Jemand hat eine Prüfung mit gutem Resultat bestanden.
Jemand kommt zu Besprechungen und Terminen immer zu spät.
Jemand hat sich Ihr Auto geliehen und Sie nicht gefragt.
Jemand singt für Sie ein Geburtstagslied, kann aber nicht gut singen.
Jemand hat für Sie einen Kuchen gebacken.

Redepartikeln

Was hast du denn gemacht?	denn	→ in der Frage
Das ist doch mein Auto! Das ist ja schrecklich!	doch/ja	→ in Aussage- oder Ausrufesätzen

Redepartikeln gehören zur gesprochenen Sprache. Sie haben keine wichtige Bedeutung, man kann sie auch weglassen. Wenn man sie verwendet, bekommt der Satz einen bestimmten emotionalen Ausdruck.

Zum Beispiel kann man …

Überraschung ausdrücken:	Was hast du denn gemacht? Was ist denn hier los? Das ist ja schrecklich!
oder Ärger:	Das weißt du doch! Kommen Sie doch her und sehen Sie sich das an!
oder Interesse:	Wann ist denn deine Prüfung?
oder man erwartet eine positive Reaktion:	Das ist doch toll, oder?

A34 Bringen Sie Emotionen in die Sätze.

Benutzen Sie Redepartikeln.

- Was ist los? *Was ist denn los?*

1. Was machen wir heute? ....
2. Wann kommt dein Bruder? ....
3. Das ist der Kaffee von gestern. ....
4. Wo kommst du her? ....
5. Das ist ein wunderschönes Bild. ....
6. Das kann nicht wahr sein! ....
7. Was machen Sie in meinem Büro? ....
8. Wo steht Ihr Auto? ....
9. Schau mal, das ist Ottos Motorrad! ....
10. Wann beginnt die Besprechung? ....

A35 Partyvorbereitungen

Führen Sie ein kleines Gespräch zu zweit. Sie wollen mit Ihren Freunden eine Party organisieren. Jeder von Ihnen hat ein Blatt mit Ideen. Sprechen Sie darüber und finden Sie eine Lösung für die Party.

Ort: in einem Restaurant
Zeit: 18.00 bis 23.00 Uhr
Essen und Trinken: im Restaurant

Ort: zu Hause, 3-Zimmer-Wohnung
Zeit: ab 20.00 Uhr
Essen und Trinken: jeder bringt etwas mit

- Ich schlage vor, dass wir … *(in einem Restaurant feiern)* Wir könnten …
- Ist das denn … *(nicht zu teuer, zu formell, …)?*
- Ich glaube, es ist besser, wenn wir … *(in meiner Wohnung feiern)* …

Wissenswertes *(fakultativ)*

B1 Insekten

Wer ist das? Ordnen Sie zu.

die Mücke ♦ die Hummel ♦ die Fliege ♦ die Biene ♦ die Wespe

....

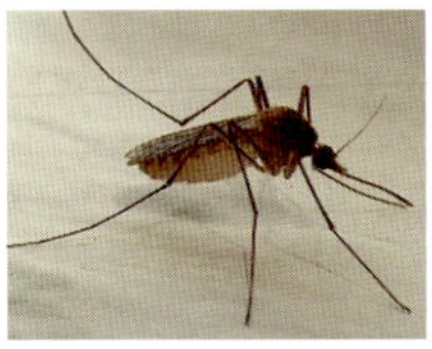
....

....

....

....

B2 Berichten Sie.

- Mögen Sie Insekten?
- Haben Sie Angst vor Insekten?
- Hat Sie schon mal eine Mücke, eine Biene oder eine Wespe gestochen?
- Womit stechen Bienen? Mit dem Stachel, mit den Beinen oder mit dem Mund?
- Womit stechen Mücken? Mit dem Rüssel oder mit den Beinen?
- Haben Sie eine Strategie gegen Mückenstiche?

B3 Insektenstiche 2.13

Lesen und hören Sie den folgenden Text.

Wer sticht am gemeinsten?

Wen stechen die Mücken?
Viele Jahre haben Ärzte gegen Mückenstiche Vitamin B1 empfohlen. Doch das half nur der Pharmaindustrie, Schutz gegen Mücken bringt Vitamin B1 nicht. Wenn man zum Beispiel in Afrika oder Asien lebt, wo Mücken gefährliche Krankheiten übertragen, muss man Kleidung tragen, die Arme und Beine bedeckt, und unter einem Moskitonetz schlafen. Interessant ist, dass Mücken nicht alle Menschen gleich oft stechen. Lieblingsopfer von Mücken sind Menschen mit einem hohen Cholesterinanteil* im Blut. Das riechen die Mücken.

Was lieben die Bienen?
Ein Bienenstich oder ein Wespenstich kann starke Schmerzen erzeugen. Ein Bienenstich ist ungefähr 2,5 Millimeter tief. Aber das tut nicht weh. Weh tut das Gift, das die Bienen mit ihrem Stachel im Menschen hinterlassen. Ungefähr 0,8 bis 4 % der Bevölkerung haben eine Insektengiftallergie. Das ist wirklich gefährlich, denn im Durchschnitt sterben 20 Menschen im Jahr an Bienengift. Bienen lieben Süßspeisen, Fleisch und Wurst. Am Kaffeetisch auf dem Balkon sollte man am besten offene Speisen abdecken. Auch in offene Gläser oder Flaschen mit süßen Getränken fliegen Bienen gerne. Und: Bienen lieben den Geruch von süßem Parfüm!

Wenn Sie eine Biene gestochen hat, können Sie den Schmerz mit einer Zitrone oder Zwiebel lindern. Oder Sie legen etwas Eis auf den Stich, das hilft auch.

Können Hummeln stechen?
Die dicke Hummel gilt als der friedlichste Sommergast am Kaffeetisch. Viele Menschen denken, Hummeln können nicht stechen. Aber das ist ein Irrtum! Hummeln können genauso stechen wie Bienen oder Wespen. Doch der Stich einer Hummel ist weniger schmerzhaft, denn die Hummeln nehmen ihren Stachel nach dem Stich wieder mit. So gelangt weniger Gift in den menschlichen Körper.

*Cholesterin = chemische Verbindung im Gewebe

B4 Ergänzungen

a) Ergänzen Sie die fehlenden Präpositionen.

im (2 x) • auf • von • an • gegen • in • unter • mit

1. Viele Jahre haben Ärzte .... Mückenstiche Vitamin B1 empfohlen.
2. Wenn man zum Beispiel .... Afrika oder Asien lebt, muss man Kleidung tragen, die den Körper bedeckt, und .... einem Moskitonetz schlafen.
3. Das Gift, das die Bienen .... ihrem Stachel .... Menschen hinterlassen, tut sehr weh.
4. .... Durchschnitt sterben 20 Menschen im Jahr .... Bienengift.
5. Am Kaffeetisch .... dem Balkon sollte man am besten offene Speisen abdecken.
6. Bienen lieben den Geruch .... süßem Parfüm!

b) Welches Verb passt? Ordnen Sie zu.

stechen • riechen • übertragen • abdecken • tragen • lindern • erzeugen

1. Mücken können gefährliche Krankheiten ....
2. Man muss Kleidung ....
3. Mücken wollen nicht alle Menschen gleich oft ....
4. Sie können den Cholesterinanteil im Blut ....
5. Ein Bienenstich kann einen starken Schmerz ....
6. Man sollte offene Speisen auf dem Balkon ....
7. Man kann den Schmerz mit einer Zitrone ....

B5 Man sollte .../Sie sollten ...

Geben Sie Empfehlungen zum Schutz vor Insekten.

Wenn man sich vor Insektenstichen schützen will, sollte man ...

Kleidung • unter einem Moskitonetz • Essen auf dem Balkon • keine süßen Parfüms • Flaschen mit süßen Getränken

schlafen • gut zumachen • tragen • abdecken • benutzen

B6 Die Mücken 2.14

Lesen Sie einen Teil aus dem Gedicht.
(Das ganze Gedicht können Sie auf CD hören.)

Die Mücken

...

Sie fliegen auf und nieder
Im Abendsonnenglanz
Und singen feine Lieder
Bei ihrem Hochzeitstanz.

Du gehst zu Bett um zehne,
Du hast zu schlafen vor,
Dann hörst du jene Töne
Ganz dicht an deinem Ohr.

Drückst du auch in die Kissen
Dein wertes Angesicht,
Dich wird zu finden wissen
Der Rüssel, welcher sticht.

...

(Wilhelm Busch 1832-1908)

Adjektive

Komparation der Adjektive

		Positiv	Komparativ	Superlativ
Normalform		billig	billiger	am billigsten/der billigste
a → ä	warm – lang – kalt – hart – alt	warm kalt	wärmer kälter	am wärmsten/der wärmste am kältesten/der kälteste
o → ö	groß	groß	größer	am größten/der größte
u → ü	jung – kurz	jung	jünger	am jüngsten/der jüngste
Adjektive auf:	*-er* *-el*	teuer dunkel	teurer dunkler	am teuersten/der teuerste am dunkelsten/der dunkelste
Adjektive auf:	*-sch/-s/-ß/-z* *-d/-t*	frisch intelligent	frischer intelligenter	am frischesten/der frischeste am intelligentesten/der intelligenteste
Sonderformen		gut viel gern hoch nah	besser mehr lieber höher näher	am besten/der beste am meisten/der meiste am liebsten/der liebste am höchsten/der höchste am nächsten/der nächste

Vergleiche

Das Gift des Frosches ist zehnmal wirksamer als das Gift der Schlange.
↳ Adjektiv im Komparativ → *als*

Das Gift der Schlange ist genauso wirksam wie das Gift des Skorpions.
Das Gift des Frosches ist zehnmal so wirksam wie das Gift der Schlange.
↳ Adjektiv im Positiv → *wie*

C1 Vergleichen Sie.

- eine Giraffe und eine Maus *(groß – klein)*
  Die Giraffe ist größer als die Maus./Die Maus ist kleiner als die Giraffe.

1. eine Schnecke und einen Gepard *(langsam – schnell)*
   Die schnecke ist langsamer als die Geprad
2. einen Wal und einen Haifisch *(lang – kurz)*
   ....
3. ein Faultier und eine Biene *(faul – fleißig)*
   ....
4. die Nordsee und den Bodensee *(tief – flach)*
   ....
5. den Berliner Dom und das Empire State Building *(niedrig/klein – hoch)*
   ....
6. Norwegen und Spanien *(kalt – warm)*
   ....

C2 Ergänzen Sie das richtige Adjektiv im Komparativ.

warm • ungefährlich • spannend • schnell • hoch • höflich • preiswert • leicht • freundlich • groß

- Das Buch ist so langweilig.
  Hast du vielleicht ein *spannenderes* Buch für mich?

> spannenderes Buch =
> spannend + *er* (Komparativ) + *es* (Adjektivendung)

1. Das ist ein Regionalzug. Der fährt sehr langsam.
   Ich nehme lieber einen ..Schnelleren Zug.
2. Die Hose ist sehr teuer.
   Haben Sie vielleicht auch eine ...Preiswatere Hose?
3. Der Mantel ist sehr schwer.
   Ich möchte lieber einen .... Mantel.
4. Das Wasser trinke ich nicht. Es ist zu kalt.
   Haben Sie auch .... Wasser?
5. Die Bedienung ist sehr unfreundlich.
   Ich hätte gern eine .... Bedienung.
6. Eine Schlange als Haustier! Das ist sehr gefährlich.
   Kannst du dir nicht ein .... Haustier kaufen?
7. Meine Wohnung ist sehr klein.
   Ich würde lieber in einer .... Wohnung wohnen.
8. Mein Gehalt ist sehr niedrig.
   Ich hätte gern ein .... Gehalt.
9. Mein Chef ist unhöflich.
   Ich wünsche mir einen .... Chef.

C3 Anna möchte viel verändern.

Suchen Sie das Gegenteil und ergänzen Sie die Adjektive im Komparativ.

- Sie arbeitet zu viel. — Sie würde gern *weniger* arbeiten.
1. Sie findet sich zu dick. — Sie wäre gern ...dünner.......
2. Sie kocht schlecht. — Sie würde gern .besser........... kochen.
3. Manchmal ist sie zu pessimistisch. — Sie wäre gern ..optimistischer
4. Manchmal ist sie faul. — Manchmal wäre sie gern ....
5. Sie ist oft zu chaotisch. — Sie wäre gern ....
6. Manchmal ist sie zu ernst. — Sie wäre gern ....
7. Sie findet sich hässlich. — Sie wäre gern ....

C4 Bildliche Vergleiche

Diese Vergleiche beschreiben etwas besonders bildhaft.
Bilden Sie Adjektive wie im Beispiel.

- Ihre Haut ist weiß wie Schnee. — Ihre Haut ist *schneeweiß*.
1. Das Fleisch ist weich wie Butter. — Es ist ....
2. Er reagierte schnell wie ein Blitz. — Er reagierte ....
3. Ihre Argumente sind scharf wie ein Messer. — Sie sind ....
4. Der Mann ist schon so alt wie ein Stein. — Er ist ....
5. Dieser Politiker ist ein Opportunist, er ist glatt wie ein Aal. — Dieser Politiker ist ....
6. Er zeigt keine Gefühle, er ist kalt wie Eis. — Er ist ....
7. Böse Menschen sagen über blonde Frauen, sie sind dumm wie Stroh. — Böse Menschen sagen, blonde Frauen sind ....

C5 Unnützes Wissen

Ergänzen Sie das passende Adjektiv.

teuerste ♦ schnellste ♦ meistgesprochene ♦ älteste ♦ berühmteste ♦ neuesten ♦ seltensten ♦ größte ♦ häufigsten

1. Die ...schnellste... gelbe Karte im Fußball bekam 1992 der britische Fußballspieler Vinnie Jones – für ein Foul nach drei Sekunden.
2. Die 13 ist die am ...seltensten... gezogene Zahl im deutschen Lotto, am ...häufigsten... fällt die 32.
3. Der ...größte... Flughafen in Europa ist London-Heathrow.
4. Selbst in den ...neuesten... Donald-Duck-Büchern gibt es keine Handys.
5. Die ...meistgesprochene... Sprache der Welt ist Putonghua (Amtssprache in China).
6. Der ...berühmteste... amerikanische Verbrecher hieß Al Capone. Ihn kennt jedes Kind.
7. Die ...teuerste... Einkaufsstraße der Welt ist die Champs-Elysées in Paris. Dort gibt man wirklich viel Geld aus.
8. Das ...älteste... synthetische Parfüm ist Chanel No. 5. Es ist aus dem Jahr 1921.

Nomengruppe

C6 Wie heißen diese Kleidungsstücke?

1
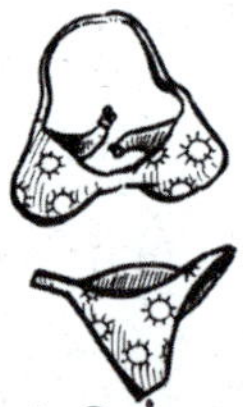
der Bikini

2

die Bluse

3

der Anzug

4

der Schlafanzug

5

das Kleid

6
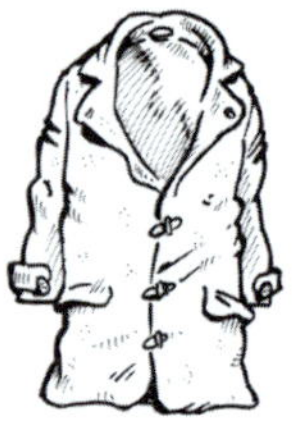
die Jacke

7

die Socken

8

die Schuhe

9

die Hose

10

das Hemd

11

der Rock

12

der Pullover

C7 Ergänzen Sie die Adjektivendungen.

- Oskar trägt immer einen alt*en* Mantel.

1. Ich mag die rot.en.... Schuhe und den grünen..... Bikini nicht.
2. Der teur.e...... Anzug von Armani steht dir wirklich gut!
3. Der Dieb trug eine schwarze...... Maske und weißen..... Socken.
4. Susanne hat sich schon wieder ein neues..... Kleid gekauft.
5. Warum nimmst du den warmen..... Schlafanzug und den dicken..... Pullover nicht mit in den Winterurlaub?
6. Frau Klein hat heute wieder eine schön.e...... Bluse an, aber die Bluse passt nicht zu dem karierten..... Rock!
7. Mit den alten..... Sachen willst du zu dem wichtig.en.... Vorstellungsgespräch gehen?
8. Die weißen..... Hemden, die schwarze...... Hose und die blau.e...... Winterjacke müssen in die Reinigung.

C8 Personenbeschreibung

a) Beschreiben Sie die Personen.

b) Ordnen Sie die folgenden Begriffe zu.

- das Gesicht
- die Ohren
- die Augen
- die Nase
- der Bauch
- die Arme
- die Beine
- die Füße
- die Hände
- der Bart
- der Schnauzbart
- die Haare
- die Kleidung
- die Schuhe

C9 Was charakterisiert diese Leute?

Bilden Sie Sätze.

- Pinocchio *(groß – Nase)* — *Pinocchio hat eine große Nase.*

1. Mona Lisa *(wunderschön – Lächeln)* ....
2. Edith Piaf *(fantastisch – Stimme)* ....
3. Obelix *(groß – Bauch)* ....
4. Greta Garbo *(oval – Gesicht)* ....
5. Marlene Dietrich *(lang – Beine)* ....
6. Friedrich Barbarossa *(rot – Bart)* ....
7. Marlon Brando *(braun – Augen)* ....

Verben

Empfehlungen

Man sollte viel Wasser trinken.
Du solltest viel Wasser trinken.
Sie sollten viel Wasser trinken.
Wenn Sie oft Kopfschmerzen haben, sollten Sie viel Wasser trinken.

→ Empfehlungen gibt man im Deutschen oft mit *sollten* (Konjunktiv II von *sollen*)

Singular	ich du er/sie/es	sollte solltest sollte
Plural	wir ihr sie	sollten solltet sollten
formell	Sie	sollten

C10 Wenn …, sollten Sie/solltest du …

Formulieren Sie Empfehlungen.

- Wenn es zu dunkel ist, *(Licht – einschalten)*
  Wenn es zu dunkel ist, *sollten Sie das Licht einschalten.*

1. Wenn Sie Probleme haben, *(mit – Chef – sprechen)*
   , sollten sie mit dem chef sprechen.
2. Wenn Sie sich über Ägypten informieren wollen, *(Reiseführer – lesen)*
   , sollten sie einen Reise fahrer lesen
3. Wenn du frierst, *(Pullover – anziehen)*
   Solltest du ei
4. Wenn du schnell in Hamburg sein willst, *(mit – Intercity-Express – fahren)*
   ……
5. Wenn das Zimmer zu unordentlich ist, *(es – aufräumen)*
   ……
6. Wenn Sie Chinesisch lernen wollen, *(Sprachkurs – besuchen)*
   ……
7. Wenn du abnehmen willst, *(weniger essen)*
   ……
8. Wenn du immer müde bist, *(mehr Sport – treiben)*
   ……
9. Wenn das Essen nicht schmeckt, *(sich beschweren)*
   ……
10. Wenn du jeden Tag zu spät kommst, *(früher – aufstehen)*
    ……
11. Wenn Sie diese Tabletten einnehmen, *(nicht – Auto fahren)*
    ……

C11 Verben mit präpositionalem Objekt

Ergänzen Sie die passenden Präpositionen.

•	Ich fürchte mich *vor* giftigen Schlangen.	sich fürchten	*vor*
1.	Die Europäer ärgern sich ..über.... unfreundliche Mitmenschen.	sich ärgern	..über..
2.	Manche Menschen leiden .an oder unter. Schlafstörungen.	leiden	....
3.	Träumen Sie auch ..von........ Mücken und Bienen?	träumen	....
4.	Ich freue mich ..über....... pünktliche Züge.	sich freuen	....
5.	Martina hat sich ..von........ ihrem Mann getrennt.	sich trennen	....
6.	Sie hat sich ....in........ den Tennislehrer verliebt.	sich verlieben	....
7.	Denken Sie oft ...an....... den Sommerurlaub?	denken	....
8.	Streiten Sie sich manchmal ....mit.... Ihrem Nachbarn?	sich streiten	....
9.	Ludwig gratuliert seiner Freundin ..zum.... Geburtstag.	gratulieren	....
10.	Interessieren Sie sich ..für....... moderne Kunst?	sich interessieren	....
11.	Erinnern Sie sich noch ..an........ Ihre erste Liebe?	sich erinnern	....

Sätze

Relativsätze

Mit einem Relativsatz beschreibt man Personen oder Sachen näher.
Der Relativsatz ist ein Attribut. Er steht rechts vom Nomen.

Das Relativpronomen richtet sich in Genus und Numerus nach dem Bezugswort, im Kasus nach der Stellung im Relativsatz.

Der Mann, der mir gefällt, …	Die Frau, die mir gefällt, …
↑ Nominativ	↑ Nominativ
Der Mann, den ich suche, … Der Mann, in den ich mich verliebt habe, …	Die Frau, die ich suche, … Die Frau, in die ich mich verliebt habe, …
↑ Akkusativ	↑ Akkusativ
Der Mann, dem ich gefallen möchte, … Der Mann, von dem ich träume, …	Die Frau, der ich gefallen möchte, … Die Frau, von der ich träume, …
↑ Dativ	↑ Dativ

Relativpronomen

	Singular			Plural
	maskulin	feminin	neutral	
Nominativ	der	die	das	die
Akkusativ	den	die	das	die
Dativ	dem	der	dem	denen

C12 Ergänzen Sie die Relativpronomen.

Ich suche einen Mann, ... einen interessanten Beruf hat.
.... ich bewundere.
mit .... ich Tennis spielen kann.
.... mir immer Blumen schenkt.

Ich möchte Kollegen, mit .... ich oft lachen kann.
.... immer hilfsbereit sind.
.... ich vertrauen kann.

Ich suche eine Wohnung, ... ein großes Wohnzimmer hat.
.... im Erdgeschoss liegt.
in .... ich Walzer tanzen kann.

Ich möchte gern ein Auto, ... 200 km/h fährt.
mit .... ich überall parken kann.
in .... ich komfortabel sitzen kann.
.... ein gelbes Dach hat.

Ich suche eine Freundin, über .... ich mich nie ärgere.
mit .... ich über alles reden kann.

das

den

dem

die

der

denen

C13 Wer oder was ist das?

Ergänzen Sie wie im Beispiel.

- Mozart *ist ein Komponist, den man kennen muss.*
1. Picasso ....
2. Berlin ....
3. Marlene Dietrich ....
4. Albert Einstein ....
5. Mahatma Gandhi ....
6. Siemens ....

C14 Ergänzen Sie die Relativpronomen.

- Ist das der Mann, von *dem* du mir erzählt hast?
1. Ist das die Frau, ... ihren Mann im Internet gefunden hat?
2. Ist das das Gift, ... so tödlich ist?
3. Ist das das Haus, ... dir so gut gefällt?
4. Ist das der Mann, mit .... du die ganze Nacht getanzt hast?
5. Ist das der Millionär, ... die Penthousewohnung gehört?
6. Sind das die Kollegen, über .... du dich immer so ärgerst?
7. Ist das der Blumenstrauß, über .... du dich so gefreut hast?
8. Ist das der Tennislehrer, in .... sich Martina verliebt hat?
9. Ist das das Hotel, in .... du schon übernachtet hast?
10. Sind das die Kollegen, mit .... du zusammenarbeitest?

Präpositionen

Präpositionen mit dem Akkusativ *(Wiederholung)*

bis (ohne Artikel)	Der Zug fährt bis München.	*(lokal)*
durch	Wir fahren durch die Türkei. Ich habe es durch Zufall erfahren.	*(lokal)* *(kausal)*
für	Ich brauche das Geld für meine Miete. Die Blumen sind für meine Frau.	*(final)* *(final)*
gegen	Die Tabletten helfen gegen Kopfschmerzen. Das Auto fuhr gegen einen Baum. Ich komme gegen 8.00 Uhr.	*(kausal)* *(lokal)* *(temporal)*
ohne	Ohne Brille kann ich nichts sehen.	*(modal)*
um	Die Besprechung beginnt um 9.00 Uhr. Wir sind um die Kirche (herum)gegangen.	*(temporal)* *(lokal)*

C15 Ergänzen Sie die Präpositionen aus der Übersicht.

Manchmal gibt es mehrere Lösungen.

- Wann kommt ihr? *Um/Gegen* 19.00 Uhr.

1. Schutz .... Mücken bringt Vitamin B1 nicht.
2. Wir fahren .... Österreich nach Italien.
3. Die Kinder saßen .... das Lagerfeuer herum.
4. Haustiere sind gut .... Einsamkeit.
5. .... meinen Fotoapparat fahre ich nicht in den Urlaub.
6. .... wen ist der Teddybär? .... meine Kollegin, sie hat ein Kind bekommen.
7. .... die Tiere haben einsame Menschen das Gefühl, dass sie jemand braucht.
8. Kannst du .... Fernseher leben?
9. Wir fahren am Freitag nur .... Freiburg.
10. Ich habe bei der Bank einen Kredit .... ein neues Auto aufgenommen.
11. Meine Arbeitszeit beginnt .... 9.00 Uhr.

C16 Welches Wort passt?

Partner • ohne • Träume • für • in • wissen • Kontaktaufnahme • das • Chancen • die • kennen • über • getestet • Untersuchung

Kennen Sie auch diese wunderbaren Geschichten, wie zwei einsame Menschen sich .... das Internet gefunden haben? Die Gruppe Stiftung Warentest hat 16 große Internetanbieter .... Das Resultat ihrer .... lautet: Wer im Internet einen .... sucht, muss sich selbst gut verkaufen. Die besten .... haben hübsche, kinderlose Frauen, Anfang 30, ... beruflich nicht zu erfolgreich sind. Danach kommen vierzigjährige Männer .... Kinder. Bei fast allen Internet-Agenturen gibt es eine „Ich über mich"-Seite. Hier kann man etwas über seine .... und Vorlieben schreiben. Viele Männer .... aber nicht, was sie über sich selbst schreiben sollen. Eine Strategie für die richtige .... gibt es nicht, ... das Verlieben übrigens auch nicht. .... wen man sich verliebt, das entscheidet nur .... Herz.

Rückblick

D1 Wichtige Redemittel

Hier finden Sie die wichtigsten Redemittel des Kapitels.

Tiere

ich gehe *(oft)* in den Zoo ♦ mein Lieblingstier ist … ♦ ich habe Angst vor … ♦ Tiere können laufen, kriechen, krabbeln, galoppieren, springen ♦ Haustiere können helfen gegen … *(Krankheiten)* ♦ sind gut gegen … *(Einsamkeit/Stress)* ♦ können eine positive Wirkung haben auf … *(unser Leben/unsere Gefühle)*

ein Gepard kann schnell laufen ♦ ein Frosch kann weit springen ♦ eine Schlange kriecht ♦ eine Spinne krabbelt ♦ ein Pferd kann galoppieren ♦ ein Fisch schwimmt ♦ eine Biene kann fliegen und stechen

Empfehlungen

bei … *(Kopfschmerzen/Schlafstörungen)* sollten Sie/solltest du … *(viel Wasser trinken)*

Menschen: Aussehen

jemand hat … *(lange)* Haare ♦ ein *(rundes)* Gesicht ♦ eine *(große)* Nase ♦ *(kleine)* Ohren ♦ *(blaue)* Augen ♦ *(rote)* Lippen ♦ einen *(schwarzen)* Bart ♦ einen *(langen)* Hals ♦ einen *(muskulösen)* Körper ♦ *(lange)* Arme und Beine ♦ *(große)* Hände und Füße …

jemand ist … groß ♦ klein ♦ dick ♦ dünn ♦ schlank ♦ normal ♦ blond ♦ dunkelhaarig ♦ rothaarig ♦ hübsch ♦ sportlich ♦ muskulös ♦ …

Menschen: Charakter

jemand ist … lustig ♦ aggressiv ♦ treu ♦ ernst ♦ dumm ♦ klug ♦ ruhig ♦ lieb ♦ ordentlich ♦ neugierig ♦ kreativ ♦ chaotisch ♦ freundlich ♦ hilfsbereit ♦ egoistisch ♦ geduldig ♦ optimistisch ♦ pessimistisch ♦ faul ♦ fleißig ♦ tolerant

Menschen: Beziehungen

Partnersuche:
einen Partner fürs Leben suchen ♦ *(im Internet)* Kontakt herstellen/aufnehmen ♦ einen Traummann/eine Traumfrau haben/suchen ♦ etwas über sich selbst erzählen ♦ Träume und Vorlieben beschreiben ♦ in einer Partnerschaft … *(etwas)* wichtig finden ♦ der Partner sollte … *(einen ähnlichen Beruf)* haben ♦ das wichtigste Kriterium ist für mich … *(der Charakter)* ♦ … *(das Alter)* spielt für mich keine/eine geringere Rolle ♦ über die Liebe entscheidet nur das Herz

Wenn alles gut geht:
das Herz schlägt höher ♦ sich verlieben in … ♦ jemanden lieben ♦ zusammenleben mit … ♦ jemanden heiraten ♦ verheiratet sein ♦ eine glückliche Ehe führen

Wenn es schlecht gelaufen ist:
sich trennen von jemandem ♦ sich scheiden lassen ♦ geschieden sein

Lob und Kritik

Lob:
Das gefällt mir gut. ♦ Das hast du/haben Sie prima gemacht! ♦ Mach/Machen Sie weiter so! ♦ Das finde ich ganz toll. ♦ Ich bin begeistert!

Kritik:
Vielleicht solltest du/sollten Sie das nächste Mal … ♦ Könntest du/Könnten Sie bitte das nächste Mal …? ♦ Was hast du/haben Sie denn gemacht? ♦ Hör/Hören Sie sofort damit auf! ♦ Mach/Machen Sie das nie wieder!

D2 Kleines Wörterbuch der Verben

Unregelmäßige Verben

Infinitiv	3. Person Singular Präsens	3. Person Singular Präteritum	3. Person Singular Perfekt
(gut) aussehen	er sieht aus	er sah aus	er hat ausgesehen
beschreiben *(etwas)*	er beschreibt	er beschrieb	er hat beschrieben
denken	er denkt	er dachte	er hat gedacht
einreiben *(den Pfeil mit Gift)*	er reibt ein	er rieb ein	er hat eingerieben
entstehen *(eine Krankheit)*	sie entsteht	sie entstand	sie ist entstanden
erkennen *(etwas/jemanden)*	er erkennt	er erkannte	er hat erkannt
kriechen *(die Schlange)*	sie kriecht	sie kroch	sie ist gekrochen
leiden *(unter Stress)*	er leidet	er litt	er hat gelitten
nachweisen *(etwas)*	er weist nach	er wies nach	er hat nachgewiesen
riechen	er riecht	er roch	er hat gerochen
schlagen *(das Herz)*	es schlägt	es schlug	es hat geschlagen
springen *(der Frosch)*	er springt	er sprang	er ist gesprungen
stechen *(die Mücke)*	sie sticht	sie stach	sie hat gestochen
übertragen *(eine Krankheit)*	er überträgt	er übertrug	er hat übertragen

Einige regelmäßige Verben

Infinitiv	3. Person Singular Präsens	3. Person Singular Präteritum	3. Person Singular Perfekt
beeinflussen *(etwas/jemanden)*	er beeinflusst	er beeinflusste	er hat beeinflusst
behaupten *(das Gegenteil)*	er behauptet	er behauptete	er hat behauptet
bewältigen *(Ärger)*	er bewältigt	er bewältigte	er hat bewältigt
entwickeln *(etwas)*	er entwickelt	er entwickelte	er hat entwickelt
führen *(eine gute Ehe)*	er führt	er führte	er hat geführt
herstellen *(Kontakte)*	er stellt her	er stellte her	er hat hergestellt
krabbeln *(die Spinne)*	sie krabbelt	sie krabbelte	sie ist gekrabbelt
lauten *(das Ergebnis)*	es lautet	es lautete	es hat gelautet
lieben	er liebt	er liebte	er hat geliebt
lindern *(Schmerzen)*	es lindert	es linderte	es hat gelindert
produzieren	er produziert	er produzierte	er hat produziert
schützen *(sich/jemanden, vor)*	er schützt sich	er schützte sich	er hat sich geschützt
suchen *(eine Partnerin)*	er sucht	er suchte	er hat gesucht
testen *(etwas/jemanden)*	er testet	er testete	er hat getestet

D3 Evaluation

Überprüfen Sie sich selbst.

Ich kann	gut	nicht so gut
Ich kann einige Tiere nennen und etwas über Tiere und Haustiere erzählen.	❒	❒
Ich kann einfache Texte über Tiere verstehen.	❒	❒
Ich kann Empfehlungen geben.	❒	❒
Ich kann Personen beschreiben.	❒	❒
Ich kann über zwischenmenschliche Beziehungen sprechen.	❒	❒
Ich kann einfache Texte über Partnersuche verstehen.	❒	❒
Ich kann auf einer Party Dialoge verstehen und einfache Gespräche führen.	❒	❒
Ich kann sagen, worüber ich mich ärgere und worüber ich mich freue.	❒	❒
Ich kann jemanden loben oder kritisieren.	❒	❒
Ich kann einen Text über Insekten verstehen. *(fakultativ)*	❒	❒

Kapitel 7

Wohnen und Essen

Kommunikation

- Eine Traumwohnung beschreiben
- Über die eigene Wohnsituation berichten
- Über Wohnformen diskutieren
- Einen Handwerker bestellen
- Über Essgewohnheiten berichten
- Rezepte lesen
- Essen im Restaurant bestellen

Wortschatz

- Wohnung
- Wohnungsumgebung
- Möbel
- Garten
- Kräuter und Gemüse
- Essen
- Restaurantbesuch

Wohnen

A1 Traumwohnung

a) Beschreiben Sie Ihre Traumwohnung.

- Ich würde gern … | in einem eigenen Haus ♦ in einer großen Villa ♦ in einer Penthousewohnung ♦ in einem Reihenhaus ♦ in einer Wohnung in einem Hochhaus ♦ … | wohnen.
- Ich brauche *(unbedingt)* … | *(vier)* Zimmer ♦ einen *(sonnigen)* Balkon ♦ einen Garten ♦ eine *(helle)* Küche ♦ ein *(großes)* Badezimmer ♦ …
- Die Wohnung/Das Haus sollte … | in einer Großstadt ♦ in einer Kleinstadt ♦ im Grünen ♦ im Stadtzentrum ♦ am Stadtrand ♦ auf dem Land ♦ … | sein/liegen.

b) Hören Sie die Radiosendung und ergänzen Sie die Tabelle. 2.15

	Wo liegt die Traumwohnung?	Was muss die Wohnung unbedingt haben?
Kirsten	groß stadt im zentrum	offene küche
Martin	Grünen am stadtrand	große Garten, große fenster
Alexandra	auf dem Land	große küche and terrace

A2 Leben in der Stadt: Wohnungssuche

a) Diskutieren Sie in kleinen Gruppen/mit Ihrer Nachbarin/Ihrem Nachbarn.

- Welche Faktoren sind bei der Auswahl einer neuen Wohnung am wichtigsten?
- Was soll eine Stadt ihren Bürgern bieten?

Sicherheit ♦ Sauberkeit ♦ Schule und Kindergarten ♦ öffentliche Verkehrsmittel (Bushaltestelle/U-Bahn-Station) ♦ Arbeitsplatz/Universität in der Nähe der Wohnung ♦ Restaurants/Kneipen ♦ gute Einkaufsmöglichkeiten (viele Geschäfte/Einkaufszentren) ♦ vielfältiges Kulturangebot (Theater/Kino) ♦ gutes Freizeitangebot für die ganze Familie (Sporthalle/Schwimmbad/Fußballplatz) ♦ Krankenhaus/Arztpraxis ♦ Grünanlagen/Stadtparks

1. Was ist wichtig … für Sie persönlich?
2. … für eine siebzigjährige Dame?
3. … für eine alleinerziehende Mutter?
4. … für Studenten?

- Für mich ist/wäre … am wichtigsten.
- Ich finde … nicht so wichtig wie …
- Ich finde … wichtiger als …
- Der Arbeitsplatz sollte nicht so weit weg/in der Nähe sein.

b) Beschreiben Sie die Grafik und vergleichen Sie diese mit Ihren eigenen Kriterien.

- Das Thema der Grafik ist …
- *(71)* Prozent der Stadtbewohner/der Bürger finden … am wichtigsten.
- … ist auch sehr wichtig.
- Danach folgt/folgen …
- Weniger wichtig ist/sind …

A3 Vergleichen Sie die Wohnungen.

Welche wohnung is gut

Welche Wohnung ist besser für die ältere Dame, die alleinerziehende Mutter und Sie selbst?

- Für die ältere Dame würde ich die *(erste)* Wohnung nehmen, denn …/weil …

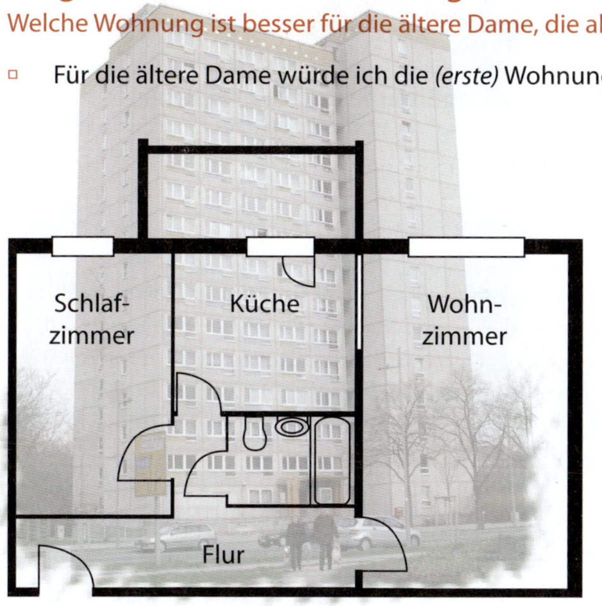

Zimmer:	2
Bad:	1
Küche:	offen
Balkon:	1
Wohnfläche:	58,67 m^2
Etage:	4
Miete (kalt):	476,– €
Nebenkosten:	123,– €
Kaution:	852,– €
Lage:	Stadtzentrum gute Einkaufsmöglichkeiten

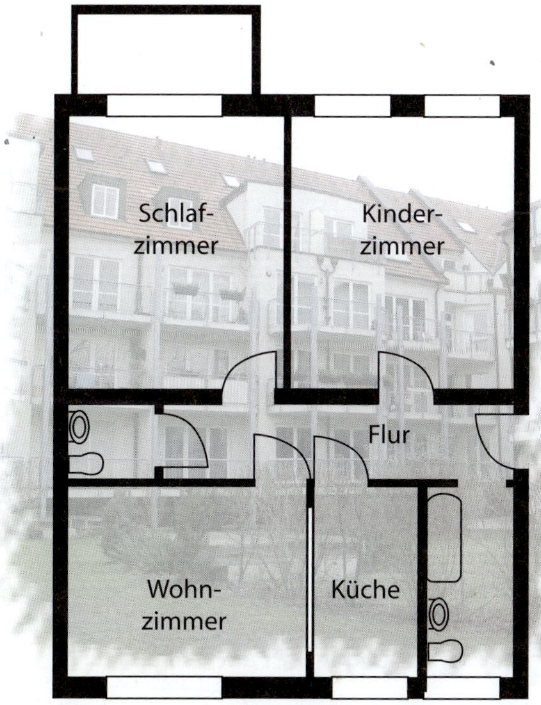

Zimmer:	3
Bad/WC:	2
Küche:	offen
Terrasse:	1
Wohnfläche:	105,34 m^2
Etage:	Erdgeschoss
Miete (kalt):	745,– €
Nebenkosten:	243,– €
Kaution:	1490,– €
Lage:	Stadtrand Schule, Kinderspielplatz

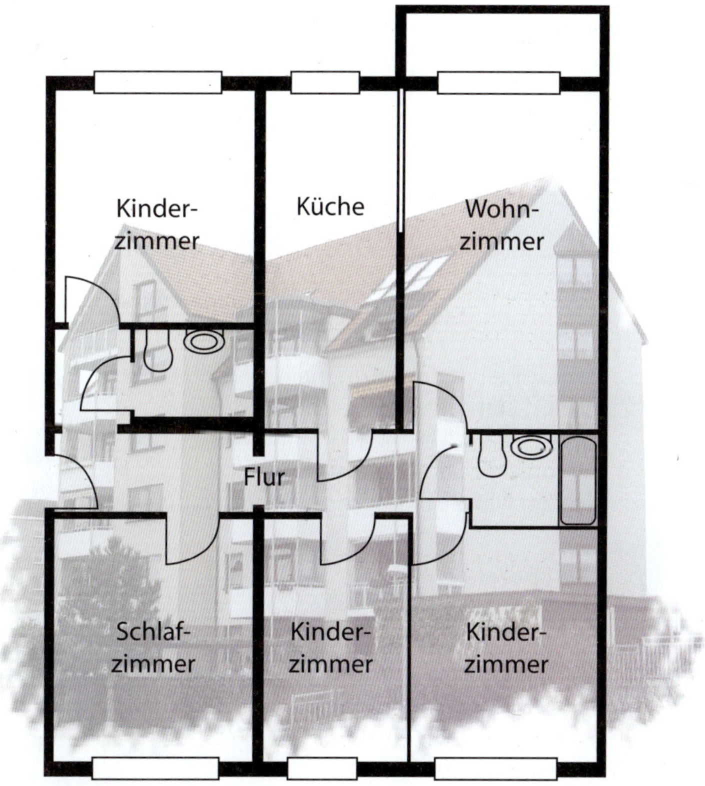

Zimmer:	5
Bad/WC:	2
Küche:	offen
Balkon:	1
Wohnfläche:	145,34 m^2
Etage:	3
Miete (kalt):	1276,– €
Nebenkosten:	365,– €
Kaution:	2552,– €
Lage:	exklusiv im Villenviertel, ruhig, kein Lärm durch öffentliche Verkehrsmittel

A4 Einen Brief schreiben

Sie sind zum Studium bzw. für eine neue Arbeitsstelle in eine fremde Stadt gezogen.

- Schreiben Sie an eine Freundin/einen Freund einen Brief.
  Berichten Sie etwas über Ihre neue Wohnung, die Lage und wo Sie arbeiten bzw. studieren.
  Verwenden Sie etwa 60 Wörter.

A5 Wo haben Sie früher gewohnt?

a) Lesen Sie zuerst zwei Beispiele.

In meiner Kindheit wohnte ich in einem Einfamilienhaus. Es stand in einem kleinen Ort am Stadtrand. Mein Bruder und ich hatten ein gemeinsames Zimmer. Das fand ich sehr anstrengend. Vor dem Fenster konnte ich unseren Hof mit den Hühnern sehen. Sie waren damals meine Lieblingstiere. Im Nachbarhaus wohnte mein bester Freund, Thomas. In der Nähe unseres Hauses lag eine Wiese, dort spielten wir oft Fußball.

Als ich ein Kind war, wohnte ich in einer Großstadt. Unsere Wohnung lag im Stadtzentrum, im elften Stock eines Hochhauses. In der Straße gab es viele Geschäfte, Restaurants und ein Kino. Ich hatte mein eigenes Zimmer. Meine Eltern haben es sehr schön eingerichtet. Die Wände waren rot und blau, das gefiel meinen Freunden sehr gut. Sie wohnten alle in der Gegend und kamen oft zu Besuch. Als ich 14 Jahre alt war, zogen wir in eine andere Stadt. Mein Vater hatte eine andere Arbeitsstelle gefunden.

b) Schreiben Sie einen kurzen Text.

- Als ich ein Kind war/In meiner Kindheit/ Vor … Jahren wohnte ich in …
- Unser Haus/Unsere Wohnung war …
- In unserer Straße gab es … und …
- In der Nähe des Hauses lag*(en)*/befand*(en)* sich …
- Mein Zimmer …
- Ich wohnte dort *(nicht)* gern, weil …
- Als ich … Jahre alt war, sind wir nach … umgezogen.

Temporalsätze

⇨ Teil C Seite 210

Als ich ein Kind war, wohnte ich in einer Großstadt.
Wenn ich älter bin, kaufe ich mir ein Haus auf dem Land.

	Vergangenheit	Gegenwart und Zukunft
einmal	**als** **Als** ich ein Kind war, …	**wenn** **Wenn** ich älter bin, …
mehrmals/immer	**wenn** Immer **wenn** ich in München war, …	**wenn** Immer **wenn** ich in München bin, …

c) Ergänzen Sie frei.

1. Als ich sechs Jahre alt war, ging ich Kindergarten.
2. Als ich noch zur Schule ging, wohnte ich in Einfamilienhaus.
3. Als ich studierte/einen Beruf lernte, raiste ich Viele
4. Wenn ich über 70 bin, wohnte ich in Gränen

A6 Vor- und Nachteile des Allein- und Zusammenwohnens

a) Diskutieren Sie in kleinen Gruppen und berichten Sie.

- Wie wohnen die Menschen in Ihrem Heimatland?

in Häusern ♦ in Wohnungen ♦ in großen Familien ♦ in kleinen Familien ♦ allein ♦ …

- Welche Familienmitglieder wohnen zusammen?
- Wie wohnen Studenten in Ihrem Heimatland?

in einem Studentenwohnheim ♦ in einer Wohngemeinschaft ♦ bei den Eltern ♦ in einer eigenen Wohnung ♦ …

b) Ordnen Sie die Aussagen zu.

	allein wohnen	mit der Familie wohnen	mit Freunden wohnen
Ich habe meine Ruhe.	☒	☐	☐
Ich mache, was ich will.	☐	☐	☒
Wir können uns abends unterhalten.	☐	☒	☐
Die Hausarbeit können wir uns teilen.	☒	☐	☐
Niemand stört mich.	☐	☐	☒
Ich störe niemanden.	☐	☒	☐
Ich bin immer/meistens/fast nie allein.	☐	☐	☐
Ich muss nicht jeden Tag kochen.	☐	☐	☐
Ich kann stundenlang in der Badewanne sitzen.	☐	☐	☐
Wir kochen und essen zusammen.	☐	☐	☐
Der Kühlschrank ist meistens leer.	☐	☐	☐
Die Kosten sind niedriger.	☐	☐	☐
Wir können unsere Sorgen teilen.	☐	☐	☐
Der Lärm ist groß.	☐	☐	☐
Manchmal gibt es Streit.	☐	☐	☐
Ich kann ruhig lernen oder Musik hören.	☐	☐	☐
Ich kann alle Fußballspiele sehen.	☐	☐	☐

c) Finden Sie Argumente und Gegenargumente für jede Lebensform. Spielen Sie kleine Dialoge.

♦ Wenn man allein wohnt, dann hat man seine Ruhe.

◊ Ja, aber wenn man mit jemandem zusammen wohnt, kann man sich abends unterhalten.

d) Welche Wohnformen haben Sie schon einmal ausprobiert? Berichten Sie kurz über Ihre Erfahrungen.

- Sehr positiv/negativ/angenehm/unangenehm/schön/anstrengend fand ich, dass … *(ich nicht so oft kochen musste/die Wohnung immer unordentlich war).*
- Es war ein *(großer)* Vorteil/Nachteil, dass … *(die Kosten niedriger waren/ich immer allein war).*

A7 Wie Singles wohnen

Lesen Sie den Text.

Sind Singles unordentlich?

Denken Sie auch, dass es in Single-Wohnungen unordentlich aussieht?

Eine Onlineumfrage sagt das Gegenteil: 79 Prozent der Singles gaben an, dass sie Ordnung zu Hause sehr wichtig finden, 38 Prozent meinten, bei ihnen ist es so sauber, dass man vom Fußboden essen kann, und 18 Prozent haben eine professionelle Reinigungskraft zur Unterstützung. Fast alle Befragten räumen auf, wenn Besuch kommt. Man weiß ja nie, ob vielleicht der Traumpartner vor der Wohnungstür steht.

A8 Das ist das Wohnzimmer von Otto.

Er erwartet seine Traumfrau zu Besuch und möchte seine Wohnung umräumen. Helfen Sie ihm.

a) Beschreiben Sie das Zimmer.

das Sofa • der Sofatisch • der Esstisch • der Stuhl • die Lampe • der Blumentopf • das Fensterbrett • der Fernseher • die Spielkonsole • die Fernbedienung • die CDs • die Kaffeetasse • das Weinglas • der Teller • die Sportschuhe • das Handtuch • die Socken • das Gamepad • …

b) Machen Sie Veränderungsvorschläge.

- Ich würde das Sofa an die Wand stellen. …

Verben mit Lokalangaben

⇨ Teil C Seite 207

wo? + Dativ	**wohin? + Akkusativ**
Die Flasche steht im Kühlschrank.	Ich stelle die Flasche in den Kühlschrank.
Der Brief liegt auf dem Tisch.	Ich lege den Brief auf den Tisch.
Das Bild hängt an der Wand.	Ich hänge das Bild an die Wand.

Wechselpräpositionen *(Wiederholung)*

in – auf – an – über – neben – unter – zwischen – hinter – vor

A9 Selbst machen oder einen Fachmann bestellen?

a) Bilden Sie Sätze über Otto.

Das kann er selbst machen:	Das kann er nicht selbst machen:
die Glühlampe wechseln ein Bild aufhängen die Wände neu streichen den Garten in Ordnung bringen ein Holzregal bauen die Fenster putzen	die Waschmaschine reparieren eine Garage bauen ein neues Waschbecken anbauen das Wohnzimmer tapezieren eine neue Steckdose anbringen das Dach reparieren
▫ Otto kann … selbst …	▫ Otto kann … nicht selbst …

b) Und Sie? Was können Sie selbst machen und wozu brauchen Sie einen Fachmann?

Dachdecker • Maler • Maurer • Elektriker • Klempner • Monteur • Zimmermann • Gärtner • Fensterputzer

- die Glühlampe wechseln
  Ich kann die Glühlampe nicht selbst wechseln. Dazu brauche ich einen Elektriker.
  Ich kann die Glühlampe selbst wechseln.

1. ein Bild aufhängen
   ....
2. die Waschmaschine reparieren
   ....
3. die Wände neu streichen
   ....
4. das Wohnzimmer tapezieren
   ....
5. eine Garage bauen
   ....
6. den Garten in Ordnung bringen
   ....
7. ein neues Waschbecken anbauen
   ....
8. ein Holzregal bauen
   ....
9. das Dach reparieren
   ....
10. eine neue Steckdose anbringen
   ....
11. die Fenster putzen
   ....

A10 Rufen Sie an.

a) Vereinbaren Sie einen Termin mit einem Fachmann.

1. Sie möchten Ihre Wohnung neu streichen lassen. Rufen Sie einen Maler an.
2. Ihr Waschbecken und der Wasserhahn sind kaputt. Sie brauchen einen Klempner.
3. In Ihrem Garten wächst überall das Unkraut. Sie möchten einen Gärtner.
4. Sie haben einen neuen Elektroherd gekauft. Ein Elektriker soll den Herd anschließen.
5. Ihre Waschmaschine ist mal wieder kaputt. Rufen Sie einen Waschmaschinenmonteur an.
6. Jemand hat Ihnen wertvolles Holz zum Geburtstag geschenkt. Sie möchten, dass ein Zimmermann Ihnen aus dem Holz ein schönes Regal baut.

b) Spielen Sie kleine Dialoge wie im Beispiel.

♦ Liebling, wir müssen mal die Wände neu streichen.

◊ Ich habe keine Lust, die Wände neu zu streichen.
Ich habe keine Zeit, die Wände neu zu streichen.
Ich habe nicht vor, die Wände neu zu streichen. Sie gefallen mir so, wie sie sind.

- Meine Mutter kommt zu Besuch. Wir müssen die Wohnung sauber machen.
- Kannst du mal meine Hemden bügeln?
- Kochst du Spaghetti zum Abendbrot?
- Wäschst du heute noch meine Socken?
- Oma kommt morgen. Räumst du bitte dein Zimmer auf?
- Wir müssen den Garten in Ordnung bringen.

Infinitiv mit *zu*

⇨ Teil C Seite 210

Ich habe keine Lust, die Wände neu ***zu*** streichen.

→ Der Infinitiv mit *zu* steht oft nach **Verben und Wendungen** wie

vorhaben	ich habe keine Lust	es ist leicht
versprechen	ich habe keine Zeit	es ist schwer
bitten	ich habe die Absicht	es ist erlaubt
empfehlen	ich habe den Wunsch	es ist verboten

A11 Beantworten Sie die folgenden Fragen.

bügeln ♦ Geschirr abwaschen ♦ kochen ♦ Wäsche waschen ♦ Staub saugen ♦ das Bad sauber machen ♦ etwas selbst reparieren ♦ die Wände streichen ♦ im Garten arbeiten ♦ laute Musik hören ♦ Partys feiern ♦ …

1. Welche Hausarbeit ist für Sie schwer/leicht?
Ich finde es leicht, staub zu saugen, wäsche zu waschen.
Ich finde es schwer, zu kochen, Geschirr zu abwaschen.
2. Wozu haben Sie keine Zeit/Lust?
Ich habe keine Zeit, zu kochen
Ich habe keine Lust, das Bad saber zu machen
3. Was haben Sie in Ihrer Wohnung vor? *(z. B. Reparaturen/neue Möbel/neue Farben für die Wände …)*
Ich habe vor, die Wände zu streichen
4. Was ist in Ihrem Haus/Ihrer Wohnung verboten?
Es ist verboten, laute Musik hören.

A12 Phonetik: Konsonantenverbindungen – ng [ŋ] und nk [ŋk] 2.16

Hören und wiederholen Sie.

Wohnung [ŋ]	Bank [ŋk]
Man spricht nur das nasale *n*. Das *g* spricht und hört man nicht.	Man spricht das nasale *n* und das *k*.
Zeitung – Übung – Wohnung – Prüfung – Ausbildung – Lösung – Vorlesung – jung – langweilig – singen – anfangen	Bank – Dank – Schrank – Geschenk – krank – denken – danken

Übung:

Der Junge ist noch in der Ausbildung.

Die Übung ist langweilig.

Inge denkt an ihre neue Wohnung.

Ich danke dir für das Geschenk.

Ein Garten in der Stadt

A13 Im Gartenverein 2.17

Lesen und hören Sie den folgenden Text.

Das Paradies am Rande der Stadt

Sie suchen ein grünes Gartenparadies am Rande der Stadt, wo Sie sich am Wochenende auf einem Stück Wiese sonnen oder Ihr eigenes Gemüse anbauen können?

Dann müssen Sie zuerst, wie so oft in Deutschland, einem Verein beitreten, genauer gesagt einem Kleingartenverein. Denn nur Vereinsmitglieder haben die Chance, einen Garten zu mieten. Die Idee, sich im Grünen vom Stress der Arbeit zu erholen, ist schon alt. Sie stammt aus dem Jahre 1861 von den Ärzten und Pädagogen Ernst Hauschild und Daniel Schreber. Von Dr. Daniel Gottlob Moritz Schreber haben die Kleingärten auch ihren Namen *Schrebergärten* bekommen. Die historische Kleingartenanlage *Dr. Schreber* steht heute in Leipzig unter Denkmalschutz. Vor allem in Zeiten wirtschaftlicher Not, z. B. nach dem Zweiten Weltkrieg, diente der Kleingarten nicht nur zur Erholung, sondern auch zum Überleben. Viele Kleingärtner bauten Gemüse an und ermöglichten ihrer Familie auf diese Weise eine bessere Ernährung.

Doch wer denkt, die Zeit des Kleingartens ist vorbei, der irrt sich. Junge Familien haben den Garten für sich entdeckt. Hier können die Kinder im Grünen spielen und das eigene Gemüse wächst nach dem eigenen Ökokonzept, ganz im Wellness-Trend.

b) Was passiert im Kleingarten? Ergänzen Sie.

Man kann sich auf der Wiese ...Sonnen...

Man kann sein eigenes Gemüse ...an bauen...

Man kann sich vom Stress der Arbeit ...erholen...

Die Kinder können im Grünen ...spielen...

A14 Antworten Sie.

1. Wer kann einen Kleingarten mieten? ....
2. Aus welchem Jahr stammt die Idee des Kleingartens? ....
3. Was ist das Synonym zu *Kleingärten*? ....
4. Wozu diente der Kleingarten nach dem Zweiten Weltkrieg? ....
5. Wer nutzt die Kleingärten heute? ....

A15 Kombinationen

Was passt zusammen?

(1)	Garten-	(a)	-mitglied	(6)	Gemüse	(f)	spielen
(2)	Klein-	(b)	-paradies	(7)	einen Garten	(g)	erholen
(3)	Vereins-	(c)	-schutz	(8)	im Grünen	(h)	mieten
(4)	Öko-	(d)	-konzept	(9)	sich vom Stress	(i)	stehen
(5)	Denkmal-	(e)	-gärtner	(10)	unter Denkmalschutz	(j)	anbauen

A16 Berichten Sie.

- Gibt es in Ihrem Heimatland auch solche Kleingärten? Wer nutzt sie?
- Wo kann man sich in Ihrem Heimatland in einer Großstadt erholen? Wo kann man sich sonnen? Wo kann man spazieren gehen?

Gesunde Ernährung

A17 Der Stolz der Kleingärtner: Gartenkräuter und Gartengemüse

Welche Kräuter und Gemüsesorten kennen Sie, welche mögen Sie?
Welche Kräuter verwendet man in Ihrem Heimatland?

a) Gartenkräuter

1

Dill

2

Schnittlauch

3

Rucola

4

Oregano

5

Koriander

6

Basilikum

7

Minze

8

Knoblauch

9

Thymian

10

Petersilie

b) Gemüse

1

Kopfsalat

2

Möhren

3

Zwiebeln

4

Tomaten

5

Zucchini

6

Sellerie

7

Gurken

8

Radieschen

A18 Ernähren Sie sich gesund?

Fragen Sie Ihre Nachbarin/Ihren Nachbarn und berichten Sie dann.
Wie beurteilen Sie die Ernährung Ihrer Nachbarin/Ihres Nachbarn?

◇ Was isst/trinkst du/essen/trinken Sie …
… zum Frühstück/zum Mittagessen/zum Abendbrot und zwischendurch?

♦ Zum Frühstück esse/trinke ich …

◇ Meine Nachbarin/Mein Nachbar isst/trinkt …
Ich finde, sie/er ernährt sich *(sehr)* gesund/ungesund.
Er/Sie sollte mehr *(Gemüse/Obst)* essen/mehr *(Wasser)* trinken …

A19 Wussten Sie, wie gesund Gemüse ist?

a) Lesen Sie den folgenden Text. Schlagen Sie unbekannte Wörter im Wörterbuch nach

Deutsche essen viel Gemüse

Zusammen mit Kartoffeln isst man in Deutschland pro Tag durchschnittlich 400 Gramm Gemüse. Von keinem anderen Lebensmittel essen wir täglich so viel.

Gemüse hat kaum Kalorien und Fett, aber es besitzt viele Vitamine (A, B2 und C), es versorgt uns mit Eisen und Magnesium. Ganz wichtig für unseren Körper sind auch die Farb- und Aromastoffe, die im Gemüse enthalten sind. Ihre Wirkung auf den Menschen hat man jahrelang nicht beachtet. Heute weiß man, dass die meisten bioaktiven Pflanzenstoffe Krebserkrankungen vorbeugen und das Immunsystem stärken. Hülsenfrüchte (Bohnen, Erbsen, Linsen, Sojabohnen) enthalten viel Eiweiß. Diese Lebensmittelgruppe steigert die Leistungsfähigkeit und versorgt den Organismus mit allen lebenswichtigen Wirkstoffen.

b) Was ist richtig, was ist falsch? Kreuzen Sie an.

		richtig	falsch
1.	In Deutschland isst man mehr Gemüse als Fleisch oder andere Lebensmittel.	☒	❑
2.	Gemüse ist sehr gesund, enthält aber auch viel Fett.	❑	☒
3.	Über die Wirkung von Farb- und Aromastoffen weiß man nichts.	❑	☒
4.	Wer viele Hülsenfrüchte isst, kann seine Leistungsfähigkeit verbessern.	☒	❑

A20 Kochen und Rezepte

a) Lesen das folgende Kochrezept.

Leipziger Allerlei – ein Gemüsegericht zum Nachkochen

Das *Leipziger Allerlei* ist ein traditionelles sächsisches Gemüsegericht. Die Rezepte, die man dafür z. B. im Internet finden kann, variieren. Eine Variante finden Sie hier.

Leipziger Allerlei

Zutaten

250 g junge Erbsen
250 g feine Möhren
250 g Bohnen
250 g Spargel
250 g Blumenkohl
250 g Kohlrabi
100 g Butter
⅛ l Brühe
⅛ l Sahne
1 Eigelb
Mehl
Salz
Muskat
Zucker
Petersilie

Zubereitung

Waschen Sie das Gemüse. Schneiden Sie den Kohlrabi, die Bohnen, die Möhren, den Spargel und den Blumenkohl in kleine Stücke. Geben Sie die Erbsen, Möhren, Bohnen und den Kohlrabi kurz in heißes Wasser. Kochen Sie den Blumenkohl und den Spargel getrennt in wenig Flüssigkeit mit etwas Butter. Würzen Sie das Gemüse mit Salz, Muskat und wenig Zucker und halten Sie das Gemüse warm.

Erhitzen Sie die Butter, geben Sie das Mehl dazu und später etwas Brühe. So entsteht eine dicke Soße. Verfeinern Sie die Soße mit Sahne. Wenn die Soße nicht mehr kocht, geben Sie das Eigelb dazu und würzen Sie sie mit Salz, Muskat und ein wenig Zucker.

Vermischen Sie das Gemüse mit der Soße. Bestreuen Sie das Gericht vor dem Servieren mit Petersilie.

Guten Appetit!

Im Original servierte man das *Leipziger Allerlei* mit Flusskrebsen. Heute serviert man es als Beilage zu Fleischgerichten.

b) Suchen Sie die Verben aus dem Text.

Gemüse kann man

....

....

in Wasser ....

mit Salz und Zucker ....

mit einer Soße ....

mit Petersilie ....

Soße kann man mit Sahne ....

c) Berichten Sie.

- Können Sie kochen oder backen?
  Wenn ja, was kochen oder backen Sie am liebsten?
- Wer kocht in Ihrer Familie am meisten?
- Was ist Ihr Lieblingsgericht?
- Was essen Sie überhaupt nicht?
- Stellen Sie ein typisches Gericht aus Ihrer Heimat vor.

A21 Im Restaurant 2.18

a) Hören Sie ein Gespräch in einem Restaurant und beantworten Sie die Fragen.

- Für wie viele Personen braucht Hubert einen Tisch? *für drei Personen*
1. Wo möchte Kerstin sitzen? ....
2. Was trinkt Katja? ....
3. Was trinkt Hubert? ....
4. Worauf hat Hubert Appetit? ....
5. Was isst Katja? ....
6. Was isst Kerstin? ....

b) Lesen Sie die Redemittel für einen Restaurantbesuch.

Kellner/Kellnerin	vor dem Essen	Was möchten Sie trinken? Was kann ich Ihnen bringen? Haben Sie schon gewählt?
	nach dem Essen	Hat es Ihnen geschmeckt? Waren Sie mit dem Essen zufrieden?
Gast	etwas bestellen	Ich hätte gern … ♦ Ich möchte … ♦ Ich nehme … Ich trinke … ♦ Könnte ich bitte noch … *(ein Bier)* haben?
	etwas reklamieren	Haben Sie meine Bestellung vergessen? Das Essen ist kalt. Könnte ich bitte noch … *(etwas Salz)* haben?
	Wünsche	Guten Appetit! *(zum Essen)* Prost! *(zum Bier)* Zum Wohl! *(zum Wein)*
	nach dem Essen	Das Essen war hervorragend/köstlich/sehr gut. Wir möchten dann zahlen. Wir hätten gern die Rechnung.

In Deutschland muss man dem Kellner/der Kellnerin sagen, dass man bezahlen möchte. Die Rechnung kommt nicht automatisch gleich nach dem Essen – das wäre unhöflich.

c) Spielen Sie kleine Dialoge im Restaurant.

- Guten Tag. Möchten Sie etwas trinken?
- Ja, ich hätte gern …
- Haben Sie schon etwas zum Essen gewählt?
- Ich nehme …

Hier ist eine Hilfe zur Auswahl der Speisen.

A22 Gründe und Folgen

a) Lesen Sie den Satz aus dem Hörtext.

- Du hast doch gerade gesagt, es hat so viel Fett. Trotzdem willst du jetzt das Schnitzel essen!

Gründe und Folgen ⇨ Teil C Seite 212

Pommes frites haben viel Fett, trotzdem esse ich sie gern. → nicht erwartete Folge
Pommes frites haben viel Fett, ich esse sie trotzdem gern.

Ich habe keinen Appetit, deshalb möchte ich jetzt nichts essen. → erwartete Folge
Ich habe keinen Appetit, ich möchte deshalb jetzt nichts essen.

Das finite Verb steht immer auf Position II.
Trotzdem und *deshalb* sind Adverbien. Sie haben keine feste Position.
Sie können vor oder hinter dem finiten Verb stehen.

Wissenswertes

b) Bilden Sie Sätze mit *trotzdem* und *deshalb* nach dem Beispiel.

- Jenny macht viele Diäten. Sie nimmt nicht ab.
Jenny macht viele Diäten, trotzdem nimmt sie nicht ab/sie nimmt trotzdem nicht ab.

1. Paul kann nicht kochen. Er geht oft ins Restaurant.
 ……………………………………………………………………
2. Marie mag kein Gemüse. Bei ihr gibt es jede Woche *Leipziger Allerlei*.
 ……………………………………………………………………
3. Alexandra ist Griechin. Sie würzt ihre Gerichte mit viel Knoblauch.
 ……………………………………………………………………
4. Katja ist sehr schön. Sie hat noch keinen Freund.
 ……………………………………………………………………
5. Herr Krause ist krank. Er geht zur Arbeit.
 ……………………………………………………………………
6. Sie mag keine Tiere. Sie hat einen Hund.
 ……………………………………………………………………
7. Ich will heute Abend nicht alleine fernsehen. Ich gehe zur Party von Otto.
 ……………………………………………………………………
8. Ich will nicht jeden Morgen mit dem Auto im Stau stehen. Ich fahre mit der Straßenbahn.
 ……………………………………………………………………
9. Marcus mag die Großstadt. Er will ein Haus auf dem Land kaufen.
 ……………………………………………………………………

Wissenswertes *(fakultativ)*

B1 Farben

a) Ordnen Sie die Farben zu.

- grün
- blau
- violett
- gelb
- orange
- rot

b) Was kann man miteinander kombinieren?

pech-	rot
gras-	gelb
maus-	blau
blut-	grün
himmel-	schwarz
zitronen-	grau

hell- und *dunkel-* kann man mit allen Farben kombinieren: hellrot, dunkelrot, hellblau …
knall- lässt sich mit Rot und Gelb kombinieren: knallrot, knallgelb (bedeutet eine sehr intensive Farbe)

B2 Ihre Farben

a) Berichten Sie.

- Welche Farbe haben die Wände in Ihrer Wohnung?
- Welche Farbe haben Ihre Möbel (das Sofa, die Küchenmöbel …)?
- Was ist Ihre Lieblingsfarbe? Welche Farbe mögen Sie überhaupt nicht?
- Achten Sie auf die Farbe beim Kauf von Lebensmitteln, Kleidung, Schuhen, Ihres Autos …?

b) Ergänzen Sie eine Farbe.

1. Ich fahre ein .... Auto.
2. Ich habe einen .... Pullover, ... Schuhe, einen .... Mantel, einen .... Koffer und ein .... Portemonnaie.
3. Ich trage gern .... Hemden/Blusen, ... Anzüge/Kleider, ... T-Shirts und .... Jeans.
4. Ich esse gerne .... Äpfel, ... Weintrauben und .... Spargel.

c) Farben in Ihrem Heimatland

- Welche Farbe hat in Ihrem Land ein Taxi/ein Polizeiauto/ein Feuerwehrauto/ein Krankenwagen …?
- Zu welchen Anlässen trägt man besondere Kleidung? (weiße/schwarze/bunte Kleidung …)

B3 Mit welchen Farben verbinden Sie die folgenden Begriffe?

Achtung! ♦ Frische ♦ Liebe ♦ Gefahr ♦ Erholung ♦ Gift ♦ Umwelt ♦ Wasser ♦ Kälte ♦ Wärme ♦ Trauer ♦ Sonne

....	....	....	....	....
....	....	....	....	....
....	....	....	....	....
....	....	....	....	....

B4 Der Einfluss der Farben

a) Glauben Sie, dass Farben unser Leben beeinflussen? Begründen Sie Ihre Meinung.

- Nein, das glaube ich nicht.
- Ja, Farben können Einfluss haben auf ...
  (die Gesundheit/die Gefühle/das Wohlbefinden/die innere Ruhe/die Konzentration ...)

b) Lesen Sie den folgenden Text. Schlagen Sie unbekannte Wörter im Wörterbuch oder im Glossar nach.

Farben – wie mächtig sie sind

Mehr als 80 Prozent unserer Umwelt nehmen wir über unsere Augen wahr, das heißt, wir nehmen einen großen Teil der Welt auch über Farben wahr. Farben, so sagen Wissenschaftler, sind eine geheime Macht. Sie beeinflussen unser Denken, Fühlen und Handeln, ohne dass wir es merken. Das beweist unter anderem ein Versuch amerikanischer Psychologen: Die Versuchspersonen sollten Kaffee nach seinem Geschmack beurteilen – also mild, kräftig, würzig usw. Der Kaffee war in Kannen mit unterschiedlichen Farben, es war aber in jeder Kanne der gleiche Kaffee.

Das Ergebnis war überraschend: Den Kaffee aus der blauen Kanne fanden die Versuchspersonen besonders mild, den Kaffee aus der roten Kanne besonders kräftig und den Kaffee aus der braunen Kanne besonders stark. Mit diesem Wissen über die Wirkung von Farben arbeiten auch Lebensmittelhersteller. Deshalb steht im Supermarkt der milde Kaffee in einer hellgrünen oder hellblauen Verpackung.

Der deutsche Nationaldichter Johann Wolfgang von Goethe hat nicht nur Dramen und Gedichte geschrieben, er hat sich auch Gedanken über die Wirkung von Farben gemacht. Nach seiner Farbenlehre zählen Rot, Orange und Gelb zu den warmen Farben und Blau, Türkis (Cyan) und Violett zu den kalten Farben. Schon als Kind lernen wir, dass das Meer (auf Bildern immer blau dargestellt) kalt und eine brennende Kerze (meist rot gezeichnet) warm ist. Also Blau ist kalt, Rot ist warm. Auf diese Weise verbinden wir Gegenstände mit Farben und Empfindungen.

Psychologische Tests kamen zu dem Ergebnis, dass Menschen in einem blau gestrichenen Zimmer bereits bei 15 Grad Celsius frieren, in einem rotorange gestrichenen Zimmer erst bei 12 Grad Celsius. Und doch, obwohl Blau für Kälte steht, ist es die Lieblingsfarbe der Deutschen. Der Grund: Blau steht auch für Meer, Entspannung, Sympathie, Treue und Frieden.

c) Was ist richtig, was ist falsch? Kreuzen Sie an.

		richtig	falsch
1.	Farben haben nur einen geringen Einfluss auf unser Denken, Fühlen und Handeln.	❐	❐
2.	Hersteller von Lebensmitteln nutzen die Wirkung von Farben.	❐	❐
3.	Johann Wolfgang von Goethe ist der Erfinder der Farben.	❐	❐
4.	Wir lernen schon als Kinder, was Farben bedeuten.	❐	❐
5.	Blaue Farben wirken kalt, rote und gelbe Farben wirken warm.	❐	❐
6.	Blau ist die Lieblingsfarbe der Deutschen, weil sie für Kälte steht.	❐	❐

d) Ergänzen Sie die passenden Verben in der richtigen Form.

beurteilen ♦ arbeiten ♦ wahrnehmen ♦ beeinflussen ♦ stehen ♦ beweisen ♦ zählen ♦ verbinden

1. Mehr als 80 Prozent unserer Umwelt .... wir über unsere Augen ....
2. Farben .... unser Denken, Fühlen und Handeln.
3. Ein Versuch amerikanischer Psychologen .... den Einfluss der Farben.
4. Die Versuchspersonen sollten Kaffee nach seinem Geschmack ....
5. Mit diesem Wissen über die Wirkung von Farben .... auch Lebensmittelhersteller.
6. Rot, Orange und Gelb .... zu den warmen Farben.
7. Auf diese Weise .... wir Gegenstände mit Farben und Empfindungen.
8. Obwohl Blau für Kälte ...., ist es die Lieblingsfarbe der Deutschen.

Verben

Verben mit Lokalangaben

wo? + Dativ	wohin? + Akkusativ
stehen ich stehe – ich stand – ich habe gestanden *Ich stehe **an** der Wand.*	**stellen** ich stelle – ich stellte – ich habe gestellt *Ich stelle **den Stuhl an** die Wand.*
liegen ich liege – ich lag – ich habe gelegen *Ich liege **im** Bett.*	**legen** ich lege – ich legte – ich habe gelegt *Ich lege **das Buch auf** den Tisch.*
sitzen ich sitze – ich saß – ich habe gesessen *Ich sitze **auf** dem Stuhl.*	**setzen** ich setze mich – ich setzte mich – ich habe mich gesetzt *Ich setze **mich auf** den Stuhl.*
hängen die Jacke hängt – die Jacke hing – die Jacke hat gehangen *Die Jacke hängt **an** der Garderobe.*	**hängen** ich hänge – ich hängte – ich habe gehängt *Ich hänge **die Jacke an** die Garderobe.*
→ unregelmäßige Verben	→ regelmäßige Verben Bei *stellen*, *legen* und *setzen* steht immer ein Akkusativobjekt. → transitive Verben

Wechselpräpositionen: in – auf – an – über – neben – unter – zwischen – hinter – vor

C1 Ergänzen Sie die Verben und antworten Sie im Perfekt.

- Wo *liegt* der Teppich? *(ich – Teppich – in, Wohnzimmer – legen)*
  Ich habe den Teppich ins Wohnzimmer gelegt.

1. Wo hängt die neue Lampe? *(Mutti – Lampe – über, Tisch – hängen)*
   Matti hängt die Lampe über den Tisch.
2. .... der Sessel immer noch neben dem Bett? *(Kurt – Sessel – neben, Schreibtisch – stellen)*
   ....
3. .... die Blumen in der blauen Vase? *(Oma – Blumen – in, weiße Vase – stellen)*
   ....
4. .... der Brief noch auf dem Tisch? *(ich – Brief – in, Schublade – legen)*
   ....
5. .... das Handtuch noch über dem Stuhl? *(er – Handtuch – in, Bad – hängen)*
   ....
6. .... die Teller noch in der Geschirrspülmaschine? *(ich – Teller – in, Küchenschrank – stellen)*
   ....

C2 Ergänzen Sie die Verben.

Verwenden Sie *hängen, sitzen, setzen, liegen, legen, stehen, stellen.*

- Auf dem weißen Stuhl *sitze* ich nicht gern.

1. Ich ..setze.......... mich lieber auf den schwarzen Stuhl.
2. Die Katze ...~~sitzt~~......... im Garten und schläft.
3. Kommt Hans heute später? – Ja, er .... im Stau.
4. Wo ist mein Mantel? – Der .... an der Garderobe.
5. Martina, du kannst dich auf das Sofa ....
6. Ich .... mich nicht auf das Sofa. Auf dem Sofa .... der Hund.
7. Karin, kannst du bitte die Gläser auf den Tisch ....?
8. Wo sind denn die Gläser? – Sie .... im Küchenschrank.
9. Über dem Sofa .... immer noch dieses hässliche Bild!
10. Ich bin so müde. – Du kannst dich doch eine Stunde ins Bett ....

Nomen

Nomen

C3 Wohnen

Was passt zusammen? Wo finden Sie die Gegenstände?

a)

Schreibtisch-	-drucker
Heft-	-mappe
Laser-	-lampe
Dreh-	-stuhl
Dokumenten-	-klammer

Diese Gegenstände findet man im ....

b)

Geschirr-	-maschine
Koch-	-herd
Spül-	-spüler
Elektro-	-topf
Kaffee-	-mittel

Diese Gegenstände findet man in der ....

c)

Fernseh-	-lampe
Sofa-	-regal
Steh-	-ständer
Bücher-	-tisch
Zeitungs-	-gerät

Diese Gegenstände findet man im ....

C4 Ergänzen Sie die Artikel.

Welches Wort hat einen anderen Artikel?

•	*der*	Stuhl – Tisch – Schrank – Bett	*das Bett*
1.	..das.....	Bad – Wohnzimmer – Küche – Büro	..die Küche.....
2.	....	der Teppich – Gardine – Vase – Lampe	....
3.	....	Garten – Lift – Balkon – Etage	....
4.	....	Geschirrspüler – Kaffeemaschine – Herd – Drucker	....
5.	....	Regal – Sofa – Bild – Pflanze	....
6.	....	Schule – Nähe – Lage – Verkehr	....
7.	....	Krankenhaus – Fußballplatz – Kino – Schwimmbad	....
8.	....	Universität – Sporthalle – Restaurant – Kneipe	....
9.	....	Einkaufsmöglichkeit – Freizeitangebot – Sicherheit – Sauberkeit	....

C5 Essen

Welches Wort passt nicht?

1. Was ist kein Gemüse? Möhren – Sellerie – Bohnen – Erbsen – Spargel – Bananen – Blumenkohl
2. Was ist kein Obst? Weintrauben – Erdbeeren – Orangen – Tomaten – Himbeeren – Ananas – Zitronen
3. Was ist nicht aus Fleisch? Rinderbraten – Schweinebraten – Schnitzel – Lammbraten – Lachs – Gulasch

C6 Was sehen Sie auf dem Foto?

Ergänzen Sie die Wörter mit Artikel.

1. ....
2. ....
3. ....
4. ....
5. ....
6. ....
7. ....
8. ....
9. ....
10. ....
11. ....
12. ....

C7 Was ist das?

Beschreiben Sie die Gerichte wie im Beispiel.

- Zaziki – griechische Soße – aus Joghurt, Olivenöl, Gurke und Knoblauch

Zaziki ist eine griechische Soße, die man aus Joghurt, Olivenöl, Gurke und Knoblauch zubereitet.

1. Sushi – japanische Spezialität – aus Reis, Gemüse und rohem Fisch

....

2. Weißwurst – typisch bayerische Wurst – aus Kalb- und Schweinefleisch

....

3. Borschtsch – russische Suppe – aus Rindfleisch, roter Bete und Weißkohl

....

4. Züricher Geschnetzeltes – Gericht aus der Schweiz – aus Kalbfleisch, Champignons, Zwiebeln und Sahne

....

5. Rindercarpaccio – italienische Vorspeise – aus rohem Rinderfilet, Parmesankäse, Olivenöl und Zitronensaft

....

Sätze

Temporalsätze

Als ich ein Kind war, wohnte ich in einer Großstadt.
Wenn ich älter bin, kaufe ich mir ein Haus auf dem Land.

	Vergangenheit	Gegenwart und Zukunft
einmal Zustand Ereignis	**als** **Als** ich ein Kind war, … **Als** ich in München war, …	**wenn** **Wenn** ich älter bin, … **Wenn** ich in München bin, …
mehrmals/immer	**wenn** Immer **wenn** ich in München war, …	**wenn** Immer **wenn** ich in München bin, …

C8 Ergänzen Sie *wenn* oder *als*.

- *Als* ich meinen ersten Arbeitstag hatte, fühlte ich mich nicht wohl.

1. Kannst du für Martina einen Blumenstrauß mitnehmen, ...Wenn... du sie im Krankenhaus besuchst?
2. Immer ...Wenn... wir in diesem Hotel übernachteten, war im Zimmer etwas kaputt.
3. Machst du bitte das Licht aus, ...wenn... du ins Bett gehst?
4. ...Als... ich die Wohnung besichtigte, hat sie mir besser gefallen.
5. Was, Paul ist krank? ...als... ich ihn gestern traf, sah er noch ganz gesund aus.
6. Immer, ...wenn... ich Frau Kümmel eine E-Mail schickte, kam die E-Mail wieder zurück.
7. Aber ...Als... ich ihr gestern die Preisliste mailte, ging alles gut.
8. Was machst du, ...wenn... du in Rom bist?
9. ...Als... ich noch klein war, habe ich sehr gerne mit Puppen gespielt.
10. ...wenn... ich morgen Zeit habe, besuche ich dich.
11. ...wenn... ich im Lotto gewinne, kaufe ich mir ein Haus an der Ostsee.
12. Ich habe mich gefreut, ...als... ich Steffens Brief bekam.
13. ...wenn... Michaela mit dem Studium fertig ist, möchte sie in einem großen Krankenhaus arbeiten.
14. ...wenn... Georg am Computer spielt, vergisst er alles.

Infinitiv mit *zu*

Ich habe keine Lust, die Wände neu zu streichen.
Ich habe versucht, dich anzurufen.

→ Der Infinitiv mit *zu* steht oft nach **Verben und Wendungen** wie

- vorhaben
- versprechen
- bitten
- empfehlen
- scheinen
- aufhören
- versuchen

- ich habe keine Lust
- ich habe keine Zeit
- ich habe die Absicht
- ich habe den Wunsch

- es ist leicht
- es ist schwer
- es ist erlaubt
- es ist verboten
- es ist notwendig
- es ist wichtig

C9 Mit oder ohne *zu*?

Ergänzen Sie *zu*, wenn nötig.

1. Hast du vielleicht Lust, mich zum Essen ein*zu*laden?
   Nein, tut mir leid. Ich habe keine Zeit, mit dir essen .... gehen.
2. Würden Sie bitte die Musik leiser .... machen?
   Nein, denn in diesem Haus ist es nicht verboten, eine Party .... feiern.
3. Würden Sie bitte aufhören, nachts Opern .... singen?
   Nein. Ich muss jede Nacht .... üben, das sagt mein Gesangslehrer.
4. Könnten Sie vielleicht versuchen, mit etwas weniger Knoblauch .... kochen?
   Nein. Knoblauch ist gesund und es ist wichtig, jeden Tag Knoblauch .... essen.
5. Könnten Sie bitte meine Zeitung nicht mehr aus meinem Briefkasten .... nehmen?
   Nein, denn ich kann mir keine eigene Zeitung .... kaufen.
6. Darf ich Sie bitten, im Treppenhaus nicht .... rauchen?
   Nein, denn es ist in diesem Haus erlaubt .... rauchen.

C10 Was passt zusammen?

Verbinden Sie.

(1)	Ich habe versucht,	(a)	die Küche aufzuräumen?
(2)	Hilfst du mir,	(b)	dich immer zu lieben.
(3)	Bitte hör auf,	(c)	dich gestern telefonisch zu erreichen.
(4)	Ich verspreche dir,	(d)	so laut zu singen!
(5)	Ich habe vor,	(e)	mir eine neue Stelle zu suchen.
(6)	Ich empfehle dir,	(f)	mehr auf deine Gesundheit zu achten.

C11 Ergänzen Sie den Infinitiv mit *zu*.

- Hier dürfen Sie nicht parken.
  Es ist verboten, *hier zu parken.*

1. Meine Kollegen wollen heute Abend ins Kino gehen.
   Meine Kollegen haben die Absicht, ...
2. Carla möchte so gern einen Kleingarten mieten.
   Carla hat den Wunsch, ...
3. Hier darf man rauchen.
   Es ist erlaubt, ...
4. Wir wollen am Wochenende mein Wohnzimmer tapezieren.
   Wir haben vor, ...
5. Ich möchte, dass du dein Zimmer aufräumst.
   Ich bitte dich, ...
6. Meiner Meinung nach solltest du einen Klempner bestellen.
   Ich empfehle dir, ...

Gründe und Folgen

Nicht erwartete Folge

Ich bin krank, trotzdem *gehe* ich zur Arbeit.
Ich bin krank. Trotzdem *gehe* ich zur Arbeit.
Ich bin krank, ich *gehe* trotzdem zur Arbeit.

trotzdem
- ☐ leitet einen **Hauptsatz** ein, der eine unerwartete Folge nennt
- ☐ steht immer im zweiten Satz
- ☐ kann vor oder hinter dem *finiten Verb* stehen

Obwohl ich krank *bin*, gehe ich zur Arbeit.
Ich gehe zur Arbeit, obwohl ich krank *bin*.

obwohl
- ☐ leitet einen **Nebensatz** ein, der einen Grund nennt
- ☐ steht im Nebensatz immer an erster Stelle

Erwartete Folge

Ich bin krank, deshalb *gehe* ich nicht zur Arbeit.
Ich bin krank. Deshalb *gehe* ich nicht zur Arbeit.
Ich bin krank, ich *gehe* deshalb nicht zur Arbeit.

deshalb
- ☐ leitet einen **Hauptsatz** ein, der eine erwartete Folge nennt
- ☐ steht immer im zweiten Satz
- ☐ kann vor oder hinter dem *finiten Verb* stehen

Weil ich krank *bin*, gehe ich nicht zur Arbeit.
Ich gehe nicht zur Arbeit, weil ich krank *bin*.

weil
- ☐ leitet einen **Nebensatz** ein, der einen Grund nennt
- ☐ steht im Nebensatz immer an erster Stelle

C12 Bilden Sie Sätze mit *trotzdem* im Perfekt.

♦ Peter wusste, dass die Sitzung heute stattfindet.
(er – zur Sitzung – nicht kommen) *Trotzdem ist er zur Sitzung nicht gekommen.*

1. Peter wusste, dass das Protokoll bis heute fertig sein muss.
(er – das Protokoll – noch nicht schreiben) ....
2. Peter wusste, dass Oma im Krankenhaus auf ihn wartet.
(er – Oma – nicht besuchen) ....
3. Peter wusste, dass ich keinen Fisch mag.
(er – Fisch – zum Mittagessen – kochen) ....
4. Es hat geregnet.
(Peter – im Park – spazieren gehen) ....
5. Peter muss lernen, er hat morgen eine Prüfung.
(er – bis 3.00 Uhr – eine Party – feiern) ....

C13 Bilden Sie Sätze mit *deshalb* im Perfekt.

1. Mein Wecker hat nicht geklingelt.
(ich – zu spät – kommen) ....
2. Ich habe die ganze Nacht gelernt.
(ich – Prüfung mit „GUT" – bestehen) ....
3. Wir haben ein gutes Angebot gemacht.
(wir – den Auftrag – erhalten) ....
4. Die Zusammenarbeit der Kollegen war sehr gut.
(das Problem – rechtzeitig – lösen) ....
5. Mein Fernseher ist kaputt.
(ich – gestern – einen neuen Fernseher – kaufen) ....

Präpositionen

Wechselpräpositionen *(Wiederholung)*

	Kurzformen	Kasus	Beispielsätze	
an	an + dem = am an + das = ans	Wo? + D Wohin? + A Wann? + D	Das Bild hängt an der Wand. Ich hänge den Mantel an die Garderobe. Ich komme am Montag.	*(lokal)* *(lokal)* *(temporal)*
auf	auf + das = aufs	Wo? + D Wohin? + A Wie? + A	Das Buch liegt auf dem Tisch. Ich lege das Buch auf den Tisch. Er macht es auf seine Art.	*(lokal)* *(lokal)* *(kausal)*
hinter		Wo? + D Wohin? + A	Der Brief liegt hinter dem Schreibtisch. Der Brief ist hinter den Schreibtisch gefallen.	*(lokal)* *(lokal)*
in	in + dem = im in + das = ins	Wo? + D Wohin? + A Wann? + D Wie? + D	Ich war in der Schweiz. Ich fahre in die Schweiz. Wir haben im August Ferien. Er war in guter Stimmung.	*(lokal)* *(lokal)* *(temporal)* *(kausal)*
neben		Wo? + D Wohin? + A	Der Tisch steht neben dem Bett. Ich stelle den Tisch neben das Bett.	*(lokal)* *(lokal)*
über		Wo? + D Wohin? + A	Das Bild hängt über dem Sofa. Otto hängt das Bild über das Sofa.	*(lokal)* *(lokal)*
unter		Wo? + D Wohin? + A Wie? + D	Die Katze sitzt unter dem Stuhl. Die Katze kriecht unter den Stuhl. Wir arbeiten unter schlechten Bedingungen.	*(lokal)* *(lokal)* *(modal)*
vor	vor + dem = vorm	Wo? + D Wohin? + A Wann? + D	Die Taxis stehen vorm Bahnhof. Die Taxis fahren direkt vor die Tür. Treffen wir uns vor dem Mittagessen?	*(lokal)* *(lokal)* *(temporal)*
zwischen		Wo? + D Wohin? + A Wann? + D	Vielleicht ist das Foto zwischen den Büchern? Hast du das Foto zwischen die Bücher gesteckt? Zwischen dem 1. und dem 5. Mai ist das Restaurant geschlossen.	*(lokal)* *(lokal)* *(temporal)*

C14 Ergänzen Sie die Präposition, eventuell die Kurzform und die Artikelendung.

Es gibt manchmal mehrere Möglichkeiten.

- Wohin gehst du? – Ich gehe *ins* Kino.

1. Fahrt ihr diesen Sommer wieder .... d......... Türkei?
2. Wo ist denn der Brief? Der liegt doch .... d......... Schreibtisch.
3. Warum hast du dieses hässliche Bild direkt .... d......... Bett gehängt?
4. Wo finde ich hier ein Taxi? Die Taxis stehen dort .... d......... Ecke.
5. Wo ist der Hund? Er liegt .... d......... Sofa.
6. Stell dir das mal vor: .... d......... Akten lag ein 500-Euro-Schein!
7. Schade, der Ball flog zwei Zentimeter .... d......... Tor.
8. Wo warst du so lange? Ich war .... Büro und habe gearbeitet.
9. Kommst du heute mit .... Theater? – Nein, aber ich gehe gern mit dir .... Restaurant.
10. Du bist ja so schön braun! – Ja, ich war den ganzen Tag .... Strand.
11. Wann fahrt ihr .... d......... Winterurlaub? .... Februar.
12. .... 22. Mai feiern wir deinen Geburtstag .... ein......... ganz teuren Restaurant.
13. .... d......... 17. und d......... 21. April habe ich ein paar Tage frei.
14. Ich komme .... ungefähr einer Stunde.

Rückblick

D1 Wichtige Redemittel

Hier finden Sie die wichtigsten Redemittel des Kapitels.

Wohnen

Traumwohnung:

- Ich würde gern … in einem eigenen Haus • in einer großen Villa • in einer Penthousewohnung • in einem Reihenhaus • in einer Wohnung in einem Hochhaus • auf einem Bauernhof … wohnen.
- Ich brauche *(unbedingt)* … *(vier)* Zimmer, einen *(sonnigen)* Balkon, einen Garten, eine *(helle)* Küche, ein *(großes)* Badezimmer …
- Ich möchte gern … auf der Terrasse im Freien sitzen …
- Die Wohnung/Das Haus sollte … in einer Großstadt • in einer Kleinstadt • im Stadtzentrum • am Stadtrand • auf dem Land • im Grünen … sein/liegen.
- Der Arbeitsplatz • gute Einkaufsmöglichkeiten • Schule und Kindergarten • öffentliche Verkehrsmittel … sollte/sollten nicht so weit weg/in der Nähe sein.

Wohnformen:

allein • in einer Großfamilie • mit der Familie • in einer Wohngemeinschaft • im Studentenwohnheim … wohnen

Hausarbeit

Kleinere Arbeiten:

aufräumen • umräumen • sauber machen • Wäsche waschen • bügeln • Staub saugen • das Geschirr spülen • die Glühlampe wechseln • ein Bild aufhängen • die Fenster putzen

Größere Arbeiten:

die Wände neu streichen • den Garten in Ordnung bringen • ein Holzregal bauen • die Waschmaschine reparieren • eine Garage bauen • ein neues Waschbecken anbauen • das Wohnzimmer tapezieren • eine neue Steckdose anbringen • das Dach reparieren

Sich erholen

Im Garten kann man:

auf der Wiese liegen • sich sonnen • sich vom Stress erholen • sein eigenes Gemüse anbauen

Gesunde Ernährung

sich gesund ernähren • viel Obst und Gemüse essen

Gemüse:

enthält kaum Kalorien und Fett • stärkt das Immunsystem • steigert die Leistungsfähigkeit • versorgt den Organismus mit lebenswichtigen Wirkstoffen

Gemüse kann man:

waschen • schneiden • in Wasser kochen • mit Salz und Zucker würzen • mit einer Soße vermischen • mit Petersilie bestreuen • mit Sahne verfeinern

Im Restaurant

Etwas bestellen:

Ich hätte gern … • Ich möchte … • Ich nehme … • Ich trinke … • Könnte ich bitte noch … *(ein Bier)* haben?

Etwas reklamieren:

Haben Sie meine Bestellung vergessen? • Das Essen ist kalt. • Könnte ich bitte noch … *(etwas Salz)* haben?

Wünsche:

Guten Appetit! *(zum Essen)* • Prost! *(zum Bier)* • Zum Wohl! *(zum Wein)*

Nach dem Essen:

Das Essen war hervorragend • köstlich • sehr gut. • Wir möchten dann zahlen. • Wir hätten gern die Rechnung.

D2 Kleines Wörterbuch der Verben

Unregelmäßige Verben

Infinitiv	3. Person Singular Präsens	3. Person Singular Präteritum	3. Person Singular Perfekt
abwaschen *(das Geschirr)*	er wäscht ab	er wusch ab	er hat abgewaschen
anschließen *(den Herd)*	er schließt an	er schloss an	er hat angeschlossen
beitreten *(einem Verein)*	er tritt bei	er trat bei	er ist beigetreten
schneiden *(Gemüse)*	er schneidet	er schnitt	er hat geschnitten
streichen *(die Wände)*	er streicht	er strich	er hat gestrichen
versprechen *(jemandem/etwas)*	er verspricht	er versprach	er hat versprochen
wächst *(das Gemüse)*	es wächst	es wuchs	es ist gewachsen
wahrnehmen *(etwas)*	er nimmt wahr	er nahm wahr	er hat wahrgenommen
waschen *(Wäsche)*	er wäscht	er wusch	er hat gewaschen

Einige regelmäßige Verben

Infinitiv	3. Person Singular Präsens	3. Person Singular Präteritum	3. Person Singular Perfekt
anbauen *(Gemüse)*	er baut an	er baute an	er hat angebaut
aufräumen	er räumt auf	er räumte auf	er hat aufgeräumt
beurteilen *(etwas)*	er beurteilt	er beurteilte	er hat beurteilt
bügeln *(Hemden)*	er bügelt	er bügelte	er hat gebügelt
dienen *(zur Erholung)*	es dient	es diente	es hat gedient
erholen *(sich)*	er erholt sich	er erholte sich	er hat sich erholt
ermöglichen *(etwas)*	er ermöglicht	er ermöglichte	er hat ermöglicht
ernähren *(sich)*	er ernährt sich	er ernährte sich	er hat sich ernährt
irren *(sich)*	er irrt sich	er irrte sich	er hat sich geirrt
servieren *(das Essen)*	er serviert	er servierte	er hat serviert
steigern *(die Leistung)*	er steigert	er steigerte	er hat gesteigert
tapezieren *(die Wand)*	er tapeziert	er tapezierte	er hat tapeziert
teilen *(sich/etwas)*	er teilt	er teilte	er hat geteilt
verfeinern *(die Soße)*	er verfeinert	er verfeinerte	er hat verfeinert
wohnen	er wohnt	er wohnte	er hat gewohnt
wünschen *(sich/etwas)*	er wünscht	er wünschte	er hat gewünscht
zubereiten *(Essen)*	er bereitet zu	er bereitete zu	er hat zubereitet

D3 Evaluation

Überprüfen Sie sich selbst.

Ich kann	gut	nicht so gut
Ich kann meine Traumwohnung beschreiben.	❒	❒
Ich kann berichten, wo ich früher gewohnt habe.	❒	❒
Ich kann über Wohnformen diskutieren.	❒	❒
Ich kann Hausarbeiten nennen und einen Handwerker bestellen.	❒	❒
Ich kann Kräuter und Gemüsesorten nennen.	❒	❒
Ich kann einige Rezepte verstehen.	❒	❒
Ich kann über meine Essgewohnheiten und über typisches Essen in meinem Heimatland berichten.	❒	❒
Ich kann im Restaurant Essen bestellen und meine Wünsche äußern.	❒	❒
Ich kann einfachere Texte über Wohnen und Essen verstehen.	❒	❒
Ich kann einen Text über die Wirkung von Farben verstehen und etwas über Farben sagen. *(fakultativ)*	❒	❒

Kapitel 8

Politik und Technik

Kommunikation

- Über Zeitungen und Zeitschriften berichten
- Nachrichten verstehen
- Über Umweltprobleme sprechen
- Die eigene Meinung ausdrücken, zustimmen, widersprechen
- Gebrauchsanweisungen verstehen
- Über Geräte und Technikprobleme berichten

Wortschatz

- Zeitungen/Zeitschriften
- Nachrichten: Politik, Wirtschaft, Kultur, Sport, Katastrophen
- Umwelt
- Meinungsäußerungen
- Erfindungen und Geräte

Neues aus dem In- und Ausland

A1 Berichten Sie.

- Wo informieren Sie sich über Neuigkeiten?
  im Internet ♦ im Radio ♦ im Fernsehen ♦ in der Zeitung ♦ …
- Lesen Sie eine Tageszeitung?
- Lesen Sie eine Wochen- oder Monatszeitschrift?
- Abonnieren Sie eine Zeitung oder eine Zeitschrift?
- Für welche Themen interessieren Sie sich?
  Politik ♦ Wirtschaft ♦ Wissenschaft ♦ Kultur ♦ Sport ♦ Klatsch ♦ Anzeigen ♦ …
- Kennen Sie diese deutschen Zeitungen bzw. Zeitschriften?

- Welche Informationen können Sie aus den Titelblättern entnehmen?
  a) Welche abgebildeten Beispiele sind Zeitungen?
  b) Welche Zeitschrift ist Ihrer Meinung nach eine politische Zeitschrift, eine populärwissenschaftliche Zeitschrift, eine Fachzeitschrift oder eine Frauenzeitschrift?

A2 Hören Sie ein Gespräch in einem Zeitschriftenladen. 2.19

a) Notieren Sie die Namen der Zeitschriften und die Themen.

Name der Zeitschrift:	....	....	....
Themen:	....	....	....
	....	....	....
	....	....	....
	....	....	....

b) Berichten Sie. Welche Zeitschrift/Zeitung würden Sie kaufen?

c) Schauen Sie sich die Internetseiten dieser Zeitschriften/Zeitungen an und sammeln Sie weitere Informationen darüber (z. B. aktuelle Themen, Erscheinungsort, Preis usw.).

A3 Berichten Sie über eine Zeitung/Zeitschrift aus Ihrem Heimatland.

Wie heißt die Zeitung/Zeitschrift?

Wie oft erscheint sie?

Was ist ihr Zielpublikum?

Welche Rubriken enthält sie?
(Politik/Wirtschaft/Wissenschaft/Ausland/Kultur …)

Was kostet sie?

Finden Sie diese Zeitung/Zeitschrift gut? Warum (nicht)?

- Diese Zeitung/Zeitschrift informiert/berichtet über … *(Akkusativ)*
- In dieser Zeitung/Zeitschrift findet man Informationen/Berichte über … *(Akkusativ)*
- Diese Zeitung/Zeitschrift beschäftigt sich mit … *(Dativ)*

A4 *Der, die* oder *das*?

a) Finden Sie die richtigen Artikel.

♦ *die* Zeitung	5. .... Bild	10. .... Foto
1. .... Verlag	6. .... Seite	11. .... Anzeige
2. .... Politik	7. .... Information	12. .... Bericht
3. .... Leserin	8. .... Journalist	13. .... Nachricht
4. .... Artikel	9. .... Werbung	14. .... Regenbogenpresse

b) Welches Nomen passt? Ergänzen Sie die Nomen aus a), eventuell im Plural. (Manchmal gibt es mehrere Lösungen.)

1. In der Zeitschrift GEO kann man wunderbare .... von interessanten Orten bewundern.
2. Wenn ein .... einen Artikel schreibt, braucht er sehr gute ....
3. Du suchst doch eine neue Wohnung? Hast du in der Zeitung eine passende .... gefunden?
4. Ich interessiere mich nicht für ....
5. In der .... kann man viele .... über prominente Leute lesen.

A5 Lesen Sie die Meldungen und ordnen Sie die Überschriften zu.

Kuh klingelt • Banken verschlafen neuen Trend • Aufruf im Internet • Eröffnung der Leipziger Buchmesse • Lotto-Glück • Kaffeefirma verkauft Billigtickets

1 ....

Die Stadt Hamburg hat kein Geld und muss ihren Haushalt unbedingt sanieren. Jetzt hatten die Hamburger eine tolle Idee: Die Einwohner können im Internet Vorschläge für die Sanierung des Haushalts machen. Jeder Bürger darf nun im Internet sagen, in welchen Bereichen die Stadt mehr oder weniger Geld ausgeben soll. Jeder Vorschlag wird von Beamten der Stadt geprüft.

2 ....

Die Leipziger Buchmesse wird heute Abend im Gewandhaus feierlich eröffnet. 2162 Aussteller aus 36 Ländern präsentieren ihre neuen Bücher. Unter dem Motto „Leipzig liest" haben die Veranstalter 1800 Lesungen und Diskussionen geplant. In Leipzig werden 130 000 Besucher erwartet.

3 ....

Schon heute besitzen die über Fünfzigjährigen 48 Prozent des Geldvermögens in Deutschland. Finanzexperten glauben, dass dieser Anteil in den nächsten 20 Jahren auf 55 Prozent steigt. Doch nur 30 Prozent der Bankmanager interessieren sich für ältere Menschen und nur 20 Prozent der Finanzprodukte sind für Kunden über 50 geeignet. Ein Grund für das Desinteresse ist, dass viele Banken bei ihren Umstrukturierungen älteren Mitarbeitern gekündigt haben und die jüngeren Bankberater keinen guten Kontakt zu älteren Menschen aufbauen können.

4 ....

Handys werden immer kleiner und stabiler, aber ist das für alle ein Vorteil? In dem arabischen Land Oman half ein Mädchen ihrer Mutter beim Füttern der Kühe. Danach vermisste sie ihr Mobiltelefon. Als sie ihre Nummer von einem anderen Apparat aus wählte, hörte sie ein leises Klingeln. Das Klingeln kam aus dem Bauch einer Kuh. Der Kuh hat das Handy offensichtlich geschmeckt.

5 ....

Ein Rentner in Osnabrück hatte Glück: Stolz präsentierte er seiner Frau einen Lottoschein mit sechs richtigen Zahlen. Sein Gewinn betrug 350 000 Euro. Als seine Frau ebenfalls einen Lottoschein mit sechs richtigen Zahlen aus ihrer Tasche zog, war die Überraschung groß. Die Ehepartner haben das Lottospielen voreinander verheimlicht. „Jetzt müssen wir unseren Gewinn glücklicherweise nicht teilen", sagten die beiden Gewinner.

6 ....

Die Kaffeefirma Tchibo verkauft in einer Sonderaktion Europa-Flüge der Lufthansa. Mit Preisen ab 79 Euro für Hin- und Rückflug inklusive Steuern und Flughafengebühren unterbietet die Lufthansa ihre eigenen Billigangebote. Die Direktflüge werden in insgesamt 21 europäische Städte angeboten.

A6 Meldungen

Ergänzen Sie die fehlenden Angaben.

1. Das Angebot der Kaffeefirma Tchibo für Europa-Flüge ist eine ....
   Die Lufthansa bietet Direktflüge in 21 europäische .... an.
2. An der Leipziger Buchmesse nehmen 2162 .... aus 36 Ländern teil. Es werden 130 000 .... erwartet.
3. Über Fünfzigjährige besitzen 48 Prozent des .... in Deutschland, doch nur 20 Prozent der Finanzprodukte sind für .... über 50 geeignet.
4. Die Stadt Hamburg wartet auf .... ihrer Bürger für die Sanierung des Haushalts. Jeder Bürger darf sagen, in welchen .... die Stadt sparen soll.
5. Ein Ehepaar verheimlichte voreinander das Lottospielen. Als sich beide von ihrem Gewinn erzählten, war das eine große ....
6. Ist es für alle ein ...., wenn Handys immer kleiner werden?

Sprachniveau

A2+

Anne Buscha

Szilvia Szita

Begegnungen

Deutsch als Fremdsprache

Lösungsschlüssel

Kapitel 1

A3 **1.** Pedro ist in Barcelona geboren. **2.** Martina ist in Berlin zur Schule gegangen. **3.** Pedro hat in Madrid Biologie studiert. Er hat sein Studium 2001 abgeschlossen. **4.** Martina hat eine Ausbildung zur Sekretärin gemacht. Diese Ausbildung hat sie 2003 abgeschlossen. **6.** Pedro arbeitet beim Europäischen Patentamt in München. Martina arbeitet als Sekretärin bei KAKO. **7.** Pedro muss viele Patente lesen und Briefe an Patentanwälte schreiben. Martina muss viele E-Mails lesen und schreiben, mit Kunden telefonieren und für ihren Chef Termine vereinbaren. **8.** Pedro wohnt in einer kleinen Wohnung im Zentrum von München. Martina wohnt bei ihren Eltern. **9.** Martina ist nicht verheiratet, sie ist ledig. **10.** Pedro spielt in seiner Freizeit Fußball oder liest Fachzeitschriften. Martina liest in ihrer Freizeit gern und geht manchmal mit Freunden ins Kino.

A4 **1.** ein Studium abschließen **2.** eine Ausbildung machen/abschließen **3.** zur Schule gehen **4.** Fachzeitschriften lesen **5.** Fußball spielen **6.** mit Kunden telefonieren **7.** Biologie studieren **8.** Termine vereinbaren **9.** bei den Eltern wohnen

A5 **1.** Sekretärin **2.** Lehrerin **3.** Informatiker **4.** Taxifahrer **5.** Student **6.** Koch **7.** Kellnerin **8.** Fußballspieler **9.** Arzt

A6 **1.** Eine Sekretärin vereinbart Termine, beantwortet E-Mails und telefoniert mit Kunden. **2.** Ein Informatiker löst Computerprobleme. **3.** Ein Arzt führt Gespräche mit Patienten und hilft kranken Menschen. **4.** Eine Lehrerin unterrichtet Kinder. **5.** Eine Kellnerin bedient Gäste. **6.** Ein Fußballspieler schießt ein Tor/schießt Tore. **7.** Ein Koch bereitet Essen zu. **8.** Ein Student lernt viel und liest viele Bücher.

A7 **Platz 1:** Pilot (finden 50 %); **Platz 2:** Popstar (finden 39 %); **Platz 3:** Chefarzt (finden 32%); **Platz 4:** Manager (finden 31 %); **Platz 5:** Feuerwehrmann (finden 29 %); **Platz 6:** Fußballer (finden 27 %) (Information aus: Bildzeitung[2004])

A9 **1.** Haben Sie schon einmal ein Brot gebacken? **2.** Sind Sie schon einmal nach New York geflogen? **3.** Sind Sie schon einmal mit dem Motorrad gefahren? **4.** Haben Sie schon einmal einen Fisch gefangen? **5.** Haben Sie schon einmal ein Gedicht geschrieben? **6.** Haben Sie schon einmal an der Nordsee Urlaub gemacht? **7.** Haben Sie schon einmal ein Buch auf Deutsch gelesen? **8.** Haben Sie schon einmal in einem Fünf-Sterne-Hotel übernachtet? **9.** Haben Sie schon einmal eine Currywurst gegessen? **10.** Haben Sie schon einmal eine E-Mail an die falsche Adresse gesendet? **11.** Haben Sie schon einmal hässliche Schuhe gekauft? **12.** Haben Sie schon einmal einen Brief ins Japanische übersetzt? **13.** Haben Sie schon einmal ein Computerproblem gelöst? **14.** Haben Sie schon einmal ein Weihnachtslied gesungen?

A11 **a) Matthias: 1.** schlechter **2.** Sport **3.** Fußball **4.** Deutsch **5.** interessiert **6.** (um) halb acht/7.30 Uhr **7.** Spaß
Susanne: 1. Schülerin **2.** Sprachen **3.** Englisch **4.** arbeitet **5.** Hausaufgaben **6.** um 8.00 Uhr **7.** freitags

Hörtext:
Matthias: Ich erinnere mich nicht gern an meine Schulzeit. Ich war ein schlechter Schüler. Das einzige Fach, das mir Spaß gemacht hat, war Sport. Auch nach der Schule habe ich viel Sport gemacht, ich war Mitglied im Fußballverein. Als ich zehn Jahre alt war, habe ich jeden Nachmittag Fußball gespielt. Unsere Mannschaft war sogar Fußballmeister der Stadt.
Aber die Schule … Ich weiß noch, ich hatte eine Mathematiklehrerin, die war wirklich schrecklich. Deshalb habe ich nicht gern gerechnet. Und in Deutsch hatte ich auch Probleme. Mich haben eigentlich die Mädchen mehr interessiert als die Schulfächer. Bei uns hat die Schule damals um halb acht Uhr morgens begonnen. In den ersten zwei Stunden habe ich meistens noch geschlafen. Später, da war ich 14 oder 15 Jahre alt, haben mir Fächer wie Chemie und Physik Spaß gemacht. Und das Rechnen habe ich auch noch gelernt. Heute bin ich Ingenieur.

Susanne: Ich war eine gute Schülerin. Ich hatte eine sehr gute Deutschlehrerin und in Englisch hatte ich eine Eins. Sprachen haben für mich immer eine große Rolle gespielt. Heute arbeite ich als Journalistin und kann die Sprachen sehr gut gebrauchen. Mathematik und Physik haben mich nicht interessiert. In diesen Fächern habe ich auch manchmal keine Hausaufgaben gemacht und natürlich hatte ich keine guten Noten. Ich glaube, ich hatte in Mathematik eine Drei. Unsere Schule hat um 8.00 Uhr angefangen und um 13.00 Uhr bin ich nach Hause gegangen. Mittwochs und freitags habe ich nach der Schulzeit Tennis gespielt.

b) Schüler – Lieblingsfächer – Volleyball – Mannschaft – Mädchen – Spaß – Probleme

A13 Kindergarten – Grundschule – Gymnasium – Universität – Mittleren – Berufsausbildung – Berufsfachschule

A15 **1.** Schüler **2.** Fächer **3.** Grundschule, das Rechnen **4.** Schule **5.** Gymnasium **6.** Mathematiklehrerin **7.** Noten **8.** Hausaufgaben **9.** Fußball **10.** Abitur **11.** Universität

A16 **a) Lebenslauf: Persönliche Daten:** Geburtsdatum: 14. Mai 1980; **Geburtsort:** Düsseldorf
Schulausbildung: 1990–1998 Gymnasium; 1998 Abitur
Berufsausbildung/Studium: Studium der Geschichte, Übersetzerstudium für Englisch und Französisch, Abschluss als Diplom-Übersetzerin
Berufliche Tätigkeiten: Praktikum bei Mercedes, Presseabteilung bei Siemens in München

Hörtext:
Mein Name ist Susi Erdmann. Ich bin am 14. Mai 1980 in Düsseldorf geboren. Mein Vater ist Mathematiklehrer und meine Mutter ist Sportlehrerin. Meine Eltern arbeiten beide am Friedrich-Schiller-Gymnasium in Düsseldorf. Mit drei Jahren bin ich in den Kindergarten gegangen und ab 1986 in die Grundschule. Von 1990 bis 1998 habe ich das Gymnasium besucht und mit dem Abitur abgeschlossen. In der Schulzeit hatte ich verschiedene Interessen. Ich habe mich für Geschichte, für Sprachen und für Kunst interessiert. 1998 habe ich an der Universität Köln ein Studium im Fach Geschichte begonnen. Aber das hat mir nicht gefallen. Von 1999 bis 2004 habe ich in Bonn Englisch und Französisch studiert. Im dritten Studienjahr, das war im Jahr 2001, war ich ein halbes Jahr zum Auslandsstudium in Manchester und im Sommer 2002 habe ich ein Praktikum bei der Firma Mercedes in Paris gemacht. Ich habe dort Texte über Autos ins Französische übersetzt. Das war ein bisschen langweilig. 2004 habe ich meine Diplomarbeit geschrieben und mein Studium als Diplom-Übersetzerin abgeschlossen. Heute arbeite ich in der Presseabteilung der Firma Siemens in München. Ich übersetze Fachtexte und ich kann auch ausländische Gäste betreuen. Das macht mir viel Spaß. Ich bin ledig und habe keine Kinder.

b) 1. geboren **2.** gegangen **3.** besucht **4.** interessiert **5.** begonnen, gefallen **6.** studiert **7.** gemacht **8.** übersetzt **9.** geschrieben, abgeschlossen

A17 **b)** Von 1981 bis 1985 ist er auf die Grundschule gegangen. 1985 bis 1993 hat er das Gymnasium besucht. 1993 hat Peter das Gymnasium mit dem Abitur abgeschlossen. Danach hat er bis 1998 an der Handelshochschule Leipzig Volkswirtschaft studiert und das Studium als Diplom-Volkswirt abgeschlossen. Von Mai bis August 1997 hat er ein Praktikum bei der Deutschen Bank in Leipzig gemacht. Von 1998 bis 2002 hat er bei Siemens in der Abteilung Strategie und Kontrolle gearbeitet. Seit 2002 arbeitet er als Marketingmanager bei KODAX. Er spricht sehr gut Englisch und gut Spanisch. Sein Hobby ist Tischtennis.

A19 **Schule:** Schüler/Schülerin, Lehrer/Lehrerin, lernen, die Unterrichtsstunde
Studium: Student/Studentin, Dozent/Dozentin, Professor/Professorin, studieren, das Seminar, das Praktikum, die Vorlesung

A20 eine gute Note bekommen, ein Praktikum machen, die Schule mit dem Abitur abschließen, Chemie studieren, deutsche Vokabeln lernen, eine Vorlesung besuchen/halten, guten Unterricht machen/geben

A21 **a) 1.** Kathrin kämmt sich. **2.** Oma schminkt sich. **3.** Klaus wäscht sich. **4.** Marie zieht sich an. **5.** Otto ärgert sich. **6.** Kathrin und Max unterhalten sich. **7.** Karl interessiert sich für Briefmarken. **8.** Dr. Müller stellt sich vor. **9.** Kathrin und Max streiten sich.

b) 1. Kathrin hat sich gekämmt. **2.** Oma hat sich geschminkt. **3.** Klaus hat sich gewaschen. **4.** Marie hat sich angezogen. **5.** Otto hat sich geärgert. **6.** Kathrin und Max haben sich unterhalten. **7.** Karl hat sich für Briefmarken interessiert. **8.** Dr. Müller hat sich vorgestellt. **9.** Kathrin und Max haben sich gestritten.

A22 **1.** Hast du dich geärgert? Ja, ich habe mich geärgert. **2.** Hat er sich schon geföhnt? Ja, er hat sich schon geföhnt. **3.** Hast du dich schon angezogen? Ja, ich habe mich schon angezogen. **4.** Hat sich Heinz schon geduscht? Ja, er hat sich schon geduscht. **5.** Habt ihr euch schon bedankt? Ja, wir haben uns schon bedankt. **6.** Hat sich Herr Kümmel beschwert? Ja, er hat sich beschwert. **7.** Hast du dich verliebt? Ja, ich habe mich verliebt. **8.** Hat sich Tante Martha erkältet? Ja, sie hat sich erkältet. **9.** Haben sich Kathrin und Max gestritten? Ja, sie haben sich gestritten. **10.** Hast du dich schon geschminkt? Ja, ich habe mich schon geschminkt.

A23 einen Brief beantworten – Termine vereinbaren – ein Problem lösen – Freunde besuchen – Gespräche führen – um 8.00 Uhr aufstehen – mit der Arbeit beginnen – an einer Universität studieren – in einem Hotel übernachten – Tennis spielen – eine Diplomarbeit schreiben – ein Studium abschließen – die Kollegen begrüßen

A25 **1.** Die Firma liegt sehr günstig, gleich in der Nähe des Bahnhofs. **2.** In der Nähe des Eingangs ist der Fahrstuhl. **3.** Das hier ist das Zimmer der Chefsekretärin und dahinter liegt das Zimmer des Direktors. **4.** Dieser große Schreibtisch ist natürlich der Schreibtisch des Chefs. **5.** Hier stehen unsere Hauptrechner. Das ist der Arbeitsbereich der Informatiker. **6.** Gleich daneben finden Sie die Praxis des Betriebsarztes. Ob das was zu bedeuten hat? **7.** Das ist die Kantine der Mitarbeiter. Das Essen schmeckt hier manchmal schrecklich. **8.** Ganz anders schmeckt das Essen in der Kantine des Managements. Das Management hat einen Extra-Koch, einen Koch der Spitzenklasse!

B3 **1.** richtig **2.** falsch **3.** falsch **4.** richtig

B4 **Berufe mit sehr guten Chancen:** Ärzte, Mathematiker, Maschinenbau- und Elektronikingenieure, Finanz- und Wirtschaftsmathematiker
Berufe mit guten Chancen: Betriebswirte und Informatiker
Berufe mit geringen Chancen: Biologen, Architekten, Juristen, Lehrer für Fächer wie Geschichte oder Sprachen

B5 **1.** d **2.** c **3.** a **4.** b

B6 **2.** h **3.** a **4.** g **5.** c **6.** f **7.** e **8.** d **9.** j **10.** k **11.** i

C1 **1.** Hast **2.** lernt **3.** kommen **4.** steht **5.** liegt, liest **6.** Fährst **7.** Gibt **8.** Trinkst **9.** fliegt, bleibe **10.** arbeitet **11.** isst **12.** Bist **13.** spricht

C2 **1.** ist, schläft **2.** fotografiert **3.** Hörst **4.** scheint **5.** Schmeckt **6.** sieht **7.** Hilfst **8.** repariert **9.** Telefonierst **10.** Fahrt **11.** studiert

C3 **1.** erklären **2.** bekommen **3.** angekommen **4.** verstehe **5.** nimm mit **6.** vereinbart **7.** fängt an **8.** schalte aus **9.** anrufen **10.** beantworten **11.** kauft ein

C4 **1.** Wie viele Stunden sehen Sie täglich fern? **2.** Wo kauft ihr am liebsten ein? **3.** Wann beginnt die Theatervorstellung? **4.** Wann hört dein Arabischkurs auf? **5.** Wie oft besuchen Sie Ihre Eltern? **6.** Wann fährt Inge ab? **7.** Wann erwartet ihr den Monteur? **8.** Wie viele Tabletten nimmst du am Tag ein? **9.** Wann kommt der Zug an?

C5 **1.** Er bezahlt die Rechnung. **2.** Er vereinbart einen Termin. **3.** Er lädt einen Freund zum Essen ein. **4.** Er nimmt einen Fotoapparat mit. **5.** Er beantwortet die E-Mail. **6.** Er steht jeden Morgen um 8.00 Uhr auf. **7.** Er schläft erst spät abends ein. **8.** Er holt Tante Anneliese ab. **9.** Er vergisst deinen Geburtstag nicht. **10.** Er fährt mit dem Auto zurück.

C6 **1.** Wir haben protestiert. **2.** Sie haben/hat Knoblauch gegessen. **3.** Clara ist in München angekommen. **4.** Ihr habt einen Film gesehen. **5.** Ich habe Musik gehört. **6.** Er hat den Termin vergessen. **7.** Die Gäste haben ein Taxi genommen. **8.** Ich habe Kaffee gekocht. **9.** Ihr habt geschlafen.

C7 **1.** Herr Wagner hat ein interessantes Buch gelesen. **2.** Stefano und Raffaella haben ihre Freunde besucht. **3.** Wir sind ins Theater gegangen. **4.** Ich habe um acht Uhr gefrühstückt. **5.** Du hast gestern lange gearbeitet. **6.** Ihre Schwester hat kein Brot gekauft. **7.** Familie Klein ist nach Chile geflogen. **8.** Unser Sohn hat am Nachmittag Mathematik gelernt. **9.** Meine Kollegin hat das Problem gelöst. **10.** Einige Touristen sind im Hotel geblieben. **11.** Wir sind am Wochenende spät aufgestanden.

C8 Ich habe nicht so viele Leute eingeladen, und fast alle sind gekommen, nur Karin hat abgesagt, denn sie ist zu ihrer Oma gefahren. Wir haben einen großen Topf leckere italienische Nudeln gekocht und dann alles gegessen. Laura hat uns tolle Fotos gezeigt, wir haben getanzt und Musik gehört. Ach ja, wir haben auch verschiedene Spiele gespielt und viel gelacht.

C10 **1.** b) mich c) uns **2.** a) mich b) sich c) sich **3.** b) sich c) dich **4.** a) uns b) sich c) euch **5.** b) uns c) euch **6.** a) mich b) sich c) dich

C11 **1.** sich **2.** sich **3.** mich **4.** dich **5.** sich **6.** sich **7.** sich **8.** sich **9.** uns **10.** sich **11.** euch **12.** sich **13.** mich

C12 Personen auf *-in* sind feminin. Nomen auf *-ung* sind feminin. Nomen auf *-e* sind oft feminin. Fremdwörter auf *-tät*, *-ion*, *-ie*, *-ik* sind feminin. Viele internationale Wörter sind neutral. Nomen aus dem Infinitiv des Verbs sind neutral. Nomen auf *-um* sind neutral.

C13 **maskulin:** der Minister, der Fernseher
feminin: die Geschichte, die Bluse, die Freundin, die Familie, die Besprechung, die Sonnenbrille, die Zeitung, die Straße
neutral: das Schreiben, das Radio, das Handy, das Leben, das Café

C14 die Einladung, die Information, die Ausbildung, der Schüler, die Frage, das Gymnasium, das Auto, das Lesen, der Computer, die Lehrerin

C15 **1.** der Taxifahrer/die Taxifahrerin **2.** die Note/die Zensur **3.** die Kellnerin **4.** die Universität **5.** die Musik **6.** die Sprache **7.** die Schule

C16 **1.** Das Lieblingshobby des Direktors ist Surfen. **2.** Die Farbe der Wand gefällt mir gut. **3.** Ist das die Tasche deiner Mutter? **4.** Kennst du schon die neue Frau des Außenministers? **5.** Die Familie deines Mannes ist ziemlich groß. **6.** Die Einladung deiner Firma zum Essen nehmen wir an! **7.** Die Installation des Druckers dauert sehr lange. **8.** Wie lange dauert die Ausbildung deines Sohnes noch? **9.** Hast du die Adresse der Sprachschule Polyglott?

Kapitel 2

A1 **1.** Auto fahren **2.** lesen **3.** fotografieren **4.** Münzen sammeln **5.** Bier trinken **6.** wandern **7.** Musik hören **8.** Fußball spielen **9.** im Internet surfen **10.** Fremdsprachen lernen **11.** kochen **12.** Freunde besuchen **13.** ein Instrument spielen **14.** sich verlieben **15.** im Garten arbeiten **16.** einkaufen **17.** fernsehen **18.** malen und zeichnen

A2 **1.** ins Konzert gehen **2.** einen (Sprach-)Kurs besuchen **3.** Musik hören/machen/spielen **4.** Sport treiben/machen **5.** im Garten arbeiten **6.** Ski fahren **7.** Fußball spielen **8.** mit Freunden ein Bier trinken **9.** eine Reise/einen Ausflug machen **10.** ins Ausland reisen/fahren **11.** in der Sonne liegen **12.** Radio hören **13.** Karten spielen **14.** Gesellschaftsspiele machen **15.** zu einer Party gehen **16.** einen Film sehen **17.** im Museum Bilder/Gemälde/Skulpturen bewundern

A5 **1.** sehen (in ihrer Freizeit) fern **2.** Lesen und Surfen im Internet **3.** Einkaufen und Essen gehen **4.** fotografieren gern **5.** unternehmen etwas mit Freunden **6.** arbeiten gern im Garten **7.** reisen gern **8.** geben Geld für Wellness aus/lassen sich verwöhnen **9.** malen und zeichnen **10.** spielen ein Instrument; 6,3 Millionen Menschen sind Mitglied in einem Fußballverein (Informationen zum Lesetext A4 aus: P.M.- Fragen & Antworten 07/05)

A8 **können:** ich kann, du kannst, er/sie/es kann, wir können, ihr könnt, sie/Sie können
müssen: ich muss, du musst, er/sie/es muss, wir müssen, ihr müsst, sie/Sie müssen
sollen: ich soll, du sollst, er/sie/es soll, wir sollen, ihr sollt, sie/Sie sollen
wollen: ich will, du willst, er/sie/es will, wir wollen, ihr wollt, sie/Sie wollen
dürfen: ich darf, du darfst, er/sie/es darf, wir dürfen, ihr dürft, sie/Sie dürfen
mögen: ich mag, du magst, er/sie/es mag, wir mögen, ihr mögt, sie/Sie mögen
möchte(n): ich möchte, du möchtest, er/sie/es möchte, wir möchten, ihr möchtet, sie/Sie möchten

A9 **muss:** Notwendigkeit; **darf:** Erlaubnis; **will:** Absicht; **möchte:** Wunsch; **mag:** Vorliebe; **soll:** Auftrag

A10 **1. Reihe:** Saxofon, Kontrabass, Gitarre, Klavier, Mundharmonika
2. Reihe: Orgel, Posaune, Schlagzeug, Geige, Trompete

A13 **Zeile 7:** hatten – haben; **Zeile 8:** haben überlebt – überleben; **Zeile 9:** unterrichtete – unterrichten; **Zeile 11:** spielte – spielen; **Zeile 12:** reiste – reisen; **Zeile 13:** gab – geben, hat komponiert – komponieren; **Zeile 14:** schrieb – schreiben; **Zeile 15:** konnte – können; **Zeile 19:** musste – müssen; **Zeile 20:** gewannen – gewinnen; **Zeile 21:** hat abgeschlossen – abschließen; **Zeile 24:** ist umgezogen – umziehen; **Zeile 25:** begann – beginnen; **Zeile 28:** heiratete – heiraten; **Zeile: 29:** hat eingeladen – einladen, bekamen – bekommen; **Zeile 31:** verdiente – verdienen, trank – trinken; **Zeile 32:** verspielte – verspielen; **Zeile 33:** verlor – verlieren; **Zeile 35:** starb – sterben

A14 **1.** richtig **2.** falsch **3.** richtig **4.** richtig **5.** falsch **6.** falsch

A15
1. Wolfgang Amadeus Mozart wurde 1756 in Salzburg geboren. *(Satz 2)*
2. Seine Eltern hatten insgesamt sieben Kinder, nur zwei Kinder haben überlebt. *(Satz 7)*
3. Wolfgang war sehr begabt, er war bald ein Kinderstar. *(Satz 1)*
4. Mit zwölf schrieb er seine erste Oper. *(Satz 3)*
5. 1770 konnte er in Mailand sein Operndebüt feiern. *(Satz 6)*
6. Von 1772 bis 1777 lebte Mozart in Satzburg. *(Satz 8)*
7. 1781 ist Mozart nach Wien umgezogen. *(Satz 10)*
8. Seine Oper „Die Entführung aus dem Serail" war 1781 ein Bombenerfolg! *(Satz 4)*
9. 1782 heiratete Mozart Constanze Weber. *(Satz 5)*
10. In Wien verdiente Mozart mit seinen Opern viel Geld. *(Satz 13)*
11. Zwischen 1787 und 1791 verlor das Publikum in Wien das Interesse an Mozarts Musik. *(Satz 9)*
12. Seine letzte Oper war die „Zauberflöte". *(Satz 11)*
13. Am 5. Dezember 1791 ist Wolfgang Amadeus Mozart in Wien gestorben. *(Satz 12)*

A16 **regelmäßige Verben:** er lebte, sie hatten, zwei Kinder haben überlebt, Leopold unterrichtete, er spielte, er reiste, er hat komponiert, er heiratete, er verdiente,
unregelmäßige Verben: er war, er gab, er schrieb, er konnte, er musste, die Opern gewannen, die Oper hat abgeschlossen, er ist umgezogen, er begann, er hat eingeladen, sie bekamen, das Publikum verlor, er starb

A17 **1.** Vater Leopold unterrichtete Mozart früh in Musik. **2.** Er spielte schon als Kind vor Kaiserin Maria Theresia Klavier. **3.** Wolfgang reiste mit seiner Familie nach Amsterdam, Brüssel und Paris. **4.** Dort gab er mit großem Erfolg Konzerte. **5.** Mit zwölf schrieb er seine erste Oper. **6.** Von 1772 bis 1777 lebte Mozart in Salzburg. **7.** Nach dem Tod seiner Mutter zog Mozart 1781 nach Wien um. **8.** In Wien begann er seine Karriere als freier Künstler. **9.** 1782 heiratete er Constanze Weber. **10.** Wolfgang und Constanze bekamen sechs Kinder, nur zwei Kinder überlebten. **11.** Mozart verdiente mit seinen Opern viel Geld. **12.** Doch er trank viel und er verspielte sein Geld. **13.** Zwischen 1787 und 1791 verlor das Publikum in Wien das Interesse an Mozarts Musik. **14.** Am 5. Dezember 1791 starb Wolfgang Amadeus Mozart in Wien.

A19 **1.** 9 (linker Film) **2.** 3 **3.** 2 **4.** 9 (rechter Film) **5.** 1 **6.** 8 **7.** 5

A21 **a) 1.** a **2.** b **3.** b **4.** b

Hörtext:

1. Hallo Klaus, hier ist Oskar. Ich kann heute Abend nicht mit dir ins Konzert gehen. Ich habe Fieber und liege im Bett. Tut mir leid. Vielleicht kannst du deine Schwester mitnehmen? Susanne interessiert sich doch für Musik. Ich rufe später wieder an. Tschüss und viel Spaß heute Abend.

2. Hi Kathrin, hier ist Jan. Morgen hat der neue James-Bond-Film im Palast-Kino Premiere. Wollen wir uns den Film zusammen ansehen? Bitte rufe mich so schnell wie möglich an. Ich muss die Kinokarten heute noch kaufen. Morgen gibt es wahrscheinlich keine Karten mehr. Bis bald.

3. Hallo Martin. Ich bin's, Gudrun. Hast du schon gehört, Madonna kommt nach München. Sie singt dort am 24. und 25. April in der Olympiahalle. Ich will heute im Internet Karten bestellen. Soll ich für dich auch eine Karte bestellen? Ruf mich an. Tschüss.

4. Hier ist Klaus Behrens. Frau Köhler, Ihre Karten für die Theatervorstellung heute Abend liegen an der Abendkasse. Bitte holen Sie die Karten eine Stunde vor Beginn der Vorstellung ab, also bis 19.00 Uhr. Nach 19.00 Uhr geben wir alle Karten in den normalen Verkauf. Danke und auf Wiederhören.

b) 1. gehen **2.** mitnehmen, interessiert **3.** ansehen **4.** bestellen **5.** liegen **6.** holen ab

A24 **1.** keinen **2.** nicht **3.** nicht **4.** keine **5.** nicht **6.** keinen

A27 **1.** b **2.** c **3.** a **4.** e **5.** d

A28 **1.** falsch **2.** richtig **3.** richtig **4.** falsch **5.** richtig

A30 **a)** Maler **b) 1.** Dokumentarfilm **2.** Klassiker **3.** selten **4.** Ausland **5.** wenig **6.** läuft

A31 mich – uns – mich – mich – mich – sich – mich – mich – mich

B2 **1.** b **2.** b **3.** b **4.** c (Informationen zum Lesetext B1 u. a. aus: P.M: Fragen & Antworten 07/05)

B3 **b) Straftat 1:** der Banküberfall; **Straftat 2:** der Diebstahl, der Dieb/die Diebin, etwas stehlen; **Straftat 3:** der Einbruch, einbrechen; **Polizei:** das Verhör, einen Täter festnehmen/verhaften, einen Täter verhören
c) 1. der, die Polizei **2.** der, die Serie **3.** das, die Aufklärung **4.** der, die Straftat

B4 **1.** gab **2.** war, erschien **3.** fanden **4.** führte **5.** erfand, schenkte **6.** suchte **7.** gab **8.** spielten, begann

B5 **1.** dumme **2.** langweilige **3.** letzte **4.** ungelöste **5.** unwichtige **6.** unbeliebter **7.** schwere **8.** feige

B6 Am Freitag, dem 13.3. um 13.24 Uhr überfiel ein unbekannter Mann die Bank in der Goldschmiedstraße. Der Täter trug eine Maske. Nur eine Mitarbeiterin war in der Bank, der zweite Mitarbeiter war nicht da. Der Täter bedrohte die Mitarbeiterin mit einer Pistole. Der Bankräuber forderte das ganze Geld. Die Bankmitarbeiterin legte 500 000 Euro in einen Koffer. Der Täter floh mit dem Taxi. Die Polizei suchte mit Hunden nach dem Täter. Der Film auf der Videokamera lieferte keine weiteren Informationen. Der zweite Bankmitarbeiter verschwand bis heute spurlos aus Deutschland. Die Polizei konnte den Täter nicht verhaften.

C1 **1.** Kannst **2.** wollt **3.** Mag **4.** dürfen **5.** muss **6.** Soll **7.** Möchtest **8.** kann **9.** Darf **10.** will **11.** sollst **12.** wollen **13.** mag **14.** Dürfen

C2 **1.** Ja, ich mag klassische Musik. **2.** Ja, ich kann gut Fußball spielen. **3.** Ja, Fußballspieler müssen oft trainieren. **4.** Ja, wir dürfen in unserer Wohnung nachts Schlagzeug spielen. **5.** Ja, ich möchte/wir möchten ein Doppelzimmer mit Seeblick. **6.** Ja, ich will/wir wollen diesen Sommer wieder eine Reise machen. **7.** Ja, ich soll viel Sport treiben.

C3 **1.** kann, muss **2.** soll, mag/möchte/will **3.** Willst/Möchtest, mag **4.** mag, will/möchte **5.** Musst/Willst, kannst, soll **6.** Darf, müssen **7.** darfst **8.** kann **9.** müssen

C4 **1. b)** durfte **c)** durften **2. a)** musste **b)** musstet **c)** mussten **3. a)** konntest **b)** konnte **c)** konnten **4. a)** warst **b)** wart **c)** waren *(Pl.)*/war *(Sg.)* **5. a)** hatten **b)** hatte **c)** hatten **6. a)** wollte **b)** wollte **c)** wollte

C5 **1.** mussten **2.** hatte **3.** durfte **4.** wollte **5.** konnte **6.** musste, durfte **7.** war **8.** mochte **9.** sollten, durften **10.** wurde

C6 **1.** Ich konnte nicht Klavier üben, ich hatte Kopfschmerzen. **2.** Paul durfte kein Eis mehr essen. **3.** Ihr solltet pünktlich zum Essen kommen. **4.** Wir wollten nach Italien fahren. **5.** Ich musste zum Arzt gehen. **6.** Ich sollte weniger essen. **7.** Sie mochte deutsche Volksmusik. **8.** Ich durfte in dieser Straße nicht parken. **9.** Franz konnte sehr gut Fußball spielen.

C7 **1.** ich antwortete, ich habe geantwortet **2.** ich arbeitete, ich habe gearbeitet **3.** wir hörten auf, wir haben aufgehört **4.** ihr drucktet aus, ihr habt ausgedruckt **5.** sie beendeten, sie haben beendet **6.** ihr bezahltet, ihr habt bezahlt **7.** du duschtest, du hast geduscht **8.** ich fragte, ich habe gefragt **9.** er heiratete, er hat geheiratet **10.** ihr hörtet, ihr habt gehört **11.** du kauftest, du hast gekauft **12.** du kochtest, du hast gekocht **13.** wir lachten, wir haben gelacht **14.** sie lernten, sie haben gelernt **15.** sie liebte, sie hat geliebt **16.** ich lebte, ich habe gelebt **17.** ich reiste, ich bin gereist

C8
1. **a)** Peter spielte früher regelmäßig Tennis. **b)** Peter hat früher regelmäßig Tennis gespielt.
2. **a)** Anja studierte in Heidelberg Germanistik. **b)** Anja hat in Heidelberg Germanistik studiert.
3. **a)** Wir hörten im Auto oft Radio./ Wir hörten oft Radio im Auto. **b)** Wir haben im Auto oft Radio gehört.
4. **a)** Agnieszka machte immer ihre Hausaufgaben. **b)** Agnieszka hat immer ihre Hausaufgaben gemacht.
5. **a)** Sie lernte fleißig Vokabeln. **b)** Sie hat fleißig Vokabeln gelernt.
6. **a)** Johann kaufte sich ein neues Schlagzeug. **b)** Johann hat sich ein neues Schlagzeug gekauft.
7. **a)** Mozart suchte sein Glück in Wien. **b)** Mozart hat sein Glück in Wien gesucht.
8. **a)** Man reiste früher mit einer Kutsche. **b)** Man ist früher mit einer Kutsche gereist.
9. **a)** Der Künstler lebte in Paris. **b)** Der Künstler hat in Paris gelebt.
10. **a)** Sie bezahlte die Rechnung sofort. **b)** Sie hat die Rechnung sofort bezahlt.
11. **a)** Die Sekretärin druckte die E-Mail nicht aus. **b)** Die Sekretärin hat die E-Mail nicht ausgedruckt.

C9 **1.** begann **2.** trafen **3.** zog an **4.** gewann **5.** verlor **6.** schrieb **7.** kam an **8.** trank **9.** empfahl **10.** bekam **11.** gab **12.** nahm mit **13.** lud ein **14.** zog um **15.** rief an

C10 **abfahren:** er fährt ab, er fuhr ab, er ist abgefahren; **anfangen:** er fängt an, er fing an, er hat angefangen; **anrufen:** er ruft an, er rief an, er hat angerufen; **ankommen:** er kommt an, er kam an, er ist angekommen; **einladen:** er lädt ein, er lud ein, er hat eingeladen; **essen:** er isst, er aß, er hat gegessen; **empfehlen:** er empfiehlt, er empfahl, er hat empfohlen; **geben:** er gibt, er gab, er hat gegeben; **gehen:** er geht, er ging, er ist gegangen; **gewinnen:** er gewinnt, er gewann, er hat gewonnen; **kommen:** er kommt, er kam, er ist gekommen; **laufen:** er läuft, er lief, er ist gelaufen;

nehmen: er nimmt, er nahm, er hat genommen; **schreiben:** er schreibt, er schrieb, er hat geschrieben; **trinken:** er trinkt, er trank, er hat getrunken; **sich umziehen:** er zieht sich um, er zog sich um, er hat sich umgezogen; **sich unterhalten:** er unterhält sich, er unterhielt sich, er hat sich unterhalten; **verlieren:** er verliert, er verlor, er hat verloren

C11 Liebe Martina,
ich bin jetzt in Leipzig, aber die Reise war ein kleines Abenteuer. Zuerst fuhr ich mit dem Taxi zum Flughafen. Das Flugzeug hatte drei Stunden Verspätung. In Leipzig stand kein Taxi vor dem Flughafen. Ich wartete wieder eine Stunde. Dann kam endlich ein Taxi. Die erste Nacht im Hotel schlief ich gut. Heute früh besichtigte ich die Thomaskirche und das Alte Rathaus. Zum Mittagessen gab es im Hotel leckere Spaghetti.

C12 Kurt Masur wurde 1927 in Brieg geboren. Sein Vater war Ingenieur. Ab 1945 besuchte er das Konservatorium in Leipzig und studierte Klavier, Komposition und Dirigieren. Ab 1953 dirigierte er an der Leipziger Oper. Von 1960 bis 1964 arbeitete er als erster Kapellmeister an der Komischen Oper in Berlin, danach ging er nach Dresden. Von 1970 bis 1996 leitete Kurt Masur das Gewandhaus in Leipzig und führte mit seiner Arbeit das Orchester zu Weltruhm. Berühmt machten ihn seine Interpretationen der Sinfonien von Beethoven, Bruckner und Schumann. In den 70er-Jahren spielte Kurt Masur auch in der Carnegie Hall und im Amsterdamer Concertgebouw. Ab 1981 gab er Konzerte als Gastdirigent bei den New Yorker Philharmonikern. 1991 bekam er dort die Stelle des Chefdirigenten und wurde der Nachfolger von Leonard Bernstein. Im Jahre 2001 übernahm er die Leitung des französischen Nationalorchesters. Heute leitet er gleichzeitig noch die Londoner Philharmoniker.

C13 traf – fand – fand – unterhielten – war – hatte – liebte – konnte – hatte – musste – kämpfte – hieß – war – wollte – verliebte – schenkte – wollte – gingen – versuchte – lief – gab – heirateten

C14 **1.** keine **2.** nicht **3.** nicht **4.** nicht, nicht **5.** nicht **6.** keine **7.** nicht **8.** keinen **9.** nicht, keinen **10.** kein, nicht

C15 **1.** Ich fahre nicht mit dem Auto. **2.** Peter kommt heute nicht. **3.** Ich kann mich nicht an meine Schulzeit erinnern./ Ich kann mich an meine Schulzeit nicht erinnern. **4.** Ich möchte nicht in diesen Film gehen. **5.** Ich fahre nicht am Montag nach Spanien./Ich fahre am Montag nicht nach Spanien. **6.** Ich kann nicht Golf spielen. **7.** Ich habe nicht ihn angerufen. (sondern jemand anderen)/Ich habe ihn nicht angerufen. **8.** Das weiß ich nicht. **9.** Ich habe das Buch nicht gelesen. **10.** Ich verstehe dich nicht. **11.** Ich kann dir nicht helfen.

C16 **1.** nie **2.** nichts **3.** niemanden **4.** niemand **5.** nie **6.** niemanden **7.** nichts **8.** niemand

C17 **1.** Nein, wir können den Fernseher nicht leiser stellen. **2.** Nein, schalte bitte nicht um. **3.** Nein, ich gebe dir die Fernbedienung nicht. **4.** Nein, ich habe die Fernsehzeitung nicht gesehen.

C18 **1.** Doch, ich habe einen Fernseher./Nein, ich habe keinen Fernseher. **2.** Doch, ich rauche noch./Nein, ich rauche nicht mehr. **3.** Doch, ich habe für die Prüfung gelernt./Nein, ich habe für die Prüfung nicht gelernt. **4.** Doch, wir fahren dieses Jahr in den Urlaub./Nein, wir fahren dieses Jahr nicht in den Urlaub. **5.** Doch, ich trinke (gerne) Orangensaft./Nein, ich trinke keinen Orangensaft. **6.** Doch, ich habe den Text gelesen./Nein, ich habe den Text nicht gelesen. **7.** Doch, ich habe Hausaufgaben gemacht./Nein, ich habe keine Hausaufgaben gemacht. **8.** Doch, das Essen schmeckt mir (gut)./Nein, das Essen schmeckt mir nicht.

Kapitel 3

A3 **750 Euro:** Wohnen und Energie; **313 Euro:** Verkehr; **304 Euro:** Nahrungsmittel, Getränke und Zigaretten; **253 Euro:** Freizeit; **126 Euro:** Haushaltsgeräte, Möbel; **111 Euro:** Kleidung und Schuhe; **98 Euro:** Hotel und Restaurant; **94 Euro:** Sparen; **85 Euro:** Gesundheit; **68 Euro:** Kommunikation; **21 Euro:** Bildung (Zahlen nach Globus Rb-9481, Sept. 04/ Statistisches Bundesamt)

A5 **(Beispielsätze)** Ich kaufe Fleisch beim Fleischer, weil die Ware dort frischer ist. Ich kaufe Gemüse im Öko-Laden, weil ich auf die Umwelt achte. Ich kaufe Wein im Delikatessengeschäft, weil der Verkäufer so nett ist. Ich kaufe Kosmetik im Fachgeschäft, weil die Auswahl groß ist. Ich kaufe Kleidung im Designergeschäft, weil die Kleidung dort besser ist. Ich kaufe Schuhe im Schuhgeschäft, weil man sie dort anprobieren kann. Ich kaufe Medikamente in der Apotheke, weil ich gute Beratung bekomme. Ich kaufe Bücher im Internet, weil ich dort Tag und Nacht einkaufen kann. Ich kaufe Flugtickets im Internet, weil ich die Preise besser vergleichen kann. Ich kaufe einen Fernseher im Fachgeschäft, weil der Service besser ist.

A6 **(Beispielsätze)** Ich kaufe Gemüse, wenn ich abnehmen will. Ich kaufe Wein, wenn ich eine Party gebe. Ich kaufe Kleidung, wenn ich verliebt bin. Ich kaufe Schuhe, wenn ich jemandem gefallen will. Ich kaufe Medikamente, wenn ich krank bin. Ich kaufe Bücher, wenn ich eine Prüfung habe. Ich kaufe Schokolade, wenn ich unglücklich bin. Ich kaufe einen neuen Fernseher, wenn mein alter Fernseher kaputt ist. Ich kaufe einen Fotoapparat, wenn ich in den Urlaub fahre. Ich kaufe Blumen, wenn jemand Geburtstag hat.

A7 **2.** b, e (j/h auch möglich) **3.** f, d **4.** i, h **5.** g, j

A10 **2.** a **3.** e **4.** b **5.** g **6.** d **7.** f

A12 **1.** Das (Restaurant) *Milano.* **2.** Eine (Aktentasche) aus Leder. **3.** Einen LCD-Fernseher. **4.** Das/Dieses (T-Shirt) mit Donald Duck. **5.** Einen Abenteuerroman. **6.** Das/Dieses schwarze (Kleid).

A13 **1.** in der dritten Etage **2.** im Erdgeschoss **3.** im Erdgeschoss **4.** in der zweiten Etage **5.** im Erdgeschoss

A14 **Kosmetik:** das Parfüm, die Augencreme, der Lippenstift; **Reisen:** das Flugticket, das Hotelzimmer, die Fahrkarte; **Bücher:** der Kriminalroman, das Wörterbuch; **Schmuck:** die Ohrringe, die Halskette; **Kleidung:** das T-Shirt, die Hose, der Pullover; **Unterhaltungselektronik:** die Stereoanlage, der MP3-Spieler

A15 **(Beispielsätze) 1.** Ich bringe meinem Onkel einen Kriminalroman mit. **2.** Ich schenke meiner Mutter eine Halskette. **3.** Ich kaufe meinem Vater einen Pullover. **4.** Ich bringe meiner Tochter ein T-Shirt mit. **5.** Ich schenke meinem Bruder einen MP3-Spieler. **6.** Ich kaufe meiner Schwester einen Lippenstift. **7.** Ich bringe meinem Freund ein Wörterbuch mit. **8.** Ich kaufe meiner Freundin ein Parfüm.

A19 **1.** a **2.** b **3.** c **4.** b
(Informationen zum Lesetext aus: WAZ, 5.1.2006 und Globus GD-8469)

A20 **1.** Zehn Millionen Deutsche haben schon einmal einen Fernsehsender angerufen und ein Produkt bestellt. **2.** Früher hatte diese Art des Einkaufens kein gutes Image. **3.** Die Zeiten haben sich geändert. **4.** Seit zehn Jahren ist der Wirtschaftszweig Homeshopping stark gewachsen. **5.** Im letzten Jahr hat das Telegeschäft einen Umsatz von einer Milliarde Euro gemacht. **6.** Im Fernsehen kann man 24 Stunden lang Kosmetik, Schmuck oder Reisen kaufen. **7.** Das Durchschnittsalter der Käufer liegt bei 53 Jahren. **8.** Immer mehr junge Leute nutzen das Internet. **9.** Das beliebteste Produkt beim Online-Einkauf sind Bücher. **10.** 43 Prozent der Käufer haben in den letzten zwölf Monaten Bücher per Internet bestellt. **11.** Auf dem zweiten Platz folgen CDs.

A21 **b) 1.** 35 % der Deutschen kaufen nicht im Internet ein, weil die normalen Geschäfte auch gut sind. **2.** 29 % der Deutschen kaufen nicht im Internet ein, weil die Daten von Kreditkarten nicht sicher sind. **3.** 29 % der Deutschen kaufen nicht im Internet ein, weil die Reklamation schwierig ist. **4.** 22 % der Deutschen kaufen nicht im Internet ein, weil die Ware im Internet nicht billiger ist. (Information aus: Globus Gd-8604)

A22 **1.** Führen Sie Ihre Karte ein. **2.** Geben Sie Ihre Geheimzahl ein und drücken Sie die Taste „Bestätigung". **3.** Möchten Sie Geld abheben? **4.** Wählen Sie den gewünschten Betrag./Geben Sie den Betrag ein. **5.** Bitte warten. **6.** Entnehmen Sie Ihre Karte.

A26 **1.** c **2.** a **3.** c **4.** c **5.** c **6.** a

A27 **1.** einen Kredit **2.** ein Auto kaufen **3.** hohe Ausgaben **4.** 40 000 Euro **5.** vielleicht

Hörtext:

Bankangestellter:	Guten Tag, was kann ich für Sie tun?
Juan:	Guten Tag. Ich möchte mir gern ein neues Auto kaufen. Dazu brauche ich einen Kredit.
Bankangestellter:	Haben Sie ein Konto bei unserer Bank?
Juan:	Ja.
Bankangestellter:	Wie ist Ihre Kontonummer?
Juan:	Hier ist meine Karte.
Bankangestellter:	Ah, ein Girokonto. Wo arbeiten Sie, wenn ich fragen darf?
Juan:	Bei ALAC. Meine Firma überweist mein Gehalt jeden Monat auf mein Konto.
Bankangestellter:	Ah, ja … ich sehe es. Sie haben aber auch hohe Ausgaben im Monat …
Juan:	Natürlich, ich muss ja Miete bezahlen und Energie und etwas zu Essen für meine Familie kaufen …
Bankangestellter:	Wie teuer ist denn das Auto?
Juan:	Ich brauche einen Kredit von 40 000 Euro.
Bankangestellter:	40 000 Euro! Das ist viel Geld! Das sind auch sehr hohe Ausgaben für Sie … Sie müssen ja den Kredit abbezahlen und jeden Monat Zinsen für den Kredit bezahlen …
Juan:	Bekomme ich den Kredit oder nicht?
Bankangestellter:	Also, die Frage kann ich jetzt nicht beantworten. Sie müssen zuerst mal dieses Formular hier ausfüllen …

A28 **1.** eröffnen **2.** einzahlen **3.** überweist **4.** abheben **5.** wechseln **6.** einen Kredit **7.** Zinsen **8.** ausgeben **9.** spenden **10.** sperren

A31 Lotto-Millionäre, die Kugeln *(Pl.)*, die Trommel, „6 aus 49", die Spielrunde, die Lottoscheine *(Pl.)*, der Gewinn, die richtigen Zahlen *(Pl.)*, die Gewinnsumme (Informationen zum Lesetext A30 aus: P.M. Fragen & Antworten Okt. 05)

A33 **c) 1.** würden gern wegfahren **2.** hätten gern einen Hund **3.** hätte gern mehr/viel Zeit **4.** würde gern ins Konzert gehen **5.** würde mir den Diamantring gern kaufen.

A36 **1.** richtig **2.** falsch **3.** falsch **4.** falsch **5.** richtig

A37 **1.** unbekannter **2.** gesamten, soziale **3.** vergleichbarer **4.** wenige **5.** kaufmännischer **6.** schönes **7.** vertrauten (Information zum Lesetext A35 aus: WAZ 26.08.04)

A38 **1.** hat gewonnen **2.** hat gelesen **3.** hat gemeldet **4.** hat gespendet **5.** habe erlebt

B1 **1.** c **2.** a **3.** c **4.** c **5.** c **6.** a **7.** a
(Informationen zum Lesetext B2 u. a. aus: P.M: Fragen & Antworten, 11/05)

B3 a) **1.** falsch **2.** richtig **3.** richtig **4.** falsch **5.** falsch **6.** richtig **7.** falsch **8.** falsch
b) **1.** für **2.** bis **3.** In **4.** In **5.** von **6.** aus

B5 **1.** greifen **2.** stehen **3.** führt an **4.** folgen **5.** belegt **6.** finden **7.** ermittelt **8.** teilt **9.** bewertet **10.** gehören
(Informationen zum Lesetext B4 u. a. aus: Spiegel-Online 17. Juni 2003)

C1 **1. a)** Sie kommt zu spät zum Unterricht, denn sie hat den Bus verpasst. **b)** Sie kommt zu spät zum Unterricht, weil sie den Bus verpasst hat. **c)** Weil sie den Bus verpasst hat, kommt sie zu spät zum Unterricht. **2. a)** Sie kann nichts sehen, denn sie hat ihre Brille verloren. **b)** Sie kann nichts sehen, weil sie ihre Brille verloren hat. **c)** Weil sie ihre Brille verloren hat, kann sie nichts sehen. **3. a)** Sie kann nicht Tennis spielen, denn sie hat Schmerzen im Arm. **b)** Sie kann nicht Tennis spielen, weil sie Schmerzen im Arm hat. **c)** Weil sie Schmerzen im Arm hat, kann sie nicht Tennis spielen. **4. a)** Sie kann im Supermarkt nichts einkaufen, denn sie hat ihr Geld vergessen. **b)** Sie kann im Supermarkt nichts einkaufen, weil sie ihr Geld vergessen hat. **c)** Weil sie ihr Geld vergessen hat, kann sie im Supermarkt nichts einkaufen. **5. a)** Sie geht nicht aus, denn sie ist müde. **b)** Sie geht nicht aus, weil sie müde ist. **c)** Weil sie müde ist, geht sie nicht aus.

C2 **(Beispielsätze)** **1.** weil der/sein Zug Verspätung hat **2.** weil sie im Stau steht **3.** weil er den Termin vergessen hat **4.** weil sie beim Zahnarzt war/ist **5.** weil das/ihr Auto kaputt ist

C3 **1. a)** Wenn Max einen Kredit aufnehmen will, muss er Zinsen bezahlen. **b)** Max muss Zinsen bezahlen, wenn er einen Kredit aufnehmen will. **2. a)** Wenn wir sparen wollen, dürfen wir kein Geld ausgeben. **b)** Wir dürfen kein Geld ausgeben, wenn wir sparen wollen. **3. a)** Wenn du Kopfschmerzen hast, musst du zwei Aspirin-Tabletten nehmen. **b)** Du musst zwei Aspirin-Tabletten nehmen, wenn du Kopfschmerzen hast. **4. a)** Wenn du deinen Führerschein zu Hause vergessen hast, darfst du nicht mit meinem Auto fahren. **b)** Du darfst nicht mit meinem Auto fahren, wenn du deinen Führerschein zu Hause vergessen hast. **5. a)** Wenn ihr Karin vom Bahnhof abholen wollt, müsst ihr euch beeilen. **b)** Ihr müsst euch beeilen, wenn ihr Karin vom Bahnhof abholen wollt. **6. a)** Wenn wir am Sonntag in diesem Zwei-Sterne-Restaurant essen wollen, müssen wir heute einen Tisch reservieren. **b)** Wir müssen heute einen Tisch reservieren, wenn wir am Sonntag in diesem Zwei-Sterne-Restaurant essen wollen.

C4 **1.** weil ich abnehmen will **2.** weil er nicht einschlafen kann **3.** wenn sie Auto fährt **4.** weil er bei der Polizei arbeitet **5.** wenn er ein Konzert gibt

C5 **1.** Hast du das Buch gelesen? **2.** Habt ihr den Schlüssel gefunden? **3.** Wir haben das Kartoffelmuseum besucht. **4.** Hast du den Fernsehmonteur angerufen? **5.** Frau Klein hat den Brief übersetzt. **6.** Der Chef hat die Rechnung bezahlt. **7.** Wir haben die Sendung gehört. **8.** Hast du den Film gesehen?

C6 **2.** f **3.** a **4.** b **5.** c, d **6.** k, g **7.** h, k **8.** j, c, d **9.** e, f, g **10.** i **11.** g **12.** m **13.** l

C7 **1.** dich **2.** dir **3.** dich **4.** dir **5.** dich **6.** dich **7.** dich **8.** dir **9.** dir **10.** dir

C8 **1.** Ja, ich habe ihn in München besucht. **2.** Ja, ich habe ihnen eine Postkarte geschrieben. **3.** Ja, ich habe ihr bei den Hausaufgaben geholfen. **4.** Ja, ich habe ihn schon angerufen. **5.** Ja, ich habe ihnen mein Zeugnis gezeigt. **6.** Ja, das Essen/es hat ihnen geschmeckt. **7.** Ja, das Geschenk hat ihm gefallen. **8.** Ja, wir haben ihr die Tabletten gegeben. **9.** Ja, ich habe ihr eine CD mitgebracht. **10.** Ja, ich habe ihr ein neues Parfüm gekauft.

C9 **(Beispielsätze)**
Einkaufen: Wie viel Geld hast du im Schuhgeschäft ausgegeben? Wie viele Äpfel hast du gekauft? Wo hast du das schöne Kleid gekauft? Wo kann man hier billig einkaufen? Mit wem gehst du am Wochenende einkaufen? Wann kaufst du ein? Wann hast du diesen Pullover gekauft? Wie oft kaufst du im Supermarkt ein?
Freizeit: Was machen Sie in Ihrer Freizeit? Wo spielen Sie Tennis? Wo wandern Sie? Wann treiben Sie Sport? Warum spielen Sie Fußball? Mit wem spielen Sie Golf? Wie oft gehen Sie ins Kino?

C10 **Es wäre gut, ...**
1. wenn du weniger Geld für Schokolade ausgeben würdest **2.** wenn du nicht mehr rauchen würdest **3.** wenn du immer deine Hausaufgaben machen würdest **4.** wenn du nicht so lange schlafen würdest **5.** wenn du einen Regenschirm mitnehmen würdest **6.** wenn du regelmäßig Sport treiben würdest **7.** wenn du mehr Gemüse essen würdest **8.** wenn du dein Geld sparen würdest

C11 **1.** Wenn ich Zeit hätte, würde ich mit dir heute Abend in die Oper kommen/gehen. **2.** Wenn ich Zeit hätte, würde ich mit dir in die Kantine essen gehen. **3.** Wenn ich Zeit hätte, würde ich immer meine Hausaufgaben machen. **4.** Wenn ich Zeit hätte, würde ich Martina im Krankenhaus besuchen. **5.** Wenn ich Zeit hätte, würde ich heute die E-Mails beantworten. **6.** Wenn ich Geld hätte, würde ich heute Nachmittag einkaufen gehen. **7.** Wenn ich Zeit hätte, würde ich dich vom Flughafen abholen. **8.** Wenn ich Geld hätte, würde ich dir diesen schönen Ring kaufen.

C12 **1.** Ach, wenn der Diamantring doch billiger wäre! **2.** Ach, wenn unser Haus doch größer wäre! **3.** Ach, wenn ich doch mehr Geld verdienen würde! **4.** Ach, wenn meine Freundin doch dicker wäre! **5.** Ach, wenn der Bus doch pünktlicher kommen würde! **6.** Ach, wenn ich doch älter wäre! **7.** Ach, wenn mein Auto doch schneller fahren würde!

C13 Lotto – Essen – fahren – Wenn – ausgeben – würde – Innenstadt – Reise – gehen – Traum – können

C14 **1.** eins **2.** eine **3.** welche **4.** eine **5.** eins **6.** welche **7.** einen **8.** welche **9.** einen

C15 **1.** Schmuck, der Anzug **2.** Kleidung, die Sonnencreme **3.** Bücher, das Gedicht **4.** Haushaltswaren, der Pfeffer

C16 **1.** die Spende **2.** die Einnahme **3.** die Überweisung **4.** die Eröffnung **5.** die Bezahlung **6.** die Eingabe

Kapitel 4

A4 **a) 1.** verschiedene Word-Dokumente nicht öffnen, 506 **2.** Zimmer 2, Dokumente der Firma XP **3.** die Rechnung (für den Sprachkurs) ist noch nicht bezahlt, 87 65 34 25 **4.** heute um 13.00 Uhr, steht im Stau, heute um 15.00 Uhr
b) 1. habe, geht, öffnen, komme **2.** sitzen, warten, vergessen **3.** Spreche, tun, geschickt, bezahlt, geben **4.** haben, sein, stehe, sehen

Hörtexte:

1.

Herr Gruber:	Gruber.
Herr Müller:	Müller hier. Herr Gruber, ich habe ein Problem mit meinem Computer.
Herr Gruber:	Was geht an Ihrem Computer nicht, Herr Müller?
Herr Müller:	Ich kann verschiedene Word-Dokumente nicht öffnen.
Herr Gruber:	Gut, ich komme bei Ihnen vorbei. In welchem Zimmer sind Sie?
Herr Müller:	Zimmer 506, 5. Etage.

2.

Claudia:	Grünewald.
Marie:	Claudia, ich bin' s, Marie. Wir sitzen hier im Zimmer des Direktors und warten auf dich.
Claudia:	Oh Gott, die Besprechung! Die habe ich vergessen. In welchem Zimmer sitzt ihr?
Marie:	Vorne, beim Direktor. Zimmer 2. Beeil dich! Und bring die Dokumente der Firma XP mit.
Claudia:	Mach ich. Ich komme sofort.

3.

Frau Kupfer:	Kupfer.
Frau Strahl:	Karoline Strahl, Sprachschule „Intercom". Spreche ich mit der Personalverwaltung von KOMA?
Frau Kupfer:	Ja, was kann ich für Sie tun?
Frau Strahl:	Drei Ihrer Mitarbeiter besuchen bei uns einen Sprachkurs. Wir haben Ihnen die Rechnung geschickt, die ist aber bis heute noch nicht bezahlt.
Frau Kupfer:	Können Sie mir bitte die Rechnungsnummer geben?
Frau Strahl:	Die Nummer ist 87 65 34 25
Frau Kupfer:	Oh ja. Sie haben recht. Wir bezahlen die Rechnung noch diese Woche.
Frau Strahl:	Gut, Frau Kupfer. Herzlichen Dank. Auf Wiederhören.

4.

Herr Krause:	Krause.
Frau Schimmel:	Hallo Herr Krause. Hier ist Petra Schimmel. Wir haben heute um 13.00 Uhr einen Termin. Ich kann leider nicht pünktlich sein. Ich stehe im Stau.
Herr Krause:	Wo sind Sie denn?
Frau Schimmel:	Am Autobahnkreuz Eckendorf.
Herr Krause:	Ich habe um 15.00 Uhr noch einen Termin frei. Schaffen Sie es bis 15.00 Uhr?
Frau Schimmel:	Ja, sicher.
Herr Krause:	Gut, dann sehen wir uns 15.00 Uhr.

A5 **1.** die IT-Abteilung/jemanden aus der IT-Abteilung (IT= Informationstechnologie) **2.** den Hausmeister **3.** die Verwaltung/ jemanden aus der Verwaltung **4.** die Direktion/jemanden aus der Direktion **5.** das Sekretariat/jemanden aus dem Sekretariat

A6 **1.** Arbeitnehmer **2.** Pause **3.** freie **4.** beenden **5.** kündigen **6.** langweilige **7.** langjähriger

A7 **1.** Arbeitszeit, Pause **2.** langjähriger **3.** Arbeitgeber, Arbeitnehmer **4.** langweilige, kündige **5.** fest angestellte, freie

A8 **1.** Guten Tag, *(Name)* hier./Guten Tag. Hier ist *(Name)/(Nachname)*
2. Ich möchte gerne Herrn/Frau … sprechen./Kann ich bitte Herrn/Frau … sprechen?
3. Ich möchte gern einen Termin vereinbaren./Ich möchte mal vorbeikommen./Wann haben Sie Zeit?/Wann passt es Ihnen?
4. Geht es am *(Dienstag, dem fünften März)* um *(11.00)* Uhr?/Passt es Ihnen am *(Dienstag, dem fünften März)* um *(11.00)* Uhr?
5. Ja, der *(Dienstag)* um *(11.00 Uhr)* passt mir./Ja, am *(Dienstag)* um *(11.00 Uhr)* geht es/habe ich Zeit./Dann besuche ich Sie am … um … Uhr./Dann komme ich am … um … *(vorbei)*.
6. Nein, das tut mir leid. Am *(Dienstag/fünften März)* habe ich leider keine Zeit.
7. Auf Wiederhören.

A9 **1.** Der Termin ist am Montag, dem fünften Neunten *(September) (um)* vierzehn Uhr. **2.** Der Computerexperte kommt am Donnerstag, dem achtundzwanzigsten Vierten *(April) (um)* sechzehn Uhr fünfundvierzig. **3.** Ich gehe am Montag um dreizehn Uhr zum Zahnarzt. **4.** Mozart ist am siebenundzwanzigsten Ersten *(Januar)* siebzehnhundertfünfundsechzig geboren. **5.** Wir fliegen am Freitag, dem einundzwanzigsten Sechsten *(Juni) (um)* vier Uhr dreißig. **6.** Goethe ist am achtundzwanzigsten Achten *(August)* siebzehnhundertneunundvierzig geboren.

A10 **1.** a **2.** c **3.** c

A12 **1.** Könnte ich mal Ihren Computer benutzen? **2.** Hätten Sie am Donnerstag Zeit? **3.** Könnte ich bitte Frau Müller sprechen? **4.** Ich würde gern einen Termin vereinbaren. **5.** Könnten Sie mir bei diesem Problem helfen? **6.** Könnten Sie mich mit Herrn Kummer verbinden? **7.** Hätten Sie eine Kopfschmerztablette dabei? **8.** Ich hätte gern ein Glas Mineralwasser. **9.** Könnten/Würden Sie mir bitte das Dokument zeigen? **10.** Könntest/Würdest du mir bitte ein Lachsbrötchen mitbringen? **11.** Könnten/Würden Sie das bitte für alle Mitarbeiter kopieren? **12.** Könnten/Würden Sie bitte heute noch die Einladungen versenden? **13.** Könnten Sie die Tür öffnen? **14.** Könntest du mir mal dein Auto leihen?

A13 **1.** Maxi, könntest du/könnten Sie bitte dieses Dokument kopieren? **2.** Manfred, könntest/würdest du bitte etwas lauter sprechen? **3.** Frau Müller, könnten/würden Sie mir einen Kugelschreiber leihen/geben? **4.** Frau Glück, könnten/würden Sie bitte das Protokoll schreiben? **5.** Martin, könntest/würdest du das bitte noch mal wiederholen? **6.** Frau Kümmel, würden/könnten Sie mir mal die Kaffeekanne geben? **7.** Könnten wir vielleicht eine Pause machen? **8.** Hätten Sie vielleicht nach der Sitzung ein bisschen Zeit für mich?/Könnte ich nach der Sitzung mal mit Ihnen persönlich sprechen?

A14 **(Beispielsätze) 1.** Könnten wir einen Termin vereinbaren?/Wann hätten Sie Zeit? **2.** Könnten Sie mir Ihren Kugelschreiber leihen? **3.** Ich hätte gern eine Tasse Kaffee. **4.** Könnten Sie bitte das Fenster öffnen/schließen? **5.** Ich hätte gern diese Uhr. **6.** Ich hätte gern ein Wörterbuch./Könnten/Würden Sie mir mal Ihr Wörterbuch leihen/geben? **7.** Könnte ich mal mit Ihrem Handy telefonieren? **8.** Würdest du für mich ein schönes Lied auf der Gitarre spielen? **9.** Hätten Sie vielleicht eine Briefmarke für mich?/Könnten Sie heute ein paar Briefmarken kaufen?

A15 **1.** Kann ich Ihnen helfen?/Was kann ich für Sie tun? **2.** Könnte ich bitte *(Herrn Schröder)* sprechen? **3.** Einen Moment bitte. Ich verbinde Sie. **4.** Wie war Ihr Name? *(Der Anrufer hat seinen Namen schon genannt.)*/Wie ist Ihr Name? *(Der Anrufer hat seinen Namen noch nicht genannt.)*/Könnten Sie Ihren Namen buchstabieren? **5.** Worum geht es? **6.** Es geht um einen Termin./Ich würde gerne mit Ihnen einen Termin vereinbaren./Es geht um unsere neuen Produkte./Ich würde Ihnen gerne unser neues Produkt präsentieren. **7.** Hätten Sie nächste Woche Zeit?/Würde es Ihnen am … passen? **8.** Am … passt es mir nicht. **9.** Ich hätte am … Zeit./Ja, am … würde es mir passen.

A16 **1.** mit der **2.** an der **3.** um eine **4.** mit dem **5.** über die **6.** über das **7.** um den **8.** über deinen **9.** über den **10.** um die

A17 **1.** Es geht um die Preise für das neue Jahr. **2.** Ich würde gern mit Ihnen einen Termin vereinbaren. **3.** Es geht um die neuen Farben. **4.** Ich würde Ihnen gern unser neues Produkt vorstellen. **5.** Es geht um mein Gehalt. **6.** Ich würde gern mit Ihnen über das Projekt 301 sprechen.

A19 **3.** Heinrich – Anton – Ulrich – Samuel – Martha – Anton – Nordpol – Nordpol **4.** Samuel – Theodor – Emil – Ida – Nordpol – Berta – Emil – Ida – Eszett – Emil – Richard **5.** Gustav – Otto – Emil – Theodor – Heinrich – Emil **6.** Schule – Ida – Ludwig – Ludwig – Emil – Richard **7.** Theodor – Ärger – Theodor – Zacharias – Schule – Wilhelm – Ida – Theodor – Zacharias **8.** Dora – Übermut – Nordpol – Nordpol – Berta – Ida – Emil – Richard

A23 seit – von – bis – von – bis – Nach – In – bis zu

A25 **1.** Ich weiß nicht, wann Herr Schramm zurückkommt./Herr Schramm kommt um 15.00 Uhr zurück. **2.** Könnten Sie mir sagen, was das Passwort für das Intranet ist? Ich weiß nicht, wie das Passwort für das Intranet ist. Das Passwort ist „Karl-Heinz". **3.** Könnten Sie mir sagen, wo die Toilette ist? Ich weiß nicht, wo die Toilette ist. Die Toilette ist in der dritten Etage. **4.** Könnten Sie mir sagen, wo ich ein Dienstreiseformular finde? Ich weiß nicht, wo Sie ein Dienstreiseformular finden/wo die Dienstreiseformulare sind. Die Dienstreiseformulare sind im Schreibtisch der Sekretärin. **5.** Könnten Sie mir sagen, wann die Besprechung ist? Ich weiß nicht, wann die Besprechung ist. Die Besprechung ist von 13.00 bis 16.00 Uhr. **6.** Könnten Sie mir sagen, wer an der Besprechung teilnimmt? Ich weiß nicht, wer an der Besprechung teilnimmt. An der Besprechung nehmen der Chef, Frau Kümmel und Herr Krumm teil. **7.** Könnten Sie mir sagen, wer das Protokoll geschrieben hat? Ich weiß nicht, wer das Protokoll geschrieben hat. Das Protokoll hat der Chef selbst geschrieben. **8.** Könnten Sie mir sagen, wo man hier einen Kaffee trinken kann? Ich weiß nicht, wo man hier einen Kaffee trinken kann. Man kann in der Cafeteria einen Kaffee trinken.

A26 **1.** Ich weiß nicht, ob es hier ein Faxgerät gibt. Ja, das Faxgerät ist im Zimmer von Frau Groß. **2.** Wissen Sie vielleicht, ob Frau Nix schon nach Hause gegangen ist? Ich weiß nicht, ob Frau Nix schon nach Hause gegangen ist. Ja, sie ist um 15.30 Uhr nach Hause gegangen. **3.** Wissen Sie vielleicht, ob die Kantine noch geöffnet hat? Ich weiß nicht, ob die Kantine noch geöffnet hat. Die Kantine hat schon geschlossen. **4.** Wissen Sie vielleicht, ob er die Unterlagen schon kopiert hat? Ich weiß nicht, ob er die Unterlagen schon kopiert hat. Ja, er hat die Unterlagen schon kopiert. **5.** Wissen Sie vielleicht, ob die Besprechung schon angefangen hat? Ich weiß nicht, ob die Besprechung schon angefangen hat. Die Besprechung hat noch nicht angefangen. **6.** Wissen Sie vielleicht, ob Peter das Computerproblem schon gelöst hat? Ich weiß nicht, ob Peter das Computerproblem schon gelöst hat. Ja, er hat das Problem schon gelöst. **7.** Wissen Sie vielleicht, ob die Firma Saturn die Rechnung schon bezahlt hat? Ich weiß nicht, ob die Firma Saturn die Rechnung schon bezahlt hat. Die Firma hat die Rechnung noch nicht bezahlt.

A27 **(Beispielsätze) 1.** Ich glaube nicht, dass sie heute noch mal ins Büro kommt. **2.** Ich glaube nicht, dass es hier in der Nähe ein Restaurant gibt. **3.** Ich glaube nicht, dass es auf dieser Etage ein Faxgerät gibt. **4.** Ich weiß, dass die Besprechung morgen stattfindet. **5.** Ich weiß, dass das Bild echt ist. **6.** Ich weiß, dass es noch freie Stellen gibt.

A28 **a)** die Kollegen – die Mitarbeiter, die Verwaltung – die Administration, das Schreiben – der Brief, die Dienstreise – die Geschäftsreise, der Anruf – das Telefongespräch, die Besprechung – die Sitzung, das Angebot – die Offerte
b) (Beispielsätze) Wissen Sie vielleicht, wann die Besprechung anfängt? Können Sie mir sagen, ob Frau Kümmel die Offerte schon geschrieben hat? Wissen Sie vielleicht, wo der Brief liegt? Können Sie mir sagen, wo die Kollegen aus der Verwaltung sind?

A29 **b) 1.** die Bestellung **2.** die Lieferung **3.** das Angebot **4.** die Bezahlung **5.** die Annahme **6.** die Bestätigung **7.** die Ablehnung

A30 **1.** Vielen Dank für Ihr Schreiben vom ... **2.** Wir haben Ihr Angebot geprüft. **3.** Wir möchten hiermit folgende Bestellung aufgeben ... **4.** Die Lieferung erwarten wir bis zum ... **5.** Wir bitten um eine Bestätigung des Auftrags.

B5 **1.** richtig **2.** richtig **3.** falsch **4.** falsch **5.** richtig (Informationen zum Lesetext B4 aus: bild.de, April 2004)

B6 **1.** c **2.** e **3.** a **4.** b **5.** f **6.** g **7.** h **8.** d

C1 **Tage:** Montag – Dienstag – Mittwoch – Donnerstag – Freitag – Samstag – Sonntag
Monate: Januar – Februar – März – April – Mai – Juni – Juli – August – September – Oktober – November – Dezember
Jahreszeiten: Frühling – Sommer – Herbst – Winter

C2 **1.** (um) **2.** am **3.** am **4.** im **5.** – **6.** am **7.** (um) **8.** am **9.** im **10.** am **11.** im **12.** am **13.** im **14.** am **15.** am

C3 **a) 1.** am ersten Januar **2.** am siebten April **3.** am achtundzwanzigsten August **4.** am dreizehnten Juli **5.** am neunten Februar **6.** am vierundzwanzigsten Dezember **7.** am dritten Oktober **8.** am elften November **9.** am achtzehnten Juni
b) 1. vom ersten Mai bis zum fünfzehnten Mai **2.** vom ersten November bis zum dreiundzwanzigsten Dezember **3.** vom zweiten Juni bis zum fünften Juli **4.** vom sechsten Februar bis zum achtundzwanzigsten Februar **5.** vom vierten September bis zum dreißigsten Oktober **6.** vom dritten Januar bis zum siebzehnten April

C4 **1.** Ich hätte am Freitag Nachmittag um 15.00 Uhr Zeit. **2.** Ich fahre im Winter wieder nach Österreich. **3.** Ich habe von 2000 bis 2006 bei Bosch gearbeitet. **4.** Ich studiere seit Oktober in Frankfurt. **5.** Ich habe von Mai 2005 bis Juni 2006 in Dresden gewohnt. **6.** Ich spiele am Sonntag wieder Fußball. **7.** Ich besuche Tante Annelies am Wochenende. **8.** Die Besprechung ist in der Mittagspause.

C5 **1.** Könnte ich mir mal kurz Ihren Stift leihen? **2.** Hätten Sie am Montag Zeit? **3.** Könnte ich den Brief mal sehen? **4.** Ich hätte gern ein Schnitzel mit Gemüse. **5.** Hätten Sie ein Glas Wasser für mich? **6.** Könnten Sie mir sagen, wo die Besprechung stattfindet? **7.** Frau Krumm, würden Sie bitte das Protokoll schreiben? **8.** Könnte ich den Termin noch ändern? **9.** Könnten Sie ein bisschen lauter sprechen? **10.** Ich würde Ihnen gern mal etwas zeigen. **11.** Könnten Sie das bis morgen machen? **12.** Hätten Sie noch einen Termin frei für mich? **13.** Könnte ich mal Ihr Telefon benutzen?

C6 **(Beispielsätze) 1.** Könntest/Würdest du mir heute dein Auto leihen? **2.** Könntest/Würdest du die Dokumente für mich kopieren? **3.** Hättest du noch einen Kaffee für mich? **4.** Könntest/Würdest du bitte ein bisschen lauter sprechen? **5.** Könnte ich bitte Herrn Klein sprechen? **6.** Könntest/Würdest du für heute Abend einen Tisch reservieren? **7.** Könntest/Würdest du mich mit dem Auto mitnehmen? **8.** Würdest du bitte das Protokoll schreiben?

C7 **1.** mich **2.** mir **3.** mir **4.** ich **5.** mir **6.** mich **7.** mich **8.** mir **9.** mir **10.** mich **11.** mich **12.** mir **13.** mich **14.** mir

C8 **1.** die Ferien/das Wochenende **2.** die Arbeit/den Brief von ihrem Freund **3.** die Arbeitszeit/das Essen **4.** der Firma VASA/dem Hausmeister **5.** das Protokoll/eine/die Antwort **6.** den Anruf/die Blumen **7.** den Praktikumsplatz/die Stelle **8.** der Besprechung/der Feier **9.** die Verspätung/den Fehler **10.** die Preise/die Arbeitszeit **11.** den Termin/das neue Produkt **12.** der Verwaltung/dem Chef

C9 **1.** bei, nach den **2.** für die **3.** über die **4.** an der **5.** über die **6.** zur (zu der) **7.** mit ihrem **8.** an das **9.** auf den **10.** über diese **11.** für das **12.** zu den **13.** um die

C10 **1.** Ich interessiere mich für Kunst. **2.** Ich habe mit Frau König telefoniert. **3.** Ich habe mich gestern über das Computerprogramm geärgert. **4.** Ich freue mich auf den Urlaub **5.** Ich habe in der Mittagspause mit dem Direktor geredet. **6.** Ich habe mich für das Geschenk bedankt. **7.** Ich habe mich bei der Rezeptionistin entschuldigt. **8.** Ich habe mich über das Essen in der Kantine beschwert. **9.** Ich warte auf meinen Mitarbeiter.

C12 **1.** Bei wem hat sich Paul entschuldigt? **2.** Mit wem hast du/haben Sie telefoniert? **3.** Wofür habt ihr euch/haben Sie sich bedankt? **4.** Wovon träumst du/träumen Sie? **5.** Wofür interessiert sich Cornelia? **6.** Für wen interessiert sich Max? **7.** Worüber ärgerst du dich/ärgern Sie sich? **8.** Worum geht es? **9.** Woran erinnerst du dich/erinnern Sie sich gern? **10.** Worüber habt ihr/haben Sie gesprochen?

C13 **Ich kann Ihnen leider nicht sagen, .../Ich weiß leider auch nicht, ...**
1. wo das Protokoll der letzten Besprechung ist. **2.** was die Praktikantin gerade macht. **3.** wann die Produktpräsentation anfängt. **4.** ob sich Herr Schneider gut vorbereitet hat. **5.** was die Verkaufsergebnisse des letzten Jahres sind. **6.** wer Ihnen diesen Brief aus China übersetzen kann. **7.** ob Friedrich den Fehler im Computer schon gefunden hat. **8.** wer von der Firma Bosch kommt.

C14 **Wussten Sie schon, ...**
1. dass Frau Kummer gekündigt hat? **2.** dass wir eine neue Praktikantin haben? **3.** dass Frau Schulze nächste Woche heiratet? **4.** dass die Preise steigen? **5.** dass die Verwaltung neue Computer bestellt hat? **6.** dass Frau Schön in Ihrer Arbeitszeit beim Friseur war? **7.** dass der Hausmeister eine neue Freundin hat? **8.** dass wir ab Januar länger arbeiten sollen? **9.** dass Karl morgen den Computer vom Chef reparieren muss? **10.** dass Frau Kegel eine Dienstreise nach London machen will? **11.** dass die Sekretärin die Bestellung noch nicht abgeschickt hat? **12.** dass man in der Bibliothek auch DVDs ausleihen kann?

Kapitel 5

A1 b) **2.** e **3.** a **4.** g **5.** c **6.** d **7.** h **8.** b

A2 Das **erste Angebot**: Im Hotel kann man Snowboards und Schlittschuhe ausleihen. Die Zimmer sind sehr komfortabel und haben ein Bad, eine Toilette, einen Satelliten-Fernseher, ein Telefon und eine Minibar. Das Hotel bietet außerdem ein reichhaltiges Frühstücksbüfett, eine kleine Mittagsmahlzeit und ein großes Büfett am Abend. Man kann auch den Wellnessbereich und das Fitness-Studio nutzen.

Das **zweite Angebot** ist eine Reise für zwei Wochen nach Gran Canaria. Wir wohnen in einem Drei-Sterne-Hotel. Das Hotel liegt mitten im Stadtzentrum. Die Zimmer haben eine Dusche, eine Toilette, einen Fernseher und eine Minibar. Das Hotel bietet außerdem ein Süßwasserschwimmbecken, ein Kinderbecken, eine Bar und ein Nichtraucher-Restaurant. Wir müssen aber die Halbpension/das Essen selber zahlen.

Das **dritte Angebot** ist eine Reise für vier Tage nach Frankfurt. Frankfurt ist 1200 Jahre alt und eine bedeutende Messe- und Bankenstadt. Wir wohnen in einem Luxushotel der Extraklasse. Außerdem gehören eine Stadtrundfahrt, ein Konzertabend und viele Besichtigungen zu der Reise. Wir müssen aber An- und Abreise selber zahlen.

A5 **1.** Deutschland **2.** Italien **3.** Brasilien **4.** Kanada **5.** Algerien **6.** China **7.** Ghana **8.** Indien **9.** Japan **10.** Griechenland

A6 **maskulin:** der Sudan, der Iran, der Irak
feminin: die Schweiz, die Ukraine, die Türkei, die Slowakei
neutral: Deutschland, Indien, China, Spanien, Großbritannien, Schweden, Japan, Italien, Griechenland, Russland, Brasilien, Ungarn, Polen
Plural: die Niederlande, die Malidiven, die Vereinigten Staaten

A7 **Australien:** Australier, Australierin, Australier, Englisch; **Belgien:** Belgier, Belgierin, Belgier, Französisch, Niederländisch, Deutsch; **Bulgarien:** Bulgare, Bulgarin, Bulgaren, Bulgarisch; **China:** Chinese, Chinesin, Chinesen, Chinesisch; **Dänemark:** Däne, Dänin, Dänen, Dänisch; **England:** Engländer, Engländerin, Engländer, Englisch; **Finnland:** Finne, Finnin, Finnen, Finnisch; **Frankreich:** Franzose, Französin, Franzosen, Französisch; **Griechenland:** Grieche, Griechin, Griechen, Griechisch; **Italien:** Italiener, Italienerin, Italiener, Italienisch; **Irland:** Ire, Irin, Iren, Englisch/Irisch; **Japan:** Japaner, Japanerin, Japaner, Japanisch; **Mexiko:** Mexikaner, Mexikanerin, Mexikaner, Spanisch; **Niederlande:** Niederländer, Niederländerin, Niederländer, Niederländisch; **Norwegen:** Norweger, Norwegerin, Norweger, Norwegisch; **Polen:** Pole, Polin, Polen, Polnisch; **Portugal:** Portugiese, Portugiesin, Portugiesen, Portugiesisch; **Rumänien:** Rumäne, Rumänin, Rumänen, Rumänisch; **Russland:** Russe, Russin, Russen, Russisch; **Schweden:** Schwede, Schwedin, Schweden, Schwedisch; **Spanien:** Spanier, Spanierin, Spanier, Spanisch

Beispiel 1: Bulgare, Bulgarin, Bulgaren; **Beispiel 2:** Amerikaner, Amerikanerin, Amerikaner

A8 **1.** Grieche **2.** Portugiese **3.** Französin **4.** Engländer **5.** Polin **6.** Italiener **7.** Niederländerin **8.** Chinese **9.** Däne **10.** Russen

A9 **1.** nach, in **2.** nach, in **3.** in den, im **4.** auf die, auf den **5.** an die, an der **6.** in die, in der **7.** in die, in der **8.** in die, in den **9.** an den, am **10.** auf die, auf der **11.** nach, in **12.** in die, in den Niederlanden

A10 **1.** falsch **2.** falsch **3.** richtig **4.** falsch **5.** richtig **6.** falsch

Hörtext:

Frau Klein:	Guten Tag, was kann ich für Sie tun?
Herr Große:	Ich möchte gern eine Reise buchen.
Frau Klein:	Wohin möchten Sie denn fahren?
Herr Große:	Ja, das weiß ich noch nicht genau, vielleicht können Sie mich beraten.
Frau Klein:	Wissen Sie schon, wann Sie fahren wollen?
Herr Große:	Ja, im August.
Frau Klein:	Im August. Mögen Sie die Wärme?
Herr Große:	Sehr warm darf es nicht sein. Also, nach Ägypten oder Tunesien möchte ich im August nicht fahren. Da sind, glaube ich, über 50 Grad in der Sonne.

Frau Klein: Wie würde Ihnen Griechenland gefallen? Griechenland ist warm, aber nicht zu warm.
Herr Große: Ja, Griechenland würde mir gut gefallen. Aber ich war schon dreimal in Griechenland. Dort kann es im August auch ganz schön warm werden.
Frau Klein: Waren Sie schon mal an der Ostsee?
Herr Große: An der Ostsee? Hier in Deutschland? Ja, aber nur ganz kurz ...
Frau Klein: Es gibt zur Zeit sehr interessante Angebote auf der Insel Rügen. Zum Beispiel im Dorint-Hotel in Binz. Das hat auch den Vorteil, dass man mit dem Auto fahren kann. Die Flughäfen sind ja im August immer sehr voll.
Herr Große: Da haben Sie recht. Was kostet ein Doppelzimmer für 14 Tage?
Frau Klein: Moment, ich sehe gleich mal nach ... Für 14 Tage kostet ein Doppelzimmer 1200 Euro pro Person, das macht 2400 Euro für zwei Personen. Das ist zur Hauptsaison nicht viel. Und es ist ein Fünf-Sterne-Hotel, das dürfen Sie nicht vergessen.
Herr Große: Naja, 2400 Euro sind sehr viel Geld! Ist der Preis inklusive Halbpension und hat das Hotel etwas Besonderes zu bieten?
Frau Klein: In dem Preis ist nur das Frühstück enthalten. Das Hotel liegt direkt an einem weißen Sandstrand. Es hat einen 430 Quadratmeter großen Wellnessbereich. Es bietet außerdem ein Sportprogramm für die Gäste, eine Segelschule und einen Golfplatz.
Herr Große: Eine Segelschule, wunderbar! Ich möchte das Zimmer gerne buchen.
Frau Klein: Wann wollen Sie an- und abreisen?
Herr Große: Am 12. August reisen wir an, am 26. August müssen wir wieder nach Hause.
Frau Klein: Gut, Herr Große, wenn Sie einen Moment Zeit haben, dann mache ich die Reiseunterlagen gleich fertig für Sie. Ich gebe Ihnen auch einen Reiseführer für die Ostsee mit sehr interessanten Informationen mit.

b) buchen – fahren – können – Wissen – möchte – gefallen – gibt – haben – kostet – sehe – dürfen – bieten – enthalten – liegt – bietet – abreisen – mache

A12 **Hotel:** das Einzelzimmer – der Balkon – schlafen – der Satelliten-Fernseher – der Wellnessbereich – die Halbpension – die schöne Aussicht – die Rezeption – sich erholen – das Animationsprogramm – die Minibar
Verkehrsmittel: reisen – die Fahrkarte – der Stau – der Schaffner – die Auskunft – fahren – der Fahrplan – der Fahrkartenschalter – der Flughafen – die Passkontrolle
Wetter: der Schnee – sich sonnen – die Hitze – der Regen

A13 **1.** Fahrkartenschalter **2.** erholen/sonnen **3.** Passkontrolle **4.** Aussicht **5.** Hitze **6.** Halbpension **7.** Stau **8.** Satelliten-Fernseher, Balkon, schöne Aussicht

A14 **1.** einen Reiseführer **2.** eine Reise **3.** eine Tablette **4.** mit dem Schiff **5.** Geld **6.** im Stau

A15 **1. a)** falsch **b)** richtig **2. a)** richtig **b)** richtig **3. a)** falsch **b)** richtig **4. a)** falsch **b)** richtig **5. a)** richtig **b)** falsch

Hörtexte:

1. Flughafen
Hier eine Durchsage für den Lufthansa-Flug 3562 nach Athen. Die Maschine ist jetzt fertig zum Einstieg. Bitte begeben Sie sich zu Schalter 33 und halten Sie Ihre Bordkarte und Ihren Pass bereit.

2. Radio
Hier ist Antenne Berlin mit einer wichtigen Durchsage für Autofahrer. Auf der A 2, Hannover Richtung Berlin, sind bei Braunschweig-Ost Tiere auf der Fahrbahn. Bitte fahren Sie vorsichtig.

3. Radio
Es ist Urlaubszeit in Deutschland. Überall ist viel Verkehr – aber, und jetzt kommt die gute Nachricht: Es gibt nur zwei Staus. Und zwar auf der A 8 München Richtung Salzburg. Da stehen die Autos 10 km bei Holzkirchen. Und auf der A 9 Richtung Nürnberg gibt es einen 15 km langen Stau bei Ingolstadt nach einem Unfall.

4. Bahnhof
Achtung am Gleis 3! Es hat Einfahrt der Intercity-Express aus München zur Weiterfahrt nach Berlin, planmäßige Abfahrtszeit 12.32 Uhr. Die Wagen der ersten Klasse befinden sich am Ende des Zuges.

5. Zug
Achtung! Hier eine Durchsage für Reisende zum Flughafen Berlin-Schönefeld. Wegen Reparaturarbeiten hält der Zug nicht in Berlin-Schönefeld. Steigen Sie bitte am Bahnhof Zoo aus. Von dort fahren Busse direkt zum Flughafen.

A17 **1.** die Hitze **2.** die Wärme **3.** der Wind **4.** der Sturm **5.** der Regen **6.** die Wolke

A19 a) **2.** d **3.** e **4.** a **5.** b **6.** c **7.** k **8.** h **9.** g **10.** l **11.** j **12.** i
c) **1.** fotografiert **2.** Auto fahren **3.** einkaufen **4.** sonnen **5.** telefonieren **6.** arbeiten

A22 **1. a)** einen weißen Sandstrand **b)** einem weißen Sandstrand **2. a)** einen großen Wellnessbereich **b)** einem großen Wellnessbereich **3. a)** ein sehr gutes Restaurant **b)** einem sehr guten Restaurant **4. a)** einen herrlichen Ausblick **b)** einem herrlichen Ausblick **5. a)** ein reichhaltiges Frühstücksbüfett **b)** einem reichhaltigen Frühstücksbüfett

6. a) ein luxuriöses Badezimmer **b)** einem luxuriösen Badezimmer **7. a)** einen kleinen Golfplatz **b)** einem kleinen Golfplatz **8. a)** eine riesige Badelandschaft **b)** einer riesigen Badelandschaft **9. a)** eine sonnige Terrasse **b)** einer sonnigen Terrasse **10. a)** einen exotischen Garten **b)** einem exotischen Garten **11. a)** ein tägliches Sportprogramm **b)** einem täglichen Sportprogramm **12. a)** einen amerikanischen Tennistrainer **b)** einem amerikanischen Tennistrainer

A23 **1.** wo/ob **2.** welche **3.** wie warm **4.** wie lange/wann **5.** ob **6.** was **7.** wo **8.** ob **9.** wie teuer **10.** wann

A24 **1.** Weil ich mein Insektenspray zu Hause gelassen habe, habe ich jetzt ungefähr 100 Mückenstiche. **2.** Obwohl es sehr kalt ist, friere ich nicht. **3.** Obwohl der Swimmingpool schmutzig ist, schwimme ich jeden Tag. **4.** Weil das Hotel mitten im Zentrum der Stadt liegt, kann ich nicht schlafen. **5.** Weil die Heizung im Hotel kaputt war, möchte ich mein Geld zurück. **6.** Obwohl das Essen ausgezeichnet war, habe ich nur wenig gegessen. **7.** Obwohl Hans nicht Ski fahren kann, fährt er gern in den Winterurlaub. **8.** Weil es jeden Tag regnete, sind wir nur selten spazieren gegangen. **9.** Weil tolles Wetter war, konnte ich schöne Fotos machen. **10.** Obwohl der Service im Hotel gut war, habe ich mich nicht wohlgefühlt.

A27 **1.** richtig **2.** richtig **3.** falsch **4.** falsch **5.** richtig **6.** richtig

A28 **1.** das gute kulturelle und gastronomische Angebot **2.** das lebendige Nachtleben, ein gutes Preis-Leistungs-Verhältnis, eine große Rolle **3.** der älteste Vergnügungspark **4.** die ehemalige Sommerresidenz **5.** ein wunderschönes Barockschloss **6.** mit seinem herrlichen Garten

B2 **1.** e **2.** j **3.** k **4.** h **5.** c **6.** a **7.** b **8.** f **9.** i **10.** d **11.** g

B3 **1.** richtig **2.** richtig **3.** richtig **4.** richtig **5.** falsch

B4 **1.** Es gibt auf dem Brocken 306 Tage im Jahr Nebel. **2.** Der Brocken ist 1142 Meter hoch. **3.** Der Brocken befindet sich im Harz. **4.** Der Aufstieg zum Brocken war gefährlich. **5.** Man konnte die Klippen herunterstürzen oder ins Moor geraten. **6.** Die Germanen haben die Hochzeit des Gottes Donar und der Göttin Freya gefeiert. **7.** Im 8. Jahrhundert begann der Siegeszug des Christentums. **8.** Die letzte Hexenverbrennung fand 1609 statt.

B5 **b) 1.** f **2.** d **3.** a **4.** c **5.** b **6.** g **7.** e

C1 **1.** nach Österreich/nach Deutschland/nach Frankreich/nach Italien/in die Schweiz **2.** in den Iran **3.** nach Italien **4.** in die USA **5.** in die Schweiz **6.** in die Türkei **7.** nach Marokko

C2 **1.** zum **2.** zum, zu **3.** in die **4.** nach **5.** ins, ins **6.** nach **7.** nach **8.** in die

C4 **1.** starken **2.** heftige **3.** herrliche **4.** schlechtes **5.** warme **6.** stürmische **7.** unerträgliche **8.** eisige

C5 **1.** das rote Sommerkleid **2.** ihre neuen Kopfhörer **3.** die große Sonnebrille **4.** den kleinen Regenschirm **5.** ein spannendes Buch **6.** ihren schwarzen Pullover **7.** die altmodische Videokamera **8.** die alten Jeans **9.** den silbernen Trinkbecher **10.** die blaue Handtasche **11.** den dicken Reiseführer

C6 **a)** dunkel – klein– furchtbaren – laut – inkompetent – langweilig **b)** ein helles – großes – herrlichen/schönen – nette – einem kompetenten – interessante

C7 **(Beispielkombinationen)**

a) ein japanisches, berühmtes, gemütliches, schönes, preiswertes, elegantes **Restaurant**; ein berühmter, schöner, langweiliger, ruhiger, verkehrsreicher **Ort**; ein japanischer, berühmter, schöner, langweiliger, spannender, lustiger, interessanter **Film**; berühmte, nette, schöne, elegante, laute, alte, interessante **Menschen**; eine verkehrsreiche, laute, ruhige **Straße**

b) 1. Ich würde gern in einem japanischen Restaurant essen. **2.** Ich möchte mein Wochenende gerne in einem schönen und ruhigen Ort verbringen. **3.** Ich interessiere mich für lustige Filme. **4.** Ich würde gerne mit berühmten Menschen Urlaub machen. **5.** Ich würde gerne in einer ruhigen Straße wohnen.

C8 **1.** das, der Zug **2.** das, die Rezeption **3.** die, das Mückenspray **4.** die, das Wetter **5.** der, das Telefon **6.** der, das Meer

C9 Das Flugzeug – die Sonnencreme – keinen Laptop – das Mückenspray – die Aspirintabletten – Regen und Gewitter – einen Regenschirm und Regenkleidung – die Flugtickets vom Reisebüro

C10 **Familienstand:** ledig; **PLZ:** 10454; **Geburtsort:** Dresden; **Jetzige Tätigkeit:** Student; **Gewünschte Reiseziele:** Südamerika oder Asien; **Ich interessiere mich für:** preiswerte Reisen; **Möchten Sie Informationen über besondere Angebote?** Ja

C11 **1.** Carla bekommt diese Stelle sicher nicht, weil sie keinen Hochschulabschluss hat. **2.** Obwohl mein Mann seit zwei Tagen Fieber hat, will er nicht zum Arzt gehen. **3.** Er interessiert sich für die englische Kultur, weil er mit einer Engländerin verheiratet ist. **4.** Obwohl Paul und Paula zehn Jahre lang in den USA gelebt haben, waren sie nie im Grand Canyon. **5.** Obwohl mein Sohn noch nicht lesen kann, interessiert er sich jetzt schon für Bücher. **6.** Obwohl Herr Probst sehr wenig Zeit hat, möchte er sich mit Ihnen unbedingt treffen. **7.** Flugtickets kaufen wir am liebsten im Internet, weil wir die Preise vergleichen können.

C12 **1.** a **2.** b **3.** a **4.** c **5.** a **6.** a **7.** c **8.** c

Kapitel 6

A1 **a) rechts:** die Biene; **Zeile 1:** das Krokodil – der Flamingo – die Eidechse – der Bär; **Zeile 2:** das Zebra – der Elefant – die Schlange – der Löwe; **Zeile 3:** die Spinne – die Giraffe – der Hai – das Nashorn; **Zeile 4:** der Käfer – die Hyäne – der Affe – die Schnecke; **Zeile 5:** die Antilope – der Frosch – die Krabbe – der Fisch; **Zeile 6:** die Schildkröte – der Schmetterling – die Qualle – der Oktopus
b) 1. laufen **2.** springen **3.** kriecht **4.** krabbelt **5.** galoppieren **6.** schwimmt **7.** fliegen

A3 **Herr Lohse:** oft, der Löwe, vor Mäusen und Spinnen; **Brigitte:** nie, Pinguine, keine Angst vor Tieren; **Matthias:** selten, Affen, Giraffen und sein Hund, vor Skorpionen und Schlangen

Hörtexte:

Reporterin:	Entschuldigung, wir machen gerade eine Meinungsumfrage über Tiere. Darf ich Ihnen einige Fragen stellen?
Herr Lohse:	Ja, natürlich.
Reporterin:	Gehen Sie manchmal in den Zoo?
Herr Lohse:	Ja, ziemlich oft. Wissen Sie, ich habe zwei Söhne. Sie interessieren sich für wilde Tiere, deshalb gehen wir fast jeden Monat einmal in den Zoo.
Reporterin:	Haben Sie ein Lieblingstier?
Herr Lohse:	Ja, mein Lieblingstier ist der Löwe.
Reporterin:	Haben Sie keine Angst vor Löwen?
Herr Lohse:	Nein. Ich habe Angst vor Mäusen und Spinnen.

Reporterin:	Guten Tag, darf ich Ihnen einige Fragen über Tiere stellen?
Brigitte:	Ja, sicher.
Reporterin:	Wie oft gehen Sie in den Zoo?
Brigitte:	Also, ich gehe nie in den Zoo. Ich bin gegen das Konzept des Zoos. Ich finde, wilde Tiere sollte man nicht einsperren.
Reporterin:	Ja, vielleicht haben Sie recht. Haben Sie Lieblingstiere?
Brigitte:	Ja, meine Lieblingstiere sind die Pinguine.
Reporterin:	Vor welchen Tieren haben Sie Angst?
Brigitte:	Ich habe keine Angst vor Tieren.

Reporterin:	Hallo, darf ich Ihnen ein paar Fragen über Tiere stellen?
Matthias:	Ja, klar.
Reporterin:	Gehen Sie manchmal in den Zoo?
Matthias:	Ja, aber selten. Wenn meine Tochter Geburtstag hat, gehe ich manchmal mit ihr in den Zoo.
Reporterin:	Haben Sie ein Lieblingstier?
Matthias:	Ich habe viele Lieblingstiere: Ich mag die Affen, weil sie so lustig sind, dann die Giraffen und natürlich meinen Hund Lassie.
Reporterin:	Vor welchen Tieren haben Sie Angst?
Matthias:	Vor giftigen Tieren wie Skorpionen und Schlangen, aber zum Glück leben solche Tiere nicht in Deutschland.

A4 **1.** die Riesenschildkröte (220 Jahre) **2.** der Blauwal (33 Meter) **3.** der Gepard (105 km/h) **4.** der Delfin (7 Meter) **5.** die Giraffe (5,88 Meter) **6.** eine Sandotter (Ungefähr 40 000 Menschen sterben jedes Jahr durch Schlangen, am häufigsten durch die Sandrasselotter. Das Nilpferd liegt an zweiter Stelle. Es ist das gefährlichste Säugetier. Ungefähr 400 Tote gibt es jedes Jahr durch Nilpferde in Afrika) **7.** eine Seeanemone (Krustenanemone, lebt in einer Lagune bei den Hawaii-Inseln)

A6 **1.** richtig **2.** falsch **3.** falsch **4.** richtig **5.** falsch **6.** falsch (Informationen zum Lesetext A5 aus: www2.t-online.ch)

A7 **1.** keine Angst haben **2.** unauffällig **3.** bunte **4.** die ursprüngliche Bevölkerung **5.** es ist nicht bekannt **6.** herstellen **7.** liegt auf dem dritten Platz **8.** etwa/ungefähr

A8 **1.** In Australien leben die meisten giftigen Tiere. **2.** Dort kann man den giftigsten Schlangen, Spinnen und Quallen begegnen. **3.** Welches Tier ist das giftigste? **4.** In Deutschland sterben im Jahr etwa 20 Menschen am Gift einer Biene. **5.** Sie reagieren auf Bienengift allergisch. **6.** Wissenschaftler interessieren sich für die Wirksamkeit des Giftes. **7.** Die Krustenanemone hat das wirksamste Gift. **8.** Den zweiten Platz belegt der Giftpfeilfrosch. **9.** Auf Platz drei kommt die 2,50 Meter lange Inland-Taipan.

A9 **1.** wirksamste, wirksamer als **2.** schnellste, schneller als **3.** älteste, älter als **4.** höchsten, höher als **5.** längste, länger als **6.** größte, größer als **7.** schwerste, schwerer als **8.** kleinste, kleiner als

A12 **2.** f **3.** a **4.** b **5.** h **6.** e **7.** c **8.** g

A13 **1.** Haustiere sind der Freund und Begleiter des Menschen. **2.** Sie haben eine positive Wirkung auf das Wohlbefinden und die Gesundheit des Menschen. **3.** Menschen mit Haustieren leiden seltener an Schlafstörungen und Kopfschmerzen. **4.** Bei älteren Menschen hilft es gegen die Einsamkeit. **5.** Durch das Zusammenleben mit Haustieren wird die emotionale Intelligenz höher. **6.** Durch Stress entstehen Krankheiten. **7.** Tierhalter selbst sehen sich als kontaktfreudiger, lebensfroher und zufriedener als andere Menschen.

A14 **1.** Schlafstörung **2.** Einsamkeit **3.** Kopfschmerzen **4.** Stress **5.** Krankheiten **6.** Stimmung

A15 der Stress – die Ruhe, das Alleinleben – das Zusammenleben, der Ärger – die Freude, der Misserfolg – der Erfolg

A17 **zu Tieren passen:** aggressiv, treu, lieb, gehorsam, neugierig

A18 Auf der **ersten Zeichnung (Original)** kann man neun Personen sehen, davon fünf Kinder und vier Erwachsene. Man sieht (hinten) einen älteren Mann (Opa), mit einem Bart und einem Stock; eine Frau (Oma) mit einer Brille und einer Kette. Die jüngere Frau lacht. Ein Baby schreit. Ein Junge hat ein Flugzeug, ein anderer Junge hat einen Ball und eine Mütze auf dem Kopf.
Auf der **zweiten Zeichnung (Fälschung)** trägt der Opa einen Hut, die Oma trägt keine Brille mehr. Die jüngere Frau lacht nicht mehr. Das Flugzeug des Jungen ist kleiner geworden. Die Punkte auf dem Fußball sind rund. Das Baby hat einen Zahn. Das kleine Mädchen hat die Augen geschlossen. Die erste Pflanze links steht auf der ersten Stufe. (Aber das ist noch nicht alles!)

A20 **b) 1.** meine Tante **2.** mein Schwiegervater **3.** meine Schwägerin **4.** meine Schwiegermutter **5.** meine Oma **6.** mein Schwager

A22 **c)** nett – kreativ – sportlich – nicht älter als 35 – intelligent – optimistisch – humorvoll

Hörtext:

Martina: Nino, wohnst du gern alleine, bist du ein sogenannter glücklicher Single?
Nino: Nein, nicht unbedingt. Ich würde schon gern mit jemandem zusammenwohnen, aber zuerst muss ich meine Traumfrau mal finden.
Martina: Ist das denn so schwer?
Nino: Natürlich ist es schwer! Denn wo findet man so einfach eine nette, intelligente Frau zwischen 30 und 35?
Martina: Ich bin sicher, dass es viele nette, intelligente Frauen gibt.
Nino: Ja, aber die haben alle schon einen Freund ... Oder sie haben keinen Sinn für Humor oder interessieren sich nicht für meine Hobbys, also für Jazzmusik und Sport. Denn ein bisschen sportlich sollte sie schon sein ...
Martina: Und wie soll sie aussehen, deine Traumfrau?
Nino: Weißt du, es ist für mich nicht so wichtig, dass sie schön ist. Wichtiger finde ich, dass sie kreativ und optimistisch ist. Pessimistische Frauen kann ich nicht leiden.
Martina: Du, ich habe eine Idee: Warum probierst du nicht mal die Online-Partnersuche aus?
Nino: Meinst du, dass das funktionieren könnte? Ich kann mir das gar nicht vorstellen ...
Martina: Ja, sicher! Komm, ich zeige dir einige Internetseiten.

A25 **1.** b **2.** b **3.** b **4.** b (Informationen zum Text A24 aus: Stern 41/2005)

A26 **a) 1.** suchen **2.** schlagen **3.** steigt **4.** verkaufen **5.** herstellen **6.** beschreiben **7.** entscheiden
b) 1. die Untersuchung **2.** die Kontaktaufnahme **3.** der Traum **4.** die Beschreibung **5.** die Liebe

A27 **(Beispielsätze)** Der Mann, der mir gefällt, muss einen guten Charakter haben. Der Mann, den ich suche, darf nicht zu dünn sein. Der Mann, von dem ich träume, muss eine Million Euro auf seinem Konto haben.

A29 **a) 1.** seit vier Wochen **2.** Architekt **3.** geschieden **4.** Sie waren zu verschieden/unterschiedlich/hatten unterschiedliche Interessen. **5.** kochen **6.** morgen Abend

Hörtext:

Oskar: Hallo ...
Claudia: Hallo.
Oskar: Sind Sie eine Freundin von Christine?
Claudia: Nein, ich bin eine Arbeitskollegin. Ich heiße Claudia.
Oskar: Freut mich, ich heiße Oskar, Oskar Walter. Arbeiten Sie schon lange mit Christine zusammen?
Claudia: Nein, ich habe erst vor vier Wochen bei KARGO angefangen. Christine und ich sitzen im selben Büro. Und Sie, wo arbeiten Sie?
Oskar: Ich arbeite in einem Ingenieurbüro, gleich hier in der Nähe.
Claudia: Sind Sie Bauingenieur?
Oskar: Nein, Architekt, aber ich arbeite mit vielen Bauingenieuren zusammen. Wir projektieren Industrieanlagen für die chemische Industrie. Arbeitet Ihr Mann auch bei KARGO?
Claudia: Nein, ich bin nicht verheiratet – das wollten Sie doch wissen, oder?
Oskar: Um ehrlich zu sein, ja.
Claudia: Und Sie, sind Sie verheiratet?

Oskar:	Ich bin geschieden. Also: Einen Versuch habe ich schon erfolglos hinter mich gebracht ...
Claudia:	Wo war das Problem, oder darf ich das nicht fragen?
Oskar:	Tja, das kann ich so einfach nicht sagen. Ich glaube, wir waren zu verschieden. Wenn ich Musik hören wollte, wollte meine Ex-Frau einen Film sehen, wenn ein wichtiges Fußballspiel im Fernsehen war, wollte sie ausgehen ... also jeder von uns wollte immer etwas anderes.
Claudia:	Ich hatte früher mal einen Freund, da war das ganz genau so.
Oskar:	Was machen Sie denn abends, wenn Sie nach Hause kommen?
Claudia:	Na, das was alle machen. Ich koche mir was zum Abendessen, dann höre ich Musik, lese ein Buch oder sehe fern.
Oskar:	Kochen Sie gerne?
Claudia:	Um ehrlich zu sein, nein. Ich kann auch nicht besonders gut kochen.
Oskar:	Dann kommen Sie doch mal zu mir zum Essen, ich koche sehr gerne.
Claudia:	Was denn?
Oskar:	Was immer Sie wollen, Spaghetti mit Tomatensoße, Spaghetti ohne Tomatensoße, Spaghetti mit Käse, ...
Claudia:	Spaghetti ohne Käse ... Das klingt alles sehr gut. Ich komme gerne ...
Oskar:	Morgen Abend? ...
Claudia:	Ja, morgen Abend habe ich nichts vor ...

A31 **b)** Menschen mit gleichem/ähnlichem Charakter oder Aussehen sind gerne zusammen. Menschen mit unterschiedlichem Charakter oder Aussehen finden sich attraktiv.
d) Sprichwort – Wissenschaftler – Paare – Lebensgewohnheiten – Partner – Glück

A32 (Informationen zum Text aus: Welt am Sonntag, 20.02.2005)

A33
sehr positiv: Das hast du/haben Sie prima gemacht! – Das finde ich ganz toll. – Ich bin begeistert!
positiv: Das gefällt mir gut. – Mach/Machen Sie weiter so!
negativ: Vielleicht solltest du/sollten Sie das nächste Mal ... – Könntest du/Könnten Sie bitte das nächste Mal ...
sehr negativ: Was hast du/haben Sie denn gemacht? – Hör/Hören Sie sofort damit auf! – Mach/Machen Sie das nie wieder!

A34 1. Was machen wir denn heute? **2.** Wann kommt denn dein Bruder? **3.** Das ist doch der Kaffee von gestern. **4.** Wo kommst denn du her? **5.** Das ist doch ein wunderschönes Bild. **6.** Das kann doch nicht wahr sein! **7.** Was machen Sie denn in meinem Büro? **8.** Wo steht denn Ihr Auto? **9.** Schau mal, das ist doch Ottos Motorrad! **10.** Wann beginnt denn die Besprechung?

B1 die Biene – die Mücke – die Hummel – die Wespe – die Fliege

B4 **a)** **1.** gegen **2.** in, unter **3.** mit, im **4.** Im, an **5.** auf **6.** von
b) **1.** übertragen **2.** tragen **3.** stechen **4.** riechen **5.** erzeugen **6.** abdecken **7.** lindern

C1 1. Eine Schnecke ist langsamer als ein Gepard. Ein Gepard ist schneller als eine Schnecke. **2.** Ein Wal ist länger als ein Haifisch. Ein Haifisch ist kürzer als ein Wal. **3.** Ein Faultier ist fauler als eine Biene. Eine Biene ist fleißiger als ein Faultier. **4.** Die Nordsee ist tiefer als der Bodensee. Der Bodensee ist flacher als die Nordssee. **5.** Der Berliner Dom ist niedriger/kleiner als das Empire State Building. Das Empire State Building ist höher als der Berliner Dom. **6.** In Norwegen ist es kälter als in Spanien. In Spanien ist es wärmer als in Norwegen.

C2 **1.** schnelleren **2.** preiswertere **3.** leichteren **4.** wärmeres **5.** freundlichere **6.** ungefährlicheres **7.** größeren **8.** höheres **9.** höflicheren

C3 **1.** dünner **2.** besser **3.** optimistischer **4.** fleißiger **5.** ordentlicher **6.** lustiger/fröhlicher/humorvoller **7.** schöner

C4 **1.** butterweich **2.** blitzschnell **3.** messerscharf **4.** steinalt **5.** aalglatt **6.** eiskalt **7.** strohdumm

C5 **1.** schnellste **2.** seltensten, häufigsten **3.** größte **4.** neuesten **5.** meistgesprochene **6.** berühmteste **7.** teuerste **8.** älteste

C6 **1.** der Bikini **2.** die Bluse **3.** der Anzug **4.** der Schlafanzug **5.** das Kleid **6.** die Jacke/der Mantel **7.** die Socken **8.** die Schuhe/die Sportschuhe/die Turnschuhe **9.** die Hose **10.** das Hemd **11.** der Rock **12.** der Pullover

C7 **1.** die roten Schuhe, den grünen Bikini **2.** der teure Anzug **3.** eine schwarze Maske, weiße Socken **4.** ein neues Kleid **5.** den warmen Schlafanzug, den dicken Pullover **6.** eine schöne Bluse, dem karierten Rock **7.** den alten Sachen, dem wichtigen Vorstellungsgespräch **8.** die weißen Hemden, die schwarze Hose, die blaue Winterjacke

C8 **a)** Die **erste Person** ist ein Mann. Er ist mittelgroß, dünn/schlank. Er hat eine lange Nase. Er trägt ein Hemd, eine Krawatte und eine Hose. Die **zweite Person** ist ein Mann. Er ist groß und dick/kräftig. Er trägt ein Hemd und eine Hose. Die **dritte Person** ist sehr klein. Es ist auch ein Mann. Er hat einen Bart und er trägt Arbeitskleidung/eine Arbeitshose. Die **vierte Person** ist mittelgroß. Es ist ein Kellner. Er trägt einen Kellneranzug und eine Fliege. Er hat einen Schnauzbart.

C9 **1.** Mona Lisa hat ein wunderschönes Lächeln. **2.** Edith Piaf hatte eine fantastische Stimme. **3.** Obelix hatte/hat einen großen Bauch. **4.** Greta Garbo hatte ein ovales Gesicht. **5.** Marlene Dietrich hatte lange Beine. **6.** Friedrich Barbarossa hatte einen roten Bart. **7.** Marlon Brando hatte braune Augen. **8.** Arnold Schwarzenegger hat einen muskulösen Körper.

C10 **1.** Wenn Sie Probleme haben, sollten Sie mit dem Chef sprechen. **2.** Wenn Sie sich über Ägypten informieren wollen, sollten Sie einen Reiseführer lesen. **3.** Wenn du frierst, solltest du einen Pullover anziehen. **4.** Wenn du schnell in Hamburg sein willst, solltest du mit dem Intercity-Express fahren. **5.** Wenn das Zimmer zu unordentlich ist, solltest du es aufräumen. **6.** Wenn Sie Chinesisch lernen wollen, sollten Sie einen Sprachkurs besuchen. **7.** Wenn du abnehmen willst, solltest du weniger essen. **8.** Wenn du immer müde bist, solltest du mehr Sport treiben. **9.** Wenn das Essen nicht schmeckt, solltest du/sollten Sie sich beschweren. **10.** Wenn du jeden Tag zu spät kommst, solltest du früher aufstehen. **11.** Wenn Sie diese Tabletten einnehmen, sollten Sie nicht Auto fahren.

C11 **1.** über **2.** an oder unter **3.** von **4.** über **5.** von **6.** in **7.** an **8.** mit **9.** zum **10.** für **11.** an

C12 Ich suche einen **Mann**, der – den – mit dem – der; Ich möchte **Kollegen**, mit denen – die – denen; Ich suche eine **Wohnung**, die – die – in der; Ich möchte gern ein **Auto**, das – mit dem – in dem – das; Ich suche eine **Freundin**, über die – mit der

C13 **1.** ist ein Maler, den … **2.** ist eine Stadt, die … **3.** ist eine Schauspielerin, die … **4.** ist ein Wissenschaftler/Physiker, den … **5.** ist ein Politiker, den … **6.** ist eine Firma, die …

C14 **1.** die **2.** das **3.** das **4.** dem **5.** dem **6.** die **7.** den **8.** den **9.** dem **10.** denen

C15 **1.** vor **2.** durch **3.** um **4.** gegen **5.** Ohne **6.** Für, Für **7.** Durch **8.** ohne **9.** bis **10.** für **11.** um

C16 über – getestet – Untersuchung – Partner – Chancen – die – ohne – Träume – wissen – Kontaktaufnahme – für – In – das

Kapitel 7

A1 **b) Kirsten:** im Zentrum einer Großstadt – einen fantastischen Ausblick, eine offene Küche
Martin: im Grünen, am Stadtrand – einen großen Garten, große Fenster, helle Zimmer
Alexandra: auf dem Land – eine große Küche und eine Terrasse

Hörtext:

Moderator: Hallo, liebe ZuhörerInnen, liebe Zuhörer, willkommen bei „Leute heute". In unserer Sendung geht es wie immer darum, was junge Leute denken, fühlen und träumen. Heute reden wir über das Thema Wohnen. Wir haben drei Gäste im Studio: Martin, Kirsten und Alexandra. Hallo.
Gäste: Hallo.
Moderator: Beginnen wir mit eurer Traumwohnung. Wie sieht die Wohnung eurer Träume aus?
Kirsten: Soll ich anfangen?
Moderator: Ja gerne, Kirsten, fang an.
Kirsten: Meine Traumwohnung befindet sich in einer Großstadt, mitten im Zentrum. Am liebsten wäre mir eine Wohnung hoch in den Wolken, in einem Hochhaus, so in der 12. oder 13. Etage, oder noch höher. Von da aus hätte ich einen fantastischen Ausblick über die Stadt. Zu der Anzahl der Zimmer kann ich jetzt noch nichts sagen, das hängt davon ab, ob ich eine große Familie habe. Auf jeden Fall möchte ich eine offene Küche. Dann kann ich beim Kochen fernsehen oder Musik hören – das wäre toll.
Moderator: Und wie sieht deine Traumwohnung aus, Martin?
Martin: Also, ich bin ein Familienmensch. Ich wünsche mir später eine große Familie mit vielen Kindern, und mit denen möchte ich gern im Grünen wohnen, vielleicht am Stadtrand. Es wäre natürlich toll, wenn ich mein eigenes Haus hätte mit einem großen Garten. Ein großer Garten muss sein, den brauche ich unbedingt. Und große Fenster möchte ich gern, ich mag es, wenn die Zimmer schön hell sind.
Moderator: Und deine Traumwohnung, Alexandra, wie sieht die aus?
Alexandra: Ja, ich habe eigentlich keine genauen Vorstellungen von meiner Traumwohnung. Ich weiß, dass ich gerne auf dem Land leben möchte, mit vielen Tieren. Vielleicht auf einem Bauernhof. Und was ich mir sonst noch wünsche … eine große Küche mit einer Terrasse, auf der man im Sommer im Freien sitzen und essen kann …

A3 **(Beispiel)** Für die ältere Dame würde ich die erste Wohnung nehmen. Die Wohnung hat zwei Zimmer, ein Bad, eine offene Küche und einen Balkon. Die Wohnung ist 58,67 Quadratmeter groß. Sie liegt in der vierten Etage (Treppensteigen hält jung). Die Wohnung kostet 476 Euro im Monat plus 152 Euro Nebenkosten. Die Kaution beim Einzug beträgt 852 Euro. Die Wohnung liegt im Stadtzentrum und hat gute Einkaufsmöglichkeiten, das heißt, die ältere Dame muss zum Einkaufen nicht weit laufen.

A5 **(Beispielsätze) c) 1.** spielte ich noch mit Puppen. **2.** hatte ich jeden Nachmittag frei. **3.** habe ich fast jede Nacht eine Party gefeiert. **4.** reise ich in fremde Länder.

A8 **a) (Beispiel)** Das Sofa steht in der Mitte des Zimmers. Auf dem Sofa ist ein Teller mit einem Stück Pizza. Auf dem Sofatisch liegt ein Pizzakarton, auf dem Pizzakarton liegt ein Gamepad. Auf dem Sofatisch stehen außerdem eine Kaffeetasse und ein Weinglas. Vor dem Sofa und dem Sofatisch steht der Fernseher. Auf dem Fernseher sind: die Fernbedienung, noch eine Tasse Kaffee und eine Tüte mit Bonbons. Neben dem Fernseher steht noch ein Weinglas. Auf dem Fußboden liegen Spielkarten und die Spielkonsole. Auf dem Esstisch liegt ein zweiter Pizzakarton. Ein Handtuch und ein paar Socken hängen über den Stühlen. Die Sportschuhe hängen über der Lampe. Auf dem Fußboden neben dem Sofatisch liegen auf der einen Seite CDs, auf der anderen Seite eine Sporttasche. Auf dem Fensterbrett steht ein Blumentopf.

A9 **b) 1.** Ich kann das Bild selbst aufhängen. **2.** Ich kann die Waschmaschine nicht selbst reparieren, dazu brauche ich einen Monteur. **3.** Ich kann die Wände nicht neu streichen, dazu brauche ich einen Maler. **4.** Ich kann das Wohnzimmer nicht selbst tapezieren, dazu brauche ich einen Maler. **5.** Ich kann die Garage nicht selbst bauen, dazu brauche ich einen Maurer. **6.** Ich kann den Garten nicht selbst in Ordnung bringen, dazu brauche ich einen Gärtner. **7.** Ich kann das Waschbecken nicht selbst anbauen, dazu brauche ich einen Klempner. **8.** Ich kann das Holzregal nicht selbst bauen, dazu brauche ich einen Zimmermann. **9.** Ich kann das Dach nicht selbst reparieren, dazu brauche ich einen Dachdecker. **10.** Ich kann die Steckdose nicht selbst anbringen, dazu brauche ich einen Elektriker. **11.** Ich kann die Fenster nicht selbst putzen, dazu brauche ich einen Fensterputzer.

A10 **b)** Ich habe keine Lust, die Wohnung sauber zu machen, die Hemden zu bügeln, Spaghetti zu kochen, deine Socken zu waschen, mein Zimmer aufzuräumen, den Garten in Ordnung zu bringen.

A11 **(Beispielsätze) 1.** Ich finde es leicht, Wäsche zu waschen. Ich finde es schwer, etwas selbst zu reparieren. **2.** Ich habe keine Zeit, Staub zu saugen. Ich habe keine Lust, das Bad sauber zu machen. **3.** Ich habe vor, meine Wände neu zu streichen. **4.** Es ist verboten, nach 22.00 Uhr laute Musik zu hören.

A13 **b)** sich auf der Wiese sonnen, sich vom Stress der Arbeit erholen, sein eigenes Gemüse anbauen, im Grünen spielen

A14 **1.** Mitglieder in einem Kleingartenverein **2.** Die Idee stammt aus dem Jahre 1861. **3.** Schrebergärten **4.** Nach dem Zweiten Weltkrieg diente der Kleingarten zum Überleben. **5.** Heute nutzen viele junge Familien die Kleingärten.

A15 **1.** b **2.** e **3.** a **4.** d **5.** c **6.** j **7.** h **8.** f **9.** g **10.** i

A19 **b) 1.** richtig **2.** falsch **3.** falsch **4.** richtig

A20 **b)** Gemüse kann man waschen, schneiden, in Wasser kochen, mit Salz und Zucker würzen, mit einer Soße vermischen, mit Petersilie bestreuen. Soße kann man mit Sahne verfeinern.

A21 **a) 1.** am Fenster **2.** ein Wasser **3.** ein Bier **4.** auf ein großes Schnitzel mit Bratkartoffeln **5.** Leipziger Allerlei **6.** ein Schnitzel mit Salzkartoffeln

Hörtext:

Kellner:	Guten Abend.
Hubert:	Guten Abend. Haben Sie noch einen Tisch für drei Personen?
Kellner:	Ja, bitte. Ist dieser Tisch gut?
Hubert:	Danke.
Kerstin:	Haben Sie vielleicht noch einen Tisch am Fenster?
Kellner:	Am Fenster? Nur dort in der Ecke.
Katja:	Dort ist es zu dunkel. Ich möchte lieber an diesem Tisch hier sitzen.
Hubert:	Gut, dann setzen wir uns hierhin.
Kellner:	Darf ich Ihnen etwas zu trinken bringen?
Katja:	Ich nehme ein Wasser.
Hubert:	Ich hätte gern ein Bier.
Kellner:	Ein Pils?
Hubert:	Nein, ein dunkles Bier bitte.
Kerstin:	Und ich hätte gern ein Glas Weißwein … und ein Wasser.
Kellner:	Das Wasser mit Kohlensäure?
Kerstin:	Nein, ohne bitte.
Kellner:	Also: zwei Wasser ohne Kohlensäure, ein Weißwein und ein dunkles Bier.
Hubert:	Ja, bitte.
Kellner:	Hier ist die Speisekarte.
Hubert:	Also, ich habe heute Appetit auf ein richtiges großes Schnitzel, am liebsten mit Bratkartoffeln. Und du, Kerstin, was nimmst du?
Kerstin:	Schnitzel und Bratkartoffeln. Das hat so viel Fett.
Hubert:	Ja, aber es schmeckt gut.
Katja:	Ich nehme das Leipziger Allerlei.

Hubert: Das ist doch noch nur Gemüse, Katja. ...
Katja: Hier steht: Leipziger Allerlei mit Kartoffeln und Flusskrebsen ... Klingt doch gut, oder?
Kerstin: Ich nehme auch das Schnitzel.
Hubert: Du hast doch gerade gesagt, es hat so viel Fett. Trotzdem willst du jetzt das Schnitzel essen!
Kerstin: Naja, einmal geht das schon ... Ich möchte aber keine Bratkartoffeln dazu ...
Kellner: Haben Sie schon gewählt?
Hubert: Ja, wir hätten gern einmal Leipziger Allerlei mit Flusskrebsen und zweimal Schnitzel. Einmal mit Bratkartoffeln und einmal mit Salzkartoffeln.
Kellner: Danke schön ... möchten Sie noch etwas trinken? ...
Hubert: Nein danke, später vielleicht ...

22 **1.** Paul kann nicht kochen, deshalb geht er oft ins Restaurant. **2.** Marie mag kein Gemüse, trotzdem gibt es bei ihr jede Woche Leipziger Allerlei. **3.** Alexandra ist Griechin, deshalb würzt sie ihre Gerichte mit viel Knoblauch. **4.** Katja ist sehr schön, trotzdem hat sie noch keinen Freund. **5.** Herr Krause ist krank, trotzdem geht er zur Arbeit. **6.** Sie mag keine Tiere, trotzdem hat sie einen Hund. **7.** Ich will heute Abend nicht alleine fernsehen, deshalb gehe ich zur Party von Otto. **8.** Ich will nicht jeden Morgen mit dem Auto im Stau stehen, deshalb fahre ich mit der Straßenbahn. **9.** Marcus mag die Großstadt, trotzdem will er ein Haus auf dem Land kaufen.

1 **b)** pechschwarz, grasgrün, mausgrau, blutrot, himmelblau, zitronengelb

2 **(Beispiele) 1.** ein gelbes Auto **2.** roten Pullover, schwarze Schuhe, einen blauen Mantel, einen grünen Koffer, ein braunes Portemonnaie **3.** weiße Hemden/Blusen, schwarze Anzüge/Kleider, gelbe T-Shirts, blaue Jeans **4.** rote Äpfel, blaue Weintrauben, weißen Spargel

3 Achtung! – rot, Frische – blau, Liebe – rot, Gefahr – rot, Erholung – grün, Gift – grün, Umwelt– grün, Wasser – blau, Kälte – blau, Wärme – rot, Trauer – schwarz, Sonne – gelb

4 **c) 1.** falsch **2.** richtig **3.** falsch **4.** richtig **5.** richtig **6.** falsch
d) 1. nehmen wahr **2.** beeinflussen **3.** beweist **4.** beurteilen **5.** arbeiten **6.** zählen **7.** verbinden **8.** steht

C1 **1.** hängt, Mutti hat die Lampe über den Tisch gehängt. **2.** Steht, Kurt hat den Sessel neben den Schreibtisch gestellt. **3.** Stehen, Oma hat die Blumen in die weiße Vase gestellt. **4.** Liegt, Ich habe den Brief in die Schublade gelegt. **5.** Hängt, Er hat das Handtuch ins Bad gehängt. **6.** Stehen, Ich habe die Teller in den Küchenschrank gestellt.

C2 **1.** setze **2.** liegt **3.** steht **4.** hängt **5.** setzen **6.** setze, liegt/sitzt **7.** stellen **8.** stehen **9.** hängt **10.** legen

C3 **a)** Schreibtischlampe/-stuhl, Heftklammer, Laserdrucker, Drehstuhl, Dokumentenmappe – Büro
b) Geschirrspüler, Kochtopf, Spülmittel, Elektroherd, Kaffeemaschine – Küche
c) Fernsehgerät, Sofatisch, Stehlampe, Bücherregal, Zeitungsständer – Wohnzimmer

C4 **1.** das, die Küche **2.** die, der Teppich **3.** der, die Etage **4.** der, die Kaffeemaschine **5.** das, die Pflanze **6.** die, der Verkehr **7.** das, der Fußballplatz **8.** die, das Restaurant **9.** die, das Freizeitangebot

C5 **1.** Bananen **2.** Tomaten **3.** Lachs

C6 **1.** der Stuhl **2.** das Glas **3.** das Messer **4.** der Teller **5.** das Fischmesser **6.** die Gabel **7.** die Kerze **8.** der Kerzenständer **9.** die Vase **10.** die Tischdecke **11.** die Serviette **12.** die Blumen *(Pl.)*

C7 **1.** Sushi ist eine japanische Spezialität, die man aus Reis, Gemüse und rohem Fisch zubereitet. **2.** Weißwurst ist eine typisch bayerische Wurst, die man aus Kalb- und Schweinefleisch zubereitet. **3.** Borschtsch ist eine russische Suppe, die man aus Rindfleisch, roter Bete und Weißkohl zubereitet. **4.** Züricher Geschnetzeltes ist ein Gericht aus der Schweiz, das man aus Kalbfleisch, Champignons, Zwiebeln und Sahne zubereitet. **5.** Rindercarpaccio ist eine italienische Vorspeise, die man aus rohem Rinderfilet, Parmesankäse, Olivenöl und Zitronensaft zubereitet.

C8 **1.** wenn **2.** wenn **3.** wenn **4.** Als **5.** Als **6.** wenn **7.** als **8.** wenn **9.** Als **10.** Wenn **11.** Wenn **12.** als **13.** Wenn **14.** Wenn

C9 **1.** zu **2.** –, zu **3.** zu, – **4.** zu, zu **5.** –, – **6.** zu, zu

C10 **1.** c **3.** d **4.** b **5.** e **6.** f

C11 **1.** heute Abend ins Kino zu gehen. **2.** einen Kleingarten zu mieten. **3.** hier zu rauchen. **4.** am Wochenende mein Wohnzimmer zu tapezieren. **5.** dein Zimmer aufzuräumen **6.** einen Klempner zu bestellen.

C12 **1.** Trotzdem hat er das Protokoll noch nicht geschrieben. **2.** Trotzdem hat er Oma nicht besucht. **3.** Trotzdem hat er zum Mittagessen Fisch gekocht. **4.** Trotzdem ist Peter im Park spazieren gegangen. **5.** Trotzdem hat er bis 3.00 Uhr eine Party gefeiert.

C13 **1.** Deshalb bin ich zu spät gekommen. **2.** Deshalb habe ich die Prüfung mit „GUT" bestanden. **3.** Deshalb haben wir den Auftrag erhalten. **4.** Deshalb haben wir das Problem rechtzeitig gelöst. **5.** Deshalb habe ich mir gestern einen neuen Fernseher gekauft.

C14 **1.** in die **2.** auf dem **3.** über das **4.** an der **5.** unter dem/auf dem/neben dem **6.** In den/Zwischen den/Unter den **7.** neben das **8.** im **9.** ins, ins **10.** am **11.** in den, im **12.** Am, in einem **13.** Zwischen dem, dem **14.** in

Kapitel 8

A1 a) Zeitungen sind die drei oben abgebildeten: Bildzeitung, Frankfurter Allgemeine, Die Welt
b) Politische Zeitschriften in Deutschland sind: der „Spiegel", der „Focus" und der „Stern"; populärwissenschaftliche Zeitschriften sind z. B.: „GEO" und „P.M."; „Psychologie heute" ist eine Fachzeitschrift und „Brigitte" und „Freundin" sind Frauenzeitschriften.

A2 a) **Der Spiegel:** Ereignisse in Deutschland und im Ausland; **GEO:** Technik, Natur oder Astronomie; **Brigitte:** Mode, Kosmetik, Familienleben, Psychologie

Hörtext:

Verkäuferin: Kann ich Ihnen helfen?
Herr Dupont: Guten Tag, ich bin gerade erst in Deutschland angekommen und möchte einige Zeitschriften kaufen. Was können Sie mir empfehlen?
Verkäuferin: Wofür interessieren Sie sich denn?
Herr Dupont: Vor allem für Politik, Wirtschaft und Wissenschaft.
Verkäuferin: Dann würde ich Ihnen den „Spiegel" empfehlen. Diese Zeitschrift erscheint wöchentlich und berichtet über politische Ereignisse in Deutschland und im Ausland. Die Artikel sind ziemlich lang, aber auch interessant.
Herr Dupont: Ah, hier steht ja auch was über die deutsch-französischen Beziehungen ... Diese Zeitschrift nehme ich auf jeden Fall. ... Und was für eine Zeitschrift ist die dort, rechts?
Verkäuferin: Diese hier? Das ist die GEO, eine populärwissenschaftliche Zeitschrift. Sie behandelt Themen aus Technik, Natur und auch Astronomie. In der letzten Nummer habe ich zum Beispiel einen spannenden Artikel über unser Sonnensystem gelesen.
Herr Dupont: Gut, die nehme ich auch. Ach ja, und ich brauche noch etwas für meine Frau. Sie spricht sehr gut Deutsch und liest gern mal eine deutsche Zeitschrift.
Verkäuferin: Vielleicht ist die „Brigitte" das Richtige für Ihre Frau. Sie beschäftigt sich mit Mode, Kosmetik, Familienleben – und ein bisschen Psychologie ist auch immer dabei. Sie hat auch Interviews mit berühmten Leuten.
Herr Dupont: Und viele Fotos ... Die kaufe ich dann, wenn ich zurückfahre. Jetzt nehme ich erst einmal den „Spiegel" und GEO.
Verkäuferin: Insgesamt macht das 9,50 Euro. Danke sehr. Viel Spaß beim Lesen!
Herr Dupont: Vielen Dank, auf Wiedersehen.

A4 a) **1.** der **2.** die **3.** die **4.** der **5.** das **6.** die **7.** die **8.** der **9.** die **10.** das **11.** die **12.** der **13.** die **14.** die
b) **1.** Bilder/Fotos **2.** Journalist, Informationen **3.** Anzeige **4.** Politik **5.** Regenbogenpresse, Artikel/Berichte

A5 **1.** Aufruf im Internet **2.** Eröffnung der Leipziger Buchmesse **3.** Banken verschlafen neuen Trend **4.** Kuh klingelt **5.** Lotto-Glück **6.** Kaffeefirma verkauft Billigtickets

A6 **1.** Sonderaktion, Städte **2.** Aussteller, Besucher **3.** Geldvermögens, Kunden **4.** Vorschläge, Bereichen **5.** Überraschung **6.** Vorteil

A7 a) **2.** g **3.** b **4.** a **5.** h **6.** f **7.** d **8.** k **9.** c **10.** j **11.** i
b) **1.** verkauft **2.** unterbietet **3.** präsentieren **4.** interessieren **5.** aufbauen **6.** machen **7.** werden

A8 **1.** wird eröffnet **2.** werden erwartet **3.** wird geprüft

A9 **1.** beraten **2.** werden geplant **3.** werden gemacht **4.** werden verkauft **5.** werden abgebaut **6.** wird gestreikt **7.** werden erhöht **8.** werden geführt **9.** wird gewählt

A10 **1.** falsch **2.** richtig **3.** falsch **4.** richtig **5.** richtig **6.** falsch **7.** falsch **8.** richtig

Hörtext:

Es ist 8.00 Uhr, Sie hören die Kurznachrichten.
Der deutsche Wirtschaftsminister ist heute nach Moskau gereist. Er trifft sich am Nachmittag mit seinem russischen Amtskollegen zu einem Vier-Augen-Gespräch. Geplante Themen sind unter anderem die Erdölpipeline und die Wirtschaftsbeziehungen zwischen beiden Ländern. Der Minister wird von führenden Wirtschaftsvertretern begleitet.

Es soll im nächsten Jahr keine Steuererhöhungen geben, das teilte heute der Finanzminister mit. Neben seiner Ablehnung der Steuererhöhung sprach sich der Finanzminister auch gegen eine Einführung einer Steuer für Reiche aus. Einige Mitglieder der SPD hatten eine Steuererhöhung für Menschen mit einem Einkommen von mindestens 500 000 Euro im Jahr gefordert. „Ich glaube nicht, dass wir mit Extra-Steuern für reiche Bürger den Haushalt sanieren können", sagte der Finanzminister heute früh im Deutschlandfunk.

Seit zwei Wochen streiken die Ärzte für bessere Arbeitsbedingungen. An den Universitätskliniken in allen großen deutschen Städten werden zurzeit nur Notfälle behandelt. Die Ärztevereinigung „Marburger Bund" will heute mit den Krankenhausleitungen über eine Honorarerhöhung für Assistenzärzte und eine Arbeitszeitverkürzung sprechen. Wenn die Gespräche positiv ausgehen, nehmen die Ärzte ab morgen ihre Arbeit wieder auf.

Kapitel 8

Eine 41-jährige Verkäuferin verhinderte gestern einen Raub in einem Hamburger Supermarkt. Als ein maskierter Mann an der Kasse eine Kollegin mit einem Messer bedrohte, schlug die Hamburgerin mit einem Besen auf den Räuber ein. Daraufhin ließ der Räuber das Messer fallen und versuchte zu fliehen. Die Flucht endete an der Supermarkttür, weil die Tür um 20.00 Uhr automatisch schloss. Als die Polizei eintraf, konnte sie den Räuber problemlos festnehmen.

Und nun zum Sport. Der FC Bayern München gewann gestern Abend das Pokalendspiel gegen Eintracht Frankfurt mit 1:0. Bayerntorhüter Bruno Ball rettete in der zweiten Halbzeit mit einer großartigen Leistung den Sieg für die Bayern.

Das Wetter wird heute freundlich bis heiter. Die Tagestemperaturen liegen bei 17 bis 18 Grad. Im Norden ist es überwiegend sonnig, nur in Bayern sind einzelne Regenschauer zu erwarten.

1 **1.** gereist **2.** getroffen **3.** gefordert **4.** bedroht **5.** festgenommen **6.** gewonnen

2 **a) Der FC Heidelberg ist deutscher Fußballmeister!:** Gestern fand das Endspiel um die Fußballmeisterschaft statt. Der legendäre Stürmer Franz Freitag schoss alle vier Tore für Heidelberg. Trainer Siegfried Fröhlich war über den Sieg sehr glücklich. In Heidelberg feierten viele Menschen den Sieg auf den Straßen. Die Stimmung in Zwickau dagegen war schlecht.
Flugzeugabsturz in Afrika: Heute früh gegen 10.30 Uhr stürzte ein Flugzeug in Afrika ab. 89 Menschen kamen ums Leben. Ein Baby überlebte den Unfall. Das Baby liegt jetzt im Krankenhaus.
Streik in Hamburg und Berlin: Die Gewerkschaft organisierte einen Streik. Die Mitarbeiter wollen mehr Lohn. Seit dem 5.9. haben sie den Müll nicht mehr eingesammelt. Die Landesregierung und die Gewerkschaft haben Verhandlungen geführt, aber sie haben noch keinen Kompromiss gefunden. Die Müllberge wachsen auf der Straße. Die Einwohner sind mit der Situation unzufrieden.
b) 1. Innenpolitik **2.** Katastrophen **3.** Kultur **4.** Außenpolitik **5.** Sport **6.** Wirtschaft

13 **a) 1.** alternative Energien **2.** Abfall **3.** Naturkatastrophen **4.** Luftverschmutzung **5.** Klima **6.** Energieverbrauch
b) 1. alternative Energien **2.** Klima **3.** Naturkatastrophen **4.** Energieverbrauch **5.** Abfall

14 **(Beispielsätze) 1.** Ich glaube, die Temperaturen steigen/dass die Temperaturen steigen **2.** Ich denke, die Naturkatastrophen nehmen zu/dass die Naturkatastrophen zunehmen **3.** Ich glaube, der Energieverbrauch steigt/dass der Energieverbrauch steigt. **4.** Ich denke, die Luftverschmutzung nimmt zu/dass die Luftverschmutzung zunimmt. **5.** Ich glaube, der Verkehr nimmt zu/dass der Verkehr zunimmt. **6.** Ich denke, die Verpackungsabfälle werden immer mehr/dass die Verpackungsabfälle immer mehr werden.

15 etwas steigt – etwas sinkt, etwas nimmt zu – etwas nimmt ab, etwas wird mehr – etwas wird weniger, etwas verändert sich – etwas bleibt gleich

17 **a) 1.** richtig **2.** falsch **3.** richtig **4.** falsch **5.** richtig
b) der Umweltschutz, der Umwelttrend, die Umweltkatastrophen, die Umweltverschmutzung; die Verpackungsabfälle, der Verpackungsmüll; die Luftverschmutzung; der Energieverbrauch; der Naturschutz, die Naturkatastrophe

18 **1.** Man sollte neue Konzepte entwickeln. **2.** Man sollte den Benzinpreis erhöhen. **3.** Man sollte keine Produkte mit großen Verpackungen kaufen. **4.** Wir sollten weniger Energie verbrauchen. **5.** Wir sollten den Benzinverbrauch senken.

A19 **(Beispielsätze) Ich bin der Meinung, dass … 1.** der Staat die Steuern erhöhen sollte. **2.** die Arbeitgeber die Arbeitszeiten verkürzen sollten. **3.** alle Menschen bis zum 70. Lebensjahr arbeiten sollten. **4.** die Preise für öffentliche Verkehrsmittel niedriger werden sollten. **5.** die Stadt mehr Häuser mit Nutzung der Sonnenenergie bauen sollte. **6.** die Supermärkte keine Plastiktüten mehr verkaufen sollten. **7.** alle Menschen mehr auf ihren Energieverbrauch achten sollten. **8.** die Politiker seltene Tiere besser beschützen sollten **9.** die Politiker mit kleineren Autos fahren sollten. **10.** mehr Menschen zu Hause Urlaub machen sollten.

A20 **(Beispielsätze) 1.** Ich bin ganz deiner Meinung. **2.** Ich denke darüber genauso. **3.** Ich bin dagegen. **4.** Mit dem Vorschlag bin ich einverstanden. **5.** Ich bin dafür. **6.** Ich kann dir nicht zustimmen. **7.** Damit bin ich nicht einverstanden.

A22 1901 – die Büroklammer, 1927 – der Kühlschrank, 1929 – der Fernseher, 1931 – der elektrische Rasierapparat, 1941 – der Z1, 1948 – die Sofortbildkamera, 1956 – das Faxgerät, 1971 – der Airbag, 1973 – das Handy, 1987 – das MP3-Format

A25 **1.** Eine Waschmaschine wird gebraucht, um Wäsche zu waschen. **2.** Eine Kaffeemaschine wird gebraucht, um Kaffee zu kochen. **3.** Ein Kühlschrank wird gebraucht, um Speisen und Getränke zu kühlen. **4.** Ein Geldautomat wird gebraucht, um Geld (vom Konto) abzuheben. **5.** Ein Elektroherd wird gebraucht, um Essen zu kochen. **6.** Eine Stereoanlage wird gebraucht, um Musik zu hören. **7.** Eine Fotokamera wird gebraucht, um schöne Fotos zu machen/um zu fotografieren. **8.** Ein Föhn wird gebraucht, um sich die Haare zu trocknen. **9.** Ein Fahrscheinautomat wird gebraucht, um eine Fahrkarte zu kaufen. **10.** Ein Bügeleisen wird gebraucht, um Wäsche zu bügeln. **11.** Eine Brotbackmaschine wird gebraucht, um Brot zu backen.

A27 Es handelt sich um einen Föhn und um eine Mikrowelle.

A28 **a)** Man muss das Gerät an eine Steckdose anschließen, die gewünschte Stufe mit dem Schalter einstellen, nach dem Gebrauch den Netzstecker ziehen, im Fall von Überhitzung das Gerät sofort ausschalten, die Taste „Stopp" drücken, den Knopf „Leistung" nach rechts drehen. Man darf das Gerät nur am Griff anfassen, das Gerät nicht in der Nähe von Wasser benutzen. Man kann nach einer Abkühlungsphase das Gerät wieder einschalten.
b) 1. eine Taste/einen Knopf/einen Schalter **2.** einen Vorgang **3.** eine Tür **4.** ein Gerät

A29 **1.** b **2.** d **3.** a **4.** c

A30 **Gerät 1:** Kaffeemaschine; **Gerät 2:** Waschmaschine; **Gerät 1:** der Wassertank, der Filter, die Kanne, die Wassermeng der Deckel; **Gerät 2:** die Temperatur, das Waschprogramm, der Programmwähler, die Trommel, das Fenster, die Wc

Hörtexte:

Kaffeemaschine

Verkäuferin: Also, mit dieser Taste können Sie das Gerät ein- und ausschalten. Füllen Sie das Gerät zuerst mi frischem Wasser auf.
Kunde: Kann ich es auch mit Mineralwasser auffüllen? Oder mit Milch?
Verkäuferin: Nein, das sollten Sie nie tun. Gießen Sie immer frisches, kaltes Wasser in den Wassertank, nie etwas anderes. Die Wassermenge können Sie hier an der Seite ablesen, sehen Sie hier ...
Kunde: Aja ...
Verkäuferin: Danach müssen Sie den Filter mit dem Kaffee hier oben einsetzen. Hier unten kommt dann die Kanne hin. Sie müssen aufpassen, dass auf der Kanne immer der Deckel ist, sonst läuft der Kaffe nicht durch. Drücken Sie dann diese rote Taste.
Kunde: So einfach ist das?
Verkäuferin: Ja, so einfach ist das.

Waschmaschine

Verkäuferin: Kommen Sie, ich erkläre Ihnen, wie die Maschine bedient wird. Es ist nicht schwer ... Durch dieses Fenster können Sie die Wäsche in die Maschine geben. Machen Sie die Maschine immer voll, das ist besser für die Umwelt.
Kunde: Ja, aber werden die Sachen sauber, wenn die Maschine ganz voll ist?
Verkäuferin: Aber natürlich. Das hier ist der Programmwähler. Damit können Sie die Programme auswählen, und hier rechts können Sie die Waschtemperatur einstellen. Sie müssen den Schalter nur auf die gewünschte Temperatur stellen.
Kunde: Also das mit der Temperatur verstehe ich ja, aber was meinen Sie mit Waschprogramm?
Verkäuferin: Nun, es gibt verschiedene Programme, für weiße Wäsche, bunte Wäsche oder zum Beispiel Wolle. Wolle muss man sehr vorsichtig waschen.
Kunde: Ach so.
Verkäuferin: Wenn Sie also das Waschprogramm und die Temperatur eingestellt haben, drücken Sie auf die Starttaste. Nach dem Waschen schaltet die Maschine automatisch aus. Dann können Sie die Wäsche aus der Trommel nehmen.
Kunde: Ist die Wäsche dann ganz trocken?
Verkäuferin: Nein, dazu brauchen Sie einen Wäschetrockner.
Kunde: Oh nein, nicht noch eine Maschine. Dann nehme ich nur diese hier ...

B3 **a) 1.** Deutsche Bundestag **2.** Bundeskanzler/Bundeskanzlerin **3.** Bundeshaushalt **4.** Bundeswehr **5.** das Grundgesetz
b) 1. der Bundestag **2.** Hauptstadt, Regierungssitz **3.** Volk **4.** Wahlperiode **5.** der Bundeskanzlerin/dem Bundeskanzler **6.** Verfassung, Bundeswehr **7.** Abgeordnete

B5 **b)** 1933 brannte das Reichstagsgebäude. 1945 war der Reichstag das militärische Endziel der Sowjetarmee. 1961 wurde die Berliner Mauer gebaut. 1961 wurde aus dem Reichstagsgebäude ein Geschichtsdenkmal. 1991 beschloss der Bundestag, das Gebäude wieder zum Parlamentssitz (Sitz des Bundestages) zu machen. 1995 packten die Künstler Christo und Jeanne-Claude das Gebäude in Stoff ein. 1999 wurde der Reichstag wieder eröffnet.

C1 **1.** Ja, die Wände werden gerade neu gestrichen. **2.** Ja, das Wohnzimmer wird gerade tapeziert. **3.** Ja, der Garten wird gerade in Ordnung gebracht. **4.** Ja, die Waschmaschine wird gerade repariert. **5.** Ja, die Garage wird gerade umgebaut. **6.** Ja, meine neuen Küchenmöbel werden gerade eingebaut. **7.** Ja, das ganze Haus wird gerade renoviert. **8.** Ja, das Dach wird gerade repariert.

C2 **1.** Beim Friseur werden Haare geschnitten und geföhnt. **2.** In der Apotheke werden Medikamente verkauft. **3.** Beim Arzt werden Patienten untersucht. **4.** Beim Bäcker werden Brötchen gebacken und verkauft. **5.** Bei BMW werden Autos zusammengebaut. **6.** Auf einer Hochzeitsfeier wird viel gegessen und getrunken.

C3 **1.** Wann werden sie endlich geputzt? **2.** Wann wird sie endlich repariert? **3.** Wann wird es endlich geöffnet? **4.** Wann werden sie endlich geliefert? **5.** Wann wird es endlich aufgeräumt? **6.** Wann wird er endlich abgeschickt?

C4 **1.** *Junior* wird in vielen kinderfreundlichen Geschäften kostenlos angeboten. **2.** Es werden interessante Themen wie Sport, Musik und Technik behandelt. Auch Film- und Büchertipps werden in der Zeitschrift gegeben.

1. Alle vier Jahre wird in Deutschland ein neues Parlament gewählt. **2.** Im letzten Jahr wurden die Steuern erhöht. **3.** Die Automobilausstellung wurde gestern eröffnet. **4.** Im letzten Jahr wurden 10 000 Billigtickets verkauft.

2. h **3.** d **4.** g **5.** a **6.** c **7.** e **8.** f

1. führen **2.** verhaften **3.** zahlen **4.** präsentieren **5.** anbieten

1. Für **2.** über **3.** mit **4.** über **5.** an **6.** gegen **7.** auf

Wirtschaft: Besucher; **Kunst:** Überschwemmung; **Wissenschaft:** Unterhaltung; **Sport:** sammeln; **Umwelt:** Gehaltserhöhung; **Urlaub:** Kopiergerät

0 **der:** Kühlschrank, Fernseher, Laptop, MP3-Spieler, Elektroherd, Föhn, Geldautomat, Rasierapparat, Schalter
die: Geschirrspülmaschine, Mikrowelle, Stereoanlage, Zahnbürste, Fotokamera, Erfindung, Taste, Steckdose
das: Handy, Faxgerät, Telefon

1 **1.** Ich gehe ins Reisebüro, um eine Reise zu buchen. **2.** Ich fahre nach Afrika, um Tiere zu fotografieren. **3.** Ich fahre an den Südpol, um Pinguine zu sehen. **4.** Ich lese ein Buch über die Alpen, um mich zu informieren. **5.** Ich esse so viel, um zuzunehmen. **6.** Ich rufe jetzt Herrn König an, um einen Termin zu vereinbaren. **7.** Ich brauche ein Auto, um zur Arbeit zu fahren. **8.** Ich lerne Deutsch, um mit Kollegen auf Deutsch zu sprechen. **9.** Ich fahre nach London, um an einer Konferenz teilzunehmen. **10.** Ich fahre nach Frankreich, um Französisch zu lernen. **11.** Ich brauche dieses Gerät, um (ein) Brot zu backen.

2 **1.** um die Tür zu öffnen **2.** um die Leistungsstufe zu wählen **3.** um die Temperatur einzustellen **4.** um den Vorgang zu unterbrechen **5.** um das Gerät anzuschließen **6.** um das Essen zu erwärmen

3 **1.** Auf **2.** In **3.** im, für **4.** In, beim **5.** aus **6.** auf **7.** mit **8.** für **9.** für **10.** zum, auf **11.** mit **12.** in

4 **1.** bei seiner **2.** beim **3.** aus den, aus der **4.** Mit **5.** Zum **6.** nach dem **7.** aus **8.** seit, von **9.** nach **10.** zum **11.** mit dem, mit der **12.** mit einem **13.** seit einer **14.** von deinem **15.** seit einer **16.** mit seiner **17.** von einem

ɨesamtwiederholung

15 **1.** sich **2.** dich **3.** sich **4.** uns **5.** mich **6.** sich

16 **1** ist geflogen **2.** Habt gelöst **3.** hast eingekauft **4.** bist aufgestanden **5.** habt gegessen **6.** habt übernachtet **7.** hast gelesen **8.** Hat repariert

17 wohnte – machte – studierte – begann – war – gewann

18 **1.** Jutta sollte Frau Schreiber zurückrufen. **2.** Die Praktikantin musste das Protokoll schreiben. **3.** Vor dem Eingang durfte man nicht parken. **4.** Peter wollte gern mal nach New York fliegen.

19 **1.** wäre **2.** würde **3.** hätte **4.** wäre **5.** würde **6.** wäre

:20 **1.** Hätten Sie heute Zeit? **2.** Würden/Könnten Sie mir den Weg zur Kantine zeigen? **3.** Würden/Könnten Sie bitte den Kopierer ganz schnell reparieren? **4.** Könnten Sie mich vom Bahnhof abholen?

:21 **1.** Vielleicht solltest du einen Sprachkurs besuchen. **2.** Vielleicht solltest du abends nicht mehr fernsehen. **3.** Vielleicht solltest du ein paar Fahrstunden nehmen.

:22 **1.** die **2.** die **3.** die **4.** der **5.** das **6.** die **7.** die **8.** das

:23 **1.** keins **2.** eine **3.** welche **4.** keinen **5.** eins **6.** welche

C24 **1.** mit einem alten Auto **2.** mit einem großen Balkon, mit einer schönen Aussicht **3.** mit deiner neuen Freundin, mit deinem kleinen Bruder

C25 große – tollen – französischen – kleinen – leckeres – spanischen – griechische – Herzliche

C26 **1.** kältesten **2.** gern – lieber – am liebsten **3.** groß – größer – am größten **4.** frisch – frischer – am frischesten **5.** gut – besser – am besten

C27 **1.** nicht, keine **2.** nicht **3.** nicht **4.** keinen

C28 **1.** niemand **2.** nichts **3.** nie **4.** nichts

C29 **1.** mir **2.** mich **3.** mir **4.** mir **5.** mich

C30 **1.** an **2.** für **3.** für **4.** in **5.** an **6.** mit

C31 **1.** am **2.** am **3.** am **4.** im **5.** am

C32 **1.** nach **2.** im **3.** über dem **4.** ins **5.** im **6.** zum

C33 **1.** steht **2.** legt/legte **3.** stellt/stellte **4.** hängt **5.** sitze/saß **6.** stellen **7.** liegt/steht, liegt **8.** setzen

C34 **1.** wenn **2.** denn **3.** weil **4.** wenn

C35 **a) 1.** weil **2.** obwohl **3.** obwohl **4.** weil; **b) 1.** trotzdem **2.** deshalb **3.** deshalb **4.** trotzdem

C36 **1.** wo **2.** was **3.** wer **4.** wie lange **5.** warum **6.** wie viele **7.** wo

C37 **1.** ob **2.** dass **3.** dass **4.** ob **5.** dass **6.** ob

C38 **1.** das **2.** dem **3.** die **4.** der **5.** die **6.** dem **7.** der

C39 **1.** wenn **2.** als **3.** wenn **4.** als **5.** wenn **6.** als **7.** als

C40 **1.** nachts durch die Straßen zu laufen. **2.** viel zu schlafen **3.** hier zu parken **4.** alle Aufgaben ohne Fehler zu macher

Anhang

Übungstest zur Vorbereitung auf START DEUTSCH 2

HÖREN

1. **1.** Helga eine E-Mail mit den Hausaufgaben schicken **2.** 0170-6 67 31 87 **3.** Theater **4.** Excel funktioniert nicht (meh
5. (am) 9. März

2. **1.** a **2.** c **3.** b **4.** b **5.** a

3. **Laura:** d; **Eva:** h; **Matthias:** f; **Evas Kollegen:** a; **Chef:** c; **Sprachlehrer:** g

LESEN

4. **1.** b **2.** b **3.** b **4.** c **5.** a/b

5. **1.** falsch **2.** richtig **3.** falsch **4.** falsch **5.** richtig

6. **1.** h **2.** e **3.** a **4.** g **5.** –

SCHREIBEN

7. **Postleitzahl, Ort:** Baltimore MD 22124; **Veranstaltung:** Berlin-Alexanderplatz; **Anzahl Karten:** 2, **Ermäßigung:** nein;
Sind Sie ein regelmäßiger Besucher der Volksbühne? nein; **Von wem haben Sie über die Volksbühne gehört?**
von einem (deutschen) Freund

Begegnungen

SCHUBERT

A7 Welche Erklärung passt?

a) Ordnen Sie zu.

(1)	die Sonderaktion	(a)	die Organisatoren
(2)	Billigangebote unterbieten	(b)	ein Schriftsteller liest etwas aus seinem Buch vor
(3)	die Lesung	(c)	auch
(4)	die Veranstalter	(d)	Angestellter des Staates
(5)	Desinteresse	(e)	eine einmalige Aktion
(6)	Umstrukturierung	(f)	eine Firma bzw. Bank will effektiver arbeiten
(7)	Beamter	(g)	noch billiger sein als die „Billigangebote"
(8)	etwas verheimlichen	(h)	kein Interesse haben
(9)	ebenfalls	(i)	Kühen etwas zu essen geben
(10)	Handy	(j)	Mobiltelefon
(11)	Kühe füttern	(k)	niemandem etwas erzählen

b) Ergänzen Sie die Verben.

interessieren ♦ präsentieren ♦ machen ♦ werden ♦ aufbauen ♦ verkaufen ♦ unterbieten

1. Die Kaffeefirma Tchibo .... in einer Sonderaktion Europa-Flüge der Lufthansa.
2. Mit Preisen ab 79 Euro .... die Lufthansa ihre eigenen Billigangebote.
3. 2162 Aussteller aus 36 Ländern .... ihre neuen Bücher.
4. Doch nur 30 Prozent der Bankmanager .... sich für ältere Menschen.
5. Jüngere Bankberater können keinen guten Kontakt zu älteren Menschen ....
6. Die Einwohner von Hamburg können im Internet Vorschläge für die Sanierung des Haushalts ....
7. Handys .... immer kleiner und stabiler.

A8 Lesen Sie die folgenden Sätze aus den Texten.

Unterstreichen Sie die Verben.

- Die Direktflüge werden in insgesamt 21 europäische Städte angeboten.

1. Die Leipziger Buchmesse wird heute Abend im Gewandhaus feierlich eröffnet.
2. In Leipzig werden 130 000 Besucher erwartet.
3. Jeder Vorschlag wird von Beamten der Stadt geprüft.

Passiv: Präsens

➪ Teil C Seite 234

Die Lufthansa bietet Direktflüge in 21 europäische Städte an. → Aktiv
In diesem Satz ist *die Lufthansa* (Person oder Institution) das Wichtigste.

Die Direktflüge werden in 21 europäische Städte angeboten. → Passiv
In diesem Satz ist *das Angebot* (der Vorgang) das Wichtigste.

Bei Nachrichten spielt der Vorgang eine große Rolle, deshalb benutzt man oft das Passiv.

Bildung des Passivs

	Aktiv	Passiv
anbieten	Die Lufthansa bietet Direktflüge an.	Direktflüge *werden* angeboten.
eröffnen	Der Bürgermeister eröffnet die Messe.	Die Messe *wird* eröffnet.
		→ *werden* + Partizip II

A9 Ergänzen Sie in den Passivsätzen die richtigen Verbformen.

♦	Die Polizei verhaftet den Täter.	Der Täter *wird verhaftet.*
1.	Der Bankmitarbeiter berät die Kunden.	Die Kunden werden ....
2.	Die Veranstalter planen 1800 Lesungen.	1800 Lesungen ....
3.	Die Einwohner machen Vorschläge.	Vorschläge ....
4.	Die Geschäfte verkaufen immer mehr Handys.	Immer mehr Handys ....
5.	Die Firma ASSA baut im nächsten Jahr 1000 Arbeitsplätze ab.	Im nächsten Jahr .... 1000 Arbeitsplätze ....
6.	Seit gestern streiken die Mitarbeiter der Coca-Cola Getränke AG in Berlin.	Seit gestern .... bei der Coca-Cola Getränke AG ....
7.	Ab 1.1. erhöht die Bundesregierung die Steuern.	Die Steuern ....
8.	Der Finanzminister führt Gespräche über Sparmaßnahmen.	Gespräche über Sparmaßnahmen ....
9.	Heute wählen die Bürger ein neues Parlament.	Ein neues Parlament ....

A10 Hören Sie die Nachrichten. 2.20

Was ist richtig, was ist falsch? Kreuzen Sie an.

		richtig	falsch
1.	Der Wirtschaftsminister war letzte Woche in Moskau.	❒	❒
2.	Er will mit dem russischen Wirtschaftsminister über die wirtschaftlichen Beziehungen zwischen Deutschland und Russland sprechen.	❒	❒
3.	Der Finanzminister will, dass reiche Leute mehr Steuern bezahlen.	❒	❒
4.	Seit zwei Wochen streiken in Deutschland die Ärzte.	❒	❒
5.	Zurzeit werden in Universitätskliniken nur Notfälle behandelt.	❒	❒
6.	Gestern überfiel eine 41-jährige Verkäuferin einen Hamburger Supermarkt.	❒	❒
7.	Eintracht Frankfurt ist Pokalsieger.	❒	❒
8.	Morgen wird es überwiegend sonnig.	❒	❒

A11 Ergänzen Sie die Verben im Partizip II.

bedrohen ♦ fordern ♦ gewinnen ♦ festnehmen ♦ reisen ♦ treffen

1. Der deutsche Außenminister ist am Freitag nach London ....
2. Er hat sich dort mit seinem britischen Amtskollegen zu einem Vier-Augen-Gespräch ....
3. Einige Mitglieder der Opposition haben den Rücktritt des Umweltministers ....
4. Ein ungefähr 30-jähriger Mann hat heute die Kassiererin in der Sparkasse mit einem Messer ....
5. Die Polizei hat den Räuber sofort ....
6. Beim Weltcuprennen in Garmisch-Partenkirchen hat Fritz Lustig den Abfahrtslauf der Herren ....

A12 Schlagzeilen

a) Lesen Sie diese Schlagzeilen. Schreiben Sie dazu kleine Texte.

4:0 gegen Lokomotive Zwickau:
Der FC Heidelberg ist deutscher Fußballmeister!

- gestern – das Endspiel um die Fußballmeisterschaft – stattfinden
- der legendäre Stürmer Franz Freitag – alle vier Tore – für Heidelberg – schießen
- Trainer Siegfried Fröhlich – über den Sieg – sehr glücklich sein
- in Heidelberg – viele Menschen – den Sieg – auf den Straßen – feiern
- die Stimmung in Zwickau dagegen – schlecht sein

Flugzeugabsturz in Afrika
89 Menschen starben, ein Baby überlebte!

- heute früh gegen 10.30 Uhr – Flugzeug – in Afrika – abstürzen
- 89 Menschen – ums Leben kommen
- ein Baby – den Unfall – überleben
- das Baby – jetzt – Krankenhaus – liegen

Streik in Hamburg und Berlin
Seit 4 Wochen sammelt niemand mehr den Müll ein!

Gewerkschaft:	Streik organisieren
Mitarbeiter:	mehr Lohn wollen ♦ seit 5.9.: den Müll nicht einsammeln
Landesregierung und Gewerkschaft:	Verhandlungen führen ♦ noch keinen Kompromiss finden
Müllberge auf der Straße:	wachsen
Einwohner:	unzufrieden sein mit der Situation

b) Welche Rubriken passen zu den Wörtern und Wendungen? Ordnen Sie zu.

Wirtschaft ♦ Katastrophen ♦ Außenpolitik ♦ Kultur ♦ Sport ♦ Innenpolitik

1.	2.	3. ....
Verhandlungen führen ♦ Gewerkschaften: einen Streik organisieren ♦ mehr Geld fordern ♦ weniger arbeiten wollen ♦ Steuern erhöhen ♦ den Finanzhaushalt sanieren ♦ Geld ausgeben/sparen ♦ Vorschläge machen	Bombenanschlag ♦ Flugzeugabsturz ♦ Überschwemmungen ♦ Erdbeben ♦ Häuser werden zerstört ♦ ums Leben kommen/sterben ♦ Menschen werden verletzt ♦ ein Unglück überleben	eine Ausstellung/Buchmesse wird eröffnet ♦ Kunstwerke werden gezeigt ♦ Lesungen finden statt ♦ Veranstaltungen werden geplant/durchgeführt ♦ Besucher werden erwartet

4.	5.	6. ....
der Außenminister reist heute nach … ♦ ein Vier-Augen-Gespräch führen ♦ die Gesprächsthemen sind …	gewinnen ♦ verlieren ♦ Meister werden ♦ eine Medaille holen/gewinnen ♦ sich freuen über … ♦ einen Sieg feiern	umstrukturieren ♦ Mitarbeitern kündigen ♦ Arbeitsplätze schaffen ♦ ein Angebot machen/unterbieten ♦ eine Sonderaktion starten

c) Produzieren Sie mit Ihrer Nachbarin/Ihrem Nachbarn selbst Schlagzeilen. Verwenden Sie dazu Wörter und Wendungen aus Teil b).

Neues zum Thema *Umwelt*

A13 Was passt?

a) Welche Begriffe passen zu den Zeichnungen? Ordnen Sie zu.

Luftverschmutzung • alternative Energien • Naturkatastrophen • Abfall • Klima • Energieverbrauch

1

....

2

....

3

....

4

....

5

....

6

....

b) Ordnen Sie die Oberbegriffe aus Teil a) zu.

- Autoabgase, CO_2 — *Luftverschmutzung*
1. die Windenergie, das Windrad, die Sonnenenergie ....
2. die Veränderung, extreme Temperaturen ....
3. Überschwemmungen, Orkane, die Trockenheit ....
4. elektrische Geräte, die Straßenbeleuchtung, beleuchtete Werbung ....
5. Verpackungen, leere Plastikflaschen ....

A14 Wie verläuft die Entwicklung im Moment?

a) Vermuten Sie. Bilden Sie Sätze.

- Klima: sich verändern/gleich bleiben — *Ich glaube/denke, das Klima verändert sich.*
1. Temperaturen: steigen/sinken/extremer werden ....
2. Naturkatastrophen: zunehmen/abnehmen ....
3. Energieverbrauch: steigen/sinken/gleich bleiben ....
4. Luftverschmutzung: zunehmen/abnehmen/gleich bleiben ....
5. Verkehr: zunehmen/abnehmen/gleich bleiben ....
6. Verpackungsabfälle: immer mehr/weniger werden ....

A15 Wie heißt das Gegenteil?

etwas steigt ↑ ↓ etwas ....
etwas nimmt zu ↑ ↓ etwas ....
etwas wird mehr ↑ ↓ etwas ....
etwas verändert sich ⟷ etwas ....

A16 Lesen und hören Sie den Text. 2.21

Vergleichen Sie die Trends mit Ihren Vermutungen.

Umweltprobleme in Europa

Die Europäische Umweltagentur in Kopenhagen fordert in ihrem Jahresbericht „verstärkte Maßnahmen in den wichtigsten Bereichen des Umweltschutzes". Der Bericht untersuchte die Umwelttrends in 31 europäischen Staaten.

Klima: Es gibt immer mehr Anzeichen für eine Veränderung des Klimas. Die Gletscher gehen zurück und einige Tier- und Pflanzenarten in den Weltmeeren sind bedroht.

Naturkatastrophen: Die Anzahl der Naturkatastrophen hat sich in den letzten Jahren verdoppelt. Die jährlichen Durchschnittskosten für die Folgen der Katastrophen betragen ungefähr zehn Milliarden Euro, mit steigender Tendenz.

Energieverbrauch: Der Energieverbrauch nimmt weiter zu. Alternative Energien (z. B. Sonnen- oder Windenergie) können helfen, den Rohstoffverbrauch zu reduzieren. Auch im Bereich des Verkehrs müssen die Regierungen neue Konzepte finden.

Luftverschmutzung: Viele Menschen in europäischen Großstädten leiden unter Luftverschmutzung durch Staub und Ozon. Das hat negative Folgen für die Gesundheit der Menschen.

Verpackungsabfälle: Auch immer mehr Müll bereitet Probleme: Es gibt zu viele Verpackungen. Die Politik muss etwas gegen die steigenden Verpackungsabfälle tun.

A17 Was ist richtig, was ist falsch?

a) Kreuzen Sie an.

		richtig	falsch
1.	Es gibt immer weniger Tier- und Pflanzenarten.	❐	❐
2.	Man kann nicht deutlich sehen, dass sich das Klima verändert.	❐	❐
3.	Die Folgen der Naturkatastrophen kosten sehr viel Geld.	❐	❐
4.	Der Verkehr hat mit den Energieproblemen nichts zu tun.	❐	❐
5.	Die Verpackungen verursachen steigende Müllprobleme.	❐	❐

b) Was kann man verbinden? Bilden Sie Komposita.

die Umwelt	der Schutz
die Verpackung	der Trend
das Klima	die Abfälle *(Pl.)*
die Luft	der Müll
die Energie	der Verbrauch
die Natur	die Katastrophen *(Pl.)*
	die Veränderung
	die Verschmutzung

der Klimaschutz, die Klimakatastrophen, die Klimaveränderung ....
....
....
....
....

A18 Schlagen Sie Veränderungen vor.

- Der Energieverbrauch nimmt weiter zu. *(mehr alternative Energien nutzen)*
  Man sollte/Wir sollten mehr alternative Energien nutzen.

1. Der Verkehr nimmt zu. *(neue Konzepte entwickeln)*

   ....

2. Immer mehr Menschen fahren mit dem Auto. *(Benzinpreis erhöhen)*

   ....

3. Der Verpackungsmüll wächst. *(keine Produkte mit großen Verpackungen kaufen)*

   ....

4. Wir verbrauchen zu viel Energie. *(weniger Energie verbrauchen)*

   ....

5. Die Luftverschmutzung ist hoch. *(Benzinverbrauch senken)*

   ....

Redemittel: Ihre Meinung

Sagen Sie Ihre Meinung!	Ich bin der Meinung/Ansicht, dass … Meiner Meinung nach … Ich glaube/Ich denke/Ich meine, dass …
Zustimmung:	Ich bin ganz/völlig deiner/Ihrer Meinung. Das finde ich auch. Ich denke darüber genauso. Ich bin mit *(Ihrem Vorschlag)*/damit einverstanden. Ich bin für *(Ihren Vorschlag)*/dafür.
Ablehnung:	Ich bin ganz/völlig anderer Meinung. Ich kann dir/Ihnen nicht zustimmen. Ich bin damit nicht einverstanden./Damit bin ich nicht einverstanden. Ich bin gegen *(Ihren Vorschlag)*/dagegen.

A19 Äußern Sie Ihre Meinung in Dialogen.

Formulieren Sie einen Vorschlag. Stimmen Sie zu oder lehnen Sie ab.

- alle Menschen – am Wochenende – mit dem Fahrrad – fahren

□ Ich bin der Meinung, dass alle Menschen am Wochenende mit dem Fahrrad fahren sollten.
Meiner Meinung nach sollten alle Menschen am Wochenende mit dem Fahrrad fahren.

◊ Ich bin ganz deiner/Ihrer Meinung.
Damit bin ich nicht einverstanden.

1. der Staat – die Steuern – erhöhen
2. die Arbeitgeber – die Arbeitszeiten – verkürzen
3. alle Menschen – bis zum 70. Lebensjahr – arbeiten
4. die Preise für öffentliche Verkehrsmittel – niedriger werden
5. die Stadt – mehr Häuser mit Nutzung der Sonnenenergie – bauen
6. die Supermärkte – keine Plastiktüten – mehr verkaufen
7. alle Menschen – auf ihren Energieverbrauch – mehr achten
8. die Politiker – seltene Tiere – besser beschützen
9. die Politiker – mit kleineren Autos – fahren
10. mehr Menschen – zu Hause – Urlaub machen

A20 Sind Sie dafür oder dagegen?

Formulieren Sie Zustimmung oder Ablehnung. Benutzen Sie die Redemittel auf Seite 226.

- Wir sollten überhaupt keine Parfümflaschen mit Verpackung mehr kaufen.
  Da bin ich ganz anderer Meinung./Da kann ich Ihnen nicht zustimmen.

1. Vielleicht sollten wir nächste Woche alle mit dem Bus zur Arbeit fahren.
   ....
2. Die Politiker sollten mehr Geld für alternative Energien ausgeben.
   ....
3. Bist du dafür, dass wir jetzt zählen, wie viel Kopierpapier jeder Mitarbeiter verbraucht?
   ....
4. Es sollte in jeder Familie nur noch ein Auto geben.
   ....
5. Autos, die viel Benzin verbrauchen, sollten doppelt so viel Geld kosten.
   ....
6. Ich schlage vor, dass wir keine elektronischen Geräte mehr kaufen.
   ....
7. Die Gemeinde sollte nachts die Straßenbeleuchtung ausschalten.
   ....

Altes und Neues zum Thema *Technik*

A21 So kann man sich irren.

Lesen Sie.

Ich denke, es gibt weltweit einen Markt für vielleicht 5 Computer.
Thomas Watson, Vorsitzender von IBM, 1943

Schwerer als Luft? Flugmaschinen sind unmöglich.
Lord Kelvin, Präsident der Royal Society, 1895

640 Kilobyte sind genug für jeden.
Bill Gates, 1981

Es gibt keinen Grund, warum irgendjemand einen Computer in seinem Haus haben wollte.
Ken Olsen, Präsident von Digital Equipment Corp.,1977

Wer zur Hölle will Schauspieler reden hören?
Warner Brothers über Tonfilme, 1927

A22 Erfindungen des 20. Jahrhunderts

a) Welche Erfindung halten Sie für die wichtigste Erfindung des 20. Jahrhunderts?

der Fernseher

das Handy

das Faxgerät

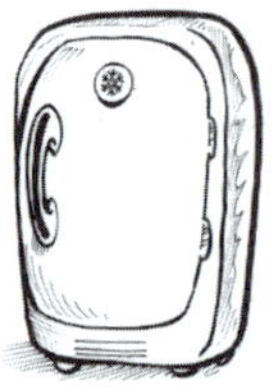
der Kühlschrank

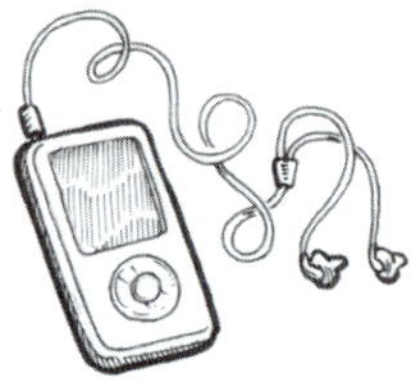
der MP3-Spieler

die Sofortbildkamera

der elektrische Rasierapparat

der Z1 (der erste frei programmierbare Computer)

die Büroklammer

der Airbag

- Die wichtigste Erfindung ist für mich …
- Ich halte … für die wichtigste Erfindung.

b) Welche der oben genannten Erfindungen wurde in diesen Jahren gemacht? Raten Sie.

Ich glaube, 1901 wurde ....
1929 wurde ....
1941 wurde ....
1973 wurde ....
1987 wurde .... erfunden.

Passiv: Präteritum ⇨ Teil C Seite 234

Präsens	Der Fernseher wird erfunden.	Die Direktflüge werden angeboten.
Präteritum	Der Fernseher wurde erfunden.	Die Direktflüge wurden angeboten.

A23 Berichten Sie.

a) Welche technischen Geräte benutzen Sie im Alltag?

der Kühlschrank ♦ die Geschirrspülmaschine ♦ die Kaffeemaschine ♦ die Mikrowelle ♦ die Waschmaschine ♦ der Fernseher ♦ die Stereoanlage ♦ der Laptop ♦ der MP3-Spieler ♦ das Handy ♦ das Faxgerät ♦ das Telefon ♦ der Elektroherd ♦ die Brotbackmaschine ♦ der Föhn ♦ die elektrische Zahnbürste ♦ der Computer ♦ die digitale Fotokamera ♦ der DVD-Spieler ♦ der Geldautomat ♦ der Fahrscheinautomat ♦ der Rasierapparat ♦ das Bügeleisen ♦ …

b) Welche Geräte benutzen Sie am häufigsten? Auf welche Geräte könnten Sie verzichten? Diskutieren Sie in kleinen Gruppen. Begründen Sie Ihre Auswahl.

Geräte, die ich unbedingt brauche: *der Föhn …*
Geräte, auf die ich verzichten kann: *das Handy …*

A24 Phonetik: Konsonanten – sch [ʃ], sp [ʃp] und st [ʃt] 2.22

Hören und wiederholen Sie.

Kühlschrank [ʃ]

Maschine – Kühlschrank – Fahrscheinautomat – Russisch – schreiben – löschen – waschen – Fisch

Geschirrspülmaschine [ʃp]

sprechen – spanisch – Sprache – spülen – spielen

verstehen [ʃt]

stehen – Studie – verstehen – streiten

Übung:

Welche Sprachen sprechen Sie?
Hast du die Wäsche in der Waschmaschine gewaschen?
Der Fischer fischt frische Fische.
Hast du keine Geschirrspülmaschine?

A25 Wozu werden diese Geräte gebraucht?

Antworten Sie.

- eine Geschirrspülmaschine — *Eine Geschirrspülmaschine wird gebraucht, um schmutziges Geschirr zu spülen.*

1. eine Waschmaschine ....
2. eine Kaffeemaschine ....
3. ein Kühlschrank ....
4. ein Geldautomat ....
5. ein Elektroherd ....
6. eine Stereoanlage ....
7. eine Fotokamera ....
8. ein Föhn ....
9. ein Fahrscheinautomat ....
10. ein Bügeleisen ....
11. eine Brotbackmaschine ....

Finalangaben ⇨ Teil C Seite 237

Eine Geschirrspülmaschine wird gebraucht, um schmutziges Geschirr zu spülen.

um ... zu + Infinitiv ⟶ Angabe eine Zwecks

A26 Wie gut ist Ihr Technikverständnis?

Fragen Sie Ihre Nachbarin/Ihren Nachbarn und berichten Sie.

Können Sie Ihren DVD-Spieler programmieren?
Können Sie Ihr Handy aufladen?
Verstehen Sie einen Computerfachmann, wenn er Ihnen etwas erklärt?
Können Sie ohne Probleme Fahrkartenautomaten bedienen?
Können Sie Gebrauchs- bzw. Bedienungsanleitungen lesen?

A27 Lesen Sie die folgenden Gebrauchsanweisungen.

Um welche Geräte handelt es sich?

Bedienungs- und Sicherheitshinweise für KAT 7645

- Schließen Sie das Gerät nur an eine Steckdose mit 220 Volt an.
- Stellen Sie mit dem Schalter die gewünschte Stufe ein.
- Fassen Sie das Gerät nur am Griff an, es kann heiß werden.
- Benutzen Sie das Gerät nicht in der Nähe von Wasser und achten Sie darauf, dass das Gerät nicht nass wird.
- Wenn das Gerät in einem Badezimmer verwendet wird, ziehen Sie nach dem Gebrauch den Netzstecker.
- Benutzen Sie das Gerät nicht für synthetische Haarteile oder Perücken, denn die Wärmeeinwirkung kann den Fasern schaden.
- Im Fall von Überhitzung müssen Sie das Gerät sofort ausschalten. Nach einer Abkühlungsphase können Sie das Gerät wieder einschalten.

Es handelt sich um ....

Gebrauchsanweisung für M 8150

- Drücken Sie zum Öffnen der Tür auf die Taste „☼".
- Stellen Sie das Geschirr auf den Drehteller. Der Drehteller garantiert eine gleichmäßige Erhitzung der Nahrung.
- Drücken Sie die Tür zu. Wenn die Tür nicht richtig geschlossen ist, kann man das Gerät nicht bedienen.
- Stellen Sie die gewünschte Zeit und die Leistungsstufe ein. Sie können 6 Leistungsstufen wählen: 80, 150, 300, 450, 600 oder 800 Watt. Dazu müssen Sie den Knopf „Leistung" nach rechts drehen.
- Drücken Sie danach die Taste „Start".
- Drücken Sie die Taste „Stopp", wenn Sie den Vorgang unterbrechen möchten.
- Drücken Sie zweimal die Taste „Stopp", um den Vorgang zu löschen.
- Wenn der Vorgang beendet ist, ertönt ein Signal.

Es handelt sich um ....

A28 Ergänzen Sie.

Typische Verben für Gebrauchsanweisungen

ziehen • einschalten • anschließen • ausschalten • drehen • einstellen • benutzen • anfassen • drücken

Man muss	das Gerät an eine Steckdose	....
	die gewünschte Stufe mit dem Schalter	....
	nach dem Gebrauch den Netzstecker	....
	im Fall von Überhitzung das Gerät sofort	....
	die Taste „Stopp"	....
	den Knopf „Leistung" nach rechts	....
Man darf	das Gerät nur am Griff	....
	das Gerät nicht in der Nähe von Wasser	....
Man kann	nach einer Abkühlungsphase das Gerät wieder	....

b) Was passt?

die Tür • die Taste • der Vorgang • der Knopf • das Gerät • der Schalter

1. Was kann man drücken oder drehen? ....
2. Was kann man beenden oder unterbrechen? ....
3. Was kann man öffnen und schließen? ....
4. Was kann man anschließen, einschalten und ausschalten? ....

A29 Kombinieren Sie.

(1) Um das Gerät gebrauchsfähig zu machen,
(2) Um die Tür zu öffnen,
(3) Um die Leistungsstufe zu wählen,
(4) Um den Vorgang zu unterbrechen,

(a) müssen Sie den Knopf nach rechts drehen.
(b) müssen Sie es anschließen.
(c) müssen Sie die Taste „Stopp" drücken.
(d) müssen Sie die Taste „☼" drücken.

A30 Noch zwei Geräte 2.23

a) Hören Sie zwei Dialoge. Über welche Geräte sprechen die Leute?

Gerät 1: ....   Gerät 2: ....

b) Welche Wörter passen zu Gerät 1, welche zu Gerät 2? Ordnen Sie zu.

die Temperatur ♦ das Waschprogramm ♦ der Wassertank ♦ der Filter ♦ der Programmwähler ♦ die Trommel ♦ die Kanne ♦ das Fenster ♦ die Wolle ♦ die Wassermenge ♦ der Deckel

Gerät 1	Gerät 2
....	....
....	....
....	....

A31 Was stört Sie am häufigsten im Umgang mit Technik?

a) Lesen Sie das Umfrageergebnis in Deutschland.

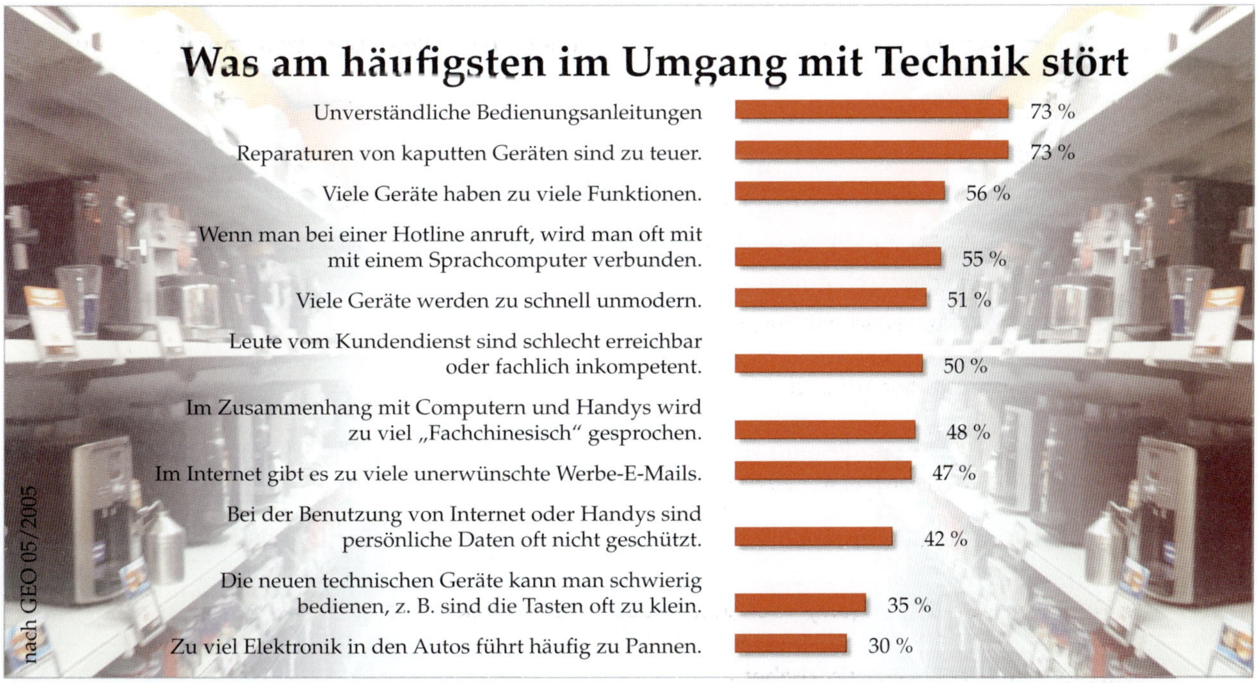

b) Diskutieren Sie die Ergebnisse der Umfrage mit Ihrer Nachbarin/Ihrem Nachbarn. Berichten Sie über gemeinsame Technikprobleme.

Wissenswertes *(fakultativ)*

B1 Berichten Sie.

- Interessieren Sie sich für Politik?
- Wissen Sie, wie die amtierende Bundeskanzlerin/der amtierende Bundeskanzler heißt?
- Wissen Sie, welche Parteien in Deutschland die Regierung bilden?

B2 Lesen und hören Sie den Text. 2.24

Wer macht in Deutschland Politik?

Das Parlament der Bundesrepublik Deutschland ist der Deutsche Bundestag. Er befindet sich in Berlin. Seit der Wiedervereinigung am 3. Oktober 1990 ist Berlin gesamtdeutsche Hauptstadt und seit 1999 auch Parlaments- und Regierungssitz Deutschlands. Der Deutsche Bundestag wird direkt durch das Volk gewählt. Eine Regierungsperiode (Legislaturperiode) dauert vier Jahre. Die Regierungsgeschäfte werden von der Bundeskanzlerin/vom Bundeskanzler geführt.

Der Bundestag hat eine Vielzahl von Funktionen: Er entscheidet über neue Gesetze und ändert das Grundgesetz (die Verfassung). Er genehmigt die internationalen Verträge mit anderen Staaten und Organisationen und beschließt den Bundeshaushalt (das Budget des Landes). Der Bundestag kontrolliert ebenfalls den Einsatz der Bundeswehr (der Armee der Bundesrepublik).

Im Bundestag sitzen ca. 600 Abgeordnete aus verschiedenen Parteien. Die wichtigsten Parteien in Deutschland sind: die sozialdemokratische *SPD*, die konservativen Unionsparteien *CDU* und *CSU*, die liberale *FDP*, *Bündnis '90/Die Grünen* sowie *Die Linke*. Meistens bilden zwei oder drei Parteien eine Koalition und stellen die Regierung. Die Nicht-Regierungs-Parteien bilden die Opposition.

B3 Wortschatzübungen

a) Ergänzen Sie.

1. Der .... ist das deutsche Parlament.
2. Der .... oder die .... führt die Regierung in Deutschland.
3. Unter .... versteht man das Jahresbudget Deutschlands.
4. Der Name für die deutsche Armee ist: die ....
5. Die deutsche Verfassung heißt ....

b) Ergänzen Sie die Nomen.

Regierungssitz • Volk • Bundestag • Hauptstadt • Verfassung • Bundeswehr • Wahlperiode • Bundeskanzlerin/Bundeskanzler • Abgeordnete

1. Das Parlament der Bundesrepublik Deutschland ist der ....
2. Berlin ist seit 1990 .... und seit 1999 auch ....
3. Der Deutsche Bundestag wird direkt durch das .... gewählt.
4. Eine .... dauert vier Jahre.
5. Die Regierungsgeschäfte werden von .... geführt.
6. Der Bundestag darf die .... ändern und er kontrolliert den Einsatz der ....
7. Im Bundestag sitzen ca. 600 ....

B4 Berichten Sie über Ihr Heimatland.

- Wer regiert in Ihrem Heimatland?
- Wo befindet sich der Regierungssitz?
- Welche Parteien gibt es?
- Wer führt die Regierungsgeschäfte? *(eine Premierministerin/ein Premierminister, eine Staatspräsidentin/ein Staatspräsident, eine Kanzlerin/ein Kanzler, eine Königin/ein König ...)*
- Wo und mit wem spricht man in Ihrem Heimatland über politische Themen? *(zu Hause/mit Freunden/mit Kollegen beim Geschäftsessen ...)*

B5 Wo macht man in Deutschland Politik? 2.25

a) Lesen und hören Sie den Text.

Das Reichstagsgebäude

Kein anderes Gebäude in Deutschland steht so eindrucksvoll für die Hoffungen und Niederlagen der deutschen Demokratie wie das Reichstagsgebäude. Am 9. November 1918 wurde vom Balkon des Reichstags die „Deutsche Republik" ausgerufen. Das war der Beginn der sogenannten „Weimarer Republik". 15 Jahre später brannte das Reichstagsgebäude. Das Parlamentshaus und die Demokratie waren zerstört.

1945 war der Reichstag das militärische Endziel der Sowjetarmee. Die rote Fahne auf dem Gebäude stellte das Symbol der Niederlage Deutschlands im Zweiten Weltkrieg dar.

Durch den Mauerbau 1961 wurde das Reichstagsgebäude, das an der Grenze zu Ost-Berlin lag, zum Geschichtsdenkmal. Damals war der Reichstag nur noch der Ort der Ausstellung „Fragen an die deutsche Geschichte" und spielte keine politische Rolle mehr.

Nach der politischen Wende 1990 in Deutschland gewann das alte Gebäude wieder an Bedeutung. Am 20. Juni 1991 beschloss der Deutsche Bundestag, das Reichstagsgebäude zum Sitz des Bundestages zu machen.

Einen völlig unpolitischen Erfolg feierte der Reichstag im Sommer 1995. Zwei Wochen lang kamen Besucher aus der ganzen Welt, um die Verhüllung des Gebäudes zu sehen. Dem Künstlerpaar Christo und Jeanne-Claude ist es gelungen, das in Stoff eingepackte Reichstagsgebäude zum Mittelpunkt eines sommerlichen Volksfestes zu machen.

Der Umbau des Reichstagsgebäudes begann am 24. Juli 1995 und dauerte fast vier Jahre. Im April 1999 eröffnete der Deutsche Bundestag das umgebaute Gebäude mit einer Feier, seit September 1999 finden die Sitzungen des Deutschen Bundestages im Reichstagsgebäude statt.

b) Geben Sie die Informationen aus dem Text in Kurzform wieder.

1918 *wurde die „Deutsche Republik" ausgerufen.*
1933 ....
1945 ....
1961 ....
1991 ....
1995 ....
1999 ....

c) Schreiben Sie einen kleinen Text über ein berühmtes Gebäude, einen bedeutenden Politiker oder das politische System (Parteien, Regierung, Parlament, Staatsform usw.) in Ihrem Heimatland.

Verben

Das Passiv

	Aktiv	Passiv
anbieten	Die Lufthansa bietet Direktflüge an.	Direktflüge *werden* angeboten.
eröffnen	Der Bürgermeister eröffnet die Messe.	Die Messe *wird* eröffnet.
		→ *werden* + Partizip II

Bei einem Passivsatz steht die Handlung im Vordergrund, nicht die Person.

	Präsens	Präteritum
ich	werde gefragt	wurde gefragt
du	wirst gefragt	wurdest gefragt
er/sie/es	wird gefragt	wurde gefragt
wir	werden gefragt	wurden gefragt
ihr	werdet gefragt	wurdet gefragt
sie/Sie	werden gefragt	wurden gefragt

C1 Was ist denn los? Sind bei dir die Handwerker?

Antworten Sie wie im Beispiel.

- die Glühlampe wechseln — *Ja, die Glühlampe wird gerade gewechselt.*
1. die Wände neu streichen — Ja, die Wände werden gerade neu gestreichen.
2. das Wohnzimmer tapezieren — Ja, das Wohnzimmer wird gerade tapeziert.
3. den Garten in Ordnung bringen — Ja, der Garten wird gerade in Ordnung gebracht.
4. die Waschmaschine reparieren — Ja, die Waschmaschine wird gerade repariert.
5. die Garage umbauen — Ja, die Garage wird gerade umgebaut.
6. meine neuen Küchenmöbel einbauen — Ja, meine neuen Küchenmöbel werden gerade eingebaut.
7. das ganze Haus renovieren — Ja, das ganze Haus wird gerade renoviert.
8. das Dach reparieren — Ja, das Dach wird gerade repariert.

C2 Wo wird was gemacht?

Bilden Sie Sätze im Passiv.

Patienten untersuchen • Autos zusammenbauen • Haare schneiden und föhnen • Medikamente verkaufen • viel essen und trinken • Brötchen backen und verkaufen

1. Beim Friseur *werden* Haare geschneiden und geföhnt.
2. In der Apotheke werden Medikamente verkauft.
3. Beim Arzt werden Patienten untersucht.
4. Beim Bäcker werden Brötchen gebacken und verkauft.
5. Bei BMW werden Autos zusammengebaut.
6. Auf einer Hochzeitsfeier wird viel gegessen und getrunken.

C3 Formulieren Sie Fragen wie im Beispiel.

- ♦ Der Drucker ist kaputt. *(reparieren)* *Wann wird er endlich repariert?*
1. Die Fenster sind schmutzig. *(putzen)* ....
2. Die Uhr ist kaputt. *(reparieren)* ....
3. Das Geschäft ist geschlossen. *(öffnen)* ....
4. Die neuen Computer sind nicht da. *(liefern)* ....
5. Dein Büro ist so unordentlich. *(aufräumen)* ....
6. Der Brief liegt immer noch hier. *(abschicken)* ....

C4 Bilden Sie Passivsätze im Präsens.

- ♦ Die Kinderzeitschrift *Junior* – in der Schweiz – herausgeben
  Die Kinderzeitschrift Junior wird in der Schweiz herausgegeben.
1. *Junior* – in vielen kinderfreundlichen Geschäften – kostenlos anbieten
   ....
2. es – interessante Themen wie Sport, Musik und Technik – behandeln
   ....
3. auch Film- und Büchertipps – in der Zeitschrift – geben
   ....

C5 Bilden Sie Passivsätze im Präteritum.

- ♦ 1941 – der Z1 – erfinden
  1941 wurde der Z1 erfunden.
1. alle vier Jahre – in Deutschland – ein neues Parlament – wählen
   ....
2. im letzten Jahr – die Steuern – erhöhen
   ....
3. die Automobilausstellung – gestern – eröffnen
   ....
4. im letzten Jahr – 10 000 Billigtickets – verkaufen
   ....

C6 Welches Verb passt?

(1) einen Kompromiss →	(a) bedienen
(2) Verhandlungen	(b) finden
(3) Kontakt zu Menschen	(c) erhöhen
(4) einen Vorschlag	(d) aufbauen
(5) ein Gerät	(e) kaufen
(6) die Preise	(f) eröffnen
(7) einen Lottoschein	(g) machen
(8) die Ausstellung	(h) führen

C7 Welches Verb passt zu allen Nomen?

anbieten ♦ führen ♦ präsentieren ♦ verhaften ♦ zahlen

1. ein Gespräch – eine Verhandlung – eine Debatte ....
2. den Täter – den Mörder – den Bankräuber ....
3. Steuern – Gebühren – die Rechnung ....
4. ein neues Produkt – ein Projekt – ein neues Modell ....
5. Billigflüge – ein Haus zum Verkauf – eine Tasse Kaffee ....

C8 Verben mit Präpositionalobjekt

Ergänzen Sie die passenden Präpositionen.

♦ Wo informieren Sie sich *über* Neuigkeiten?	sich informieren	*über*
1. ..für.. welche Themen interessieren Sie sich?	sich interessieren	..für..
2. Diese Zeitschrift berichtet ..über.. Mode und Kosmetik.	to report berichten	..über..
3. Diese Zeitung beschäftigt sich ..mit.. aktueller Politik.	engage sich beschäftigen	..mit..
4. Der Trainer freute sich ..über.. den Sieg seiner Mannschaft.	to be pleased sich freuen	..über..
5. Viele Menschen in europäischen Großstädten leiden ..an.. Luftverschmutzung durch Staub.	saffer leiden	..an..
6. Die Politik muss etwas ..gegen.. die steigenden Verpackungsabfälle tun.	etwas tun	..gegen..
7. Achten Sie ..auf.. die Temperatur.	achten	..auf..

Nomen

C9 Welches Wort passt nicht?

Innenpolitik:
Verhandlungen – Gewerkschaften – Streik – Geld – Weltmeisterschaft *Weltmeisterschaft*

Wirtschaft:
Arbeitsplätze – Mitarbeiter – Besucher – Umstrukturierung – Angebot ....

Außenpolitik:
Minister – Meister – Reise – Gesprächsthemen – Vier-Augen-Gespräch ....

Kunst:
Lesung – Ausstellung – Veranstaltung – Überschwemmung ....

Wissenschaft:
Erfindung – Unterhaltung – Entdeckung – Forschung – Untersuchung ....

Sport:
schwimmen – laufen – sammeln – reiten – boxen ....

Umwelt:
Windenergie – Luftverschmutzung – Klima – Energieverbrauch – Gehaltserhöhung ....

Urlaub:
Sonnencreme – Führerschein – Fotoapparat – Kopiergerät – Pass ....

C10 Geräte und Technik

a) Wie heißt der Singular?

b) *der – die – das*? Ordnen Sie die Singularformen zu.

Kühlschränke ♦ Geschirrspülmaschinen ♦ Mikrowellen ♦ Fernseher ♦ Stereoanlagen ♦ Laptops ♦ MP3-Spieler ♦ Handys ♦ Faxgeräte ♦ Telefone ♦ Elektroherde ♦ Föhne ♦ Zahnbürsten ♦ Fotokameras ♦ Geldautomaten ♦ Rasierapparate ♦ Erfindungen ♦ Tasten ♦ Türen ♦ Schalter ♦ Steckdosen

der	die	das
der Kühlschrank,		

Sätze

Finalangaben

Wozu? Eine Geschirrspülmaschine wird gebraucht, um schmutziges Geschirr zu spülen.

um … zu + Infinitiv → Angabe eines Zwecks

Die handelnden Personen im Hauptsatz und im Nebensatz sind identisch.

Ich mache eine Diät, **um abzu**nehmen.
Bei trennbaren Verben steht *zu* nach dem Präfix.

HW

C11 Geben Sie einen Zweck/ein Ziel an.

Antworten Sie.

- Wozu fährst du an die Nordsee? *(mich erholen)*
  Ich fahre an die Nordsee, um mich zu erholen.

1. Wozu gehst du ins Reisebüro? *(eine Reise buchen)* Ich gehe ins Reisebüro, um eine Reise zu buchen
2. Wozu fährst du nach Afrika? *(Tiere fotografieren)* Ich fahre nach Afrika, um Tiere zu fotografieren
3. Wozu fährst du an den Südpol? *(Pinguine sehen)* ....
4. Wozu liest du ein Buch über die Alpen? *(mich informieren)* ....
5. Wozu isst du so viel? *(zunehmen)* ....
6. Wozu rufst du jetzt Herrn König an? *(einen Termin vereinbaren)* ....
7. Wozu brauchst du ein Auto? *(zur Arbeit fahren)* ....
8. Wozu lernen Sie Deutsch? *(mit Kollegen auf Deutsch sprechen)* ....
9. Wozu fahren Sie nach London? *(an einer Konferenz teilnehmen)* ....
10. Wozu fährst du nach Frankreich? *(Französisch lernen)* ....
11. Wozu brauchst du dieses Gerät? *(Brot backen)* ....

C12 Gebrauchsanweisung

Formulieren Sie Sätze mit *um … zu*.

- Drücken Sie zweimal die Stopptaste, … *(Vorgang löschen)*
  Drücken Sie zweimal die Stopptaste, *um den Vorgang zu löschen.*

1. Drücken Sie die Taste „☼“, … *(Tür öffnen)*
   Drücken sie die taste, um die Tür zu öffnen.
2. Drehen Sie den Knopf nach rechts, … *(Leistungsstufe wählen)*
   , um die Leistungsstufe zu wählen.
3. Benutzen Sie diesen Schalter, … *(Temperatur einstellen)*
   , um die Temperatur zu [illegible]stellen.
4. Drücken Sie einmal auf diese Taste, … *(Vorgang unterbrechen)*
   , um den Vorgang zu unterbrechen.
5. Stecken Sie den Netzstecker in die Steckdose, … *(Gerät anschließen)*
   , um das Gerät zu anschließen
6. Drücken Sie auf „Start“, … *(Essen erwärmen)*
   , um das Essen zu erwärmen

Präpositionen

Präpositionen

C13 Verwenden Sie die richtige Präposition.

auf – in – an	1.	……………. der Buchmesse präsentieren 2162 Aussteller aus 36 Ländern ihre neuen Bücher.
mit – in – über	2.	……………. den nächsten 20 Jahren wird das Vermögen der älteren Leute weiter steigen.
am – über – im von – mit – für	3.	Die Hamburger können ……………. Internet Vorschläge ……………. die Sanierung des Haushalts machen.
in – nach – auf beim – für – von	4.	……………. dem arabischen Land Oman half ein Mädchen ihrer Mutter ……………. Füttern der Kühe.
von – aus – unter	5.	Das Handyklingeln kam ……………. dem Bauch einer Kuh.
auf – unter – im	6.	Die Müllberge ……………. der Straße wachsen.
über – von – mit	7.	Die Einwohner sind ……………. der Situation unzufrieden.
von – für – mit	8.	Die Durchschnittskosten ……………. die Folgen der Katastrophen betragen zehn Milliarden Euro.
für – seit – von	9.	Die Luftverschmutzung hat negative Folgen ……………. die Gesundheit.
zum – für – vor in – gegen – auf	10.	Drücken Sie ……………. Öffnen der Tür ……………. die Taste „☼“.
mit – von – in	11.	Stellen Sie ……………. dem Schalter die gewünschte Stufe ein.
auf – in – mit	12.	Benutzen Sie das Gerät nicht ……………. der Nähe von Wasser.

Präpositionen mit dem Dativ *(Wiederholung)*

	Kurzformen	Beispielsätze	
ab		Das Flugzeug fliegt ab Frankfurt. Ab nächster Woche habe ich Urlaub.	*(lokal)* *(temporal)*
aus		Ich komme aus der Türkei. Die Tür ist aus Holz. Er heiratete sie aus Liebe.	*(lokal)* *(modal)* *(kausal)*
bei	bei + dem = beim	Er wohnt bei seinen Eltern. Er sieht beim Essen fern. Bei diesem Regen gehe ich nicht spazieren.	*(lokal)* *(temporal)* *(kausal)*
mit		Ich fahre mit dem Zug. Sie trinkt Kaffee mit Zucker.	*(modal)* *(modal)*
nach		Meiner Meinung nach steigen die Benzinpreise noch. Ich fahre nach Hause. Nach dem Essen gehe ich ins Bett.	*(modal)* *(lokal)* *(temporal)*
seit		Es regnet seit zwei Tagen.	*(temporal)*
von	von + dem = vom	Ich komme gerade vom Zahnarzt. Das ist der Schreibtisch vom Chef.	*(lokal)* *(Genitiversatz)*
zu	zu + dem = zum zu + der = zur	Ich gehe zu Fuß. Zum Glück schneit es nicht. Ich gehe zum Bahnhof.	*(modal)* *(modal)* *(lokal)*

C14 Ergänzen Sie die Präposition, eventuell die Kurzform und die Artikelendung.

- Wohin gehst du? – Ich gehe *zum* Arzt.

1. Fritz wohnt im Moment .... sein......... Freundin.
2. Hast du dir das Bein .... Fußballspielen gebrochen?
3. Marijke kommt .... d......... Niederlanden, Tamara kommt .... d......... Ukraine.
4. Wie trinkst du deinen Tee? – .... Milch, bitte.
5. Was, du hattest einen Unfall? – .... Glück ist ja nichts passiert!
6. Was macht ihr .... d......... Abendessen?
7. Sind diese Möbel .... Holz?
8. Ich warte .... zwei Wochen auf einen Anruf .... Peter.
9. Meiner Meinung .... sagt Otto nicht die Wahrheit.
10. Kommst du mit? Ich fahre .... Flughafen.
11. Fährst du .... d......... Auto? – Nein, ich fahre .... d......... Straßenbahn.
12. Oma ist noch nie .... ein........... Flugzeug geflogen.
13. Das Wetter ist schrecklich. Es regnet .... ein........... Woche.
14. Ist das nicht das Handy .... dein........... Bruder?
15. Der Film läuft .... ein........... Stunde.
16. Klaus telefoniert mal wieder .... sein........... Mutter.
17. Die Schauspielerin hat den Diamantring .... ein........... Verehrer bekommen.

Gesamtwiederholung

Wählen Sie die Themen aus, die Sie gerne noch einmal üben möchten.

C15 Reflexive Verben

Ergänzen Sie die Reflexivpronomen.

- ♦ Ich erinnere *mich* nicht gern an meine Schulzeit.
1. Er bedankt .... für das Geschenk.
2. Ärgerst du .... über die schlechte Note?
3. Interessieren Sie .... für gefährliche Tiere?
4. Wir treffen .... im Kartoffelmuseum.
5. Ich muss .... noch umziehen.
6. In wen hat .... Marianne verliebt?

C16 Verben im Perfekt

Ergänzen Sie Verben im Perfekt.

- ♦ arbeiten: Wie lange *hast* du *gearbeitet*?
1. fliegen: Wann .... Peter nach London ....?
2. lösen: .... ihr das Problem ....?
3. einkaufen: Was .... du ....?
4. aufstehen: Wann .... du ....?
5. essen: Was .... ihr ....?
6. übernachten: Wo .... ihr ....?
7. lesen: Welches Buch .... du im Urlaub ....?
8. reparieren: .... Carlo den Computer schon ....?

C17 Präteritum der Verben

Ergänzen Sie die Verben im Präteritum.

studieren ♦ wohnen ♦ sein ♦ gewinnen ♦ machen ♦ beginnen

Florian Henckel von Donnersmarck wurde am 2. Mai 1973 in Köln geboren. In seiner Kindheit und Schulzeit .... er mit seinen Eltern in New York, Berlin, Frankfurt und Brüssel. Er .... das Abitur mit einer Note von 1,0. Danach .... er zwei Jahre in St. Petersburg und von 1993 bis 1996 am New College in Oxford. Nach dem Studium .... seine Arbeit als Filmregisseur mit einem Regie-Praktikum bei Richard Attenborough. Der erste Langfilm von Florian Henckel von Donnersmarck .... der Film „Das Leben der Anderen", der von der Arbeit der Staatssicherheit in der DDR handelt. Am 25. Februar 2007 .... er den Oscar für den besten fremdsprachigen Film.

C18 Modalverben

Schreiben Sie Sätze im Präteritum.

- ♦ Ich kann das Problem nicht lösen. *Ich konnte das Problem nicht lösen.*
1. Jutta soll Frau Schreiber zurückrufen. ....
2. Die Praktikantin muss das Protokoll schreiben. ....
3. Vor dem Eingang darf man nicht parken. ....
4. Peter will gern mal nach New York fliegen. ....

C19 Wünsche

Ergänzen Sie hätte, wäre oder würde.

- ♦ Antonia hat kein Auto, aber sie *hätte* gern eins.
1. Rainer ist nicht reich, aber er .... es gern.
2. Joachim ist zurzeit arbeitslos, er .... aber gern wieder arbeiten.
3. Bettina hat keinen Laptop, aber sie .... gern einen.
4. Juliane ist krank, sie .... gern wieder gesund.
5. Inge wohnt in einem kleinen Zimmer, sie .... lieber in einer großen Wohnung wohnen.
6. Axel fühlt sich so alt, er .... gern jünger.

C20 Sagen Sie es höflicher.

- ♦ Guten Tag, kann ich bitte Herrn Sommer sprechen? Guten Tag, *könnte* ich bitte Herrn Sommer sprechen?
1. Haben Sie heute Zeit? ....
2. Zeigen Sie mir den Weg zur Kantine? ....
3. Reparieren Sie den Kopierer bitte ganz schnell! ....
4. Können Sie mich vom Bahnhof abholen? ....

C21 Formulieren Sie Empfehlungen mit *sollten*.

- ♦ Ich kann nicht singen. *(es einfach mal versuchen)* *Vielleicht solltest du es einfach mal versuchen.*
1. Ich kann kein Englisch. *(einen Sprachkurs besuchen)* ....
2. Ich kann nicht schlafen. *(abends nicht mehr fernsehen)* ....
3. Ich kann nicht gut Auto fahren. *(ein paar Fahrstunden nehmen)* ....

C22 Genus der Nomen

Der, die oder das? Achten Sie auf die Endungen.

- ♦ *die* Physik
1. .... Universität
2. .... Lampe
3. .... Architektin
4. .... Fernseher
5. .... Studium
6. .... Information
7. .... Lösung
8. .... Essen

C23 Artikel ohne Nomen

Ergänzen Sie (k)einen, (k)eins, (k)eine, welche.

- ♦ Hast du einen Stift für mich? Ja, ich habe *einen.*
1. Hast du ein Radio für mich? Nein, ich habe ....
2. Hast du eine warme Mütze für mich? Ja, ich habe ....
3. Hast du ein paar Kopfschmerztabletten für mich? Ja, ich habe ....
4. Hast du einen Fotoapparat für mich? Nein, ich habe ....
5. Hast du ein Handy für mich? Ja, ich habe ....
6. Hast du ein paar Kekse oder Bonbons für mich? Ja, ich habe ....

Gesamtwiederholung

C24 Nomengruppe

Ergänzen Sie die Angaben im Dativ.

1. Wir fahren mit *(ein, modern, Bus)* einem modernen Bus/*(ein, alt, Auto)* ....
2. Alle Zimmer sind mit *(ein, groß, Balkon)* .... /*(eine, schön, Aussicht)* ....
3. Fährst du mit *(deine, neu, Freundin)* .... /*(dein, klein, Bruder)* ....?

C25 Nomengruppe

Ergänzen Sie die Adjektive in der richtigen Form.

Liebe Gisela,

vielen Dank für Dein schönes *(schön)* Geschenk. Es war wirklich eine .... *(groß)* Überraschung! Schade, dass Du nicht auf meiner .... *(toll)* Party warst! Es waren viele Leute da: Martina hat ihren .... *(französisch)* Freund mitgebracht, Susanne kam mit ihrem .... *(klein)* Hund. Es gab .... *(lecker)* Essen und .... *(spanisch)* Rotwein. Nach dem Essen haben wir .... *(griechisch)* Musik gehört – Costa hat sich das gewünscht. Vielleicht hast Du das nächste Mal Zeit.
.... *(herzlich)* Grüße, Deine Maxima

C26 Komparation der Adjektive

Ergänzen Sie die Adjektive im Positiv, Komparativ und Superlativ.

1. kalt: Im Winter ist es in Italien kalt. In Schweden ist es kälter. Doch am .... ist es in Norwegen.
2. gern: Ich fahre im Urlaub .... in die Türkei. Noch .... fahre ich nach Portugal. Aber am .... bleibe ich zu Hause.
3. groß: Ein Tiger ist .... Ein Nashorn ist .... Ein Elefant ist am ....
4. frisch: Das Obst im Supermarkt ist .... Das Obst beim Gemüsehändler ist .... Das Obst bei meiner Mutter im Garten ist am ....
5. gut: Max kann .... kochen. Georg kocht .... als Max. Doch ich koche am ....

C27 Negation

Ergänzen Sie *nicht* oder *kein-*.

- Ich trinke keinen Kaffee, ich trinke Tee.

1. Ich komme .... mit ins Kino. Ich habe heute .... Lust.
2. Matthias kann .... schwimmen.
3. Nein, ich habe dich .... angerufen.
4. Ich habe dieses Jahr .... Urlaub mehr.

C28 Negation

Ergänzen Sie *niemand, nichts* oder *nie*.

- Fritz kommt immer zum Sportunterricht, Karl kommt nie.

1. Zur Party von Angela kamen alle, zur Party von Oskar kam ....
2. Hast du in der Apotheke alles bekommen? Nein, ich habe .... bekommen. Die Apotheke hatte geschlossen.
3. Haben Sie schon einmal eine Medaille gewonnen? Nein, ich habe noch .... eine Medaille gewonnen.
4. Hast du schon was von Otto gehört, seit er in Norwegen wohnt? Nein, ich habe noch .... von Otto gehört.

C29 Direkter Kasus

Was ist richtig: *mir* oder *mich*? Unterstreichen Sie.

- Wann kommst du *mir/mich* besuchen?

1. Kannst du *mir/mich* mal helfen?
2. Wann rufst du *mir/mich* wieder an?
3. Warum zeigst du *mir/mich* das Foto nicht?
4. Würden Sie *mir/mich* einen Kaffee bringen?
5. Warum liebst du *mir/mich* nicht?

C30 Präpositionaler Kasus

Was ist richtig? Unterstreichen Sie.

- Ich gratuliere dir *zum/mit/von* Geburtstag.

1. Erinnerst du dich noch *auf/an/für* Frau Krüger?
2. Heinz interessiert sich *an/in/für* moderne Kunst.
3. Hast du dich *für/bei/mit* die Karte bedankt?
4. Birgit ist *mit/in/auf* Christoph verliebt.
5. Denkst du auch oft *an/über/für* den schönen Sommer?
6. Wenn du ein Problem hast, musst du *an/zu/mit* mir reden.

C31 Temporalangaben

Was ist richtig: *am, im* oder *um*? Unterstreichen Sie.

Wann treffen wir uns? Wir treffen uns …

- *am/um/im* 10.30 Uhr

1. *am/im/um* Nachmittag
2. *am/im/um* Mittwoch
3. *am/um/im* Wochenende
4. *am/im/um* August
5. *am/im/um* 6. Juni

C32 Ort- und Richtungsangaben

Was ist richtig? Unterstreichen Sie.

- Wo ist Susi? Sie ist *im/ins/auf dem* Kino.

1. Wohin fliegst du? Ich fliege *in/nach/zum* Moskau.
2. Hast du meinen Pullover gesehen? Ja, er liegt *in den/im/zum* Schrank.
3. Wohin hast du das schöne Bild gehängt? Es hängt *über dem/im/auf* Sofa.
4. Ich bin so müde. Ich gehe *nach/im/ins* Bett.
5. Wo ist Bello? Er ist *im/in/am* Garten.
6. Meine Tante kommt! Ich muss ganz schnell *nach/zum/im* Bahnhof fahren.

C33 Wo oder wohin?

Ergänzen Sie die Verben *stellen, stehen, sitzen, setzen, legen, liegen* und *hängen.*

- Die Katze *liegt* unter dem Sofa.

1. Wo .... das Kopiergerät?
2. Frau Krumm .... das Fax auf Marias Schreibtisch.
3. Max .... die Gläser in die Geschirrspülmaschine.
4. Ist das deine Jacke, die dort an der Garderobe ....?
5. Ich .... bei Besprechungen immer neben dem Chef.
6. Kannst du bitte die Lampe neben das Sofa ....?
7. Wo .... die Akte XYZ? – Sie .... auf dem Fußboden.
8. Bitte .... Sie sich.

C34 Gründe und Bedingungen

Ergänzen Sie *wenn, weil* oder *denn.*

♦	Ich kann die Rechnung nicht bezahlen,	*weil*	ich mein Geld zu Hause vergessen habe.
1.	Ich besuche dich,	....	ich Zeit habe.
2.	Ich kaufe meine Brötchen beim Bäcker,	....	dort sind sie immer frisch.
3.	Anna kommt zu spät,	....	sie im Stau steht.
4.	Ich kann die Arbeit schaffen,	....	du mir hilfst.

C35 Gründe und Folgen

a) Ergänzen Sie *weil* oder *obwohl.*

♦	Jutta kann nicht kommen,	*weil*	sie krank ist.
1.	Ich muss heute mit der Straßenbahn fahren,	....	mein Auto kaputt ist.
2.	Er geht früher nach Hause,	....	er noch viel zu tun hat.
3.	Sie segelt gern,	....	sie nicht schwimmen kann.
4.	Frau Lutz ist müde,	....	sie zu viel gearbeitet hat.

b) Ergänzen Sie *deshalb* oder *trotzdem.*

1. Axel verdient wenig Geld, ... fährt er ein teures Motorrad.
2. Olaf hat immer alle Hausaufgaben gemacht, ... spricht er schon gut Deutsch.
3. Carola hat Kopfschmerzen, sie bleibt .... im Bett.
4. Ich habe keinen Termin vereinbart, hoffentlich hat der Chef .... Zeit für mich.

C36 Indirekte Fragen

Ergänzen Sie *wie viele, was, warum, wie lange, wann, wo* oder *wer.*

Weißt du, ...

♦	*wann*	Christel zurückkommt?	4.	....	die Besprechung dauert?
1.	....	das Kopierpapier liegt?	5.	....	Carmen heute nicht gekommen ist?
2.	....	der Chef gesagt hat?	6.	....	Gäste kommen?
3.	....	die Stelle bekommen hat?	7.	....	meine Brille ist?

C37 Aussage oder indirekte Frage?

Ergänzen Sie *dass* oder *ob*.

- Ich weiß, *dass* Carola heute nicht kommt.

1. Ich weiß nicht, ... der Film gut ist. Ich habe ihn noch nicht gesehen.
2. Ich glaube nicht, ... sich Maria für moderne Kunst interessiert.
3. Es freut mich, ... du eine neue Stelle bekommen hast.
4. Ich habe keine Ahnung, ... das Kopiergerät wieder geht.
5. Ich bin der Meinung, ... die Politiker keine großen Autos mehr fahren dürfen.
6. Ich kann Ihnen nicht sagen, ... Herr Grün im Büro ist.

C38 Relativsätze

Ergänzen Sie die Relativpronomen: *die, der, das* oder *dem*.

Ich wünsche mir:

- eine Wohnung, *die* groß und hell ist.

1. ein Auto, ... wenig Benzin verbraucht.
2. einen Freund, mit .... ich tanzen gehen kann.
3. eine Kollegin, ... gerne anderen Kollegen hilft.
4. einen Chef, ... mich versteht.
5. eine Zeitung, ... keine Werbung enthält.
6. ein Sofa, auf .... ich schlafen kann.
7. einen Computer, ... immer funktioniert.

C39 Temporalsätze

Ergänzen Sie *wenn* oder *als*.

- Wo hast du gewohnt, *als* du klein warst?

1. Ich kann erst fahren, ... mein Mann nach Hause kommt.
2. Ich habe diese Schuhe gekauft, ... ich in Rom war.
3. Herr Sommer war jedes Mal im Louvre, ... er in Paris war.
4. Ich habe meinen Mann kennengelernt, ... ich studiert habe.
5. Wir können in die Kneipe gehen, ... ich mit der Arbeit fertig bin.
6. Peter mochte keinen Spargel, ... er klein war.
7. Sie war nicht da, ... ich sie gestern anrief.

C40 Infinitiv mit *zu*

Ergänzen Sie.

nachts durch die Stadt laufen • alle Aufgaben ohne Fehler machen • hier parken • Essen kochen • viel schlafen

- Ich habe keine Lust, *Essen zu kochen.*

1. Ich habe keine Angst, ...
2. Ich empfehle dir, ...
3. Er ist verboten, ...
4. Es ist ziemlich schwer, ...

Rückblick

D1 Wichtige Redemittel

Hier finden Sie die wichtigsten Redemittel des Kapitels.

Zeitungen/Zeitschriften

regelmäßig eine Zeitung/eine Zeitschrift lesen ♦ die Zeitschrift erscheint *(täglich/wöchentlich/monatlich)* ♦ die Zeitung informiert/berichtet über … ♦ in dieser Zeitung findet man Informationen/Berichte über … ♦ die Zeitung beschäftigt sich mit …/enthält folgende Rubriken … *(Politik, Wirtschaft, Wissenschaft, Ausland, Kultur …)*

Nachrichten

Aus der Wirtschaft/Innenpolitik:
Verhandlungen führen ♦ die Gewerkschaften organisieren einen Streik ♦ für bessere Arbeitsbedingungen streiken ♦ mehr Geld fordern ♦ Steuern erhöhen ♦ den Finanzhaushalt sanieren ♦ Geld ausgeben/sparen ♦ einen Betrieb umstrukturieren ♦ Mitarbeitern kündigen ♦ Arbeitsplätze schaffen ♦ ein Angebot machen/unterbieten ♦ eine Sonderaktion starten

Außenpolitik:
der Außenminister reist heute nach … ♦ ein Vier-Augen-Gespräch führen ♦ die Gesprächsthemen sind …

Katastrophen:
der Bombenanschlag ♦ der Flugzeugabsturz/ein Flugzeug ist abgestürzt ♦ Überschwemmungen ♦ Erdbeben ♦ Häuser werden zerstört ♦ Menschen kommen ums Leben/sterben ♦ Menschen werden verletzt ♦ jemand überlebt ein Unglück

Kultur:
eine Ausstellung/Buchmesse wird eröffnet ♦ Kunstwerke werden gezeigt ♦ Lesungen finden statt ♦ Veranstaltungen werden geplant/durchgeführt ♦ Besucher werden erwartet

Sport:
ein Spiel/einen Wettkampf gewinnen/verlieren ♦ Meister werden ♦ eine Medaille holen/gewinnen ♦ sich über einen Sieg freuen ♦ einen Sieg feiern

Umwelt

das Klima verändert sich ♦ die Temperaturen steigen/werden extremer ♦ die Naturkatastrophen nehmen zu/haben sich verdoppelt ♦ der Energieverbrauch steigt ♦ alternative Energien können helfen ♦ die Luftverschmutzung nimmt zu ♦ es gibt immer mehr Verpackungsabfälle ♦ der Müll bereitet Probleme ♦ einige Tier- und Pflanzenarten sind bedroht

Meinungsäußerung

Allgemein:
Ich bin der Meinung/Ansicht, dass … ♦ Meiner Meinung nach … ♦ Ich glaube/denke/meine, dass …

Zustimmung:
Ich bin ganz/völlig deiner/Ihrer Meinung. ♦ Das finde ich auch. ♦ Ich denke darüber genauso. ♦ Ich bin damit/mit dem Vorschlag einverstanden. ♦ Ich bin für *(Ihren Vorschlag)*. ♦ Ich bin dafür.

Ablehnung:
Ich bin ganz/völlig anderer Meinung. ♦ Ich kann dir/Ihnen nicht zustimmen. ♦ Ich bin damit nicht einverstanden. ♦ Ich bin gegen *(Ihren Vorschlag)*. ♦ Ich bin dagegen.

Erfindungen und Technik

etwas erfinden ♦ etwas wurde *(1941)* erfunden ♦ eine Gebrauchs- bzw. Bedienungsanleitung lesen

ein Gerät/einen Apparat kann man:
benutzen ♦ anschließen ♦ programmieren ♦ aufladen ♦ bedienen ♦ ein- und ausschalten ♦ verwenden

die meisten Geräte haben: einen Knopf ♦ eine Taste ♦ einen Schalter ♦ eine Tür

Wichtige Wörter aus der deutschen Politik *(fakultativ)*

der Deutsche Bundestag ♦ das Grundgesetz/die Verfassung ♦ der Bundeshaushalt ♦ die Bundeswehr ♦ der Bundeskanzler/die Bundeskanzlerin ♦ die Koalition (Parteien, die die Regierung bilden) ♦ die Opposition

D2 Kleines Wörterbuch der Verben

Unregelmäßige Verben

Infinitiv	3. Person Singular Präsens	3. Person Singular Präteritum	3. Person Singular Perfekt
abnehmen	er nimmt ab	er nahm ab	er hat abgenommen
aufladen *(ein Handy)*	er lädt auf	er lud auf	er hat aufgeladen
erscheinen *(ein Buch)*	es erscheint	es erschien	es ist erschienen
erfinden *(ein Gerät)*	er erfindet	er erfand	er hat erfunden
unterbieten *(ein Angebot)*	er unterbietet	er unterbot	er hat unterboten
unterbrechen *(einen Vorgang)*	er unterbricht	er unterbrach	er hat unterbrochen
verschlafen *(einen Trend)*	er verschläft	er verschlief	er hat verschlafen

Einige regelmäßige Verben

Infinitiv	3. Person Singular Präsens	3. Person Singular Präteritum	3. Person Singular Perfekt
achten *(auf etwas)*	er achtet	er achtete	er hat geachtet
ausschalten *(ein Gerät)*	er schaltet aus	er schaltete aus	er hat ausgeschaltet
benutzen *(ein Gerät)*	er benutzt	er benutzte	er hat benutzt
berichten *(über etwas)*	er berichtet	er berichtete	er hat berichtet
beschäftigen *(sich mit)*	er beschäftigt sich	er beschäftigte sich	er hat sich beschäftigt
beschützen *(Tiere)*	er beschützt	er beschützte	er hat beschützt
erhöhen *(die Steuern)*	er erhöht	er erhöhte	er hat erhöht
erklären *(etwas)*	er erklärt	er erklärte	er hat erklärt
eröffnen *(eine Ausstellung)*	er eröffnet	er eröffnete	er hat eröffnet
ertönen *(ein Signal)*	es ertönt	es ertönte	es ist ertönt
planen	er plant	er plante	er hat geplant
prüfen *(jemanden/etwas)*	er prüft	er prüfte	er hat geprüft
sanieren *(den Haushalt)*	er saniert	er sanierte	er hat saniert
streiken *(für/gegen etwas)*	er streikt	er streikte	er hat gestreikt
untersuchen *(etwas)*	er untersucht	er untersuchte	er hat untersucht
verbrauchen *(Energie)*	er verbraucht	er verbrauchte	er hat verbraucht
verdoppeln *(sich)*	er verdoppelt sich	er verdoppelte sich	er hat sich verdoppelt
verheimlichen *(etwas)*	er verheimlicht	er verheimlichte	er hat verheimlicht
vermissen *(jemanden/etwas)*	er vermisst	er vermisste	er hat vermisst
verzichten *(auf etwas)*	er verzichtet	er verzichtete	er hat verzichtet

D3 Evaluation

Überprüfen Sie sich selbst.

Ich kann	gut	nicht so gut
Ich kann einfache Auskünfte über Zeitungen und Zeitschriften in meinem Land geben.	❒	❒
Ich kann einige Nachrichten in Zeitungen und im Radio verstehen.	❒	❒
Ich kann wichtige Wörter zum Thema Umwelt verstehen.	❒	❒
Ich kann meine eigene Meinung zu verschiedenen Themen in einfacher Form ausdrücken.	❒	❒
Ich kann jemandem zustimmen oder widersprechen.	❒	❒
Ich kann die meisten Alltagsgeräte nennen.	❒	❒
Ich kann einfache Gebrauchsanweisungen verstehen.	❒	❒
Ich kann ein einfaches Gespräch über Technikprobleme führen.	❒	❒
Ich kann einfache Texte über das politische System in Deutschland verstehen. *(fakultativ)*	❒	❒
Ich kann etwas über die Politik und das politische System meines Heimatlandes sagen. *(fakultativ)*	❒	❒

Anhang

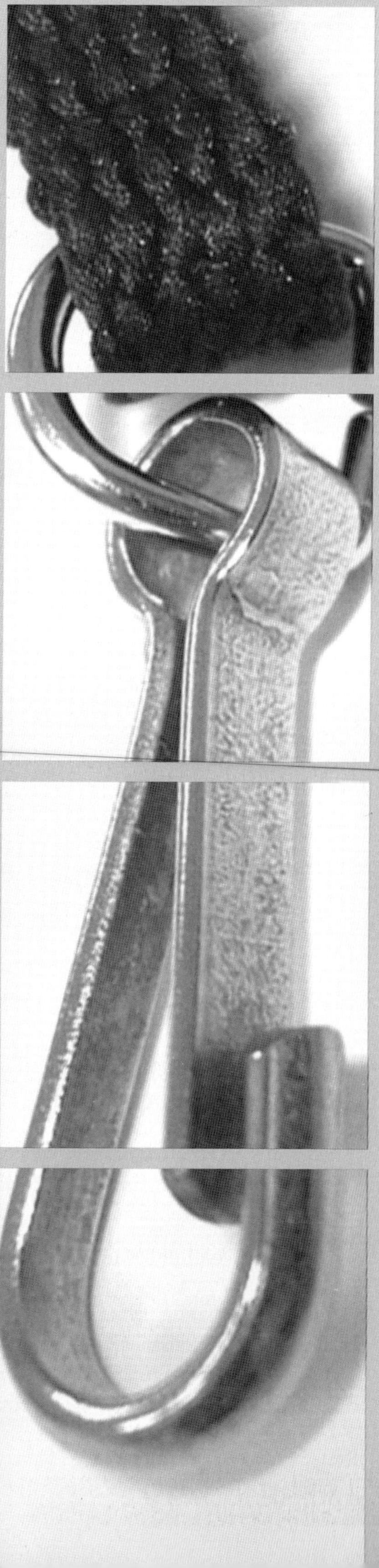

Anhang

1 Übungstest zur Prüfungsvorbereitung

2 Grammatik-Übersichten

Übungstest
zur Vorbereitung auf die Prüfung *Start Deutsch 2*

Der Test umfasst insgesamt vier Teile: Hören, Lesen, Schreiben und Sprechen.

Hören

Diese Einheit besteht aus drei Aufgaben und dauert ungefähr 20 Minuten.

1 Telefonische Mitteilungen 2.26

Sie hören fünf kurze Ansagen am Telefon. Jeden Text hören Sie zweimal. Ergänzen Sie die Telefonnotizen.

Firma Steiner
Bürostühle abholen.
Wann morgen?
Von 8 bis 18.30 Uhr.

1 Spanisch-Kurs
Das soll Gudrun nach dem Kurs tun:

2 Handy
Dietrichs neue Nummer:

3 London
Programm für heute Abend. Was?

4 Problem im Büro
Problem. Was?

5 Termin
Neuer Termin. Wann?

2 Radioansagen 2.27

Hören Sie die fünf Radioansagen und kreuzen Sie die richtige Antwort an.
Sie hören jeden Text nur einmal.

- Wann beginnt „Deutschland singt"?
  a) ☐ um zehn Uhr b) ✗ um Viertel nach zehn c) ☐ um Viertel vor 10

1. Wie wird das Wetter am Samstagvormittag?
   a) ☐ Die Sonne scheint. b) ☐ Es regnet. c) ☐ Die Tagestemperaturen sind extrem hoch.

2. Auf welcher Autobahn gibt es acht Kilometer Stau?
   a) ☐ A 3 b) ☐ A 5 c) ☐ A 8

3. Über welches Thema können Sie sich im Magazin *Charlotte* nicht informieren?
   a) ☐ über Ausbildung b) ☐ über naturwissenschaftliche Themen c) ☐ über Psychologie

4. Welcher Urlaub beinhaltet auch Konzerte?
   a) ☐ der Urlaub in Kroatien b) ☐ der Urlaub in der Türkei c) ☐ keiner

5. Mit wem trifft sich der österreichische Minister?
   a) ☐ mit dem französischen Bildungsminister b) ☐ mit den Ministern anderer EU-Länder c) ☐ mit dem französischen Ministerpräsidenten

3 Ein Gespräch 2.28

Hören Sie ein Gespräch auf der Straße. Ordnen Sie die Erläuterungen den Personen zu. Sie hören den Text zweimal.

Laura	Eva	Matthias	Evas Kollegen (ohne Kinder)	Chef	Sprachlehrer
d					

a) gehen oft zusammen in eine Kneipe oder in ein Café.

b) fährt jedes Jahr nach Polen.

c) ist manchmal gestresst.

d) organisiert Reisen für die Mitarbeiter.

e) fühlt sich bei der Firma „No Limits" wohl.

f) wohnt erst seit einigen Tagen in Berlin.

g) kommt aus England.

h) hat schon einen Sprachkurs bei einem Privatlehrer besucht.

i) hört gern Musik.

Lesen

Diese Einheit besteht aus drei Aufgaben und dauert ungefähr 20 Minuten.

4 Texte lesen

Lesen Sie die Aufgaben und finden Sie auf einer Internet-Seite über Bayern verschiedene Informationen. Kreuzen Sie die Informationen an, die Sie anklicken würden.

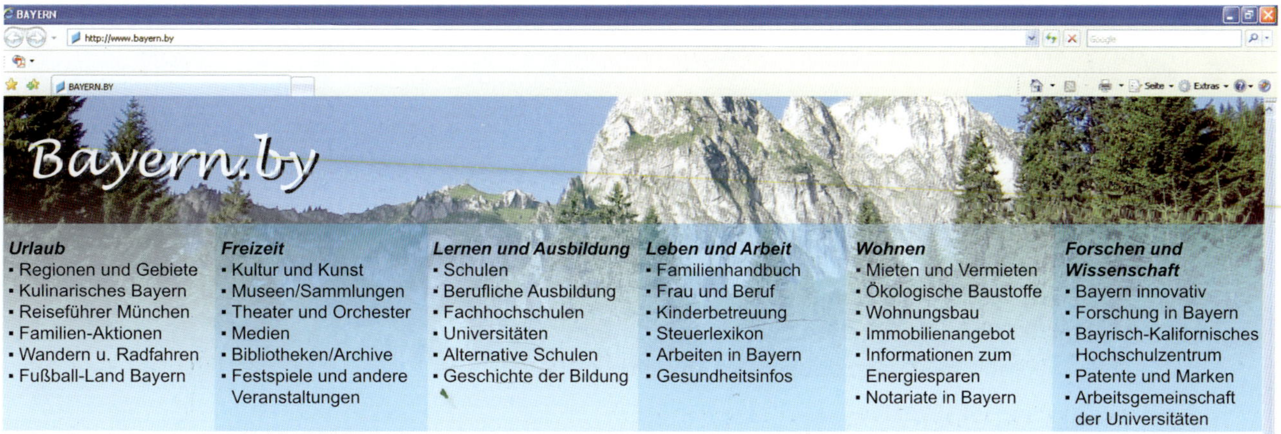

- Sie suchen nach traditionellen bayrischen Kochrezepten.
  a) ✗ Urlaub b) ☐ Freizeit c) ☐ einen anderen Menüpunkt

1. Sie interessieren sich für Technologie und Erfindungen.
   a) ☐ Leben und Arbeit b) ☐ Forschen und Wissenschaft c) ☐ einen anderen Menüpunkt
2. Sie suchen eine Stelle in Bayern.
   a) ☐ Lernen und Ausbildung b) ☐ Leben und Arbeit c) ☐ einen anderen Menüpunkt
3. Sie möchten wissen, wo Konzerte stattfinden.
   a) ☐ Urlaub b) ☐ Freizeit c) ☐ einen anderen Menüpunkt
4. Sie kennen Bayern nicht so gut, aber möchten mehr über die Geografie des Landes erfahren.
   a) ☐ Wohnen b) ☐ Leben und Arbeit c) ☐ einen anderen Menüpunkt
5. Sie möchten Informationen über Sehenswürdigkeiten in München und Umgebung bekommen.
   a) ☐ Urlaub b) ☐ Freizeit c) ☐ einen anderen Menüpunkt

5 Sind die Aussagen richtig oder falsch?

Lesen Sie den nachfolgenden Text und entscheiden Sie, ob die fünf Aussagen richtig oder falsch sind. Kreuzen Sie an.

Model mit 18!

Sie hat blonde Haare, grüne Augen und ist 18 Jahre alt. Sie lächelt uns freundlich an, als wir sie ansprechen. Sie ist zwar reserviert, aber sie macht einen freundlichen Eindruck. Das ist Heidrun Lebert, die schönste Deutsche des Jahres.

Heidrun ist in Hannover geboren. Die Grundschule und das Gymnasium besuchte sie auch dort. Sie stand kurz vor dem Abitur, als die Nachricht kam, dass sie beim Finale der „Miss Deutschland"-Wahl mitmachen darf. Danach ging alles sehr schnell: Zusammen mit ihrer Mutter reiste sie nach Berlin, nahm dort am Wettbewerb teil und drei Wochen später war ihr Gesicht auf dem Titelblatt aller Zeitungen und Magazine zu sehen!

Heidrun kann das Abitur erst nächstes Jahr ablegen, aber dieses Jahr wird für sie auch ohne Prüfung sehr anstrengend sein: Sie muss viel reisen, zahlreiche Interviews geben und sich für verschiedene Zeitschriften fotografieren lassen.

Es ist vielleicht überraschend, aber die blonde Schönheit interessiert sich mehr für Naturwissenschaften als für die neuesten Kosmetikprodukte. „Mich faszinieren die Tiere, die Pflanzen, die Natur. Alles, was lebt, interessiert mich. Ich möchte gern herausfinden, ob es auch auf anderen Planeten Menschen wie uns gibt." Ihr Traum ist es, einmal Biologie zu studieren und in einem großen Laboratorium als Forscherin zu arbeiten.

		richtig	falsch
♦	Heidrun Lebert ist eine sehr attraktive Frau.	✗	❐
1.	Heidrun hat schon in mehreren Städten gewohnt.	❐	❐
2.	Heidrun möchte später einmal Wissenschaftlerin werden.	❐	❐
3.	Heidrun hat vor, kein Abitur zu machen.	❐	❐
4.	Heidrun ist eine offene Person.	❐	❐
5.	Viele Journalisten werden dieses Jahr mit Heidrun sprechen.	❐	❐

6 Internetanzeigen

In dieser Aufgabe lesen Sie kurze Anzeigen. Sie müssen die passenden Anzeigen zu fünf Situationen finden. Für eine Situation gibt es keine passende Anzeige.

a

www.info-schweiz.ch
- Die Schweiz in Zahlen
- Großstädte in der Schweiz
- Sehenswürdigkeiten
- Sprachen und Dialekte
- Institute, politische Struktur
- Veranstaltungskalender

b

www.kochloeffel.de
- Traditionelle Rezepte aus Deutschland
- Kochkurse in Berlin und Umgebung
- Informationen über Bioprodukte
- Ratgeber für Profi-Köche
- Ausbildung, Praktikum

c

www.fisch-sucht-fahrrad.de
- Anzeigen aufgeben und abrufen
- Veranstaltungen für Singles über 35
- Agenturenliste für Partnersuche, Vermittlungsgebühren
- Newsletter bestellen

d

www.buecher-online.de

- Wissenschaft, Wirtschaft und Politik
- Reiseführer
- Literatur für Kinder und Erwachsene
- Klassiker auf DVDs
- Hörbücher

e

www.wien_kulinarisch.at

- Die Geschichte der Wiener Kaffeehäuser
- Partyräume in der Wiener Region
- Restaurantführer
- Lecker und preiswert essen

f

www.wien_tanzt.at

„Wien tanzt" ist die einzige Tanzschule für Senioren! Lesen Sie mehr über uns.

- Sommerkurse zu günstigen Preisen
- Lehrer und Musiker
- Anmeldeformular, Preise

g

www.gastinderschweiz.ch

- Schweizer Kantone und Wappen
- Verkehr
- Unterkunft in Hotels und Pensionen
- Idyllische Gegenden, Kurorte
- Schweiz mit dem Fahrrad

h

www.darf_bitten.at

- Kurse für Anfänger und Fortgeschrittene (Standardtänze, moderne Tänze)
- Monatskurse, Ganzjahreskurse
- Unsere Mitarbeiter
- Preise und Anmeldung
- Stellenangebote

♦ Ihr Freund macht nächstes Jahr Urlaub in Tirol und sucht Bücher über Österreich. — d

1. Ihre Tochter möchte Walzer tanzen lernen. Sie suchen einen Kurs für sie in Österreich. — f X
2. Sie möchten Ihren Geburtstag mit Ihren Freunden in der Nähe von Wien feiern und suchen für diese Feier einen Raum. — e ✓
3. Sie müssen eine Präsentation über Genf halten und suchen Informationen über die Stadt. — a ✓
4. Sie möchten in einem deutschsprachigen Land Urlaub machen. Am liebsten möchten Sie Ihren Urlaub in einer ruhigen Gegend verbringen. — g ✓
5. Sie möchten wissen, was im Moment in den Wiener Theatern läuft. — X

Schreiben

Diese Einheit besteht aus zwei Aufgaben und dauert ungefähr 30 Minuten.

7 Ein Formular ausfüllen

In diesem Teil müssen Sie ein Formular zu einer Person ausfüllen, die ein Hotelzimmer oder eine Reise buchen möchte, sich in einen Sprachkurs einschreibt o. ä.

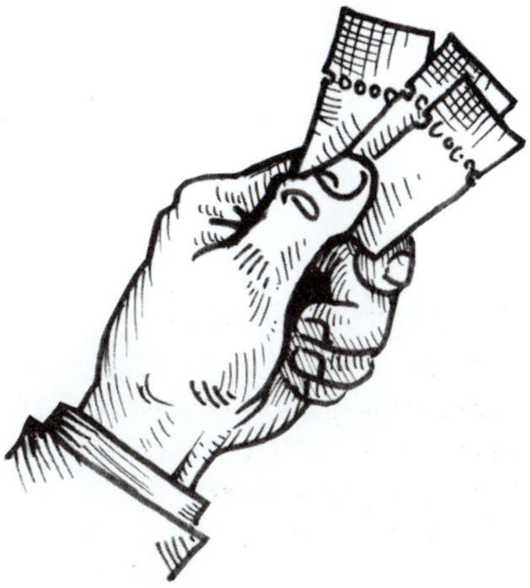

Charles arbeitet als Bauingenieur bei einer amerikanischen Firma. Vom 25. bis 31. August ist er mit seiner Frau in Berlin. Sie sprechen beide ausgezeichnet Deutsch und interessieren sich sehr für Kunst, deshalb möchten Sie dort ins Theater gehen. Ein deutscher Freund von Charles hat ihnen die Volksbühne empfohlen, wo im August zwei gute Theaterstücke laufen: „Berlin-Alexanderplatz" von Alfred Döblin und Shakespeares „Hamlet" in einer modernen Version. Charles und seine Frau möchten das deutsche Theaterstück sehen, am letzten Abend vor ihrer Abreise.

http://www.volksbuehne-berlin.de

Volksbühne Berlin

HAMLET

Sein oder Nichtsein, das ist hier die Frage:
Ob's edler im Gemüt, die Pfeil' und Schleudern
Des wütenden Geschicks erdulden, oder,
Sich waffnend gegen eine See von Plagen,
Durch Widerstand sie enden. Sterben – schlafen –
Nichts weiter! – und zu wissen, dass ein Schlaf
Das Herzweh und die tausend Stöße endet,
Die unsers Fleisches Erbteil – 's ist ein Ziel,
Aufs innigste zu wünschen. Sterben – schlafen –
Schlafen! Vielleicht auch träumen! – Ja, da liegt's:
Was in dem Schlaf für Träume kommen mögen,
Wenn wir den Drang des Ird'schen abgeschüttelt,
Das zwingt uns stillzustehn. Das ist die Rücksicht,
Die Elend lässt zu hohen Jahren kommen.
Denn wer ertrüg der Zeiten Spott und Geißel,
Des Mächt'gen Druck, des Stolzen Misshandlungen,
Verschmähter Liebe Pein, des Rechtes Aufschub,
Den Übermut der Ämter und die Schmach,
Die Unwert schweigendem Verdienst erweist,
Wenn er sich selbst in Ruhstand setzen könnte
Mit einer Nadel bloß? Wer trüge Lasten
Und stöhnt' und schwitzte unter Lebensmüh'?
Nur dass die Furcht vor etwas nach dem Tod –
Das unentdeckte Land, von des Bezirk
Kein Wandrer wiederkehrt – den Willen irrt,
Dass wir die Übel, die wir haben, lieber
Ertragen, als zu unbekannten fliehn.
So macht Gewissen Feige aus uns allen;
Der angebornen Farbe der Entschließung
Wird des Gedankens Blässe angekränkelt;
Und Unternehmungen voll Mark und Nachdruck,
Durch diese Rücksicht aus der Bahn gelenkt,
Verlieren so der Handlung Namen. – Still!
Die reizende Ophelia. – Nymphe, schließ
In dein Gebet all meine Sünden ein.

Neues | **Volksbühne** | **Spielorte** | **Karten** | **Kontakt** | **Suche**

ONLINE-RESERVIERUNG

Willkommen bei der Online-Kartenreservierung. Bitte beachten Sie, dass aus Sicherheitsgründen nur E-Mails ohne Anhang bearbeitet werden. Wir freuen uns auf Ihren Besuch!

Familienname:	Grimes	
Vorname:	Charles	
Straße, Hausnummer:	Bunnecke Str. 710	
Postleitzahl, Ort:	Baltimore MD 22124	
E-Mail:	chgrimes@gmail.com	
Telefonnummer:	001-476-4553	
Veranstaltung:	Berlin - Alexande platz	
Datum:	30. August	
Anzahl Karten:	2	
Ermäßigung: (Schüler, Studenten, Erwerbslose)	☐ ja	☒ nein
Sind Sie ein regelmäßiger Besucher der Volksbühne?	☐ ja	☒ nein
Wenn nein: Von wem haben Sie etwas über die Volksbühne gehört?	ein Freund	

löschen **abschicken**

8 Einen Brief schreiben

Sie haben eine E-Mail von Ihrem deutschen Freund Michael bekommen. Michael interessiert sich sehr für Ihr Heimatland und möchte Informationen über Ihre Heimatstadt/Ihr Dorf bekommen.
Antworten Sie auf Michaels E-Mail. Hier finden Sie sechs Inhaltspunkte für Ihre Antwort. Wählen Sie drei davon aus. Schreiben Sie zwei Sätze über jeden ausgewählten Punkt.

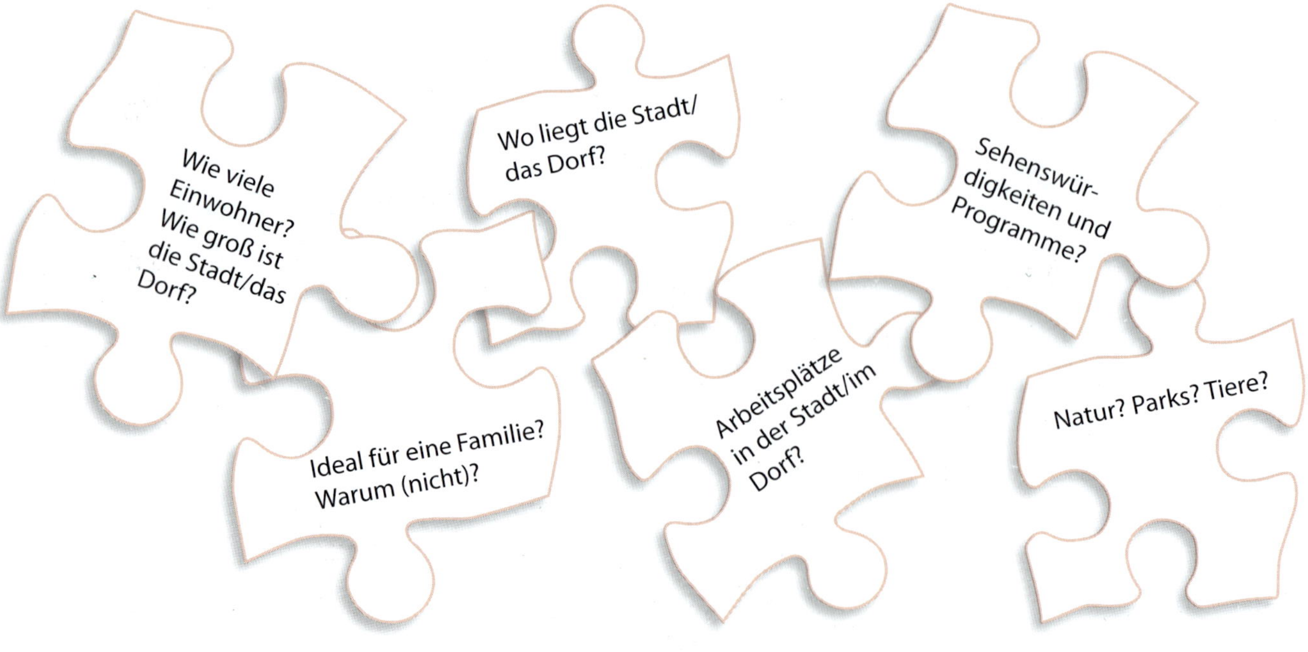

Sprechen

Diese Einheit besteht aus drei Aufgaben und dauert ungefähr 10 Minuten.

9 Sich vorstellen

In dieser Aufgabe müssen Sie einfache Informationen zu Ihrer Person geben. Als Hilfe bekommen Sie ein Blatt mit folgenden Stichworten:

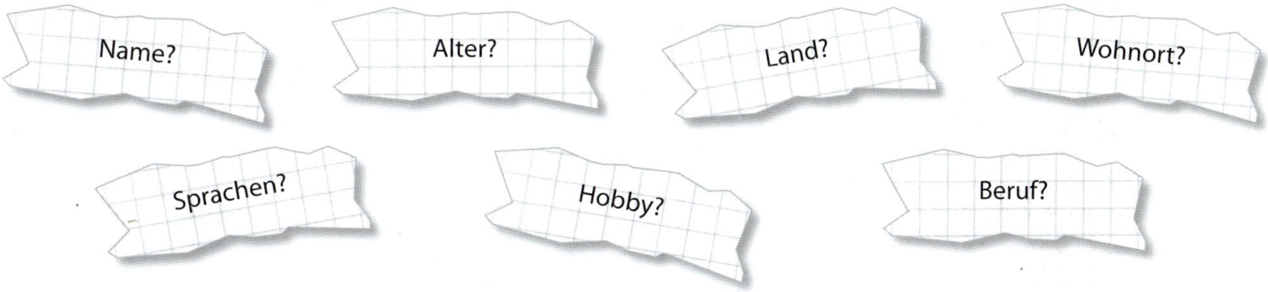

Tipp: Bereiten Sie sich auch auf andere Fragen vor, denn der Prüfer wird Ihnen noch eine oder zwei zusätzliche Fragen zu den folgenden Themen stellen:

Arbeitsplatz? ♦ Kinder und Familie? ♦ Adresse und Telefonnummer? ♦ Urlaub/Ferien? ♦ Geburtsdatum?

10 Ein Alltagsgespräch führen

In dieser Aufgabe müssen Sie drei Fragen zu einem bestimmten Thema stellen und beantworten. Sie diskutieren mit einem anderen Kandidaten.
Wählen Sie dazu zwei Karten und formulieren Sie zwei Fragen mit den gewählten Fragewörtern. Sie bekommen auch eine Karte mit „…?“. Sie können hier eine frei gewählte Frage stellen. (Die Karten werden in der Prüfung offen vor Ihnen ausgelegt.) Danach müssen Sie die Fragen Ihrer Gesprächspartnerin/Ihres Gesprächspartners beantworten.

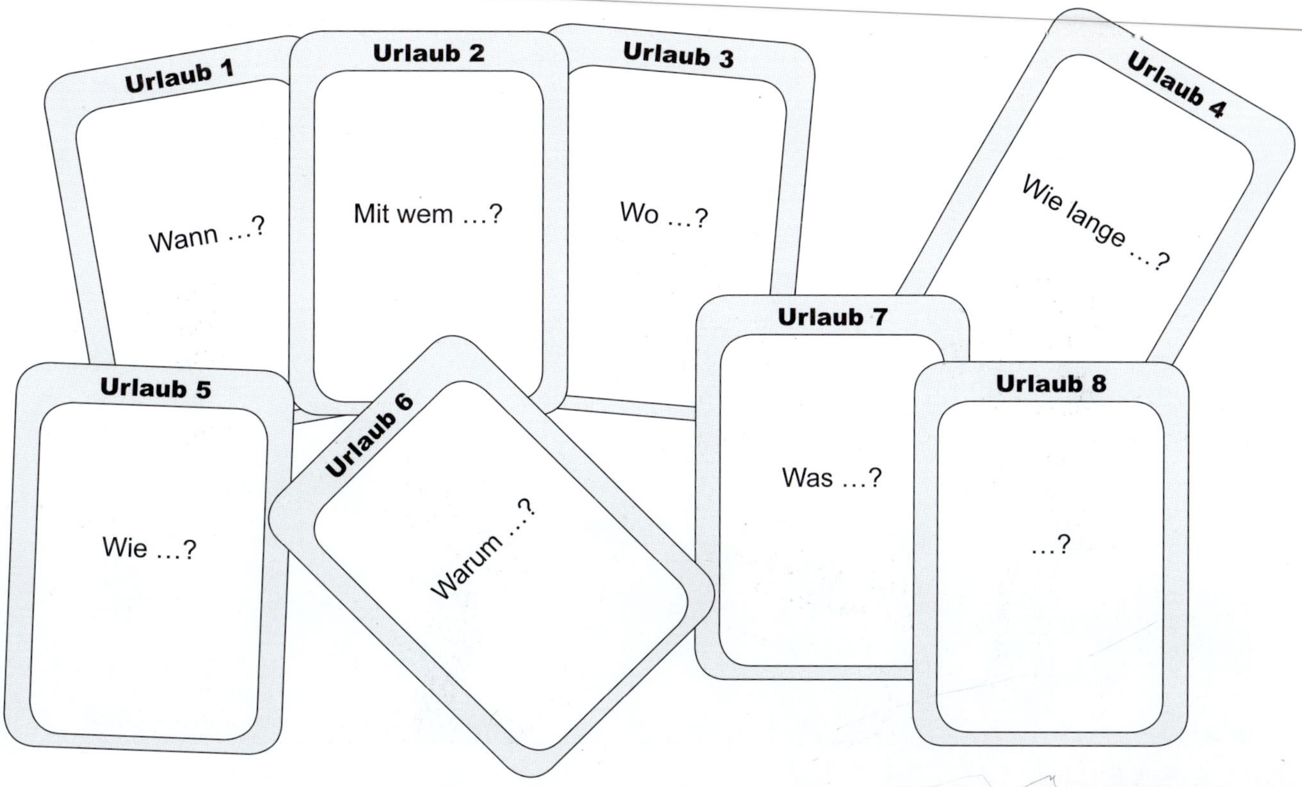

11 Etwas aushandeln

In diesem Teil müssen Sie etwas mit einer Partnerin/einem Partner aushandeln (z. B. ein Treffen vereinbaren, ein passendes Geschenk oder ein Abendprogramm auswählen).
Sie bekommen das Aufgabenblatt A, Ihre Partnerin/Ihr Partner bekommt das Aufgabenblatt B. Auf den Blättern stehen unterschiedliche Informationen zu dem Thema. Sie müssen einander Fragen stellen und am Ende einen Kompromiss schließen oder zusammen eine Entscheidung treffen.

Sie und Ihre Gesprächspartnerin/Ihr Gesprächspartner möchten am Samstag zwei Stunden zusammen Deutsch lernen. Vereinbaren Sie einen Zeitpunkt.

A

B

Grammatik in Übersichten

Nomengruppe

Kasus	Singular: maskulin	Singular: feminin	Singular: neutral	Plural
Nominativ	der Tisch	die Bar	das Zimmer	die Bücher
	großer Tisch	gemütliche Bar	kaltes Zimmer	alte Bücher
	der große Tisch	die gemütliche Bar	das kalte Zimmer	die alten Bücher
	ein großer Tisch	eine gemütliche Bar	ein kaltes Zimmer	
	mein großer Tisch	meine gemütliche Bar	mein kaltes Zimmer	meine alten Bücher
Akkusativ	den Tisch			
	großen Tisch			
	den großen Tisch			
	einen großen Tisch			
	meinen großen Tisch			
Dativ	dem Tisch	der Bar	dem Zimmer	den Büchern
	großem Tisch	gemütlicher Bar	kaltem Zimmer	alten Büchern
	dem großen Tisch	der gemütlichen Bar	dem kalten Zimmer	den alten Büchern
	einem großen Tisch	einer gemütlichen Bar	einem kalten Zimmer	
	meinem großen Tisch	meiner gemütlichen Bar	meinem kalten Zimmer	meinen alten Büchern
Genitiv	des Tisches		des Zimmers	der Bücher
	großen Tisches		kalten Zimmers	alter Bücher
	des großen Tisches		des kalten Zimmers	der alten Bücher
	eines großen Tisches		eines kalten Zimmers	
	meines großen Tisches		meines kalten Zimmers	meiner alten Bücher

Plural der Nomen

	Endung im Plural				
	---	-e	-er	-en	-s
	(das Messer) die Messer	(das Telefon) die Telefone	(das Bild) die Bilder	(der Mensch) die Menschen	(das Büro) die Büros
mit Umlaut	(der Mantel) die Mäntel	(der Baum) die Bäume	(das Glas) die Gläser		

Artikel

Artikel	Singular: maskulin	Singular: feminin	Singular: neutral	Plural
bestimmter Artikel	der Tisch	die Lampe	das Telefon	die Bücher
unbestimmter Artikel	ein Tisch	eine Lampe	ein Telefon	Bücher
negativer Artikel	kein Tisch	keine Lampe	kein Telefon	keine Bücher
Possessivartikel	mein Tisch	meine Lampe	mein Telefon	meine Bücher
Demonstrativartikel	dieser Tisch	diese Lampe	dieses Telefon	diese Bücher

Grammatik in Übersichten

Possessivartikel

	Pronomen		Singular maskulin		Singular feminin		Singular neutral		Plural	
Singular	ich	und	mein	Vater	meine	Mutter	mein	Kind	meine	Freunde
	du	und	dein	Vater	deine	Mutter	dein	Kind	deine	Freunde
	er/es	und	sein	Vater	seine	Mutter	sein	Kind	seine	Freunde
	sie	und	ihr	Vater	ihre	Mutter	ihr	Kind	ihre	Freunde
Plural	wir	und	unser	Vater	unsere	Mutter	unser	Kind	unsere	Freunde
	ihr	und	euer	Vater	eure	Mutter	euer	Kind	eure	Freunde
	sie	und	ihr	Vater	ihre	Mutter	ihr	Kind	ihre	Freunde
formell	Sie	und	Ihr	Vater	Ihre	Mutter	Ihr	Kind	Ihre	Freunde

Personalpronomen

		Nominativ	Akkusativ	Dativ
Singular	1. Person	ich	mich	mir
	2. Person	du	dich	dir
	3. Person	er sie es	ihn sie es	ihm ihr ihm
Plural	1. Person	wir	uns	uns
	2. Person	ihr	euch	euch
	3. Person	sie	sie	ihnen
formell		Sie	Sie	Ihnen

Verben: Konjugation im Präsens

Regelmäßige Verben / Unregelmäßige Verben

			lernen	arbeiten	fahren	geben	lesen	nehmen
Singular	1. Person	ich	lern -e	arbeit -e	fahr -e	geb -e	les -e	nehm -e
	2. Person	du	lern -st	arbeit -est	fähr -st	gib -st	lies -t	nimm -st
	3. Person	er sie es	lern -t	arbeit -et	fähr -t	gib -t	lies -t	nimm -t
Plural	1. Person	wir	lern -en	arbeit -en	fahr -en	geb -en	les -en	nehm -en
	2. Person	ihr	lern -t	arbeit -et	fahr -t	geb -t	les -t	nehm -t
	3. Person	sie	lern -en	arbeit -en	fahr -en	geb -en	les -en	nehm -en
formell		Sie	lern -en	arbeit -en	fahr -en	geb -en	les -en	nehm -en

Haben, sein und *werden*

	haben	sein	werden
ich	habe	bin	werde
du	hast	bist	wirst
er/sie/es	hat	ist	wird
wir	haben	sind	werden
ihr	habt	seid	werdet
sie	haben	sind	werden
Sie	haben	sind	werden

Modalverben und *möchte(n)*

	können	müssen	sollen	wollen	dürfen	mögen	möchte(n)
ich	kann	muss	soll	will	darf	mag	möchte
du	kannst	musst	sollst	willst	darfst	magst	möchtest
er/sie/es	kann	muss	soll	will	darf	mag	möchte
wir	können	müssen	sollen	wollen	dürfen	mögen	möchten
ihr	könnt	müsst	sollt	wollt	dürft	mögt	möchtet
sie	können	müssen	sollen	wollen	dürfen	mögen	möchten
Sie	können	müssen	sollen	wollen	dürfen	mögen	möchten

Verben mit Präfix

پیشوند

nicht trennbare Verben		trennbare oder nicht trennbare Verben	trennbare Verben	
Verben mit den Präfixen: be- emp- ent- er- ge- miss- ver- zer- sind nicht trennbar.		Verben mit den Präfixen: durch- über- um- unter- wider- wieder- können trennbar oder nicht trennbar sein.	Verben mit allen anderen Präfixen sind trennbar.	
beginnen:	ich beginne	trennbar:	aufstehen:	ich stehe auf
empfangen:	ich empfange	wiederkommen: ich komme wieder	einkaufen:	ich kaufe ein
bezahlen:	ich bezahle		fernsehen:	ich sehe fern
erwarten:	ich erwarte	nicht trennbar:	anfangen:	ich fange an
vereinbaren:	ich vereinbare	übersetzen: ich übersetze	ausschalten:	ich schalte aus

Verben: Imperativ

امری

	kommen	nehmen	fahren	anfangen
du	Komm!	Nimm!	Fahr!	Fang an!
ihr	Kommt!	Nehmt!	Fahrt!	Fangt an!
Sie	Kommen Sie!	Nehmen Sie!	Fahren Sie!	Fangen Sie an!

Verben: Perfekt

Regelmäßige Verben

		Verben mit Präfix trennbare Verben	Verben mit Präfix nicht trennbare Verben	Verben auf *-ieren*
ich	bin gelandet	habe eingekauft	habe übersetzt	habe studiert
du	bist gelandet	hast eingekauft	hast übersetzt	hast studiert
er/sie/es	ist gelandet	hat eingekauft	hat übersetzt	hat studiert
wir	sind gelandet	haben eingekauft	haben übersetzt	haben studiert
ihr	seid gelandet	habt eingekauft	habt übersetzt	habt studiert
sie	sind gelandet	haben eingekauft	haben übersetzt	haben studiert
Sie	sind gelandet	haben eingekauft	haben übersetzt	haben studiert

Unregelmäßige Verben

		Verben mit Präfix trennbare Verben	Verben mit Präfix nicht trennbare Verben
ich	bin gefahren	habe angerufen	habe begonnen
du	bist gefahren	hast angerufen	hast begonnen
er/sie/es	ist gefahren	hat angerufen	hat begonnen
wir	sind gefahren	haben angerufen	haben begonnen
ihr	seid gefahren	habt angerufen	habt begonnen
sie	sind gefahren	haben angerufen	haben begonnen
Sie	sind gefahren	haben angerufen	haben begonnen

Verben: Präteritum

Regelmäßige Verben / Unregelmäßige Verben / *Haben* und *sein*

	kaufen	gehen	haben	sein
ich	kaufte	ging	hatte	war
du	kauftest	gingst	hattest	warst
er/sie/es	kaufte	ging	hatte	war
wir	kauften	gingen	hatten	waren
ihr	kauftet	gingt	hattet	wart
sie	kauften	gingen	hatten	waren
Sie	kauften	gingen	hatten	waren

Modalverben

	können	müssen	sollen	wollen	dürfen	mögen
ich	konnte	musste	sollte	wollte	durfte	mochte
du	konntest	musstest	solltest	wolltest	durftest	mochtest
er/sie/es	konnte	musste	sollte	wollte	durfte	mochte
wir	konnten	mussten	sollten	wollten	durften	mochten
ihr	konntet	musstet	solltet	wolltet	durftet	mochtet
sie	konnten	mussten	sollten	wollten	durften	mochten
Sie	konnten	mussten	sollten	wollten	durften	mochten

Verben: Rektion

Das Verb regiert im Satz!

1. Verben mit dem Nominativ (Frage: Wer? Was?)

sein • werden

Er	wird	bestimmt	ein guter Arzt.	Das	ist	ein alter Fernseher.
NOMINATIV			NOMINATIV	NOMINATIV		NOMINATIV

2. Verben mit dem Akkusativ (Frage: Wen? Was?)

abholen • anrufen • beantworten • besuchen • bezahlen • brauchen • essen • finden • haben • hören • kennen • kosten • lesen • machen • möchte(n) • öffnen • parken • sehen • trinken

Ich	brauche	ein Auto.	Das Zimmer	hat	einen Fernseher.
NOMINATIV		AKKUSATIV	NOMINATIV		AKKUSATIV

3. Verben mit dem Dativ (Frage: Wem?)

danken • gefallen • gehören • helfen • passen • schmecken

Die Jacke	gefällt	mir.	Das Auto	gehört	meinem Bruder.
NOMINATIV		DATIV	NOMINATIV		DATIV

4. Verben mit Dativ und Akkusativ (Frage: Wem? Was?)

bringen • faxen • geben • kaufen • schenken • schicken • schreiben • senden • zeigen

Ich	kaufe	mir	ein neues Kleid.	Wir	schenken	dem Chef	einen Blumenstrauß.
NOMINATIV		DATIV	AKKUSATIV	NOMINATIV		DATIV	AKKUSATIV

5. Verben mit präpositionalem Kasus

Ich	nehme	an der Besprechung	teil.	Ich	telefoniere	mit dem Chef.
NOMINATIV		*an* + DATIV		NOMINATIV		*mit* + DATIV

Aussage: Ich telefoniere mit meinem Chef.
Ich interessiere mich für Musik.

Frage: Mit wem telefonierst du? *(Person)*
Wofür interessierst du dich? *(Sache)*

an + Dativ	*bei* + Dativ	*mit* + Dativ	*nach* + Dativ	*zu* + Dativ
teilnehmen	anrufen arbeiten sich entschuldigen	sprechen reden telefonieren sich streiten	fragen suchen	gratulieren zählen

an + Akkusativ	*auf* + Akkusativ	*für* + Akkusativ	*in* + Akkusativ	*um* + Akkusativ	*über* + Akkusativ
sich erinnern denken	warten sich freuen	sich bedanken sich interessieren	sich verlieben	es geht sich bewerben	sprechen reden berichten sich freuen sich beschweren sich ärgern sich streiten

Verben: Konjunktiv II

مجید لیزرهای

Wenn ich eine Million im Lotto gewinnen würde, wäre ich Millionär.

	bin		habe		fahre	
ich	bin	wäre	habe	hätte	fahre	würde fahren
du	bist	wärst	hast	hättest	fährst	würdest fahren
er/sie/es	ist	wäre	hat	hätte	fährt	würde fahren
wir	sind	wären	haben	hätten	fahren	würden fahren
ihr	seid	wärt	habt	hättet	fahrt	würdet fahren
sie	sind	wären	haben	hätten	fahren	würden fahren
Sie	sind	wären	haben	hätten	fahren	würden fahren

Sätze

1. Der Aussagesatz

	Position II: finites Verb	
Ich	studiere	an der Universität Leipzig Germanistik.
Im Sommer	fahren	wir nach Frankreich.
Ich	schenke	meinem Bruder ein Fahrrad.

2. Der Fragesatz

W-Frage

Fragewort	Position II: finites Verb	
Wohin	fahren	die Studenten?
Wie viel	kostet	der Computer?

Ja-Nein-Frage

Position I: finites Verb		
Sprechen	Sie	Deutsch?
Studierst	du	in Berlin?

3. Die Satzklammer

Sätze mit trennbaren Verben

	Position II: finites Verb (Teil 1)		Satzende: trennbares Präfix
Ich	komme	morgen gegen 13.00 Uhr	an.

Sätze mit Modalverben

	Position II: finites Verb		Satzende: Infinitiv
Ich	kann	heute leider nicht	kommen.

Sätze im Perfekt

	Position II: finites Verb		Satzende: Partizip
Ich	bin	um 8.00 Uhr	aufgestanden.

4. Hauptsatz und Nebensatz

Hauptsatz			Nebensatz		
	finites Verb		Satzverbindung		finites Verb
Ich	kaufe	mein Brot im Supermarkt,	weil	es dort billiger	ist.

Sätze: Satzverbindungen

Konjunktionen: Hauptsatz – Hauptsatz

Grund	Ich mache am liebsten im Januar Urlaub,	denn	ich liebe den Schnee.
Gegensatz	Früher habe ich im Sommer Urlaub gemacht,	aber	heute fahre ich lieber im Winter weg.
	Ich fahre dieses Jahr nicht im Januar weg,	sondern	ich fliege im August nach Spanien.
Alternative	Vielleicht fahren wir in die Berge	oder	wir fahren ans Meer.
Addition	Wir fahren im Januar nach Österreich	und	im Sommer fahren wir nach Irland.

Subkonjunktionen: Hauptsatz – Nebensatz

Grund	Ich mache am liebsten im Januar Urlaub,	weil	ich den Schnee liebe.
Gegengrund	Ich mache am liebsten im Januar Urlaub,	obwohl	ich den Schnee hasse.
Bedingung	Ich kann dich nur besuchen,	wenn	ich Zeit habe.
Zeit	Ich kann dich nur besuchen,	wenn	ich meine Arbeit beendet habe.
	Ich habe ihn besucht,	als	ich in München war.
dass/ob	Ich weiß,	dass	er heute noch ins Büro kommt.
	Ich weiß nicht,	ob	er heute noch ins Büro kommt.

Konjunktionaladverbien: Hauptsatz – Hauptsatz

Erwartete Folge	Ich habe keine Zeit,	deshalb	kann ich dich nicht besuchen.
Nicht erwartete Folge	Ich habe keine Zeit,	trotzdem	komme ich dich heute besuchen.

Sätze: Infinitivkonstruktionen

Infinitiv mit *zu*:	Ich habe keine Zeit, heute Wäsche zu waschen. Ich habe keine Lust, mein Zimmer aufzuräumen.
Infinitiv mit *um … zu*: *(Angabe eines Zwecks)*	Man muss den Knopf drücken, um die Waschmaschine anzuschalten.

Sätze: Relativsätze

	Singular			Plural
	maskulin	feminin	neutral	
Nominativ	der	die	das	die
Akkusativ	den	die	das	die
Dativ	dem	der	dem	denen

- Das ist der Mann, der mir gefällt.
- Das ist der Mann, den ich liebe.
- Das ist der Mann, dem ich mein Auto geliehen habe.

حروف اضافه - حروف جر

Präpositionen

Präpositionen mit dem Akkusativ

Präposition	Beispielsätze	
bis (ohne Artikel)	Der Zug fährt bis München.	*(lokal)*
durch	Wir fahren durch die Türkei. Ich habe es durch Zufall erfahren.	*(lokal)* *(kausal)*
für	Ich brauche das Geld für meine Miete. Die Blumen sind für meine Frau.	*(final)* *(final)*
gegen	Die Tabletten helfen gegen Kopfschmerzen. Das Auto fuhr gegen einen Baum. Ich komme gegen 8.00 Uhr.	*(kausal)* *(lokal)* *(temporal)*
ohne	Ohne Brille kann ich nichts sehen.	*(modal)*
um	Die Besprechung beginnt um 9.00 Uhr. Wir sind um die Kirche (herum)gegangen.	*(temporal)* *(lokal)*

Präpositionen mit dem Dativ

Präposition	Kurzformen	Beispielsätze	
ab		Das Flugzeug fliegt ab Frankfurt. Ab nächster Woche habe ich Urlaub.	*(lokal)* *(temporal)*
aus		Ich komme aus der Türkei. Die Tür ist aus Holz. Er heiratete sie aus Liebe.	*(lokal)* *(modal)* *(kausal)*
bei	bei + dem = beim	Er wohnt bei seinen Eltern. Er sieht beim Essen fern. Bei diesem Regen gehe ich nicht spazieren.	*(lokal)* *(temporal)* *(kausal)*
mit		Ich fahre mit dem Zug. Sie trinkt Kaffee mit Zucker.	*(modal)* *(modal)*
nach		Meiner Meinung nach steigen die Benzinpreise noch. Ich fahre nach Hause. Nach dem Essen gehe ich ins Bett.	*(modal)* *(lokal)* *(temporal)*
seit		Es regnet seit zwei Tagen.	*(temporal)*
von	von + dem = vom	Ich komme gerade vom Zahnarzt. Das ist der Schreibtisch vom Chef.	*(lokal)* *(Genitiversatz)*
zu	zu + dem = zum zu + der = zur	Ich gehe zu Fuß. Zum Glück schneit es nicht. Ich gehe zum Bahnhof.	*(modal)* *(modal)* *(lokal)*

Präpositionen mit dem Akkusativ oder dem Dativ *(Wechselpräpositionen)*

Präposition	Kurzformen	Kasus	Beispielsätze	
an	an + dem = am an + das = ans	Wo? + D Wohin? + A Wann? + D	Das Bild hängt an der Wand. Ich hänge den Mantel an die Garderobe. Ich komme am Montag.	*(lokal)* *(lokal)* *(temporal)*
auf	auf + das = aufs	Wo? + D Wohin? + A Wie? + A	Das Buch liegt auf dem Tisch. Ich lege das Buch auf den Tisch. Er macht es auf seine Art.	*(lokal)* *(lokal)* *(modal)*
hinter		Wo? + D Wohin? + A	Der Brief liegt hinter dem Schreibtisch. Der Brief ist hinter den Schreibtisch gefallen.	*(lokal)* *(lokal)*
in	in + dem = im in + das = ins	Wo? + D Wohin? + A Wann? + D Wie? + D	Ich war in der Schweiz. Ich fahre in die Schweiz. Wir haben im August Ferien. Er war in guter Stimmung.	*(lokal)* *(lokal)* *(temporal)* *(modal)*
neben		Wo? + D Wohin? + A	Der Tisch steht neben dem Bett. Ich stelle den Tisch neben das Bett.	*(lokal)* *(lokal)*
über		Wo? + D Wohin? + A	Das Bild hängt über dem Sofa. Otto hängt das Bild über das Sofa.	*(lokal)* *(lokal)*
unter		Wo? + D Wohin? + A Wie? + D	Die Katze sitzt unter dem Stuhl. Die Katze kriecht unter den Stuhl. Wir arbeiten unter schlechten Bedingungen.	*(lokal)* *(lokal)* *(modal)*
vor	vor + dem = vorm	Wo? + D Wohin? + A Wann? + D	Die Taxis stehen vorm Bahnhof. Die Taxis fahren direkt vor die Tür. Treffen wir uns vor dem Mittagessen?	*(lokal)* *(lokal)* *(temporal)*
zwischen		Wo? + D Wohin? + A Wann? + D	Vielleicht ist das Foto zwischen den Büchern? Hast du das Foto zwischen die Bücher gesteckt? Zwischen dem 1. und dem 5. Mai ist das Restaurant geschlossen.	*(lokal)* *(lokal)* *(temporal)*

Komparation der Adjektive

		Positiv	Komparativ	Superlativ
Normalform		billig	billiger	am billigsten/der billigste
a → ä o → ö u → ü	warm – lang – kalt – hart – alt groß jung – kurz	warm kalt groß jung	wärmer kälter größer jünger	am wärmsten/der wärmste am kältesten/der kälteste am größten/der größte am jüngsten/der jüngste
Adjektive auf:	*-er* *-el*	teuer dunkel	teurer dunkler	am teuersten/der teuerste am dunkelsten/der dunkelste
Adjektive auf:	*-sch/-s/-ß/-z* *-d/-t*	frisch intelligent	frischer intelligenter	am frischesten/der frischeste am intelligentesten/der intelligenteste
Sonderformen		gut viel gern hoch nah	besser mehr lieber höher näher	am besten/der beste am meisten/der meiste am liebsten/der liebste am höchsten/der höchste am nächsten/der nächste

Notizen

tsm plug.